JN293503

予算・財政監督の法構造

予算・財政監督の法構造

甲 斐 素 直 著

〔日本大学法学部叢書 第15巻〕

信　山　社

はしがき

本書は、憲法とその下にある財政法規の解釈論との架橋を目指した。財政法や財政監督法は、本来それ単独では存在し得ない法領域であって、国の場合であれば、その統治機構全体との調和が必要であり、また、地方自治体であれば、地方自治の理念との結びつきが必要である。また、逆に、こうした財政や財政監督の要請が、国の統治機構や地方自治に対する修正を迫ることもある。本書では、こうした全体的調整の中から財政や財政監督法が生まれてくることを示そうとした。

一九九八年四月から一九九九年三月まで一年間、ドイツ、ミュンヘン大学で在外研究を実施したが、同国の制度調査にあたっても、前記のような考えから、連邦基本法、州憲法から地方自治に至る幅広い枠組みの中で、財政及び財政監督を支配する法の研究を行った。本書は、その調査研究の最初のとりまとめでもある。わが国制度に関する論述では、読者側にわが国統治機構や地方自治に関する知識があることを前提としているので、前記の考え方は必ずしも全面的に文章上に現していない。これに対して、ドイツ制度の場合には、そうした基盤となる制度の紹介から記述を開始しているので、体系としては見やすいものとなっていると考える。

また、先に『財政法規と憲法原理』（八千代出版、一九九六年）を上梓したが、それと一対となり、あるいは補完する性格を持つ書である。これによって、私の憲法財政編に関する体系が一応全体像を示すことができることになる。

なお、ドイツでの一年間にわたる調査の結果収集した資料は膨大なものなので、今後も整理の尽き次第、逐次刊行していきたいと考えている。

二〇〇一年三月

甲斐素直

目　次

目　次

第一編　わが国予算制度の研究

第一章　予算の概念とその限界

一　予算の概念

(一)　予算概念の厳密な決定の必要性

現行憲法において、予算という名称の付される法規範には、様々な特殊な取扱いが認められている。特に重要なのは、予算が通常の法律と異なり、憲法六〇条の定めるところにより、その議決に当たり衆議院に圧倒的な優越が認められている点である。一方の院に圧倒的な優越を認めるということは、二院制の前提である両院対等の原則に対する大きな例外である。このような例外的な取扱いの許容は、そうすることが必要な内容だけに限定されなければならないのは当然であろう。すなわち、実質的意味の予算に本来属さない事項であれば、国会の議決を必要とする事項については、例えどれほど予算と深い関わりのある問題であろうとも、原則に戻って、両院対等の議決権を認めなければならない。また、それが法規範としての性格を有するものであるならば、衆議院に憲法五九条二項に定める優越を認めるにとどめるべきである。

かって、フランスにおいては、予算における特別の取扱いを利用する意図から、非常に広い範囲の法規範を、予算の一部として盛り込み、成立させるという、いわゆる「抱き合わせ」という手法が横行した。その防止のため、「厳密に財務に関係する事項に限る」とするような限定が加えられたにもかかわらず、この抱き合わせを根絶することができなかった。(1) このために、現行の第五共和制憲法の下においては、予算組織法により、予算に計上しうるものを限定列挙することで対応するまでに至っている。

わが国の場合にも、何が実質的意味の予算かを論ずる目的は、まさにこの点にあるといわなければならない。実質的意味の予算に属さない事項を、予算としての法形式を利用して、衆議院の圧倒的な優越の下に議決する行為は、両院対等の原則を潜脱している、という意味において、まさに違憲の行為と評価しなければならないはずである。その意味で、今日の学者の予算の定義が主として一般に非常に漠然としたものであることは、定義としての機能を果たさないものと評せざるを得ない。(2)

一方、明確な定義を下している場合もないではない。その妥当性については、項を改めて検討したい。しかし、それらの定義の問題点を予め指摘すれば、一般に狭きに失し、現行の予算の相当部分を、実質的意味の予算に該当しないものとしている点にある。その場合には、先に述べた予算概念決定の意義からすれば、現行予算は両院対等原則違反として違憲と非難しなければならないはずなのに、自らの定義からはみ出した予算内容についての、そうした問題意識は、特段示されていない状況にある。

(二)　従来の学説とその問題点

1　明治憲法時代において、美濃部達吉は、予算について論じて「国家の歳入及歳出の見積表」(3) と述べて、歳入歳出予算のみを予算とし、かつ、その内容は見積表であるとした。宮沢俊義は「すべて国庫金の支出は必ず予め定められた正文の準則によって為されるを要する。そうした準則を実質的意味の予算または予算法という[4]」と述べて、歳出予算以外の予算は、実質的には予算ではないという姿勢を端的に示した。

当時の予算は、予算総則、歳入歳出予算、継続費、繰越明許費から構成されていたから、歳出予算以外のもの、すなわち予算総則、歳入予算、継続費、繰越明許費については、本来の予算ではない、としていたことになる。ただし、当時の予算では、今日の国庫債務負担行為に相当するものは、明治憲法六二条三項が明確に予算とは別のものと定めていた結果、法律の形式により議決されていた。また、予算総則も、その条文数はわずか五箇条に止まるという簡略なものであった[5]。したがって、歳入予算、継続費、繰越明許費をどう考えるかという問題は残るにせよ、今日の予算に比べれば、形式面で見る限り、比較的問題は少なかったということができる。

こうした発想は、自由国家、夜警国家の理念を前提として、財政を静的モデルで捉えるところから来たものと考えられる。すなわち、夜警国家理念の下においては、国の財政は国家経済に対して極力中立的であるをもって最善とした。したがって、国の予算を考えるに当たって、予算の全体規模というものを考える必要はなかった。こうした夜警国家観に基づく理念を忠実に受け継げば、歳出予算だけが予算だという発想に至るのは当然である。佐藤丑次郎は「国の歳入はその歳出によって定まり、その歳出は政府のなすべき施設によりて定まる[6]」と述べているが、これは夜警国家的財政論理を端的に示したものと言うことができる。

2　現行憲法では、憲法八三条により国会中心財政主義が定められ、また明治憲法六二条三項に相当する条文がなくなり、代わって八五条により、国家機関に支出する権限の授与（以下「支出授権」という）と債務を負担する権限の授与（以下「契約授権」という）の二つを明確に国会の権限と定めたことにより、予算の内容は大きく変化した。なお、この二つの概念の内容については、次章以下に詳述している。

しかし、それにも関わらず、予算概念に関する学界の見方は基本的に変わることはなかった。すなわち先に言及した曖昧な定義を除くと、依然として戦前に、美濃部、宮沢等のたてた定義の延長、すなわち「予算とは一会計年度の歳入歳出の見積もりを内容とする財政行為の準則」とする定義が一般的に行われている、といえるであろう。(7)

こうした定義は、今日の福祉国家における動的な財政活動の準則としての機能を正確に把握したものではない、と考える。

この定義が問題なのは、特に次の二点である。

第一に、「主として」という言葉をはずした結果、実質的意味の予算とは、歳入歳出予算に限るとし、予算総則、継続費、繰越明許費、国庫債務負担行為という、現在、予算の重要な内容となっているものは、単に形式的予算にすぎないとしている点である。このように憲法上の予算概念を決定することが正しければ、これらを予算に計上して簡易迅速な手続で成立させるのは誤りであって、戦前、国庫債務負担行為において行われていたように、別途法律という形式でで可決すべきことになるのである。が、そこまでの問題意識をもって主張されているのではないようである。

第二に、歳入歳出予算についても、それを単に一年間の収入支出の見積もりにすぎないとしている点である。見積もりという言葉は、通常の法律用語ではなく、また、法律上に定義の存在している言葉でもないので、この用語を使用することにより、何を含意しているのかは必ずしも判然としない。一般に、見積もりとはあらかじめ大体の計算をすることを意味するものと理解されているから、この語義を財政にあてはめれば概算を意味する。

こう解するのが正しいのであれば、これは戦前において佐藤丑次郎の示した概念と同一のものではないかと思われるが、そうした単なる概算という発想による限り、福祉国家における予算の法規範性を正確に把握できないのは当然であって、やはり正しいものと言うことはできない。(8)

(三) 予算の定義――私見

以下に現行憲法下における予算概念について、私見を示し、その根拠を論じたい。

予算とは、「一会計年度にかかる、国の支出及び債務負担に関する権限を行政庁に授与することを目的とする具体性ある法規範を、悉皆的にとりまとめたもの」をいう、と考える。これを分説すると、次のとおりである。

1 財政準則という表現を排した点について

憲法八三条は、国会中心財政主義を明記し、単に国会自身のみならず、行政や司法も含む国の財政処理のすべてを国会の議決にかからしめることを定めた。予算は、この国会の有する財政権の基本的な表現形態である。その意味で、従来の定義が指摘しているとおり、予算が財政に関する準則（準拠すべき法規範）であることは間違いない。

しかし、財政に関する準則は、予算以外にも様々なものが存在している。狭く解して毎年度予算に対応して作成するものに限っても、予算編成作業の際には、狭義の予算のほかに、俗に第二の予算と言われる、財政投融資計画および租税特別措置法案の編成作業も同時並行で行われている。こうした財政に関する様々な法規範の存在を考えるとき、単に財政準則という表現で、予算を、他の法規範から識別できると考えるべきではない。予算の内容に、より密着した識別のメルクマールが必要となると考えるべきである。また、仮に、財政投融資計画や租税特別措置法を、そのまま予算の一部とすることも可能と主張しているのであれば、それは予算内容の不当な拡大というべきである(9)。

2　一会計年度

予算の特徴の第一は、一会計年度単位で作成される点にある。これは、財政権に関しては、権力分立制の採用が不可能という点に起因している。

権力分立制は、主権者たる国民が、それに代わって権力を行使する者から害される事態を防ぐために、人類が重ねた多年の努力の結果、認識された手法であり、軽々に排除することは許されない。そして、国家機関は、基本的に財政的基盤なくして活動できない。その観点から見た場合には、財政権は、自律権の基本的要素と考えられなければならない。事実、個人レベルにおける財政権、すなわち俸給受領権に関しては、憲法は、議員及び裁判官に関して明文でこれを保障している。これに対して、組織体に対しては、三権のいずれの財政自律権をも排除し、すべての権限を国会に統合した点に、憲法八三条の、そして財政の、最大の特徴がある。

これは、現代福祉国家における財政は、国として、国民経済に影響を与える手段として総合的に運用されなければならないので、一元的に管理される必要が存在するからである(総計予算主義)。このため、各権力府に、自らの財政的基盤に関して自律決定を行う権限を認めることにより、予算編成権を多元化することは許されない。そこで、それに代って権力を制限する方法として、人類の知るいま一つの方法、すなわち時間的に、その限界を設ける手法がここに導入される。すなわち、年度単位に制定されるということになる。その意味で、予算について定義を与える際、この年度性は欠くことのできない要素となる。

ただし、これは時系列において権力を区分するという財政一般の特徴であって、予算特有の特徴ではないことにも留意する必要がある。すなわち、国の特定年度の財政活動を規制する目的で制定される法律、例えば租税特別措置法や特例公債の根拠法は、通常、予算と同様に、年度単位の時限立法となる。また、事後的規制というべき決算もまた、年度を単位として制定される。決算にどの範囲で法規範性を認めるか、という問題は、決算を通じての財政統制をどの限度で行うか、という点の判断を巡って流動的な要素が強く、一律には言い難い。しかし、どのような説を採用する場合にも、そこに何らかの法規範性が存在していること自体は疑う余地のない事実である。したがって、この年度単位の制定という点だけを、予算を他の法規範と識別する絶対的な特徴として把握する見解、例えば「一会計年度における国の財政準則」というような単純な定義は、そうした意味から、誤りと見るべきである。

また、経済状況の変化の早さから、一会計年度を十分の確実性をもって予見することは困難になっているところから、近時は大型補正予算の作成されることが常例となりつつある。その意味では、当初予算は一会計年度を対象とするというよりも、その実効性ある期間はせいぜい半年くらいのものとなってきている（半年予算）。しかし、その場合でも、後述する契約授権及び支出授権は、いずれも一会計年度を対象として実施されているので、予算の法学的に見た基本的属性として、一会計年度を要素とすることは依然として可能であると考える。

逆に、予算内容の長期化という問題も存在している。すなわち、かっての夜警国家時代の予算は、一会計年度における収入、支出の見積もりというように尽きた。しかし、今日の福祉国家における予算では、国家活動の経済性（Economy）、効率性（Efficiency）及び有効性（Effectiveness）のいわゆる三Eを確保する目的から、多年度にわたる契約権限を行政庁に授与することを目的とする予算が出現している。それも継続費、国庫債務負担行為、繰越明許費というように、基本的な財政ニーズの差異に応じて、様々な手法が採用されるようになっている。しかし、その場合でも、その授権は、必ずその会計年度中に実行される必要があり、将来の年度における契約権を授与したものではない。これもまた、上述の、権力の時間的分割から発生する必然的要求といえるであろう。

なお、現実問題として、財政に関する収入や支出の見積もりは、会計年度を単位とせず、より長期的展望をもって行われるようになってきている。しかし、それらは依然として単なる収入、支出の予定表にすぎず、いまだ法規範性をもつとはいえない。

3　具体性

予算の実質面における最大の特徴は「具体性」という要素にある。ここに具体性とは「一般性」の反対概念である。

憲法四一条によれば、国会は国の唯一の立法機関とされる。これに基づき国会が独占する立法は二重立法概念により説明される。すなわち、対国民的な法規範（実質的な意味の立法）を国会が独占する。実質的意味の立法には、一般性が要件とされる。これは、権力分立の要請に基づく。具体性ある法規範を国会に制定することを許容する場合には、国会は立法の形式で、実質的に行政行為や司法行為を行うことが可能となるからである。

形式的意味の立法は、国の制定する法規範であって、実質的意味の立法以外のものをいうから、それは国の内部法を意味する。財政の領域では、法律の形式以外に、憲法上明確に、予算と呼ばれる法形式が予定されている。

予算は行政庁に対する具体的な授権行為であって、同一会計年度中にそこに規定されている要件に該当する事態が繰り返し発生したとしても、その都度繰り返し適用される（一般性）ことはなく、その特定の要件に該当する事態の総額についてを規制するという性格を有する。例えば、国際会議費という予算がある場合、その年度中に国際会議を開催する都度、そこに掲記されている金額を使用することが許されるのではなく、その年度に開催されるすべての国際会議を、そこに掲記されている金額で賄うことが要求されている。

このように、個別の行政活動に関する具体性ある規範であるという点に、予算の最大の特徴が存在している。この点も後に詳述するが、これに対して、法律という形式を採用している限り、例え年度単位の時限立法であっても、それは一般性ある規範に限定される。具体性ある財政規範は予算が独占している。

4　法規範性

予算の法規範性は、ミクロ、マクロの二つの面で認めることができる。

(1)　ミクロの法規範性

ミクロにおけるそれは、憲法八五条の規定する二つの権限の授与から構成される。すなわち第一に、国費を支出することに関する権限の授与（以下「支出授権」という）であり、第二に、国が債務を負担することに関する権限の授与（以下「契約授権」という）である。予算による具体的授権がない限り、行政庁は支出を行い、あるいは契約等を締結することが許されない、という意味で、これが通常認識される予算の法規範性となる[10]。

支出授権は歳出予算の独占するところである。換言すれば、支出は、毎年度、歳出予算による具体的授権を受けなければ行うことはできない。すなわち、国家と国民の関係を規律する法規範は、実質的意味の立法に属する（憲法四一条）。したがって、財政に関する法規範であっても、内容的に実質的意味の立法に属する場合には、その支出授権は法律によってなされなければならない（法律の留保）。ただし、実質手意味の立法は、一般性をその要件とすると解されるから、法律による支出授権は、抽象的授権にとどまらなければならない。これに対する具体的授権を行うのが歳出予算である。

なお、予算には具体的支出授権の外に、抽象的支出授権を行う機能も存在していることに留意する必要がある。

すなわち、給付行政の領域においては、法律の留保が原則的に働かない結果[11]、特別の授権法がない場合でも、予算に計上されていれば、それに基づいて国は予算の執行を行うことが可能である。国が私人としての立場で行う契約の実施に関しては、一般に抽象的支出授権を内容とする法律は存在せず、予算のみを根拠として実施される。それ以外でも、予算に依って抽象的授権が行われる場合もないわけではない。いわゆる予算補助がその代表的なものである。

契約授権は、予算のきわめて一般的な機能である。すなわち、予算総則のほとんどの規定に加え、歳入歳出予算、継続費、繰越明許費、国庫債務負担行為のすべては、いずれも契約授権を定めたものである。これを大別すると、わが国予算の場合、契約授権には三種類の方法が存在している。第一のそれは、支出授権と同様、一年度を限りとして行われるもので、歳入歳出予算がそれである。第二のそれは、二年あるいはそれ以上の長期にわたって国を拘束する契約等を締結する権限を授与するもので、その授権の内容の相違により、継続費、繰越明許費、国庫債務負担行為の三通りの方法が認められている。第三のそれは、債務保証、損失補償など、何の事故も発生しなければ、将来も国が支出義務を負担することのない契約の実施に関するものである。その場合には、一般的な契約授権は法律で行い、ただ、当該年度限りの具体性ある規範的命令部分、すなわち限度額についてだけ、予算で定めるもので、予算総則の規定の多くはこれに向けられている[12]。

(2)　マクロの法規範性

マクロにおけるそれは、フィスカルポリシーと呼ばれ、国会として、国民経済に対する財政の影響力を利用するという目的で設定される。財政の国民経済に対する影響は、第一に財政規模そのものの大小により発生するので、その規模の決定という形で行われる。第二に、歳入を狭義の租税によるか、それとも公債その他の手段によるかという選択により、行われる。一般に、同一の歳入規模であっても、それを租税で賄うときは国民経済を沈静化させ、公債等の手段で行うときは活性化させる機能を持つ。第三に、歳出の規模及びその投入分野の決定という形で行われる。一般に、歳出の規模が拡大すれば国民経済を活性化させ、規模が縮小すれば沈静化させる機能を持つ。財政活動は波及的効果を持ち、投入金額の数倍に達する規模の影響をもつことが知られている。波及効果がどの程度発生するかは、どのような経済分野に投入するかによって異なり、また、それはその時々の経済情勢によって異なるので、国会は投入資金が最大の効率性をもつように予算を決定する。

夜警国家理念の下においては、予算は特定年度の歳入・歳出の見積もりであった。その見積もりは、個々の事業に対する歳出額の見積もりを積み上げて行われた。しかし、今日の福祉国家理念の下では、このマクロの規範性から、予算はまずその全体規模が決定される。個々の事業に関する歳入や歳出は、むしろそれに併せて調整されるというのが正しい。

予算は、このような政策の実施手段としての規範的命令である。したがって、命令の名宛人たる各行政庁(立法府、司法府を含む。以下同じ。)は、その予算の執行に当たり、予算で命じられた収入、支出の総額とそれぞれの行政庁における財政活動が一致するように努力しなければならない。このことは、現実の毎年度の予算総則の上で、歳入歳出予算は確定的な金額で規定されていることに端的に現れている。これに対して、公債の発行等は、その上限額で規定されているのである。

歳入歳出予算までも、その収入や支出の上限を定めたものにすぎず、下回る分にはいくら下回ってもよいと解するのが通説であるが[13]、これは、したがって、明白に予算総則の文言に反した解釈である。そのような解釈による場合には、行政庁が、独自に国会の制定した予算を審査し、不要と認める場合には、まったく執行しない(執行留保）という自由を認めることが可能となるが、そうした解釈は、国会中心財政主義に違反するといわなければならない。執行留保は、かって米国で、ニクソン大統領の下で大々的に実施された例があることに明らかなとおり、わが国においても、国会の予算修正権の限界と絡んで、十分に可能性のある問題なのである。(14)

(3)　予算の強制力

今日においても、歳入予算の法規範性を否定し、あるいは非常に弱く解釈する見解が存在する。これは、予算にマクロの法規範性のあることに気づいていないことが第一の原因であり、ミクロの法規範性としての契約授権機能に気がついていないことが第二の原因である。しかし、より根本的には、法規範性があるという以上、それに違反する行為には無効その他の強制力が伴っているはずだという錯覚が存在していることが原因になっていると思われる。

しかし、財政領域の法規範の場合、予算であると、法律であるとを問わず、一般に強制力を伴わない。例えば、歳出予算の配賦を受けなかったにもかかわらず、ある行政庁が勝手に契約を締結した場合、相手方に過失があればともかく、通常は、その契約は有効である。国としてそのことに気がついた場合には支払いをするか、将来に向かって契約の解除を行い、相手方に与えた損害の賠償を行うかのいずれかが必要となる。

5　悉　皆　性

予算の形式面における最大の特徴は、「悉皆性」という要素にある。すなわち、すべての具体性ある支出授権及び契約授権に関する法規範を予算という単一の法典に集約することにより、国家の当該年度の財政活動の全貌を単純明瞭に示すことを目的としている（総計予算主義）。

この性格は、前述の法規範の第二の要素である「マクロの法規範性」から導かれる。すなわち、通常の法規範は、その個々の要素の積み上げであって、個々の条項ないしその一部だけを制定することでも十分に意味がある。予算の場合にも、その法的性格がミクロの法規範性にとどまるのであれば、予算は単一のものである必要はない。たとえば省庁別に予算案を編成し、それぞれを別個の委員会で審議する方が、個々の内容の詳細に至るまで国会の目が十分に届くという意味で、遙かに合理的な方法といえるかもしれない。しかし予算は、前述の通り、国会の、国の財政管理の主たる道具である。予算は、その全体額及び個々の要素の全体に対する割合が一つの法的機能を果たすのである。すなわち、多数の単一予算が単に集められたものではない点に、予算の予算たる意義があるのである。したがって、この悉皆性という要素が欠落した場合には、予算はその本来の機能を果たすことが不可能になる、という意味で、きわめて重要である。

二　法規範性の内容

(一)　予算法律説の問題点

予算が法規範である点については、今日、異論がない。通説は、予算が法律と同等であるが、それとは異なる特別の形式の法規範であると理解する（以下「予算法規範説」という）。これに対して、予算を法律の一種であるとする有力異説が存在する（以下「予算法律説」という）。わが憲法の解釈としても、財政法規の通有性からも、予算法規範説が正しいことについては、別に詳しく論じた[15]ので、ここでは繰り返さない。ただ、予算法律説は、実際問題として見る限り、予算の本質を正しく捉えているならば、ほとんど実益のない議論ということだけを、ここでは指摘するにとどめたい。すなわち、上述のとおり、予算は財政に関する具体性ある法規範である。したがって、仮に予算を法律の一種と考えた場合にも、通常の法律に対して、財政の特別法という位置づけになるので、一般法、特別法の関係から、通常の法律により改廃することができないからである。予算を改廃しうるのは予算のみである（ちなみに同一年度中に制定される予算の改廃のための予算を補正予算という）。

わが国現行予算制度の誕生及び成長に強い影響を与えた英米独仏の四ヶ国のいずれにおいても、予算は法律とされていることを、予算法律説の論者は一つの根拠としてあげる。しかし、これらの国々においても、予算を法律で改廃することは原則として認めていない。あるいは法律を予算で改廃することも不可能である。なぜなら、予算は前述のとおり、具体性ある法規範であるから、一般性ある法律を改廃することは本質的に不可能だからである。

この結果、予算と法律の不一致の問題は、どこの国でも発生している。予算法律説を採用しても、それを防止することはできないのである。

(二)　租税法の予算への「抱き合わせ」の問題点

予算を法律とすることで予算と法律の不一致の発生を防ぐ方法として、唯一実効性のあるものは、フランスで採用されている制度である。同国では、予算の一部として、予算の前提となっている一般性ある法規範、たとえば歳入増加の前提となる税法を抱き合わせで盛り込むことが認められている。仮に、わが国でそのような方法を採用することが認められれば、両者は同一の運命に服することになるので、予算と法律の不一致の事態が発生することは可及的に防げることとなる。しかし、予算は国民経済に与える影響が大きく、かつ一年度という限られた期間だけ有効であるにすぎないところから、通常の法律に比べてはるかに簡略な審議で成立しうることになっている。この予算に、通常の法律を抱き合わせで盛り込むことは、通常の法律の慎重な審議手続を定めた憲法規定の脱法以外の何ものでもない。フランスのように、憲法（正確には、憲法の授権により制定される組織法律）の特別の許容があればともかく、そうした憲法規定も、慣行もないわが国では、許されないと考える。特に、例示されている税法の場合、個々の国民に与える影響が強いところから、通常の法律と分けて特に租税法律主義の原則が採用されているのである。これを簡易迅速な方法で制定しあるいは改廃させることを認めることを許容する、いかなる論理も存在しないであろう。

以上のことから、予算を法律としても法規範としても、それにより何ら特別の差異が生ずることはない。その場合、予算と法律は別の形式と解した方が、わが国の長年の慣行とも合致し、理解が容易であろう。

三　予算と法律の不一致

(一)　予算と法律の不一致の意義

予算と法律が、消極的同位関係に立つ異なる法規範である以上、両者の不一致が発生することは当然にあり得る。しかし、それを一般に悪と考える必要はない。むしろそれは、憲法が導入している財政における慎重審議のための、貴重な第二のチャンスと考えるべきである。

そもそも、予算と法律は、その審議に当たって、国会としての発想が異なる。法律の審議に当たっては、その法律によって実現しようとしている個別の政策の妥当性が、その成否を決するであろう。そこから発生する財政負担は、特定の年度における妥当性というよりは、法律の存続するであろう期間に対応した長期的視野に立って、当否が決定されるはずである。一方、予算は先に述べたとおり、特定年度における国民経済全体のあり方を考え、それに対して国家財政としてどのような影響を与えるのが妥当かを考えて全体規模を決定し、また、その中で、どのような分野に重点配分するのが妥当かを考えて個々の項目が決定されるのである。決して、単純に、個々の必要経費の積み上げたものが予算総額となるのではない（戦前の憲法においては、個々の積み上げと考えるのが通説であったし、今日でも依然としてそのような古典的な発想を採っている学者もいないではないが、先にマクロの法規範性について論じたことにより明らかなとおり、完全な誤りである）。

その結果、特定の政策実現のための費用も、全体のバランスの中で、優先順位に応じて、金額が調整されることになる。この結果、法律で予定している歳出額よりも歳出予算額が少なくなる場合もあるであろうが、そのような場合に、予算が優越し、法律の執行がその限りでできなくなるのは当然である。

逆に、歳出予算額が法律の予定する歳出額を上回ることもある。その場合、従来の学説は、単純に、その限りで予算の執行はできないと考えていた。しかし、前述のとおり、法律による抽象的な契約授権がない場合にも、予算限りで抽象的契約授権を行うことが可能な場合が存在する。したがって、ここで必要なことは、その過大な予算配分がどのような行政領域で行われたかによって判断することである。それが実質的意味の立法に属する場合には、法律による抽象的な契約授権規定が存在しない限り、予算を執行することは許されない。

これに対して、予算に抽象的契約授権機能があることを利用して予算計上されたものである場合がある。その場合には、その分については、予算の配賦を受けた行政庁において、適切な執務指針を作成して使用することが可能となる。通常、私経済活動は、これに属する。微妙なのは、私経済活動の形式でありながら、内容的には国の権力作用としての要素も有している場合である。補助事業においてこの種のものがよく見られ、予算補助と呼ばれる。これに対して、法律の抽象的授権の下に執行されるものを、法律補助という。

法治主義の思想に照す限り、法律補助が好ましいといえるであろう。しかし、特に資金助成行政の分野においては、どのような形の資金助成が最も有効かつ効率的であるかは、机上の計画によってはなかなか判然としない。そこで試験的に事業を実施し、その結果分析に基づいて毎年のように制度を改善する、ということがよく行われる。そのような場合、当初から法律補助にしておくことは、その改廃の困難性から問題があるため、予算補助の手法が最善ということになる。こうしたことから、例年、補助総額の二割弱が予算補助である。[16]

(二)　予算と法律の不一致における内閣の責務

予算と法律の不一致が発生した場合に、なぜか内閣の責務について論及している者が多く、しかもそこに相当の混乱が見られた[17]ので、以下に整理しておきたい。

これまでに述べてきたとおり、予算決定権は国会の専権事項である。また、憲法四一条の定めるところにより、法律の制定も同様に国会の専権事項である。したがって、両者の不一致が発生した場合には、国会がその不一致を解消する責務を負うのであり、内閣は必要な限度での協力義務を負うに止まる。その内容を分説すると次のようになる。

1　予算が成立しない場合、すなわち国会が混乱し、予算全体がそもそも不成立の場合には、内閣としては、暫定予算を編成する義務を負う。暫定予算の対象となる期間は国会の空転期間に応じて適宜予想することになる。暫定予算は、国会におけるすべての会派が問題なく同意しうる内容でなければならないので、最低必要限度の国の機能を維持するための規模にとどめ、係争点を盛り込むことは許されない。

2　内閣は、法律の誠実な執行義務を負っているから、内閣の作成した予算には、必ず法律に対応した費用等が計上されていると考えて良い。仮に内閣の提出した予算が不完全なものであった場合に、国会がそれを看過してそのまま成立させた場合には、内閣は速やかに補正予算を提出しなければならない。それは予見しがたい予算の不足には該当しないから、予備費の支出で対応することは許されないと考えるべきである。ただし、予算は項のレベルまでしか国会の議決を経ていないから、目以下のレベルでそうした過誤があった場合には、経費の流用で対応することは可能であろう。

3　成立した予算において、法律に対応する予算の不存在という事態は、国会が意識的に減額修正を行った場合以外に、発生することは考えられない。その場合、そのような明白な形で示された国会の意思に反して、法律の執行に必要な経費を、他の予算から流用したり、予備費から支出したり、補正予算に組んだりすることは、議院内閣制の理念に反し、許されないものと言うべきである。国会の意思が、その法律そのものを不当としているのであるから、それが政府提案の法律であった場合には、内閣は速やかに当該法律を改廃する法案を作成、提出するべきである。これに対し議員提案の法案であれば、内閣は、最高裁が違憲判決を下した法律と同様に、その執行を自制すれば足り、それ以上の行動に出る必要はない。国会は、自らのイニシアティブにより、当該法律を改廃すべきである。

4　最もしばしば生ずるのが、予算が、予算と同時並行で審議されている歳入の増減をもたらす法案（租税法案、赤字公債法案等）の成立を予定した形で編成されているにもかかわらず、当該法案が不成立になった場合である。この場合には、内閣としては、速やかに補正予算を提出して対応する外はない。この場合にも、国会が、そうした歳入の増減を不当とする意思を明確に示しているのであるから、予備費その他の方法で対応することは許されないというべきである。

四　予算の審議

(一)　予算の提出

予算は、内閣がその原案を作成し、国会に提出することとされている(憲法八六条)。これについては、内閣に予算提出「権」があると考える立場と、予算提出「義務」があるにすぎないとする立場の対立がある。憲法八三条の定める国会中心財政主義及び八六条の文言(「しなければならない」)に照らし、後者を妥当と考える。

宮沢俊義は、予算の提出が内閣に認められている点に関連して「予算は毎年の行政計画の財政的な表現である。したがって、行政権の担当者たる内閣が、総合的に行政計画を考えて、予算を作成・提出するのが妥当であるとされる」とする。[18] この前半の把握に異論はない。しかし、このことから短絡的に行政＝内閣の権能と把握したのは誤りと考える。ここでいう行政とは広義の行政、すなわち、議院における院内行政や、裁判所における司法行政も含む概念であり、したがって、このことから直ちに内閣の権能と結論することは不可能である。[19] その意味で、財政は、狭義の行政権のみならず、立法権や司法権の基礎ともなる総合的な活動であって、三権分立の意味でいうときの三権の、いずれとも異質の活動と考えるべきである。それが、憲法が財政を独立の章として定めた理由と解する。

内閣にそうした義務を課した理由は、予算の大半を行政府関係で占めるところから、行政府の長である内閣を、国会や裁判所等も含めた総合調整機関として利用したにすぎない。なお、仮に、内閣が、提出義務ではなく、提出権を有すると解する場合には、いわゆる二重予算制度を定めた財政法一九条は、法律によって内閣の権限を制限するものであるから、違憲と解せざるを得ないであろう。

もちろん、立法政策としては、米国のように、議会に予算編成専門の機関を設け、担当させるという方法もあり得る。しかし、その場合には、行政府の組織と二重になる。米国では厳格な三権分立制を採っていて、そうした非効率を受け入れざるを得ないという特殊事情がある。わが国のように、議院内閣制を採用している場合には、わざわざ議会予算機関を別途設けることは、憲法の趣旨に反し、許されないというべきであろう。

(二)　予算修正の限界

内閣に予算提出「権」があるとする立場は、この権利の尊重という観点から、国会の予算修正権に限界があるとし、あるいは予算の同一性を害するような形の修正はできない、とか、増額修正はできないという形の議論に発展させることが多い。提出義務と考える場合には、このような議論はすべて無意味である。

そもそも、わが国明治憲法下の議会では、予算を修正する権限を有することは当然とされていた。しかし、議会が直接修正権を行使したのは最初期に限られ、その後は、内閣に対して予算組み替え要求を出すようになる。先に紹介したとおり、戦前のわが国憲法学者は、予算とは、個々の費用の積み上げと考えていたので、この組み替え要求の説明に困り、議会修正権の限界という理論を構築したのである[20]。それが、今日においてもそのまま受け継がれているのが、これらの学説である。しかし、実際には当時から、予算の第一の重要性はその全体規模にあったから、単純な増額修正ないしは減額修正ということを実施することはできず、それを組み合わせたもの、すなわち常に予算の全面的な見直しにならざるを得ない。その場合、専属の予算スタッフをもたない議会として、組み替え要求という形にならざるを得ないのは当然のことだったのである。

今日において、組み替え要求は、むしろ国会中心財政主義の当然の現れと把握するべきである。したがって、内閣はそれを拒絶することは許されず、真摯に対応する義務がある。予算提出権を侵害するような大幅な組み替えは許されないとする有権解釈が存在するが、違憲というべきであろう。

五　予算の機能と予算原則

財政学においては、予算には、計画、管理、統制という三通りの機能があり、世界大恐慌以前の、夜警国家の予算が統制機能中心であったのに対して、フィスカルポリシーの道具としての予算は管理機能中心となっていると説くのが通説である。これに対して、わが国憲法学の従来の通説は、何ら理由を挙げることなく、国会の有する財政権を、財政統制権と理解してきている。しかし、八三条の定める国会中心財政主義に照らし、わが国議会財政権も財政管理権と解するのが妥当であろう。ちなみに、統制といい、管理といっても英語の場合にはコントロールの語で示されるため、これは外国では問題にならない。具体的にどのような点に問題があるのか、以下に検討してみよう。

これまでに説明してきたとおり、予算は歳入、歳出の単なる見積もりではなく、国会が、その有する政策を、財政を通じて実現するために立案した計画である。ここに、予算の計画機能が端的に現れる。

夜警国家時代には、国会は、予算の文字どおりの厳格な遵守を要求した。これが予算の統制機能と呼ばれるものである。統制を確実に実現するためには、予算は次のような諸原則を満たしていなければならない。

㈠　公開性の原則：予算は、編成、審議、実行の全てが国民に公開されねばならない。
㈡　明瞭性の原則：収支の見積もりがはっきり概観できるように、内容が合理的に分類、表示され、収入の由来と使途が明らかになっていなければならない。
㈢　事前承認の原則：予算は会計年度の開始前に国会の承認を得ていなければならない。
㈣　厳密性の原則：予算と決算を一致させることが出来ないまでも、出来るだけ正確に見積もって、決算と懸け離れないようにしなければならない。
㈤　限定性の原則：次の三派生原則よりなる。
①　流用の禁止：予算上の費目を他の費目に流用してはならない。
②　超過支出の禁止：予算に計上された以上の金額を支出してはならない。
③　年度独立の原則：会計年度をまたぐ収入支出は禁止される。
㈥　統一性の原則：予算は全て統合された、単一のものでなければならない。
㈦　ノン・アフェクタシオン（Non-Affektation）の原則：特定の収支の間に関係を付けてはならない。
㈧　完全性の原則：財政収支の全てが完全に予算に計上されなければならない。

以上のものはドイツの財政学者ノイマークの提唱したものを、私なりに整理したものであるが、今日、これらは古典的予算原則と呼ばれている。なぜなら、特に㈤以降の諸原則は今日においてはもはや厳密に守ることは不可能になっているからである。

厳格な統制は、常に代価を必要とするからであるが、今日の我々はその代価の支払いを拒否するからである。今日の財政の目標としなければならないものとして、一般に認められている、経済性（Economy）、効率性

(Efficiency)、有効性（Effectiveness）のいわゆる三E原則と、上記古典的予算原則を両立させることは困難である。例えば特別会計は、予算の経済的、効率的な管理のために明治憲法期において早くも導入された制度であるが、それが統一性、ノンアフェクタシオン、完全性等の諸原則と真っ向からぶつかるものであることは明らかであろう。

英独仏などでは、予算の管理機能を政府の手元に残し、国会はこれに干渉しないように制約を課するという方向に変化しているが、これはいずれも憲法上の規定を根拠としてのことである。わが国のように、国会中心財政主義を採用している場合には、国会こそが管理機能の中心となって活動する必要があると考える。しかし、それを確保するための予算原則はいまだ構築されておらず、問題多い状況となっている。

（1）フランス第三共和制下における予算の抱き合わせその他の問題については、小嶋和司『憲法と財政制度』（有斐閣、昭和六三年）、九〇頁以下参照。

（2）予算の定義として問題なものの代表的な例をいくつか示すと、次のようなものがある。

「一会計年度における国の財政行為の準則」と述べるにとどめ、その内容について触れないものである（芦部信喜『憲法』新版（岩波書店）二七八頁）。この定義に従う場合には、特例公債の発行の根拠法や租税特別措置法もこれに該当することとなり、明らかに広すぎるといわざるを得ない。

今一つの定義のグループとして「主として」という文言を定義の中に取り込んでいるものをあげることができる。これは非常に多数に上る。例えば、浦部法穂「一会計年度における国の財政行為（主として、歳入歳出）の準則である。」『注釈日本国憲法』（青林書院、昭和六三年）一三二七頁、清宮四郎「一会計年度における、国の財政行為の準則、主として、歳入歳出の予定準則を内容とし（実質的意味の予算）、国会の議決を経て定位される、国法の一形式（形式的意味の予算）」『憲法Ⅰ』第三版（有斐閣、平成三年）二六九頁、杉原泰夫「会計年度における、主として国の歳入歳出に関する行政行為の準則」『憲法Ⅱ』（有斐閣法学叢書七、一九八九年）四四一頁、佐藤功「会計年度における国の財政行為の準則、主として歳入歳出の予定的見積もり」『日本国憲法概説』全訂第四版（学陽書房、平成三年）四九二頁、長尾一紘「一会計年度の予定的見もりを生たる内容とする財政行為の準則」『日本国憲法』新版（世界思想社、一九九一年）四五七頁、伊藤正己「一会計年度における、国の財政行為の準則であり、主として、歳入・歳出の予定見積を内容とし、国会の議決を経て定立される国法の一形式」『憲法』第三版（弘文堂、平成七年）六六三頁、戸波江二「一会計年度における、国の財政行為の準則であり、とりわけ歳入歳出の準則」『憲法』新版（ぎょうせい、平成一〇年）四七一頁。

　このように、「主として」とか「とりわけ」という文言を挿入しても、歳入歳出予算という文言は限定性をもたないから、結局、財政行為の準則となりうるものはすべて予算に計上可能という点において、冒頭に掲げた芦部説と同一の欠陥を有することになる。

　なお、杉村章三郎は、「予算は財政学から見れば国家の一会計年度における収入支出の予測、或は歳入歳出の見積表であり、言葉を換えていえば国家の一年間における財政計画の計数的表示ということができよう。」（『財政法』有斐閣）として、直接予算の法学的定義を下すことを避けている。しかし、国家の一年間の財政計画には、当然、前述した租税特別措置法なども含まれるから、やはり同様の問題を抱えていると言わなければならない。

（３）　美濃部達吉が明治憲法下で下した予算の定義については、『憲法撮要』（有斐閣、昭和二年）五二一頁より引用。

（４）　宮沢俊義が明治憲法下で下した予算の定義については、『憲法略説』（岩波書店、昭和一七年）二五五頁より引用。なお、宮沢のこの見解は現行憲法の解釈としても変更されていないことに関して、『日本国憲法』（日本評論社、昭和三〇年）七二一頁参照。

（５）　宮沢俊義『憲法略説』二六五頁によると、予算総則は次のようなものであったという。

「第一条　昭和一五年度歳入歳出予算の総額を各〇圓と定む。其の款項の金額は別冊甲号歳入歳出予算に拠るべし。

第二条　別冊乙号所掲の費途は各其の規畫する所に随ひ昭和一五年度以降の継続費と為し、若は規定の総額年限金額を改定す。

第三条　昭和一五年度歳出予算中別冊丙号所掲の費途は年度末支出残高を翌昭和一六年度に繰越使用することを得。

第四条　会計法第六条の規定による大蔵省証券及び借入金の最高額は昭和一五年度に於いては通じて〇圓トス。

第五条　会計法第一一条の規定により翌年度に亙契約を為すことを得べき金額は昭和一五年度に於いては〇圓とす。」

ただし、便宜上カタカナをひらがなに直し、旧漢字を新漢字としている（以下、戦前の文献の引用につきまた同じ）。

（6）　佐藤丑次郎の予算の本質に関する文章は、『帝国憲法講義』（有斐閣、昭和一〇年）二八五頁より引用。

（7）　「主として」というような、本質的に曖昧さを含む定義を排除した予算の定義についても、学者により若干の相違がある。本文にあげたものは、佐藤幸治『憲法』第三版（青林書院新社）一八五頁より引用。

そのほか、同様のものとして、阪本昌成「将来の一定の期間（通常は一会計年度）に予想される収入と収支とを均衡ある形で見積もった国家の財政計画（予定的算定）の準則」『憲法理念Ⅰ』（成文堂、一九九三年）二七九頁、辻村みよ子「予算は会計年度における歳入歳出に関する財政行為の準則」『憲法』（日本評論社、二〇〇〇年）五二八頁。

（8）　従来示されていた定義の中で、最も正確な予算の定義は槇重博の示した次のものと考える。

「予算は、内閣が国会に提出した、一会計年度における、国の諸機関に必要な債務の負担と、現金の支出との見込額に対して、国会が最高限度を定めて、内閣にその施行の権限の付与と制限を、文書を持って明確にした、国法の一形式である。」（『財政法原論』（弘文堂、平成三年）一三七頁より引用）。

これをそのまま採用しない理由は、多分に私自身の定義の説明と重複するので、ここでは触れないが、この定義は、債務負担が予算の重要な権限であることを認識している点において、従来の他の定義に比べて遙かに正確である。

（9）現在、郵便貯金の民営化が議論されている。民営化された場合、財政学者からは、郵貯に代わる財政投融資の原資として、財投債なるものを発行して市場で資金を調達すればよいと説かれている。おそらく経済学の観点から見れば、郵便貯金という政府への預託金も財投債も等価なのであろう。しかし、財投債という名称が付いていようとも、その実体は公債なのであるから、当然財政法四条但し書きの問題となるので、そのような手段として調達した資金は、財投として、通常の予算と別個に運用することは不可能になる。したがって、そのような財政であれば、本文に述べた問題とは異なり、予算の一部としなければならないことになる。

（10）支出授権及び契約授権概念の詳細については、本書第一編第二章「予算における支出授権と契約授権機能」参照。

（11）法律の留保が、各行政分野で、どの限度で認められるかについては、拙稿「法律留保——行政と立法の関係」『司法研究所紀要』（日本大学司法研究所、一九九一年）第三巻三頁以下参照。

（12）支出授権及び契約授権という概念を通して、現実の予算をどのように理解することが可能となるか、という点の詳細に関しては、本書第一編第三章「現行予算制度における契約授権の検討」参照。

（13）予算が支出の最高限とする見解を明言するものとして、例えば宮沢『日本国憲法』七二一頁、清宮・注（2）前掲書二六九頁。

（14）ニクソン政権下における執行留保の状況については、拙著『財政法規と憲法原理』第一部第四章「米国の財政制度」参照

（15）予算法規範説が正しいと考える根拠については、拙著『財政法規と憲法原理』、特に第一部第二章「予算法律説への疑問」参照。

(16) 予算補助は、我が国に実験的法律という立法手法が存在しない結果発生する問題であると考えている。実験的法律については、大橋洋一『対話型行政法学の創造』(弘文堂、一九九九年) 二八〇頁以下参照。

(17) 予算と法律の不一致が発生した場合について、例えば芦部信喜は次のように説く。「①予算が成立したのに、その支出を命じる法律が制定されない〈中略〉ケースについては、内閣は法律案を提出し国会の議決を求めるしかないが、国会には法律制定の義務はない。②法律は制定されたのに、その執行に必要な予算がない〈中略〉ケースについては、内閣は『法律を誠実に執行』する義務を負っているので (憲法七三条一号)、補正予算、経費流用、予備費支出 (財政法二九条、三三条二項、三五条) のほか、法律の施行の延期等の方法で対処することが求められる。」(『憲法』新版 (岩波書店、一九九七年) 三二五頁より引用)。

ほぼ同様の記述が、戸波江二・注(2)前掲書四七二頁等に見られる。

(18) 宮沢・注(13)前掲書七一七頁参照。

(19) フランスでは、一般に予算権限を行政権として理解するが、そこでいう行政もまた、本文で述べた広義の作用であり、したがって、それが議会の権限であること自体には疑問はもたれていない (小沢隆一『予算議決権の研究』(成文堂、一九八八年) 二四二頁以下参照)。

(20) 明治憲法下における予算の増額修正権については、小嶋・注(1)前掲書六六頁参照。

第二章　予算における支出授権と契約授権機能

一　予算の法規範性解明のための道具としての用語の提案

今日の福祉国家において、予算に代表されるところの財政は、様々な複雑な機能を有している。そこから予算にも様々な法規範性の存在を認めることができる。しかし、本章ではそうした福祉国家における予算の特徴を捨象して、予算制度の基本機能だけを考えることとしたい。その場合、わが国憲法学では、従来からそれは国費の支出に関する授権と考えるとともに、それに尽きるとするのが通例である。そのことは、予算において法規範性を有するのは歳出予算であるとする見解に端的に示される。近時の学説では、歳入予算にも限定的に法規範性を認める者が増加してきているが、それは上述した福祉国家的予算機能の意味であって、基本機能として何らかの法規範性を認めているわけではないという点で、歳出予算に限定する立場と変わりがない。

この場合、現実の予算において歳出予算以外の重要な要素である予算総則、歳入予算、継続費、繰越明許費及び国庫債務負担行為をどう評価しているのか、すなわち、その法規範性を否定しているのか、あるいは法規範性はあるが、それは一般の法律によっても定めうるものを、単に予算によって定めているものに過ぎないと考えているのかについては、特に議論をしている者はなく、はっきりしない。前者、すなわち、それらは法規範性を有しないと考えている（少なくとも歳入予算についてはそうした考え方が有力のように思われる）のであれば、国会中心財政主義の意義及びそれが法規範的拘束力を有しているという現実を正しく評価しているとは言えない。後者、すなわち本来ならば法律の形式によって定めるべき事項を、予算で定めているという理解であるならば、それは予算という簡易迅速な制定手続を悪用した、一種の「予算の抱き合わせ」であって、違憲とするべきであり、この点について特段の議論を行わず、漫然と放置しているのは不当といわざるを得ない。しかし、実態はおそらくこのいずれでもなく、砂に頭を埋めて現実を否定している駝鳥に似て、予算総則等について何らの検討も行っていないという状況なのではないかと疑っている。

このように、我が国の予算の法規範性に関する議論は、今まで、その現に予算の大半を占めている部分を無視しているという意味において、残念ながらかなり不毛の議論であった。こうした不毛の原因の一つとして、予算の有する法的機能をきちんと表現した用語がないことを指摘できるのではないだろうか。社会規範の研究に当たっては、適切な分析の道具としての言葉がない限り、議論が噛み合っていないことさえも、当事者がきちんと認識できないからである。

ここに、予算の法規範性を解明するための道具として、二種類の言葉を提案したい。

第一に、表題に示した「支出授権」と「契約授権」である。憲法八五条は、国費の支出と国の債務の負担の二つを国会の議決にかからしめることを要求している。私見によれば、この二つこそ我が国予算の持つ二大機能である。そこで、本章では、前者、すなわち、従来、予算の中心的機能と考えられてきた支出権限の授与行為を、「支出授権」と呼ぶこととしたい。これに対して、後者、すなわち国が債務を負担するために、契約の締結その他の、債務負担の原因となる行為を行う権限を、国会が、当該行政庁に授権する行為を、以下、「契約授権」と呼ぶこととしたい(1)。この契約授権は、実定法上、行政行為として構成されているもの、例えば公務員の雇用契約や補助金の交付契約等も含む概念と理解されたい。予算について、この二つの用語を使用することにより、その機能の本質、したがって、その法規範性の意味するものについて、適切な検討を行いうると考える。

すなわち、憲法八五条については、従来、前者ばかりが重視され、後者については、別に否定されているわけではないが、予算機能として十分に認識されていなかった嫌いがある。これらの用語の使用により、そうした議論の欠落そのものを明らかにすることができるであろう。その結果、歳出予算以外の予算科目の法規範性の正しい評価が可能になる。

第二に、このそれぞれについて抽象的授権（一般的授権）と具体的授権（個別的授権）の概念区別を提案したい。ここに抽象的授権とは一般性を有する授権を、そして具体的授権とは一般性を有しない授権を意味する。この用語を使用することで目的としているのは、予算と法律の関係を明らかにすることである。

わが国憲法及び財政法学説は、憲法八五条が定める支出授権と契約授権に関して、例外なく、両者の授権の実行方法には違いがあると主張する。すなわち、支出授権は予算によって、そしてそれのみによって行われるのに対して、契約授権は憲法上、特に授権方法が特定されておらず、財政法は法律と予算という二つの方法を予定しているとするのである。こうした主張は明らかに誤りであると考える。

支出授権について言うならば、そのような主張は、論者が、予算と法律の不一致というあまりにも有名な論点の意味をまったく理解していないことを端的に示しているものである。すなわち、支出授権は、その抽象的授権は原則として法律で行うのであり、ただ、法律による支出授権の場合には、特定年度において現実に支出を行うには、重ねて、当該年度を対象とする予算による具体的支出授権が必要となるのである。そして、法律による抽象的支出授権と予算による具体的支出授権の間に不一致があるのが、予算と法律の不一致という問題に他ならないからである。

それとまったく同じ意味において、契約授権も、法律と予算の二つの形式で行うことができると言うべきであろう。従来の学説は、単純に、財政法一五条が、その冒頭で契約授権を法律によって行い得ることを明言していることに依拠して、法律による契約授権が可能であると述べるばかりで、そうした法律による授権が毎年の予算中でどのように扱われているかについてはまったく考慮の外においている点に問題がある。確かに、財政法一五条でいう法律は、財政法四条但し書きによる建設公債の発行授権を筆頭に、膨大な数が存在している。しかし、それで契約授権は完成しているのではない。毎年度の予算の冒頭を飾る予算総則では、そうした契約授権を目的とした法律を受けて、公債、一時借入金、国連機関拠出金、債務保証等の類型別に、各年度毎の契約授権の限度額を定めている。すなわち、契約授権においても、法律による抽象的授権と予算による具体的授権の二つが同時に存在しているのである。仮に、法律が抽象的契約授権を行っているにも拘わらず、予算総則での具体的授権が存在しない場合には、支出授権における場合とまったく同じ意味で、やはり予算と法律の不一致の問題は発生することになるのである。

したがって、予算における法律と予算の不一致の問題は、究極的には、法律による授権と予算による授権とは、どのように相違しているか、という点に求められるべきなのである。その分析の道具として、前述した抽象的授権と具体的授権の区別が意味を有すると考える。

以下、この二種類の概念を使用することにより、わが国予算の基本機能を分析してみたい。

二　福祉国家と予算における契約授権の重要性

本節では、予算の持つ二つの重要な機能のうち、従来十分に認識されてこなかった契約授権の意義を検討することとしたい。

(一)　契約授権機能の必要性

わが国では、憲法八三条の定める国会中心財政主義の下、議会の有する予算制定権が、特定年度の国の全収入・支出をコントロールするという法制を採用している。このような国においては、予算制定権の内容として、収入や支出のみを対象とした権限だけでは十分なものとは言えない。

なぜなら、国家機関が国会のコントロールを受けることなく、国の支出の原因となる契約を自由に締結することができるとするならば、議会の持つ支出に関する予算制定権は全く無意味なものとなってしまうからである。行政庁が勝手に締結した契約であっても、その契約上の支払期限が到来した時には、議会としては、契約の誠実な履行を行ってきた契約相手方である国民の犠牲の上に支払いを拒絶することはできないから、機械的に支出の承認をするほかはないためである。すなわち、国の支出を完全にコントロールしているというためには、その支出の原因となる債務を負担する行為もまた、国会が予算によって同時にコントロールするという制度が必要なのである。そこに憲法八五条が、支出授権と契約授権を並列的に定めた法意があると考える。同条を敢えて前後二つに切断し、支出授権だけを予算の権限とし、契約授権は予算の基本機能と考えない、とするのは同条の文言から見ても、極めて不自然な解釈であって、とうてい妥当なものとは言えない。

同様のことは収入についてもいうことができる。国の収入の原因になる契約は、国の一方的賦課徴収である租税と異なり、通常、国からのそれに見合った金銭以外の出捐、すなわち典型的には国有財産や物品の民間への払い下げ等の存在を意味している。国に財産的出捐を義務づけない収入原因となる片務契約、すなわち純然たる寄付のような場合にも、それにより有形無形の対価を期待している場合が往々にしてあるので、国会中心財政主義の下においては、やはりそれを国会のコントロールの下におく必要がある。このことは、皇室に対する関係では憲法八条の明定するところであるが、それ以外のあらゆる国家機関についても通有性を有する問題であるといわなければならない(2)。明治時代初期のわが国における最大の財政スキャンダルとして、北海道開拓使払い下げ事件がある。あのような不祥事を再び引き起こしてはならないことは、国会中心財政主義の下にあっては、なおのこと当然の要求だからである。

したがって、わが国のように国会中心財政主義の下に総計予算主義を採る国にあっては、予算権限とは、実は契約授権と支出授権の二つの機能から構成された権限と考えなければならない。

(二)　契約授権の福祉国家における重要性

かっての消極国家の予算は、支出授権を中心に構成されていた。国が、国民との間にできるだけ接触を持たないことが善とされる価値体系の下では、国と国民との契約に重要性がなかったのは当然である。これに対して、現代福祉国家においては、給付行政が国の活動の中心となる。そこでは、契約授権が予算の中心とならざるを得ない。その理由はきわめて単純にして明確であろう。すなわち、行政庁は、その行政施策を遂行するのに必要な諸々な人的物的資源を獲得するために予算を必要とするのであり、決して現金の支出そのものを目的としているわけではない。そして、そうした人的物的資源の獲得は、契約ないしそれ類似の行為を通じて行われるからである。付言するならば、国の現実の収入や支出のほとんどは日銀（その代理店等を含む）において行われる（会計法七条及び一五条）のであって、個々の行政庁が直接行うことは原則としてない。

したがって、今日のわが国予算は契約授権を中心に構成されているべきであるし、また、現実にもそうである。すなわち、予算総則、歳入歳出予算、継続費、繰越明許費、国庫債務負担行為のすべてが契約授権の効力を持ち、また、財政法中の様々な規定もすべて、契約授権を適切にコントロールするために設けられているのである。しかし、この点については、ここで同時に論ずるには極めて多岐にわたる検討を必要とし、本章の焦点がぼやけるおそれがあるので、その詳細については次章で論ずることとした。

三　抽象的授権と具体的授権の相違

はじめに述べたとおり、わが国憲法及び財政法学説は、憲法八五条が定める支出授権と契約授権に関して、例外なく、両者の授権方法には違いがあると主張するが、妥当ではなく、支出授権の場合にも契約授権の場合にも、法律と予算による二重の授権を必要とすると考えるべきである。

このように、予算と法律による二重の授権が、いずれの場合にも必要となる理由は、二重法律概念と予算との関係から理解する必要があると考える。

(一)　二重立法概念と予算の関係

憲法四一条は、国会を国の唯一の立法機関と定める。ここに、法律が独占している立法とは、実質的意味の立法であり、それは対国民的な法規範（Rechtsatz）と解するのが、通説と考えて良いであろう。何が対国民的な法規範であるかについては学説の対立があるが、その基本的な要素としては一般性を要求するのが、これも又通説であると解することができる。ここまでの点については、既に別途詳細に論じたことがある[3]ので、ここでは深く論証せず、そこではあまりつっこんだ議論を行わなかった点についてだけ、以下に補足したい。

問題は、形式的意味の立法については、こうした一般性等の制約はなく、国会は自由にその望む法規範を定めることができると一般に解されている点にある。換言すれば、形式的意味の立法に該当する分野であれば、具体的法規範を法律の形式で制定することが許されるとするのである。しかし、こうした解釈が正しいとは思われない。

なぜなら、国内法のうち、対国民的な効力を持つ法規範を除外した残余の領域とは、国家内部法の領域だからである。これを憲法の章を基準にするならば、立法府・司法府及び行政府の内部法領域、地方自治法領域並びに財政法領域の三つに区分することが可能であろう。

このうち、立法府等の内部法の領域についていえば、議院規則等の内部規則と法律の優劣関係をどのように理解しようとも、この領域で、法律の形式を使用したからといって、個別具体的な指図、命令が国会を国会が行い得ると考える論者はいないであろう。同様に、地方自治法領域についても、狭義の伝来説を採用する論者であろうとも、法律の形式を使用すれば、国会が特定の地方自治体に特定の作為不作為を命ずることができると解する論者はいないであろう。したがって、これらの分野における形式的立法もまた、一般性を少なくとも要素の一つ（又はすべて）として有していると解すべきことになる。

このように消去していくと、形式的意味の立法であって、国会が一般性の制約なく立法可能であると考えられる唯一の法領域は、本章が問題としている財政法領域ということになる。ラバントが、まさにこの領域をめぐる論争の中から二重法律概念を創出したことを考えれば、それは異とするに足りないであろう。

(二)　具体的授権の予算による独占

1　具体的支出授権の予算による独占

財政領域において、国会の採用している法形式としては、予算と法律の二つが知られている。そして、予算の特徴は、まさにその対象とする特定年度における個別具体的な法規範である点にある。そして、国会中心財政主義の下、予算にすべての収入・支出が計上されなければならないという完全性（悉皆性）原則の要請に従うならば、当該年度に関するすべての個別具体的な財政事項は、予算に一元的に計上される必要がある。すなわち、予算が具体的支出授権を独占することにより、はじめて予算が当該年度の財政活動の全体を示すことが可能になる。このように予算が具体的支出授権を独占するためには、財政領域において、国会が法律の形式を使用する場合には、通常の実質的意味の立法に該当する場合と同じく、一般性を有する限度でしか法律は定めることができないと考えるべきことになる。法律が具体的支出授権を行うことを認めては、予算外で支出を行うことが可能になってしまうからである。

すなわち、国が現実に支出を行う行為は、常に一般性が欠如しているから、法律が支出授権を行っている場合にも、それだけで実施することはできない（以下、一般的授権を行っている法律を「授権法」という）。そうした授権法に重ねて、歳出予算による支出授権が存在することにより始めて実行できることになる。このため、授権法を必要とする法領域においては、授権法と歳出予算の間に不一致が発生すれば、両者のいずれを実施することも不可能という有名な問題が発生するのである。

2　具体的契約授権の予算による独占

それと同様に、この完全性原則は、契約授権の概念を認めるならば、すべての具体的契約授権が予算によって行われなければならないことも同時に要請していると考えなければならない(4)。そうでなければ、予算外で契約を締結することにより、その支払期限の到来する将来の年度において、国会は、当該支出を妥当と考えると否との判断とは関係なく、支出授権を必然的に与えねばならないことになってしまうからである。

国に現実の負担を負担させる行為もまた、常に一般性が欠如するから、法律が契約授権を行っている場合にも、法律だけを根拠として実施することはできない。契約授権における具体性ある部分とは、当該年度の契約限度額である。したがって、この点だけは、授権法が存在する場合にも予算の独占とならざるを得ない。すなわち、一般的な権限そのものは、法律で定めることが可能である。そのような立法例は、財政法四条一項但し書きが建設公債の発行を認めていることを筆頭に、前述のとおり多数存在する。しかし、現実に行政庁が契約を締結するに当たっては、根拠法以外に予算による限度額の授権が重ねて要求される。

法律によって行われる一般的契約授権に対する予算による具体的授権は、予算のあらゆる科目の上で認められることになる。

ア　当該年度に収入も支出ももたらさない契約の授権であれば、その限度額は予算総則に見られる一連の規定という形で定められる。

イ　当該年度に支出が行われる場合には、それに対する具体的契約授権は歳出予算の形で行われることになる。長期継続契約に対する会計法二九条の一二による授権は、それに対応する具体的支出授権が歳出予算によって行われる場合の典型である。

ウ　国の収入原因が法律で定められている場合もまた同様である。例えば、民法九五九条は、相続人不存在財産の国庫帰属を定めるが、これは一般的授権にすぎないから、現実に国庫に帰属させるためには、毎年度の裁判所の歳入予算によってそれに対する具体的授権が行われる必要がある（款＝諸収入、項＝雑入がそれに当たる。）。

3　具体的授権の予算による独占の持つ意義

支出授権に関して、個別具体的なそれは予算が独占するという法制は、その独占の程度において差異があるが、原則的には欧米各国の採用するところである。これに対して、具体的契約授権の予算による独占という制度は、米国などと顕著に異なるわが国独自のものである。これが国会による財政コントロールの観点から見た場合、極めて好ましい効果を発揮する点で、その重要性は非常に高い。

米国の場合には、個々の契約締結の授権までも、予算とは別に、一般の法律によって行うことも是認しているため、そのような法律がある場合には、行政庁は予算によって拘束されることなく、契約、例えば債務保障契約、を締結することが可能となっている。その結果、保証人としての責任が現実に追求されたときにはじめて予算審議の対象となるが、その時は履行期になっているから、議会としては機械的に支出を承認する外はない。これを裏口支出（Backdoor Spending）と呼び、かって米国が大幅な財政赤字に悩んだ際の大きな発生原因となっていた。Ｓ＆Ｌに関する債務保証がその典型である。一般性を持たない事項は予算の独占とする現行制度は、こうした裏口支出の非常に有効な防止策となっているのである。

四　わが国における契約授権の沿革

前節で述べたとおり、わが国の現行の財政運営は、契約授権概念を中心に行われているが、わが国予算における契約授権機能は、現行憲法八三条の下で突然発生したのではない。それどころか、明治憲法からの長い伝統がそこには存在しているのである。そうした伝統が存在していたからこそ、八三条の制定とともに、実務が速やかに契約授権の予算による独占という運営を行うことが可能になったということができる。以下では、そうした沿革を紹介したい。

(一)　明治憲法制定の前後

1　明治憲法六二条三項の意義

契約授権に関する限り、わが国は世界の先進国ということができる。すなわちわが国が法制度を学んだどこの国もいまだ契約授権を定めていなかった時点で、わが明治憲法六二条三項は

「国債を起こし及び予算に定めたるものを除く外国庫の負担となるべき契約を為すは帝国議会の協賛を経べし」

と定めていた。この前半の、国債の発行に関する議会の協賛は、他に例が多い。例えば、既にその時点で、プロイセンや米国の憲法にも同様の文言が存在していた。しかし、後半の定めている二つの点、すなわち、第一に、国庫の負担となるべき契約を行う場合にも議会の協賛を必要とするという点及び第二に、予算に定められている場合には、その例外として特別の協賛を必要としないという点は、いずれも注目に値する。

第一の点は、今日の制度と幾分隔絶しているために、文言だけからではその意味が理解しにくい。が、明治憲

法期における運用の実体を見ると、現行の国庫債務負担行為と同様に多年度にまたがる債務負担を、予算とは別の法律の形式で、議会の協賛を得るという制度である。このように、一般に将来の国庫負担となる契約等に関して議会の協賛を必要とするという法制は、明治憲法の成立に影響を与えたといわれる英米独仏の四ヶ国のいずれでも、その時点では有していなかったのである。

この規定で、更に注目に値するのは、第二の、予算に定めたものについては別に帝国議会の協賛がなくとも契約できることを、すなわち予算には契約授権の機能があるということを、同条は明確に予定していたと読める点である。これは、現行財政法一五条の直接の原点となる重要な規定であり、こうした発想は、今日においてさえ、英米独仏各国の予算制度のもたないものである(これらの国における契約授権制度がどのようなものであるかを、ここでそれぞれに紹介すると錯綜して判りにくいと思われるので、それについては、次節にまとめて紹介してある。)。

明治憲法は「国家の歳出歳入は毎年予算をもって帝国議会の協賛を経べし」（六四条一項）として総計予算主義を採用していたから、先に述べたとおり、契約授権制度を導入することは論理的には当然のことといえるであろう。しかし、この当然のことにどこの国も気がついていなかった時点で、こうした規定が作られたことは注目に値する。

2　六二条三項の制定過程

この契約云々の文言は、当然のことながら、同憲法起草の当初から存在していた規定ではなかった。

それどころか、かなり審議が押し詰まった枢密院再審会議（明治二二年（一八八九年）一月一六日）の段階でも、「国債を起こすは帝国議会の承諾を経べし」という一八四八年プロイセン欽定憲法と同様の単純な規定が存在しているだけであった。

枢密院の審議会議が終了すると、本来ならばその結果を天皇に直ちに上奏するのであるが、「枢密院の再審会議において議決された憲法草案について伊藤議長は上奏の手続きをとらず、英文に翻訳した条文を示して御雇い法律顧問のロェスレルあたりの意見を徴し、更に草案全体に亘って最後的検討を行って欽定の憲法に不用意の欠点を残すことなきを期した。(5)」その際に作られた伊藤のメモに、この契約に論及する修正案を考えていることが窺われる。

そして、同年一月二七日に高輪の伊藤博文の別邸に伊藤自身に加えて、井上毅、伊東巳代治、金子堅太郎の計四人が集まって検討した、いわゆる高輪会議の際に作られた伊藤の修正案の中に「契約云々」という文言は始めて姿を見せる。すなわち「国債を起し及将来に国庫の負担と為るべき契約を為すは帝国議会の協賛を経べし(6)」とあるのがそれである。

本章で注目している「予算に定めたるを除く外」という文言は、しかし、この段階でも存在していない。最終的に枢密院第三審会議に提出される草案段階で、始めて、付け加えられてくるのである。

こうして、本項に関する修正はかなり大幅なものとなったにも拘わらず、しかも先進諸国に類例のないものであったにも拘わらず、枢密院においても特段の異議もなく、原案のとおりに可決されて明治憲法となった。そのため、当時この修正の意味するところがどのように認識されていたのかは、記録からははっきりしない。

ロェスレル等の御雇い外国人から、このような文章に修正すべきだとする意見が出てくるとは思われない。前述のとおり、当時の欧州各国においては、契約授権の発想はなかったし、ロェスレル自身が書いた憲法草案で、本条に一番近い規定を探しても、八七条の「政府財産の各部は管理上の目的よりいずるものを除くほか、国会の承諾を経るにあらざればこれを売却譲与することを得ず。」とあるもの程度しか見当たらない。これは一八一九年に制定されたバイエルン憲法に倣ったもののようである。しかし、第三審会議で現れた条文はこれに比べてかなり広範に議会の契約授権権限を定めており、この段階にいたって突如としてロェスレルがこうした改正案を示したとはとうてい思えない。したがって、これは伊藤博文個人ないしそれに非常に近い人物の創見であろうと思われる。(7)

3　六二条三項と実定法

同項について、伊藤自身は次のように説明する。

「第三項国債は将来に国庫の負担義務を約束する者なり。故に新に国債を起すには必議会の協賛を取らざるべからず。予算の効力は一の会計年度に限る。故に予算の外に渉り将来に国庫の負担足るべき補助保証及其の他の契約を為すは皆国債に同じく議会の協賛を要するなり。(8)」

後述のとおり、イギリス議会は今日に至るも国債に関する同意権をもたず、ドイツやフランスも近時にいたってようやく、将来の補助・保証に関する議決権を議会に与えるようになったことを考えると、将来に国庫の負担となる可能性のあるあらゆる契約について議会の権限に留保したという、本条の歴史的意義は、世界的に見ても、きわめて大きなものがあると言うことができる。この時点における伊藤の先見性は信じがたいほどのものである。そして、その根拠を「予算の効力は一の会計年度に限る」という点に求めていることからは、明らかに、単年度予算に計上されている費目に対応する契約については、重ねて帝国議会の承認を不要とする趣旨が、明確に看取できるであろう。

明治憲法を受けて同年に政府提出の会計法草案一六条には次のような規定があった。

「各省大臣は土地家屋の借入及特に法律を以て許可せられたる場合を除くの外一年度の外に渉り経費の支出と

なるべき契約をなすを得ず。」

この規定の趣旨は次のように説明されている。

「一年度の外に渉り経費の支出となるべき契約をなすとは例せば某官庁が某鉱山と十箇年間毎年何百噸の石炭を買い入れるの契約を結ぶが如きを云う。すべて如此契約は一年毎に取り結ばしめて事務上差し支えなきのみならず、会計上の弊少なく、且つ予算は通常一年ごとに定額を許可するの精神なるを以て本条を制限を設けたるなり。

土地家屋の借入は永期の契約に非れば実際不便且不利益なるを以て特に数年に跨るを許す。恩給を付与する如き終身官を任命する如き其他事業の大なるものは経費の数年に跨るもの多しと雖も之れ等は法律の規定あるを以て差し支えなきなり(9)」

ここでは歳出予算により一年以内の契約を締結する権限が発生すること、多年度に跨る契約は原則として法律の規定がない限り、締結できないことが明確に定められている。ただし、最終的に成立し、裁可公布された会計法ではこれに対応する規定が削除されている。理由は不明であるが、草案が全四五条にわたるものであったのに対して、成立した会計法はわずか二四条になっているところからみて、当然の事理を定めたものとして削除されたのではないかと思われる。

この会計法は大正一〇年にいたって抜本改正を受ける（大正一〇年法四二号）。その一一条では、「政府は予算に定むるもの及特に帝国議会の協賛を経たるものを除くの外災害事変その他避くべからざる事由ある場合に於ては翌年度に亙る契約を締結することを得

前項の規定により翌年度に亙る契約を為すことを得べき金額は毎年度帝国議会の協賛を経て之を定む」

という規定が初めて設けられる。

この一項一文からは、現行財政法一五条ほど明確ではないが、予算に定めた金額の限度で行政庁が契約授権されていることが読みとれるであろう。こうした規定が、大正一〇年にいたってきちんと設けられたこと自体、単年度の契約授権を予算によって行う慣習が定着していたことの証左ということができる。

以上をまとめるならば、明治憲法下においては、具体的契約授権は予算が独占していたわけではない。予算もその効力を有していたが、同時に法律によって具体的契約授権を行うことも可能とされていたのである。その典型が、今日の国庫債務負担行為に相当する、いわゆる予算外国庫負担を定めた法律ということになる。

4　明治憲法下における学説の状況

明治憲法六二条三項の解釈に当たっては、明治憲法下の憲法学者からは、「予算に定めたるもの」という部分は完全に無視され、単純に予算外国庫負担条項としてのみ認識されていたようである。管見の限りでは、予算にどのような形であれ契約授権機能があることを論じたものはみあたらない。なぜかわが国では憲法に明文の規定があるにも拘わらず、理論上、契約授権の概念が欠落してしまったのである。

その原因は、一つには上記のとおり、初期の会計法にそのことを明言する規定がなかったため、きちんと実務の研究をしていなかった学界が、その点を十分認識できなかったためと思われる。また、いま一つには、明治憲法の解釈に強い影響を与えた戦前のドイツ憲法の財政の規定の解釈において、後に紹介するとおり、最後まで契約授権の発想がなかったために、意識の盲点になったという点が、指摘できるであろう。さらに、契約授権は予算の統制権というよりはむしろ管理権に属する機能であるから、我が国憲法学界の伝統的な理解であるところの、議会財政権を単純に統制権とする基本的把握と合致しなかったためではないか、とも思われる。

理由は何であれ、学説的には契約授権の思想は、実務とは乖離した形で、わが国には育たないままに敗戦を、そして米国主導による憲法の改正を迎えることとなった。

(二)　現行憲法制定前後

1　マッカーサー草案における契約授権と日本側の受け入れ状況

米国においては、行政庁が契約を行うには議会による契約授権が必要があることは、わが国の場合と比べると幾分不十分な形ではあったが、明確に認識されていた(その点については、次節(二)参照)。そこで、マッカッサー草案七八条では、

No contract shall be entered into in the Absence of an appropriatin therefor, nor shall the credit of the State be pledged except as authorized by the Diet.

「予算によって支出が認められているのでなければ、契約を結んではならない。国会によって承認されているのでなければ、国が債務を負担してはならない[10]」

と明確な形で契約授権について定めていた[11]。

しかし、当時の日本側担当者は、契約授権を知らない明治憲法下の学説になじんでいたためと思われるが、この条文が基本的に理解できなかったようである。そのことは

「充当すべき特別予算なくして契約を締結すべからず。また国会の承認を得るにあらざれば国家の資産を貸与すべからず[12]」

と、原文とはかなりかけ離れた翻訳を行っていたことに明らかである。

そして、こうした翻訳を基礎に米側と直接交渉に当たった佐藤達夫にとっても、これが意味不明の条文であるという事情は同じであった。すなわち

「契約締結・国家資産の貸与に関するマ草案第七八条については、その趣旨が明らかでないので、先方に対し説明を求めるなど問答を重ねたあげく、次のような規定に書き換えることにした。」

として、現行八五条の文語体のものを紹介している。(13)

この佐藤達夫の手による原文の書き換えの過程で「契約」の文言が脱落した理由はこの文章からでははっきりしない。しかし、明確な記述がないところから、積極的に異なる内容に変更したのではないと考える。

2　現行憲法制定過程における解釈

この条文を理解できないでいるという状況は、政府案の帝国議会における審議の場においても同様であった。憲法学者であり貴族院議員であった佐々木惣一は、同条にいう「債務」という概念は金銭上の負担というものを生ぜしめる債務かとたずね、金森国務大臣から肯定の返事を受け取った後、では、国債に加えて大蔵省証券や一時借入金が含まれるのか、とたずねる。これは、先に述べたとおり、明治憲法下では憲法学者は六二条三項を将来の国庫負担に関する規定と理解していたため、当年度中に解消するそれらの債務は含まれないと解されていたためと思われる。これに対して金森は次のように答弁する。

「国家がすべて債務を負担すると云うことは予算の認めて居る範囲外に於いては当たっている。したがって大蔵省証券も、あれは予算の支出とは違うのでありますから、私はやはりこれに当たるものと考えております。(14)」

この解釈によれば、同条は、予算外で契約する権限を授権したという点で、明治憲法六二条三項と同趣旨の規定であり、しかも国庫債務負担行為とか大蔵省証券のような金銭債務だけに限り、伊藤博文自身が明確に例示し

ている補助金や債務保証は含めないということになる。しかし、この解釈は、いわばその場の思いつきに近いものであって、実際には採用されることはなかった。

五　欧米における支出授権と契約授権についての考え方

わが国近代財政制度に強い影響を与えた英米独仏の四ヶ国において、今日、支出授権と契約授権はそれぞれどのように扱われているかについて、以下に紹介しておきたい。

結論的にいうと、どこの法制でも、予算は以前から支出授権の機能を有している。ただし、その独占の程度についてはかなりのばらつきがある。これに対して議会による行政庁に対する契約授権という法制は、世界的に見た場合、比較的近時になって出現してきたものということができ、独占の程度も必ずしも高いものではない。すなわち、本章で述べたような完全な形での契約授権という法制を明確に採用している国は、わが国予算制度に影響を与えた英米独仏の四ヶ国の中には未だない。しかし、英国を除いては、実質的にはわが国と同様に、議会に契約授権権能を認めているということができるであろう。以下制度の概況を紹介したい。

㈠　英　国

英国では、予算は支出授権を独占しておらず、したがって契約授権に類する制度は、全く存在していない。

英国では、よく知られているとおり、租税の使途の指定という形から予算が発展した事の必然的結果として、今日においても、議会の支出授権は、租税収入を一元的に管理している統合国庫資金（Consolidated Fund）のみにしか及ばない。しかも統合国庫資金は更に毎年議決の対象となる議定費と、それが不要な既定費とに分かれる。

したがって、わが国でいうところの予算は、議定費に該当する費目に関してのみ、支出授権を独占しているに過ぎない。

公債の発行は、国家貸付資金（National Loans Fund）（わが国での財政投融資にほぼ相当すると言われる。）の一部として行われる。しかし、この国家貸付資金は、その原資が租税ではなく、借入金であるので、議会の議決を必要とはしない。また、公債の償還は既定費に該当する。したがって、公債で賄う限り、予算による統制はまったく及ばないことになる。

また、わが国でいう国庫債務負担行為に当たる将来の年度において支出原因となる契約も、大蔵大臣の一存で締結することが可能とされている。

このように、英国の予算制度においては、契約授権機能がまったく欠落しているが、その理由は、同国が総計予算主義を採用していないことに求められると考える。すなわち、上記のとおり、統合国庫資金は租税だけを対象としており、租税以外の国の収入、すなわち各省庁の手数料や物品売払い、罰金等の収入については、同国の制度では必ずしも統合国庫資金に払い込む必要はない。その場合には、そのまま各部局の財政支出に充当される。この資金を支出補充金（Appropriation in Aid）という。支出補充金は、全体では議定費総額の一割弱に達するから、決して少ない額ではない。項目によっては、支出補充金の額の方が議定費予算額よりも多かったり、さらには議定費からの支出は不必要なほどの額に達するものもある。(15) そのような場合でも、その項目が議会の審議から欠落するのを防ぐため、名目的な金額（通常は一〇〇〇ポンド）を議定費に計上するという手法がとられる。これを名目的議決（token vote）という。

このような法制を採用する場合、予算の機能の一部として契約授権を考える必要は存在ない。仮に契約による支払期限が到来した段階で議会が支出授権を拒否したとしても、支出補充金や公債等によって支払いが可能である限り、契約相手方に不利益を与えることはないからである。したがって、契約が既に締結されているという事実は、議会の支出授権権能の制約としては、機能しないからである。

また、英国予算制度は、租税の使途指定というフィクションに依存している以上当然のことながら、歳出予算のみを対象としており、歳入予算制度をもたない。したがって、歳入の原因になる契約に関する授権が行われることがないのは当然である。

(二)　米　国

1　米国における支出授権

米国憲法は、当初から租税、関税、輸入税の賦課徴収権そのものを議会の権限とした（一条八節一項）。その結果、英国と違い、支出充当に当たっても租税の使途指定という迂路を採用する必要はなかった。そこで単純に、「国庫からの支出はすべて、法律で定める支出充当によってのみ定める」として、全面的に議会の権限としている。

国庫からの支出充当、すなわち支出授権に関する法律を支出充当法（appropriation act）という[16]。支出充当の決議の方法は、かなり複雑である。第一に、議会の議決のあった当該年度に限って支出を認める単年度支出充当(one-year appropriation)が存在している。これはわが国歳出予算と同様の制度と考えて良い。しかし、第二に、配賦された予算を許容された数ヶ年度にわたって使用しうる多年度支出充当（multiple-year appropriation）がある。そして第三に、配賦された予算を使いきるか、若しくは予算配賦の対象となった事業が完了するまでの間、新たに議会の承認を得ることなく継続的に債務負担をなしうる無期限支出充当（no-year appropriation）という類型が存在している。あとの二つは、艦船の建造や公共事業費に使われるもので、その限りではわが国の継続費ないし国庫債務負担行為と類似している。しかし、事業に充てられる総額が特定年度の支出充当に計上され、承認されると、それが確定的な支出授権となり、後年度の議会の審議の対象とならないという点で、根本的に異なる。多年度支出充当が承認されている場合に、その有効期限内に与えられた予算を使い切らなかった場合には、その有効期限の延長を承認する議会決議（reappropriation）が必要という点で、無期限支出充当と異なっている。

すなわち、米国財政制度は、年度独立の原則及び予算統一の原則を持たず、個々の事業について、それぞれ別々に予算の存続期間が定められることになる。

２　契約授権の状況

米国には、明確に契約授権制度が存在する。ただし、それはわが国のそれとは若干異なり、支出面についてのみ、しかも支出授権とは切り離された制度として存在している。

右記のように、支出充当決議により支出授権が行われた場合、わが国歳出予算の有する契約授権機能と同様に、それに伴う契約授権が存在していると理論的には考えることができるであろう。しかし、複数年度を対象とする支出授権という制度が存在する以上、概念的な区別としてはともかく、それをいわねばならない実益はあまりない。その為であろうと思われるが、わが国財政法一五条のような形で、それら支出授権に随伴して契約授権が存在する、という主張は特に行われていない。

支出充当法中に、支出授権とは別に、契約授権が明確な形で出現したのは第一次大戦への参戦に伴って行政府に財務行政の弾力性を認める手段として導入されたのが最初である。[17] これはたちまち一般的に使用されるようになり、その後における米国財政赤字の大きな原因となっていった。

冒頭に述べたとおり、一条八節一項は租税の賦課徴収権を議会の権限としているが、それには、債務の弁済、共同の防衛及び一般の福祉目的という三つの使途指定がついている。この結果として、これらの活動もまた議会の権限となる。この第一の債務の弁済が、ここで問題とする契約授権の基本となる権限ということができるであろう。

契約授権（Contract Authorization）にもまた、支出充当に対応した三類型、すなわち単年度契約授権、多年度契約授権及び無期限契約授権が存在しうることは、論理上当然であろう。しかも、契約授権は、支出充当法以外の一般法によっても、しかも金額を特定することなく、制定することも可能とされる。典型的なものとしては、食糧切符制度やＳ＆Ｌに対する債務保証などがある。それに基づいて、現実に支出の必要が発生した場合にのみ、支出充当法に計上されるのであるが、その場合には、既に債務の弁済期が到来しているのであるから、議会としては機械的に支出を承認することしかできないわけである。

したがって、契約授権の段階からきちんとした統制を行う必要があるが、そうした制度が導入されたのはようやく一九七四年議会予算及び執行留保統制法からであり、それさえも徹底したものではない。それがその当時における米国財政赤字発生の大きな原因の一つとなっていた。

米国には、英国の場合と同様に、わが国の歳入予算に相当するものはない。歳入法（Revenue Act）と呼ばれる法律は、実質は租税法で、わが国同様の永久税主義を採用している。この結果、歳入原因となる契約授権については議会のコントロールは及ばない。

㈢　フランス

1　予算の支出授権機能

フランスでは、歳出予算が支出授権機能を有しているが、それを独占しているとは必ずしもいえない。同国では、かっては、すなわち第三共和制当時においては、徹底した国会中心財政主義がとられ、歳出予算が支出授権を独占する点についても問題はなかった。しかし、予算が通常の法律の一種と理解された結果、「抱き合わせ」と呼ばれる様々な問題を発生させた。それを解消するため、現行第五共和制の下では、予算の機能そのものが大幅な変容を遂げ、行政活動の一種と理解されるようになり、その結果、歳出予算の支出授権独占性そのものが低下したのである。

第五共和制憲法は、財政制度については直接詳しい規定をおかず、それを組織法律（Loi organique）に委ねている。組織法律は、審議と採択に特別の要件が定められ、憲法院による憲法適合性の宣言が必要である（憲法四六条）こと等により、憲法を補足し、普通の法律の上位に位置する法制と理解されている。それによれば、予算の内容は、国の経常的な収入及び支出の勘定として列挙されているものに限定されている（予算組織法一六条）ので、そこに列挙されている以外の収入や支出は、予算には掲記する必要自体がないことになる。イギリスの支出補充金に相当する手数料収入等は列挙の対象となっているが、公債は、イギリス同様に掲記の対象外である。

歳出予算額の計数の拘束力が低いことも、現在のフランス財政制度の特徴として数えることができるであろう。すなわち、予算組織法によれば、すべての経費は、概算的経費（九条）、暫定的経費（一〇条）、制限的経費（一一条）の三種類に分けられる。

概算的経費は、公債費、年金費その他予算法で特に指定される国の義務に属する経費で、これらについては制限無く、予算超過支出も可能であり、事後の補正も必要ではない。従って決算を見ない限り正確な数字は把握できない。

暫定的経費は、予算法制定の時点では正確な必要額を知り得ない経費であって、予算法によって指定されているものは、不足が生ずれば予備費から支出でき、なお不足がある場合には補正予算で対応する。ただし、緊急の場合には経済・財政大臣の報告に基づいて制定される政令をもって予算額の増加をすることが出来る。この場合には、補正予算を提出し得る最初の機会に議会の事後承認を受ける必要がある。

この他の経費はすべて制限的経費に属する。これに対しては、予算に不足が生じた場合には、補正予算をもって対応する外はない。ただし、緊急の場合には一定の要件の下に前払い政令によって追加経費を開設する方法が認められている。

すなわち、概算的経費の場合には、予算額は単なる参考数値であって、具体的支出授権そのものが、その根拠となる法律によって与えられていると見るべきであろう。したがって英国の既定費と同じ性格であって、ただそれが予算上存在を知ることができるというに止まる。暫定的経費の場合も、支出授権そのものの機能は完全にはなく、事後の承認機能という形に変形していると見るべきであろう。制限的経費のみがわが国歳出予算と同じ性格であって、支出授権機能を持つと辛うじて考えることができるであろう。

2　予算の契約授権機能

同国には、ある程度わが国契約授権制度と類似したものが存在しているが、わが国のそれのように包括的なものではない。

(1)　歳出予算における契約授権

歳出は、民事費と軍事費に分かれ、それぞれが経常支出（Dépanses en transfert　移転支出と訳されることもある）と資本支出（Dépences en capital）に分かれる。経常支出は受益者側の直接的代償なくして支払われる支払いに充てられる予算であり、資本支出は国が直接間接に行う投資に当てられる予算である。

フランスの予算は基本的には英国同様に、租税収入の使途指定という形式を採用しているが、債務負担に関する限り、現行の予算組織法は議会のコントロール権を認めるようになっている。その方法は、大別して計画承認と事前債務負担行為の二つがある。

A　計画承認（Autorisation de programme）

現在、資本支出はすべて計画承認が行われている。したがって、場合によっては単年度だけの計画承認というものも存在する。また、数年にわたって継続しなければならない非常に多額の経常支出（例えば軍事行動）に関して行われることもある。計画は予算法に計上される。初年度の予算法で事業計画の承認があると、国はそれに基づいて全事業の完成に必要な債務負担行為（Engagement）を行うことができるようになる。計画承認は、議会が無効と宣言するまで有効で、日本の国庫債務負担行為と異なり、期限の定めは不要である。これに対する支出は、各年度の予算法に計上される年割額（Crédits de paiement）が上限額となる。これは計画承認とともに、資本支出に（経常支出で計画承認があれば経常支出にも）計上される。

B　事前債務負担行為（Engagement par anticipation）

各年度の予算法に定められる特定の項については、次年度予算からの支出を前提として、当該年度中に特定金額の限度内で前もって債務負担を行うことが認められる（予算組織法二条三項）。これは主として軍事経常支出に認められるもので、あまり大きな金額ではないという。[18]

(2)　公債の発行

公債の発行そのものは、各年度の予算法によって与えられる一般的認可に従って行われる（予算組織法一五条二項）ので議会の権限であるが、その具体的な発行額や発行条件はすべて担当大臣の裁量に委ねられ、発行に当たって、公的な発行計画というようなものは設けられない。すなわち、フランスでは、公債の発行に当たって、次のような条文が各年度の予算法におかれるにとどまる。[19]

「経済・財政・予算大臣は〈……〉年度において政令により定められたる条件に従い、次の措置を行うことができる。

①　国庫支出の全体を賄うため、または外為準備強化のための長期、中期、または短期の公債の発行

②　公債利率の任意的操作及び公的債務の償還の操作」

この結果、公債については、予算は契約授権機能を形式的には有しているといえるが、その発行に当たって議会の統制は事実上及ばない。

フランスは歳入予算をもっているが、上述のとおり、契約授権は一般的な制度として理解されているわけではないので、歳入予算について、契約授権機能が特段論じられることはない。

(四)　ド イ ツ

ドイツの場合には、戦前におけるわが国憲法の解釈学に対して強い影響を与えたと考えられるので、他の国と異なり、戦前からの憲法の推移をも含めて以下に紹介したい。

1　プロイセンないしドイツ帝国時代の憲法

一八四八年プロイセン欽定憲法九九条は

「すべて国家の歳入歳出は毎年これを予定し、もって予算を調製せねばならない。」

と定めて、予算にすべての収入支出を計上する主義の原則を明確に採用していた。したがって支出授権は予算が独占していることとなる。この点については今日まで一貫しており、特に述べる点はない。

このように予算の完全性原則を採用する以上、英仏とは事情は異なり、契約授権の思想が基本的に必要となる。同憲法一〇二条には

「公債の発行は法律に基づいてのみ行うことができる。国庫の負担による債務保証につきまた同じ」

という規定がおかれ、国の債務負担のうち、公債と債務保証という二つの重要な領域が明確に議会のコントロールに服することとされていた。この点は、ドイツ法制が英仏との明確な相違を示している点である。但し、これは本章に述べる契約授権という思想から生じた規定ではなく、ドイツでは、古くから国の行う資金の借り入れには等族会議の承認が必要という憲法慣行が存在していたことに基づくものである。そのため、一九世紀初頭に南西ドイツ諸邦、すなわちバイエルンやバーデン等で制定された憲法でも同様の規定が存在していた。プロイセン憲法のこの規定は、そうした同国特有の憲法慣行に基礎を有するものである。そして、この等族会議の同意権の根拠は、部会による国家財政の統制にあるのではなく、将来の資金を過去の必要の犠牲にするという資金調達形式そのものにあった。したがって、明治憲法のような形で明確な契約授権の思想は導入されることはなかった。

これらの規定は文言も変更されることなく一九五〇年協約憲法にそのまま引き継がれる（起債に関する条文は一条ずれて一〇三条となる）。

一八六七年北ドイツ連邦憲法では、その七三条が
「特別の必要がある場合には、法律の定めるところにより公債を発行し、あるいは国家（Reich）の負担となる債務保証を行うことができる。」
と定めた。この場合には、公債などの発行そのものに「特別の必要」という文言を被せることにより、欽定憲法などに比べて、債務負担を抑制する姿勢が明確に出ているが、これも上述のドイツ憲法慣行に基づく。すなわち、同国では、公債の発行は、積極的に国家資金を獲得する手段として認められているのではなく、緊急かつ特別の国の必要を満たす手段として、新しい公課と比較した上での、より小さな悪として承認されているに過ぎないのである。そこにこの制限文言の意味がある。この規定は一八七〇年国家（Reich）憲法（いわゆるビスマルク憲法）にもそのまま踏襲される。

それでもこうした最小限の契約授権規定があるのであるから、学説の方で、この方向に向けての検討が行われれば事情は違ったと思われるが、そうではなかった。同国の国家法学は、長いこと、国の負債手段を議会との協同、利息支払いや償還の確実性、負債形式の制限、負債の引き受けの合規則性という単に形式的面の問題とみなしていた。その意味や結果、法的正当性及び負債引き受けの限界という問題は、通常は法的考察の対象外となっていた。P・ラバントによっても、G・アンシュッツによっても、それについての説明は行われなかったという。(20)

2　ワイマール憲法ないし大改革以前のボン基本法

一九一九年ワイマール憲法では、このような古典的原則をより厳しく厳守する方向に変更された。すなわちその八七条は、
「信用（Kredit）による金銭調達は、特別の必要がある場合で、かつ原則として企業的目的の支出に当てる場合

に限り、許される。そうした資金の獲得ないし国家（Reich）の負担となる保証の引き受けは国家法に基づいてのみ行うことができる。」

ここでは公債に限定せず、金銭を調達するすべての信用手段が規制の対象とされ、しかもその使途について企業目的という限定が加わった。ここで企業目的というのはわが国の建設国債と同様の限定と考えて良い。また、その他の債務負担の中では債務保証だけが予定されている、という点は、それまでの憲法と変わりがない。

この規定は、第二次大戦後のドイツ基本法一一五条の旧規定に基本的にはそのまま踏襲される。同条は、国家の語が連邦（Bund）に替えられて、表現・内容の曖昧であった部分が明確にされた以外は、ワイマール憲法八七条と変わる点がない。すなわち、

「信用による金銭調達は特別の必要がある場合で、かつ原則として企業的目的の支出に当てる場合に限り、連邦法に基づいてのみ許される。信用保証と連邦の負担となる保証の引き受けであって、一会計年度以上の有効なものは連邦法に基づいてのみ行うことができる。その法律では、その信用の上限ないし連邦が引き受ける保証債務の範囲が定められていなければならない。」

3　ボン基本法の下における現行制度

ドイツ財政法制が大転換を示すのは、いわゆる一九六九年の財政大改革（Große Finanzreform）においてである。基本法一一五条は次のような条文に修正される。

「信用調達（Aufnahme von Krediten）並びに人的、物的保証その他の担保責任（Übernahme von Bürgshaften, Garantien oder sonstigen Gewährleistungen）であって、将来の会計年度における支出につながる可能性のあるものは、連邦法律による金額を特定した、あるいは特定しうる授権（Ermächtigung）を必要とする。信用による収入

(Einnahmen aus Krediten) は、予算に計上されている投資のための支出額の総計を上回ってはならない。例外は、全経済的な均衡の防止目的の場合に限られる。」

旧規定では信用（Kredit）を制限していた「金銭調達の目的」が、新規定ではなくなった結果、同じ語でもその意味が広がったものと理解されている。すなわち支出に充当するための金銭調達手段としての債務ばかりでなく、それにより現金支出が節減可能となる債務負担も含むのである。

ここで現れた「授権」という言葉は、実定法上、債務負担授権（Verpflichtungsermächtigung）と呼ばれる。ここに債務負担とは「将来の年度において支出を義務づける債務の引き受け」と定義される（財政原則法HGrG第五条)。したがって、単に保証債務だけでなく、ひろくすべての債務がこの概念の下に予定されていることになる。債務負担授権は、広狭二義に分けることができる。狭義のそれは、基本法一一〇条一項の「連邦のすべての収入及び支出は、これを予算に計上しなければならない」という規定の基礎にある完全性（Vollstandigkeit）原則の要求するところにより、債務負担授権も又完全に予算に計上される必要があるとされている（同国の財政ないし会計に関係する分野の基本法である連邦財政会計法 Bundeshaushaltsordnung＝BHO一一条参照)[21]。すなわち、ドイツの予算制度は、総予算（Gesamtplan）と個別予算（Einzelplan）から構成され、各個別予算は、原則として個々の行政部門ごとに作成されているが、連邦財政会計法一三条によると、その個別予算の内容は、歳入、歳出及び債務負担授権とされている。債務負担授権は個々の支出ごとに行われなければならない。その債務負担が多年度にまたがるものである場合には、各年度毎の年割額が予算に示されなければならない（BHO一六条)。したがって、わが国の制度でいうと、継続費ともっとも近いということができるであろう。

広義のそれは、前記基本法一一五条の定める信用授権（Kreditermächtigung)[22] 及び人的、物的保証その他の担保責任で、これらは、予算ではなく、個々の連邦法によって授権される点で異なることになる。そこで、米国の裏口支出のような問題を起こさないようにするため「連邦法律による金額を特定した、あるいは特定しうる授権」が要求されることになるのである。

(五)　ま と め

以上に紹介したところをまとめるならば、歳出予算に契約授権の機能があることを明確に認めている法制は、いまだどの国も採用していない。しかし、歳出予算の範囲内でしか契約を締結しないという点では違いがないのであるから、これは理論的徹底の点でわが国に一日の長があるということができる。

（1）　ここで、「契約授権」という造語の根拠について、簡単に説明しておきたい。本文に詳述したとおり、この語は憲法八五条にいう「国が債務を負担する」行為に対する国会の議決の性格を説明するために創出したものである。したがって、八五条の文言に忠実に言葉を選択するならば、これも本文中で、ドイツ現行財政制度のVerpflichtungsermächtigungの訳語として採用した「債務負担授権」あるいは「負債授権」の方が素直な造語といえるであろう。しかし、債務負担ないしは負債というのは、契約の効果のうちの義務的部分だけを取り出した用語であって、そこで実際に国の機関が行っている行使そのものを端的に表現したものとは言えない。また、そのような用語を八五条が使用していたために、現行憲法制定以来半世紀の間、これが金銭債務に限らないすべての債務を意味するのだという実務においては常識的な事実が、学界に認識されなかったという問題がある。

こうした行為を財政法規は「支出負担行為」と呼んでいるが、これは行政庁の活動を中心としてみた場合に妥当する用語であって、国会を中心とした場合にはふさわしくない。一方、財政法三四条の二第一項は、支出負担行為を定義して、「国の支出の原因となる契約その他の行為をいう」としている。

これらのことから、より包括的な名称である「契約」の語を、授権と結びつけて採用することが妥当と判断した。

（2）槇重博『財政法原論』（弘文堂、平成三年）七三頁は、現行憲法の下における基本的な予算原則として「寄付受領禁止主義」の存在を指摘する。

（3）二重法律概念と予算の関係については、拙著『財政法規と憲法原理』（八千代出版、一九九六年）四〇頁以下参照。

（4）ドイツにおいて、同様の考え方から、債務負担授権（Verpflichtungsermächtigung）が予算に計上されることが必要とされている点については、本章**五**㈣４参照。

（5）ここに引用した高輪会議に至る経緯については、稲田正次著『明治憲法成立史』（有斐閣、昭和三七年）下巻八二七頁より引用。

（6）高輪会議における伊藤の修正案は、稲田・前掲書八三一頁より引用。

（7）高輪会議から枢密院第三審会議までの間に、この将来の国庫負担となる契約について追加されたことに関する一つの仮説として、北海道開拓使払い下げ事件の再発防止策という意識が伊藤にあったのではないかと、私は想像している。周知の通り、長い年月と多大の国費をかけて行った北海道開拓事業の中心である北海道開拓使所轄の官有物を、開拓使長官黒田清隆と政商五大友厚とが結託して、非常な廉価で払い下げようと試みた事件は、当時の内閣を二つに割っての政争に発展した。結局明治一四年の政変、すなわち払い下げは中止となり、黒田清隆が辞任するとともに大隈重信も下野し、伊藤博文が政府の実権を握るという結果となった。しかし、憲法を起草するにあたり、政府強化の必要性を認識した伊藤は、黒田を通じて大隈に入閣を要請する。これに対し、大隈は明治一四年の政変当時の主張をほぼそのまま入閣条件として主張し、一旦決裂したが、その後、大隈の無条件入閣となった。しかし、金子堅太郎の回顧談によると、まさにこの修正が行われた高輪会議の直前に大隈が黒田を伴って伊藤を訪問し、憲法修正案を文書の形で伊藤に渡したが、伊藤はこれを受領した後、直ちにストーブに投げ入れて焼却するという事件が起こったという（金子堅太郎『憲法制定と欧米人の評価』（日本青年館、昭和一三年）一五八頁）。したがって、高輪会議の際に、北海道開拓使払い下げ問題が伊藤の念頭にあったと考えるのは、そう無理な仮定ではないのではないだろうか（ただし、この際に大隈が主張した点は主として、内閣は議会多数党の首領をもって当てるべきだという点であったという）。

(8)　旧憲法六二条三項の説明は、伊藤博文『憲法義解』（丸善、昭和一〇年、国家学会蔵版）一〇一頁より引用。ただし読み易さを考慮し、旧漢字は新漢字に、カタカナはひらがなにそれぞれ変更し、句読点を加えた。

(9)　明治憲法に随伴して起草された会計法草案及びその説明は、明治財政史編纂会編『明治財政史』（吉川弘文館、昭和四六年）第一巻八一一頁より引用。

(10)　マッカーサー草案七八条の翻訳は、高柳賢三他編著『日本国憲法制定の過程Ⅰ』（有斐閣、一九七二年）より引用。ちなみに、いわゆるマッカーサーノート第三項は、その末尾に予算はイギリスの型に従うこと(Pattern budget after Britis system)という文言があったことで知られているが、本条に典型的に示されるとおり、マッカーサー草案の財政規定には、イギリス法の影響はほとんど見られず、旧憲法を残存させた部分以外は、かなり徹底した形でアメリカ流の財政規定となっている。

(11)　マッカーサー草案の財政に関する章を起草したのは、フランク・リゾー陸軍大尉である。一九〇三年生まれ、当時四三歳。コーネル大学で電気工学の学士号を採ったあと、ニューヨーク大学、ジョージ・ワシントン大学の修士課程で三年間、経済学、財政学、国際関係論を学び、卒業後、クリントン・ギルバート社や全米証券取引業協会で首席エコノミストをつとめるという、財政の専門家である（鈴木昭典『日本国憲法を生んだ密室の九日間』（創元社、一九九五年）五八頁参照）。また、その上司であるチャールズ・L・ケーディス大佐は、一九〇六年生まれ、当時四〇歳。コーンル大学とハーバード大学のロー・スクールを卒業、連邦公共事業局や財務省の副法律顧問を務めた(同三九頁)。財務省勤務当時、財務長官モーゲンソーは、ルーズベルトと毎朝朝食をとる際、答えられない質問をぶつけられたときの用意に、必ず彼を部屋の前に待機させていた、という逸話があり（青木冨美子「C・ケーディスの『千二百日』文芸春秋一九九六年八月号二一九頁参照）、財政法の専門家と見て良い。したがって、マッカーサー草案は、マッカーサーノートの文言にも拘わらず、当時の米国の財政制度に関する理解を反映したものと考えるべきである。

(12)　日本側のマッカーサー草案の翻訳については、佐藤達夫『日本国憲法成立史』（有斐閣、平成六年）第三巻四二頁より引用

(13)　佐藤達夫のＧＨＱとの交渉経緯については、佐藤・前掲書一四四頁より引用。その際、両者の間で合意された条文を紹介すれば次のとおりである。

「第八十一条　国費を支出し又は国に於て債務を負担するは国会の議決に基づくに非されは之を為すことを得ず」

(14)　佐々木惣一及び金森徳次郎の問答は、佐々木伸編著『逐条日本国憲法審議録［増補版］』（原書房、昭和一年）第三巻六〇五頁より引用。なお、佐々木惣一は、その著書『改定日本国憲法論』（有斐閣、昭和二七年）三三一頁において、全く理由を示すことなく、「ここに債務とは金銭上の債務をいう。」と記している。

(15)　支出補充金は、グラッドストン及びその創設した会計検査院 Department of Exchequer and Audit（現在の National Audit Office の前身）並びに下院決算委員会 Public Accounts Committee が、一八八〇年代以降「共同して十分に努力し、ついにはほんのわずかな不規則も許さず、すべての部局に厳格に現金勘定で正規の会計を保持させるまでになった」（Ｕ・Ｋ・ヒックス『イギリス財政史』（東洋経済社、昭和三六年）一四八頁）という努力の結果、第一に、法律又は大蔵大臣により指定されたものに限り、そうした指定のないものは統合国庫資金に集中する必要があり（一八九一年決算及び負担法第二条第二項）、第二に、議定費歳出予算法の付表の各項で、議定費と並んでその収入予定金額を掲記する必要があり、第三に、年度末に各部局で未使用の残金があった場合には、それを統合国庫資金に返還しなければならないこととなっている。このように、今日ではかなり、予算の外延に位置する制度となっているが、依然として統合国庫資金の一部にはなっておらず、したがって、本文に述べたとおり予算統制は不十分なものとなっている。

(16)　米国の支出充当法は、往々にして歳出予算と訳されるが、本文に述べたとおり、同国には年度独立原則が存在していないから、歳出予算もまた存在しない。現実にも、三種類の支出充当方法が存在している結果、各年度の支出充当法に計上された支出授権額と、その年度の行政庁による支出額は一致しない。すなわち、支出充当の審議には、各年度の支出額を統制するという機能がない。このように特定年度における歳出の全体像を示す機能をまったくもたないという点で、わが国でいう歳出予算とはまったく異質のものである。したがって、これを歳出予算と訳することは、誤訳というべきであろう。

(17)　第一次大戦に伴う契約授権制度の導入については、横田茂『アメリカの行財政改革』（有斐閣、昭和五九年）二一頁参照。それによると、例えば、「一九一八年一一月四日の法律は、陸軍省が戦場における工兵隊の活動に付随する支出のために、『承認済みの歳出予算額に加えて、二億ドルまで』『契約あるいは債務負担する』権限を認めた。」

(18)　計画承認及び事前債務負担行為については、いずれも、浅見敏彦編『世界の財政制度』（金融財政事情研究会、昭和六一年）三二八頁参照。

(19)　公債に関する契約授権の予算中の表記については、浅見・注(18)前掲書三六八頁による。

(20)　本文に記述したドイツの憲法慣行その他についてはK. Stern "Staatsrecht der Bundesrepublik Deutschland" band II, 一二七一頁以下参照。

(21)　Bundeshaushaltordnung は、しばしば連邦財政規則等の訳が当てられる。確かに Ordnung の語は、通常は行政規則の意味であるから、逐語訳としては、それは正しい。しかし、これはれっきとした法律であり、単に歴史的経緯からの誇りによってOrdnungの語が使われていることを考えると、読者に誤解を与えるおそれのある規則という訳よりは法という訳の方が適切である。又、その内容は、単にわが国財政法のみならず、会計法、会計検査院法等にまたがる幅広いものであることを考えると、財政と訳するよりも財政会計と二つ重ねた方が妥当と考えてこの訳語を使用している。

(22)　信用授権は、法の定めるところにより、更に二つに分けることができる。第一のものは、支出に当てる目的でなされるもので、授権は原則として翌会計年度末まで有効である。これはわが国の建設公債と同じ性格の借入金と理解することができるであろう。そのことは、基本法一一五条が予算に計上されている投資のための支出額の総計を上回ってはならない、とあることに明らかである。この投資支出とは、建設にかかる支出、一定価値を有する耐用年数一年以上の動産の取得、不動産取得、公企業又は私企業への資本参加、貸付又は投資援助を意味する。軍備費用は、上記のものに該当しても投資支出に属するものとは認められない。

これに対して第二のものは、国庫金の資金繰りのために認められるもので、授権は当該年度中に限り有効であるが、中途で償還されている限りにおいて、繰り返し授権の限度まで発行することができる(財政原則法一三条)。わが国の大蔵省証券等にほぼ相当する概念と理解して良いであろう。

第三章　現行予算制度における契約授権の検討

はじめに

わが憲法八五条が、「国が債務を負担するには、国会の議決に基づくことを必要とする」と定めていることは、契約授権を国会の固有の権限としていることを示しているものと考えるべきであることについては、前章において論じたところである。この概念を前提として、本章においては、現行予算制度を構成している諸科目のもつ法規範性を検討したい。

一　財政法における契約授権規定

現行の法律レベルで契約授権の中心となる規定は、財政法一五条一項である。すなわち、「法律に基づくもの又は歳出予算の金額（四三条の三に規定する承認があった金額を含む。）若しくは継続費の総額の範囲内におけるものの外、国が債務を負担する行為をなすには、予め予算を以て、国会の議決を経なければならない。」

これを分説すると、次の場合に、国は債務負担が可能であることになる。換言すれば、次の形式を通して国会は契約授権を行っていることになる。
第一に、法律に基づく場合である。
第二に、歳出予算の金額の範囲内である。
第三に、明許繰越費の範囲内である（四三条の三）。
第四に、継続費の総額の範囲内である。そして
第五に、国庫債務負担行為である。

このうち、法律に基づく場合については、すでに前章において論じた。これ以外のものは、すべて予算を構成しているものであることは明らかであろう。また、財政法一五条一項では述べられていない歳入予算にも、後に詳述するように契約授権の機能が認められる（本章六参照）ので、予算を構成している他のすべての科目と同様に、契約授権の機能が存在している、ということができる。したがって、契約授権は予算科目すべての通有性である、ということができる。

しかし、むしろその逆が実体的真実というべきであろう。すなわち、国の財政活動では、様々な形式による契約授権が必要とされているので、それに応じて、予算において様々な形式の科目が生み出された、ということである。したがって、そうした一つ一つの予算科目における契約授権の具体的内容を明らかにすることにより、予算全体の意味するものもまた明らかになるであろう。以下、財政法一五条の述べる順序に従って、検討したい。

二　歳出予算における契約授権の特徴

(一)　歳出予算に基づく契約授権と二重契約の存在

財政法一五条一項が「予め予算を以て国会の議決を経なければならない」と規定していることの論理的結論として、歳出予算に基づく契約について見れば、予算に款項のない契約は締結できないし、款項があっても契約期間はあくまでも予算の対象としている期間に限られる。実務における取扱いもそのとおりである。

この原則の下においては、国が、年度を超えた長期間、継続する性格の契約を締結することを予定する場合、表裏二重の契約が作成されることにならざるを得ない。すなわち、実際に契約当事者がそれに従う意思を有しており、それ故に現実に当事者を拘束する契約（以下「実質的契約」という）と、予算に基づく契約授権の範囲に止まるように形式を整えるために作成された契約（以下「形式的契約」という）の二種類が、当事者たる国家機関と相手方たる国民との間で締結されることになる。

例えば、物品や不動産を賃借する場合、賃借料や保証金その他の契約条件は、その賃貸借期間の長短に応じて異なるのが、市場における現実である。国が、市場を通じて、そうした賃貸借の対象となる物品や不動産を調達する場合、契約条件の交渉に当たっては、予定する真実の賃貸借期間を明示した上で行わざるを得ない。なぜなら、国家機関は、国民全体の利益になるように、できるだけ経済的、効率的に契約を締結する義務を負っているからである。例えば月額賃借料についていえば、契約期間が長期になればなるほど、低減するという傾向を示すことになるから、少なくとも一〇年程度は賃借する予定がある場合に、一会計年度に限って賃借する、として交渉したのでは、明らかに不利な契約になってしまうであろう。したがって、当事者間では、真実の契約存続期間（例えば一〇年間）を基礎として賃料その他が決定され、実質的契約が締結されることになる。(1)これに対して、国が相手方と最終的に取り交わす形式的契約上の賃貸借期間は、歳出予算に基づくものである限り、その契約の対象となっている会計年度中に限られる。

国会は、予算裁量権に基づき、新年度においては、当事者間で既往年度に締結された実質的契約における契約条件に拘らず、ゼロベースから、自由に契約授権を行い、あるいは授権を行わない、すなわち授権を継続しないことを決定することができる。その場合、国家機関は、形式的契約の文言に従い、契約を将来に向かって解除することが、一応は可能である。しかし、そうした一方的解約行為によって、契約相手方たる国民に損害が生じた場合には、国としては損害賠償の義務を負うことは承認されなければならない（憲法一七条⇩国家賠償法一条）。その損害と解約の間の相当因果関係の判定基準になるのは、当事者間に存在する実質的契約の方である。したがって、その損害賠償金を支払う必要のある限りで、国会の審議権は実質的に拘束を受けることは肯定せざるを得ない。ただ、通常の場合には、この二重契約の内容の相違はそう大きなものではないから、相対的に弱い立場にある契約相手方は、損害賠償の問題を現実に主張することはない。その結果、予算裁量権は事実上、無拘束に近いものとなっているに過ぎないのである。

従来の学説では、継続費に限って国会の将来の審議権の制約が論じられている（本章四㈢参照）。しかし、このように、実質的契約の解除に伴う損害賠償をも視点に含めて検討する限り、審議権の制約は歳出予算の審議においてさえも考えられるのである。

契約の実質と形式との乖離が大きいために、契約相手方として解除があった場合には実質的契約を主張せざるを得ず、そうした損害賠償の義務が定型的に発生すると認められるのは、特に次の二つの場合である。

第一は、暫定予算成立の場合である。例えば、四月～五月の二ケ月間を対象とした暫定予算が成立した場合には、実際には長期にわたって賃貸借をする予定である場合にも、形式的契約書上の契約期間はその二ケ月に限られる。

第二はリース契約の場合である。電子計算機、ファクシミリ装置など、短期間に著しく性能が向上し、しかもその価格が激しく下落する機器は、市場において、いつでも将来に向かって契約の解除が可能な通常の賃貸借契約で調達することは不可能である。そうした賃貸借を実施した場合には、業者は、利潤を得るどころか、元本の回収も困難になるのが普通だからである。しかし賃貸借のニーズは存在する。そこで、リース契約と呼ばれる解約不可能な特殊な賃貸借契約(解約した場合には、契約期間満了までの賃借料に相当する違約金を支払う必要がある契約といってもよい)が一般に使用されている。近時は、国もこのリース契約を利用してこれら電子機器等を調達する場合が増えている。その場合、複数年度にまたがる契約なのであるから、理論的には、継続費ないし国庫債務負担行為を使用するのが妥当であろう。しかし、こうした価格変動の激しい商品をそうした長期の手続きで調達することは実際上無理であるところから、通常の年度単位の賃貸借契約、したがって将来に向かっての解約権を認めた契約を、形式上は締結している。(2)

上記二つの場合は、二つの契約の乖離が甚だしいので、国としては、形式的契約の契約期間の満了とともに、無条件で解除権を行使することはできない。解除権を行使した場合には、実質的契約との落差に相当する大幅な違約金の支払いが必要となる。換言すれば、本予算の審議ないしは後年度の予算の支出授権の審議権を強力に拘束する性格を有している。

暫定予算の場合には、こうした形式・実質両契約の乖離は国会としても容易に認識しうるであろうし、国会が間違いなく肯定する基本的なものに限定して作成するという暫定予算の基本的性格から、本予算に移行するに当たって、そこでの契約授権を再評価することはまずないであろうから、問題は少ない。

これに対して、リース契約の場合には――市場に関する知識さえ有していれば容易に認識しうる問題とはいえ――必ずしも予算科目上自明ということはできない。したがって、予算の内容が、国会中心財政主義の下、素人にも容易に認識しうるものとするという思想に忠実に編成する場合には、現行の制度は妥当なものということはできない。これについては、リース契約を利用することが、財政の効率性という観点から好ましいものである以上、違法として禁圧するのは妥当とはいえない。したがって、継続費とも国庫債務負担行為とも異なる新たな予算類型を創設することにより、国会が明確に認識しうる形で計上するべきであると考える。

(二)　長期継続契約の例外

歳出予算に基づく支出であり、したがって、本来年度単位の契約授権しかされていないはずの分野において、翌年度以降を拘束する契約が締結できるとされている重要な例外として、長期継続契約が存在する。すなわち「契約担当官等は、政令の定めるところにより、翌年度以降にわたり、電気、ガス若しくは水の供給又は電気通信役務の提供を受ける契約を締結することができる。」（会計法二九条の一二）とされている。

長期継続契約は、一般に予算単年度主義の例外であると説かれる。(3) このように述べられること自体、予算に契約授権機能のあることの一つの証左であるといえる。

長期継続契約がなぜ単年度主義の下で許されるのかについては、通常次のように説明されている。すなわち、電気、ガス、水道、電話等に係る契約は、第一に、官庁が存続する以上、一般家庭での生活費に相当する永続的なもので、それに関する契約の当否について、国会が毎年度、コントロールを及ぼす必要性に乏しい。第二に、各年度における様々な状況に応じてその使用量が変動するものであるものであるため、事前に厳格な金額的コントロールを加えることは困難である。第三に、その料金は、公的な統制の下に改訂が行われるものであるから、その使用料金が不当であるとして契約を拒否する必要性もまた考えられない。

しかし、これらの説明は、長期継続契約制度の立法事実に関するものであって、予算の法規範性という観点からの説明にはなっていない。法的には、むしろ次のように説明すべきであろう。すなわち、財政法一五条に明らかなとおり、法律によって契約授権を行うことは可能なのであるから、歳出予算に基づく支出授権であるにも拘わらず、会計法に特別の規定を設けることにより、契約授権だけは別途行うことにしたのである。

本条第二文は「この場合においては、各年度におけるこれらの経費の予算の範囲内においてその給付を受けなければならない」と規定する。すなわち、本条による授権は抽象的契約授権に止まり、それに基づく具体的契約授権、すなわち限度額に関する点は、各年度における歳出予算によって与えられることを明らかにしたものである。前章で論じたとおり、当該年度において最終的な支出が必要でない場合には、限度額は予算総則で定められるが、この場合には、電力等の使用量に応じた支出が必要であるので、歳出予算の持つ具体的契約授権が限度額を定めることになるのである。

(三)　予算不成立の場合における行政活動の法的評価

新年度に入っているにも拘わらず、国会の予算審議の遅れその他の理由から、本予算が成立しない場合が発生する。こうした場合、諸外国の憲法は、様々な対応手段を用意しているのが普通であり、わが明治憲法においても同様であった(4)。しかし、現行憲法にはこれに対する規定が全く欠落している。このため、実務的には、暫定予算を編成し、それを緊急に成立させることで対応している。しかし、時として、その暫定予算さえも成立しない、予算の空白が発生することがある。

この場合、例えば、予算不成立であるにも拘わらず、公務員が出勤する場合には、それは国に賃金支払い債務を発生させ、また、庁舎において電気や電話を使用する場合には、国にそれらの使用料金支払い債務を発生させることになる。しかし、予算に支出授権機能しか認めていない場合には、そうした債務の支払い期が到来するまでは、それは特段の法律的問題とはならない。これに対して、予算に契約授権の機能があると認識している場合には、予算による授権なくして債務負担すること自体が問題となる。すなわち、先に論じた二重契約の存在から必然的に発生する債務はやむを得ないとして、予算の誠実な執行義務の結果として、授権なくして国が債務を負担する事態を可及的に防止するためには、わが国においても、管理責任者としては公務員に対して自宅待機を命じなければならないのである。米国でクリントン政権と議会の多数派を占める共和党の財政政策の不一致から暫定予算さえも成立しなかった際に、そうした事態が発生したことは記憶に新しいところであろう。しかし、わが国では、過去に何度かあったそうした事態においても、国家公務員に対して自宅待機を命じたりはせず、平常通りの勤務をさせてきた。ここで取り上げようとしているのは、そうした勤務を財政法的にはどのように評価すべきか、という問題である。

そうした命令を下さず、その結果、国家活動をできるだけ平常と同様に維持している行為は、契約授権を欠くものであるから、管理責任者の公的義務の履行とは言えない。したがって、公務員個人としての責任において行っているものと評価せざるを得ない。すなわち、法的に評価するならば、民法六九七条以下にいうところの事務管理（ないし事実行為に関しては準事務管理）と解する外はない。

この場合、事務管理を開始する以前であれば、行政活動を行うか否かは個人の選択の問題であるが、一旦活動を開始した以上は、「義務なくして他人の為めに事務の管理を始めたる者は其事務の性質に従い最も本人の利益に適すべき方法によりて其管理を為すことを要す（民法六九七条本文）」る。したがって平常通りに出勤を続けさせるという形で、一旦事務管理を開始した以上は、必要資金は自らの責任で獲得してでも、事務処理を行わねばならないことになる。

この解釈の妥当性がはっきりするのが、単なる現状維持の域を越えて行う積極的活動に関してである。例えば、その時期に行わなければ時機を失することになる出張の必要がある場合には、何らかの手段で資金を調達して行う外はない。これが公務であれば、そうした資金の調達行為は行政庁としての名義で行うことが可能である。しかし、上記のとおり、予算が成立しない場合に、行政庁として活動することは許されないから、資金の調達も、現場における責任者である管理者個人の名義で行う必要がある。実際にも、本省の場合であれば、各課の課長名で共済組合等から資金を借り出すという形で、そうした予算需要に対応しているのが現状である。仮に、そうした個人責任による積極的な出捐を避けて国に損害が生じた場合には、事務管理者は、逆に国に対して損害賠償義務を負担することになる。

これらの活動の結果、事務管理者が行った支出は、本人、すなわちこの場合には国に有益な費用であるので、国としてはその費用の償還義務を負うことになる（民法七〇二条一項）。通常、国会は、こうした予算の空白が生じた場合には、そうした空白時期に遡った形で予算の議決を行っているが、これが同時にこうした事務管理における有益な費用の償還やその際負担した債務の支払い承認の効果を有するものと評価することができるであろう。

三　歳出予算の繰越

歳出予算を当該年度中に使用し終わらないときは、会計年度独立の原則からすれば、その経費は不用額とし、翌年度、新規の要求に基づいて、それを認めるか否かに関する国会の裁量権を確保するのが正当である。しかし、使用残額を翌年度にそのまま持ち越し、一定の制限の下に、翌年度の経費と併せて使用することを認める、という制度がある。これを歳出予算の繰越、又は経費の繰越という。

その法的性質は、支出授権の繰越であって、繰越がなされたときには、自動的に予算の配賦があったとみなされるのである。したがって、これもまた、後年度における国会の予算審議権の重要な制限となる制度である。

このような制度が必要な理由は、機械的に使用残額を不用額とした場合、却って不経済、非効率な事態が発生する場合があることによる。例えば、歳出予算で建物の建築工事を行うにあたり、その周囲に植物を植えることを計画しているとしよう。この場合、植物の活着率の高い温暖な時期に植栽工事を行おうとすると、現行の会計年度の下では、建築工事の時期と重なることとなって非効率であり、建物の完成後に行うとすれば、通常は二月三月の寒冷期に行うことになって活着率が悪く、不経済であるという問題が生ずる。このような事態が当初から予想できるから、植栽工事の実施だけは、建築工事と切り離して、翌年度の温暖期に実施できるようにするのが、予算の経済性、効率性という観点から見て最善ということになる。

一般会計の歳出予算の繰越制度には、財政法一四条の三の定める明許繰越と同法四二条但し書きの定める事故繰越の二つがある。

(一)　繰越明許費

財政法一四条の三は繰越明許費を定義して、「歳出予算の経費のうち、その性質上又は予算成立後の事由に基づき年度内にその支出を終わらない見込みのあるものについては、予め国会の議決を経て翌年度に繰り越して使用することのできる経費」をいうとしている。

この場合、翌年度に繰り越された支出授権に対応した契約授権は、どのような形で行うのかが問題となる。歳出予算であることを考えれば、翌年度になってから、改めて債務を負担しなければならない、と考えることもできる。翌年度支出分が本来別契約に該当するものである場合には、そのような解釈でも特に問題は起こらないであろう。例えば、二年間で一棟の建物を完成させる計画で、当該年度で建物の軀体工事を建設業者と契約し、翌年度で建物の内装工事を内装業者と契約するような場合である。しかし、本来一つの契約であるべきものの場合には、一部を不自然に分割して独立契約としなければならないため、実務上様々な弊害が生ずることになるし、したがって国会の決算審査も円滑に実施することができない。上記例の場合であれば、軀体工事そのものの工期が二ヶ年度にまたがるような場合がそれになる。

したがって、当該年度において、当初から翌年度にわたる契約授権を行うとするのが妥当である。このことを立法的に確認したのが四三条の三である。すなわち、同条は「各省各庁の長は、繰越明許費の金額について予算の執行上やむを得ない事由がある場合においては、事項ごとに、その事由及び金額を明らかにし、大蔵大臣の承認を経て、その承認があった金額の範囲内において、翌年度にわたって支出すべき債務を負担することができる。」と規定する。これにより、繰越明許費については、当初から翌年度にまたがる契約を締結できることが明らかとなった。契約授権に関する財政法一五条一項が、繰越明許費の根拠規定である一四条の三を直接引用せず、四三条の三を引用しているのはこのような理由からである。

支出授権そのものは、翌年度の予算に繰り入れられることで、その歳出予算によって行われていると考えることができるから、繰越明許費という制度の特徴は、二ヶ年度にまたがって契約授権が行われている経費という点にあると理解できる。以上のことから、繰越明許費とは、わずか二ヶ年だけを対象としているものではあるが、米国の多年度契約授権と類似性の高い制度と考えることができる。しかし、国会の契約授権そのものは、当該年度の予算に繰越明許費として計上されることで既になされている。大蔵大臣の承認は、このように歳出予算に基づく経費でありながら、二ヶ年にまたがる契約授権は、単年度予算原則の大きな例外であるので、特に厳格な手続きを定めたものと理解するべきである。大蔵大臣の承認それ自体が契約授権の機能を有しているわけではないと解する。

(二)　事故繰越

歳出予算の経費の金額のうち、年度内に支出負担行為をなし、避けがたい事故のため年度内に支出が終わらなかったものを、翌年度に繰り越すことが認められている(財政法四二条但し書き)。これを事故繰越という。これは典型的には、年度内に終わるべき工事契約や製造請負契約等の履行が、避けがたい事故のために遅延した結果、履行が適正になされていることを確認してから行うべき支出を年度内に行うことができなくなった場合を対象としている。ここに支出負担行為とは、国の支出の原因となる契約その他の行為をいう(財政法三四条の二第一項)。すなわち、国会による具体的契約授権を受けて、契約その他の行為を現実に当該年度中に実施することが必要である。この場合には、契約そのものは単年度のものであって、支出だけが翌年度にずれ込んだことになる。そして、繰り越された経費については、翌年度の歳出予算によって支出授権が行われるから、その限りでは問題はない。

四 継続費

(一) 継続費の支出授権としての理解に対する疑問

継続費は、明治憲法においては、その六八条が「予め年限を定め継続費として帝国議会の協賛を求むることを得」と定めていた。(5) この継続費は、支出授権の機能がある、すなわち一度継続費として協賛された場合には、後年度の予算に計上されることなく、支出できると解されていた。すなわち、旧制度の継続費は、支出授権機能を有するものとして取り扱われていた。

現行憲法は、そのような明文を欠いているため、当初は継続費は設けられなかったが、昭和二七年になって新設された。従来の学説によれば、現行財政法の定める継続費についても、明治憲法下における継続費と同じく、支出授権の効力を持っているとされる。(6) しかし、このような解釈には疑問がある。

継続費においては、経費の総額だけでなく、年割額を定めている（財政法一四条の二）が、これとは別に必ず、歳出予算に、その年割額と同一の金額が計上されている。したがって、継続費に支出授権の機能があると解する場合には、二重に支出授権が行われているという奇妙な結論が必然的に導かれてしまうはずである。しかし、学説は、なぜ継続費の場合には、現行の法制下では二重に支出授権を行わねばならないのか、についての論理的な説明ができない。そのためか、従来はこの点については、完全に無視して、説明の努力すらほとんど行われていない状況にあり、わずかに行われている説明もとうてい首肯しがたいものである。すなわち、「継続費成立後の後年度の歳出予算にも継続費の年割額が計上されているが、これは議決の対象として計上されているのではなく、その年度における歳出予定額の総額を一見して明らかならしめるよう参考のため掲げられているに過ぎない。(7)」

これは、戦前の継続費における通説的見解と同一である。(8) しかし、明治憲法六七条のような特別の規定を欠く現行憲法の下において、参考のための計上、すなわち国会の審議権の及ばない科目が、各年度の予算上に存在するという考え方は、国会中心財政主義に反し、とうてい肯定できない。

また、それは財政法の文言に反した解釈である。すなわち継続費の特徴は、各年度に配布された予算で、当該年度に支出が終わらなかったものは無条件で継続費の最終年度に至るまで繰越使用できるという点にある。右の説明であれば、それは年割額のはずであるが、財政法四三条の二によれば、繰越使用できるのは年割額そのものではなく、「毎会計年度の年割額に係る歳出予算の経費のうち、その年度内に支出を終わらなかったもの」、すなわち歳出予算とされているのである。(9)

このように、今日の継続費は、戦前の同じ名称の制度と異なり、支出授権の機能を持っていないと解するべきである。では、なぜ継続費に支出授権の機能を持たせることは許されないのであろうか。その根拠は総計予算主義に求めるべきであろう。

財政法一四条は、「歳入、歳出はすべて、これを予算に編入しなければならない」として総計予算主義の原則を定めている。これは、その年度の歳入と歳出とはそれぞれ別に予測され、そのすべてが予算に計上されなければならないことを要請している、と解されている。同条を単純に文言解釈すれば、当該年度の歳出は、予算を構成している各科目のいずれかに計上されていれば足りる、とされるであろう。その場合には、ある支出授権が歳出予算ではなく、継続費の年割り額部分に計上されていても、同条を充足していると解することになる。現在の通説の立場である。

しかし、総計予算主義は、必ずしも財政に明るくない国会議員による財政コントロールを実現する重要な手段であるから[10]、支出授権は、単に予算のいずれかの部分によって与えられればよいというものではなく、一元的に行われる必要がある。すなわち、国のすべての収入は歳入予算に、そしてすべての支出は歳出予算に、それぞれ一元的に計上されて、はじめてその要請を満たしているものというべきである。そうすることにより、始めて、その年度の歳入と歳出が一覧でき、両者の対比が容易に行いうるからである。

このように解する場合には、現行法制においては、予算中の歳出予算だけが支出授権機能を有していると解するべきである。したがって、継続費に支出授権機能を与えることは許されないのである。そこで、継続費の年割額に相当する額を、必ず毎年度、歳出予算に計上する必要があり、この歳出予算が支出授権を与えるのであって、継続費の年割額ではない、と考えるべきである[11]。

(二)　継続費の合憲性

契約授権の機能を予算が有することを前提として考えれば、現行法制における継続費は、その総額の範囲内での契約授権を目的とした制度であると理解するのが最も無理のない解釈というべきである。

その場合、後述する国庫債務負担行為との違いは、年割額という形で、将来の各年度において、歳出予算に計上すべき支出授権額が予め予定されている点と、各年度の歳出予算額に計上された年割額のうち、その年度中に支出を終わらなかったものについて、通常の事故繰越（財政法四二条）とは異なり、無条件で、継続費に係る事業の完成年度まで逓次繰り越して使用することができるという点の、二点であるに過ぎない（同四三条の二）。

このように理解した場合、現行法制の継続費については、その基本的性質は国庫債務負担行為と同一であるから、国庫債務負担行為と切り離した形で、その合憲性について論ずるのは誤った議論というべきである。そして、後年度における国会の支出授権に当たっての審議権の拘束は、既に述べたとおり、通常の歳出予算についても考えられるのである。また、次項に詳述するとおり、継続費であっても、後年度においてそれを否決しあるいは修正することは国会の裁量の問題に過ぎないのであって、その点において特に国庫負担行為と異なる拘束性を発揮するわけではない。むしろそうした後年度の審議権の拘束性は、前述した明許繰越の方がはるかに強力である。したがって、継続費を合憲と解することになんら問題はないと考える。違憲説は、現行の継続費が名称が同一の戦前の継続費と同一の支出授権機能があるという前提から出発しているからである。

継続費に計上されている年割額の法的性質は次のようなものであると解する。すなわち、継続費により契約授権された行政庁には、各年度に必要とする支出額を、当該年度の年割額に抑えるよう、契約を締結する法的義務を生じさせる。これに対して、国会にとっては、その持つ意味は、後年度における歳出予算審議時の参考であるに過ぎず、それ以上の法規範性はない。

(三)　継続費の後年度における審議

財政法一四条の二第四項は、継続費について、「前三項の規定は、国会が、継続費成立後の会計年度の予算の審議において、当該継続費につき重ねて審議することを妨げるものではない。」と定める。これについて、文字通り自由に審議できるとするならば継続費を否定することになるから、慎重に監督するようにという趣旨の注意規定に止まり、実質的には無意味な規定とする学説が通説的存在となっている。[12]

これらの学説では、継続費として一旦決議したという一事により、後年度においては機械的に承認しなければならず、否決の自由はないとする前提を採用している。しかし、そのような重大な前提がなぜ導かれるのかについては、単に『継続費を設けた趣旨が没却される』からという曖昧な説明がなされているだけである。

しかし、国会が、後年度にいたって、先に決定した継続費の議決が、当初から不適切であったとか、あるいはその後の事情の変化により不適切なものに変わったと判断した場合に、これを修正したり、否決したりできる権限を承認することは、財政民主主義の当然の要請である。したがって、国会が継続費を変更し、あるいは否決した場合には、行政庁は、速やかに将来に向かって契約を変更あるいは解除しなければならない。その場合、それによって国民に与えた損害については賠償の義務を負うが、事情変更の抗弁その他、極力国の損失を軽減させるべく、交渉すべきであることもまた当然といえるであろう。

その当然の要請を定めたという意味において、同項を注意規定と読むのであれば異論はないが、その逆の意味で、注意規定と読むのはそもそも文理に反し、妥当とは考えられない。ちなみに、戦前の戦前の継続費については、通説及び実務は、継続費をそのまま実施する場合には後年度における議会の議決は不要であるが、継続費を変更する必要がある場合には、当然に政府の発案により、帝国議会の議決を経ることで行うものとされていた。[13]

現行制度の場合には、戦前と同様に、内閣がその予算の提案義務の一環として行う場合があるほかに、国会自らの主導により廃止あるいは修正することがあるのは、現行憲法の採用する国会中心財政主義から当然の帰結といえるであろう。では、どのような場合に、そうした継続費の廃止ないし修正の必要が生ずるであろうか。
それについては、継続費を次年度以降において否決する場合と、修正するに止まる場合とで、当該議決の必要性の発生原因は異なるので、区分して検討してみたい。

1　継続費を後年度に否決した場合の効果

後年度における再審議の結果、継続費を否決した場合には、その効果は次のように考えられる。先に述べたとおり、歳出予算の場合でさえも、国会は常にゼロベースから予算審議を行うことができるわけではない。国会が、過去から引き続いて存在している歳出予算に基づく契約に対して、契約授権を継続することを拒否した結果、契約相手方である国民に損害を与えた場合には、損害賠償が必要であることについては前述した。それと同様に、継続費について、後年度にいたって国会が再審議を行い、全面的に否決した場合には、担当国家機関は、直ちにその決議に基づき、既に締結している契約はこれを将来に向かって解除し、締結予定の契約はこれを取りやめ、それらによって契約相手方に対して与えた損害は賠償するとともに、それまでに完成している成果物については引き取ることにより、継続費の否決に伴う損失の可及的な縮減に努めなければならないであろう。しかし、それによって、継続費を当初の形で最後まで実施する場合以上の費用が賠償費用等として必要になったとしても、それは国会の裁量権の範囲内の問題である。国民が、そうした判断の当否について、選挙等を通じて個々の議員の政治責任を追及しうるのはともかく、それを理由に国会の修正権や否決権を否定することができるとは思われない。

こうした事態は、現行法制下では現在までのところ発生していない。しかし、戦前においては、ワシントン軍縮条約の締結に伴い、わが国が保有できる艦船に上限が定まったため、完成直前であった戦艦土佐を始めとする多数の艦船の建造契約が中途で解約され、それらの艦船は廃棄処分された例がある。

現在、わが国では、継続費は自衛艦の建造にしか使用されていないが、何らかの政変により、自衛隊違憲論者が政権の主導権を握った場合には、わが国の一方的な軍縮が実現する可能性が存在するし、あるいは、冷戦の終結に伴う世界的な軍縮傾向の中で、第二のワシントン条約が出現する可能性も存在する。それに伴って、わが自衛艦の建造に関する継続費が中途で否決すべき必要が発生した場合にも、上述の学説は、そうした否決権は継続費を設けた趣旨を否定するものであり、許されないと主張するのであろうか。仮にそうとすれば、明らかに不当な見解と言うべきであろう。

2　継続費を後年度に修正した場合の効果

後年度に修正権を行使した場合についていえば、これが仮定の問題ではなく、毎年度、現実に行われていることである。継続費は、よく知られているとおり、現在のところ自衛艦の建造についてしか使用されていない。そして、艦船は、そもそも原則として一隻づつの注文生産であるため、建造途中で、様々な創意工夫が凝らされ、それによって当初の設計が変更されるのは普通の事態である。同型艦を何隻か建造する場合にも、常に先行する艦の建造経験や創意工夫から、絶えず改良されるのが普通で、自動車の大量生産のように、文字どおり同型という艦船はまずない。したがって、そうした改良は、建造費そのものに影響を与えるのも当然のことである。

そうした特殊性に対応するため、防衛庁では、艦船の建造契約を締結するに当たっては、当初から確定的な契約金額等は定めず、ある程度、工事が進んでから契約金額等を確定するという手法を採用している（これを「中途確定契約」という）。こうして契約後に契約金額は、当初の概算額に拘束されることなく、最終的に確定するのであるから、そうした状況の変化を踏まえて、継続費を一旦承認した場合にも、後年度にそうした契約額の確定を踏まえて修正するのは当然といえるであろう。

また、近年における特殊な要因としては次のものがある。すなわち、第一に、わが国は国内に大規模な軍需産業を持たず、輸入製品に装備の多くを依存しているため、わが国為替レートの頻繁な変動に対応して、自衛艦建造に必要な経費は相当の変動を示している。このため、毎年度、継続費総額及びその年割額を修正せざるを得なくなっている。第二に、近年における電子技術の著しい進歩は、軍事技術にさえも及んでいる。そのため、継続費の当初案で予定されていた装備をそのまま搭載するのではなく、技術革新等に応じた新機器に随時置き換えるということがなされる。その場合、搭載機器が変更になったのであるから、それが契約金額に反映するのは当然であり、この場合にも、継続費そのものの修正が要請されることになる。

こうして、継続費について、現実に再審議が実施されていることは、毎年度の予算書を見れば明らかなことである。予算書に理由としてあがっている限りにおいては、為替レートの変動の影響が特に大きい。

五　国庫債務負担行為

(一)　国庫債務負担行為の契約授権としての特徴

これまでに述べてきた、歳出予算、明許繰越費、継続費以外で、予算に基づき、将来において国庫金の支出原因となる契約の授権を、国庫債務負担行為という(財政法一五条)。先に述べたとおり、戦前においてはこれは予算外国庫負担として、予算とは別に取り扱われていたが、現行法制では、総計予算主義の下、予算の一環として取り扱われることとされている。

財政法上、二種類の国庫債務負担行為が予定されている。第一のものは、予算の国庫債務負担行為において、事項や契約等の内容を特定しているもので、実務上、特定議決による国庫債務負担行為と呼ばれている。第二のものは、財政法一五条二項が規定しているもので、災害復旧その他緊急の必要がある場合において行われる国庫債務負担行為である。この場合には、予算上はその限界となる金額が示されるのみで、契約等の内容の決定については すべて内閣以下の行政庁に委託されている。当該年度中に、支出授権まで必要とする場合には、補正予算により歳出予算に計上される必要があるから、これには該当しない。結局、翌年度以降の補正予算において支払いの必要が生ずる場合のみとなる。

こうして、国庫債務負担行為とは、複数の年度を対象とする契約授権をいうと解される。したがって、継続費との違いは、使途の法律による限定がないこと、年割額がないこと及び歳出予算の逓次繰越が無条件に認められないことの三点に求められる。

このうち、年割額がないことは、むしろ、後年度における国会の予算審議権を、継続費に比べて、より制約する性格を持つというべきである。なぜなら、国庫債務負担行為が許容された複数年度のうち、いずれの年度にどれだけの支出を必要とするように契約等を締結するかは、完全に行政庁側の裁量に任されていることを意味するからである。そして、履行期が到来した債務について、国民を犠牲にして支出授権を拒絶することは国会には不可能であることを考えると、国会としては、仮に行政庁側が特定年度にすべての支払い期を到来させるような不当な裁量を行っていた場合にも、これを無条件で承認して、支出授権を与える外はないからである。

継続費の制度が条文上は「工事、製造その他の事業で、その完成に数年度を要するもの」に幅広く利用することが認められているにも拘わらず、それが利用されるのは自衛艦の建造のみで、他はすべて国庫債務負担行為で行われるのが、今日の予算の通例である。これは、一般に行政庁側が、国庫債務負担行為の与える裁量権の広さの方を好んでいることを反映していると見るのが妥当ではないだろうか。ちなみに、継続費が基本的に使用されている自衛艦の建造においてさえも、一部装備費にはこれに加えて歳出予算及び国庫債務負担行為が使用されている状況にある。この結果、継続費の総額を見るだけでは、自衛艦建造費の全貌を明らかにすることはできない。

従来の学説は、継続費には違憲の疑いがあるとし、国庫債務負担行為の方を肯定的に判断してきている。が、このような国庫債務負担行為を中心とする多年度財政運営は、むしろ国会中心財政主義の精神に反し、妥当ではない、というべきである。可能な限り継続費を活用し、もって年度をまたがる国の事業についても、容易にその全体像及び各年度における所要額を、予算上で一元的に把握できるようにすることこそが、総計予算主義の要請から考えても妥当である。

(二)　国庫債務負担行為等に対応する歳出予算と契約授権の二重計上問題

歳出予算に支出授権機能に加えて契約授権機能があり、他方、国庫債務負担行為及び継続費の機能は契約授権である。その結果、国庫債務負担行為等のうち、その初年度に支払いを行うべき債務に関する支出授権の目的で歳出予算を計上すると、契約授権機能に関する限り予算上に二重に計上されているという問題が発生する。(14) これは予算科目のうち、他のものは契約授権機能だけを有しているのに対して、歳出予算だけは、支出授権と契約授権の二重の性格を有するものと、財政法上予定されていることから発生する問題である。こうした契約授権の二重計上を避けるためには、一連の事業計画のうち、歳出予算に計上されている初年度分を除外して、残額のみを国庫債務負担行為等として計上する、という方法が、理論的には考えられる。しかし、そのような方法を採用する場合には、予算全体の一覧性が低下することになるので、総計予算主義に反し、妥当とは言えない。

思うに、歳出予算は、支出授権を行うことを本来の目的とするものである。したがって、理論的には歳出予算についても憲法八五条の国会議決を別途行う必要がある。しかし、支出授権を行う場合に、その前提としての契約授権を行わない場合は、普通、考えられないから、[15]財政法一五条は、一種の便法として、本来支出授権を目的としている歳出予算にも、自動的に、重複的に契約授権機能をも認めたに過ぎない。また、規定の仕方からしても、歳出予算に関しては、別途契約授権を受けなくとも契約等の締結が可能であると定めたに止まり、必ず契約授権を行っていると定めたものではない。

したがって、国庫債務負担行為等により契約授権が別途行われている場合には、本則に戻り、歳出予算は支出授権機能だけを有するものと解するのが妥当である。先に継続費に関して述べたとおり、歳出予算の第一の意義は、支出授権を一覧しうる点にある。そして、契約授権に関する限り、各予算による態様別分類における一覧性の確保の方が重要だからである。

六　歳入予算における契約授権の特徴

憲法八五条は、単に「国が債務を負担する」場合と述べているので、文言解釈による限り、あらゆる種類の債務を意味するものと解される。[16]しかし、先に述べたとおり、現行憲法制定の際の国会審議において、金森国務大臣は、格別の根拠を示すことなく、同条にいう債務とは金銭債務を意味すると述べている。この解釈は、その後のわが国の通説となった。[17]この解釈によれば、国に金銭債務をもたらさない限り、その対価として国がどのような出捐を行う契約であろうとも、国会の議決を得る必要はなく、行政庁は自由に締結することが可能となる。しかし、そのような取扱いを許容する解釈は、いかなる財政原則の下においても、異常な解釈というべきである。(18) まして、国会中心財政主義の下で許されるものではない、と考える。特に、金銭債務とは対極にある金銭債権を国にもたらす契約を締結するに当たっても、国会による契約授権を必要としなければ、国会中心財政主義の意義が失われることは、明治一四年に発生した北海道開拓使払い下げ事件を考えれば、明らかであろう。

したがって、歳入予算においても、その重要な機能の一つとして契約授権機能が存在していると考えるのが妥当である。しかし、歳入予算の有する契約授権機能は、予算の中では少々特殊である。

ここで問題となるのは、財政法一五条が歳入予算に論及していない点である。このことについては次のように考える。第一に、契約授権は、憲法八五条によって国会に与えられている権限であるから、財政法にそれに関する規定がないからといって、その権限を否定することにはならない。第二に、財政法一五条の規定は、国庫の負担に帰する債務、すなわち金銭債務負担に関する特則であって、国庫の収入につながる債務負担に関する規定ではない。その特則としての性格は次の点にある。すなわち、本来、契約は両当事者間の自由な交渉によって契約金額その他の契約条件が決定されるべきである。しかし、一五条は歳入予算等の総額の範囲内で契約を行うべきであるとの枠を課しているのである。

これに対して、歳入予算の場合には、一五条に歳入予算があげられていない結果、予算の総額の範囲内で契約を行わねばならないという制約は存在していないことになる。この結果、歳入予算に基づく制約は、予算の科目にのみ存在し、数額には存在しない。すなわち、行政庁は、国の歳入につながる契約を締結する場合には、歳入予算に全く科目のない契約はこれを締結することはできない。しかし、科目さえ存在すれば、そこに計上されている数額に関わりなく、契約を締結することが可能である。そして、現代財政の基本原則である経済性、効率性の重視に鑑み、契約担当者は、できるだけ国に経済的に有利になり、また効率的な条件で契約を締結する等の義務を負担している。その結果、歳入予算額を上回る収入をもたらす契約が締結できることは当然であるし、義務である。

おわりに

本章で取り扱っている契約授権概念の具体的問題に対する適用は、私の意識としては、契約授権に関し、いわばその根を形作っているものといえる。すなわち、本章で取り上げた問題点は、歳出予算の結果発生する二重契約問題から始まって、歳入予算の款項の持つ契約授権機能に至るまで、いずれも私が実務に従事していた当時に、現実にぶつかった具体的問題を抽象的に表現したものである。当時は私自身、支出授権という観点から予算制度を見ていたから、どれについても、適切な回答を与えることができず、今日までいわば宿題となっていた。

ここに契約授権の概念を導入することで、快刀乱麻を断つがごとく、積年の謎を解明できることを認識したとき、私自身は、この契約授権概念の基本的正しさを確信した。契約授権は、もともとはここで取り上げている様々な問題を解決するために創出された財政法上の概念である。しかし、その理論的基礎は憲法へ遡る他に見いだすことはできず、そのために前章が理論的前提として必要となったものである。決して抽象的な、理論のための理論ではなく、こうした現実の問題を解決できる有用性がある点に、この概念の最大の根拠があると自負している。が、こうした個人的経験から出発しているだけに、意余って言葉の足りない点も多いと思われる。厳しいご批判をいただければ幸いである。

（1）　明治二二年に、明治憲法六二条三項を受けて帝国議会に提出された会計法草案一六条では、単年度主義の例外として土地家屋の借入については長期契約を許す旨の規定があったことについては、前章**四**(一)**3**に紹介したとおりである。二重契約の問題をできるだけ回避するためには、このような形できちんと法的に処理する方が好ましいと考えるが、この草案が削除されて以来、わが国ではこの問題に対するきちんとした解決は行われていない。二重契約問題は、その意味では法制度そのものの欠陥といえる。

（2）　リース契約に関する問題の詳細については、拙著『財政法規と憲法原理』一一一頁以下、第一部三章四項「総計予算主義とリース契約」参照。

（3）　長期継続契約は、その根拠規定の位置のためか、学界ではその存在そのものがあまり認識されていないようである。例えば、杉村章三郎『財政法』有斐閣は長期継続契約自体にまったく論及していない。また、槇重博『財政法原論』（弘文堂、平成三年）は、長期継続契約に一応は論及している（二四一〜二頁）が、単に制度を紹介するのみで、その意義については全くふれていない。

これに論及している書物は多いが、したがって、一般に、実務家の著述したものに限られる。本文で言及した議論を行っているものとしては、例えば、高柳岸夫・村井久美共著『官公庁契約精義［平成六年増補版］』建設総合資料社、平成六年刊、一五四頁、井上鼎『体系官庁財政会計事典』（公会計出版センター、昭和六〇年、六二四頁）などがあり、いずれも予算単年度主義の例外と明確に述べている。

（4）　新年度になっても予算が成立しない場合の対応について、紹介すると次のようなものがある。

ドイツの場合にも、基本法一一一条が次のような詳細な規定を設けて、そうした事態における国の機能麻痺を不正でいる。すなわち

「第一項　ある会計年度が終了する前に次年度の予算法が成立しなかった場合には、連邦政府は、新年度予算法が成立するまでの間は、次に掲げる目的に必要な一切の支出を行う権限を有する。

ａ　法律上存在している施設を維持し、法律によって議決された措置を実施するため

b　法的な根拠を有する連邦の義務を履行するため

c　前年度の予算によって既に承認を受けていた金額の限度において、建築物、調達その他の給付を継続し、又はこれらの目的のための補助を更に認めるため

第二項　特別の法律に基づいて租税・公課その他の財源から得られる収入又は経営資金準備金が、第一項の支出を満たさない限りにおいて、連邦政府は、経済運営を維持するための資金を、前年度の予算の総計の四分の一までを限度として、公債により調達することができる。」

フランスの場合には、第五共和制憲法四七条二項によれば、「国会が七〇日以内議決しない場合には、予算法案の規定は大統領命令（ordonnance）によって施行されることができる」。

明治憲法の場合には、その七一条で「帝国議会に於て予算を議定せず又は予算成立に至らざるときは政府は前年度の予算を施行すべし」とされていたので、国の活動が止まることはあり得なかった。

これらに対して、米国の場合には、何ら特別の制度はない。我が国現行憲法は、前章でも述べたとおり、米国財政法の強い影響下に成立しているため、予算不成立の場合の制度が同様に欠落したものと思われる。しかし、米国の場合、前章で述べたように、支出予算及び契約授権には、単年度、多年度及び無期限の三種類があり、予算の不成立により活動が止まるのは、単年度予算で支えられている部分のみであって、わが国のように全面的な停止は発生しないので、その影響は比較的小さい。

（5）　明治憲法六八条の定める継続費は、プロイセン憲法にはなく、北ドイツ連邦憲法ないしビスマルク憲法になって、その七一条として新たに創設された規定である。すなわち、

“Die gemeinschaftlichen Ausgaben werden in der Regel für ein Jahr bewilligt, können jedoch in besonderen Fällen auch für eine längere Dauer bewilligt werden.”

「憲法の支出は一年間につき承認を与ふることを本則とす。特別の場合に於いては之より長き期間につき承認を与うることを得（美濃部達吉『逐条憲法精義』（有斐閣、昭和七年）六九九頁の翻訳による）」

明治憲法の文言では、それが支出授権なのか、契約授権なのか、今一つはっきりしないが、ビスマルク憲法の文言では、それが支出授権であることは明確である。明治時代の継続費について、支出授権という認識が揺らがなかったのは、ここに原因があると考える。なお、この規定はワイマール憲法にもほぼそのまま受け継がれたが、わが国現行憲法同様に、ボン基本法では削除された。

(6)　現行財政法における継続費にも、旧憲法上のそれと同様に、支出授権の効果があるという認識については、管見の限りでは例外がない。例えば、杉村章三郎は「数年にわたる経費の総額を一括して当初年度において国会の議決を経ておけばその年限内においては政府は自動的に支出権を与えられるというところに継続費の特徴がある」と説明する（杉村『財政法〔新版〕』（有斐閣、昭和五七年、法律学全集一〇）八一頁より引用）。

宮沢俊義は、継続費の性格そのものについては杉村章三郎のように明確に述べていないが、「予算が会計年度ごとに定められなければならないとする原則の例外として、いわゆる継続費の制度がある」と述べ、明治憲法が明確に認めていた継続費が現行憲法に規定がないことに関して、違憲の疑いがあるという説を想定し、これに対する反論を展開している（宮沢『日本国憲法』（日本評論社、昭和三〇年）七一九頁）ので、やはり戦前の継続費と同一の性質を持つ経費、すなわち支出授権と理解していることは明らかである。

こうした理解は、予算の機能として支出授権しか考えない、という前提をとれば必然のものと言うことができるであろう。

これに対して、ある程度卑見と同様の認識を持っていると見られるのが槇重博である。すなわち「継続費の性質は、当該年度だけをとって見れば、歳出予算と国庫債務負担行為が合体したもので、その総額の範囲内で、翌年度以降にわたる契約を結ぶことができる」（槇『財政法原論』一六〇頁）と述べる。したがって、おそらく翌年度以降については国庫債務負担行為の性質のみがあると理解しているものと思われる。しかし、この考え方を採る場合には、初年度の年割り額については、歳出予算に計上する必要がないのではないか、というような疑問が生ずる点でやはり問題が残る。

（7）　本文に引用した支出予算と継続費の年割額という二重計上問題についての文は小村武『予算法と財政法』（新日本法規出版、昭和六三年）一七〇頁より引用。同旨、兵藤広治『財政会計法』現代行政法学全集21（ぎょうせい、昭和五九年）六六頁。

ちなみに、この小村の見解は、制憲議会において、金森国務大臣の答弁と同一のものである。すなわち、佐々木惣一からの質問に対して「翌年度からは一般の予算の中に計数は組入れますが、国会の議決は要しないという考えであります」と答弁して、佐々木との間で論争になっている（清水『逐条日本国憲法審議録』第三巻六一四頁）。

（8）　戦前の継続費について、例えば佐藤丑次郎は「一旦継続費として帝国議会の協賛を経たるときは、其の年限中各年度支出額は、其の年度の歳出予算に之を計上するも、之に対して更に議会の協賛を求むるの必要なし。」と説く（佐藤『帝国憲法講義』（有斐閣、昭和一〇年）三〇三頁より引用）。

（9）　継続費の逓次繰越に関する財政法四三条の二に対応する、戦前の旧会計法二八条は「数年を期して竣工すべき工事製造其の他の事業に対して継続費として総額を定めたるものは毎年度の支出残額を竣工年度まで逓次繰越使用することを得」と定めていて、歳出予算の語を使用しておらず、文言的に相違があるので、戦前において妥当した解釈だからといって現行法解釈として直ちに妥当するとはいえない。

（10）　総計予算主義の、国会中心財政主義に占める重要性については、拙著『財政法規と憲法原理』（八千代出版、一九九六年）一〇四頁以下参照。

（11）　碓井光明『要説自治体財政・財務法』〔改訂版〕（学陽書房、一九九九年）三〇〇頁注7は、本文に述べた点を「肯定せざるを得ない」とした上で、「年割額に合わせた歳出予算計上を義務づけられると解すべきである」と結論される。それは当然のことで、その結果、将来の各年度における歳出額が明確に予見できる、という点で、継続費の方が、国会の財政管理の道具として国庫債務負担行為よりも優れている、ということができる。

（12）　継続費について、「後年度の予算審議の際、重ねてこれを審議することができる」という規定について、無意味、あるいは単なる注意規定であるとするのは、管見の限りでは異論がなく、通説と考えられる。

代表的な議論を紹介すると、例えば宮沢俊義は「もしその審議が、文字通り単なる審議に過ぎないならば、それは当然のことを意味するものであり、あえて特に規定する必要のないことであるし、またこれに反して、重ねて審議することができるとは、必要に応じて随時に改正することができるという意味であるならば、それはそもそも継続費を否定することになる。いずれにしても、その文字どおりの意味においては、理解することは困難である。この規定は、既に継続費の制度を認めた以上は、継続費に関する国会の監督が十分慎重に行なわれるようにという意味の注意的な規定だと解するのが、おそらく妥当であろう。（宮沢・注(6)前掲書七二〇頁）」とする。

また、杉村章三郎は、「継続費の年度中、後年度において自由にこれを改廃できるということであれば、継続費を設けた趣旨は没却されるからである。むしろ継続費に関する国会の監督を十分に行うべき旨の注意規定と解する。」とする（杉村・前掲書二三頁）。

なお、これに対して、大沢実は「審議権があれば修正議決権があることは当然であろう」とする（大沢『公会計基本法逐条注釈（上）』（全国会計職員協会、昭和三四年）一〇三頁）。

(13)　継続費に関する戦前の通説は、後年度において、継続費を変更する必要があることを承認し、その場合に帝国議会の議によることができるとしていた。たとえば清水澄は、

「継続費は予算議定権の例外にして議会は最初の年度において一旦議決したるものなるにより次年度以後に於いては之を議決すべきものに非ざるなり。若次年度以後に於て之を変更する必要あるときは政府発案して更に議会の議決を経ざるべからず。」（清水『逐条帝国憲法講義』（松華堂、昭和一二年）五〇四頁）

と述べる（同旨、美濃部達吉『逐条憲法精義』（有斐閣、昭和七年）七〇〇頁、佐藤丑次郎・注(8)前掲書三〇四頁等参照）。

ただし、宮沢俊義は旧憲法の継続費についても、現在と同一の見解であった。すなわち「予算で一旦定められた継続費の次年度以後の経費は爾後毎年の予算に載ってはいるが、議会の議定権の外にある（宮沢俊義『憲法略説』（岩波書店、昭和一七年刊）二五九頁）。」ただし、その根拠は一切示されていない。戦後の通説が、この戦前における

異説ともいうべき宮沢説の影響下にあることは明らかであろう。

(14) 国庫債務負担行為等と歳出予算の二重計上問題は、実際にも、昭和四三年の通常国会で国庫債務負担行為に関して問題になったことがある（その詳細については、小村武・注(7)前掲書一七八頁参照）。

(15) 前章で論じたとおり、わが国財政制度に影響を与えた英米独仏各国で、歳出予算に契約授権の機能を明言している法制はない。それで問題が生じないのは、歳出予算における契約授権は、原則的に理論の問題であって、実務的には破綻が生じないからに他ならない。

(16) 憲法八五条の原案であったマッカーサー草案では国の支出と結びつけた形で債務という言葉が使用されているから、歳出予算を中心に契約授権を肯定していたと解するのが自然である。しかし、ここで注意すべきは、米国の財政はそもそも歳入予算という概念を知らず、さらに言うならば歳出予算という言葉も知らず、支出充当appropriationという形で、支出面だけを議会の権限としていた国であるから、このことを以てわが国憲法の解釈基準とするのは妥当とは言えないと考える。

(17) 八五条にいう債務とは金銭債務に限るとする者の、代表的な例として、宮沢俊義を紹介すれば、次のように述べる。

「国の負担する『債務』とは、金銭債務を意味する。直接に金銭を支払う義務でなくとも、たとえば、債務の支払いの保障とか、損失保障の承認なども、結局国費の支出を伴う可能性があるから、ここにいう『国が債務を負担する』場合に該当する。」（宮沢・注(6)前掲書七一四頁より引用）

また、『註解日本国憲法』は「このいわゆる債務は直接金銭の給付を目的とし、したがって之により国費の支出を要し、または少なくとも要するおそれのある債務を意味するにすぎない」と断言する（有斐閣、昭和二八年、一二八頁）。

(18) 旧憲法下においては、実際にそのような解釈論が存在していた。例えば美濃部達吉は次のように主張する。

「予算款項以外の収入を生ずることあるも、その歳入の適法なりや否やは唯一法律命令に依りて判断せらるべく、予算に依りて定むることを得ず。〈中略〉例えば予算中に寄付の項なしとするも政府は寄付を受くることを得べく、官有物払い下げの項なしとするも政府は法令の許す限り官有物を売却することを妨げず。」（美濃部『憲法撮要』（有斐閣、昭和二年）五四五頁）

なお、現行法の解釈としては、寄付受領禁止原則がとられるとされる。例えば、槇重博は「民主主義の国では、政治に必要な経費は国民が平等に負担することが租税法律主義の意味であるから、租税法の規定によらない負担を一部の国民に負わせる寄付を政府が任意に受領することを認めるべきではない」と説く（槇・注(6)前掲書七四頁より引用）。

第四章　わが国財政構造はいかにあるべきか
――財政構造改革法の批判的検討――

はじめに

現代福祉国家にあって、財政は他のすべての国家活動の根元である。それにも拘わらず、その重要性は必ずしも十分に認識されているとはいえない。かって橋本首相が、財政構造改革を六大改革の一つと位置づけているにもかかわらず、それについての論議は、行政改革や地方制度改革と違ってほとんど報道されてこなかったことは、そのことを端的に示している。

現時点で財政構造改革について論ずる場合、一九九七年一一月二八日に成立した「財政構造改革の推進に関する特別措置法」（平成九年法律一〇九号、以下「財政構造改革法」という）を中心に論ずるのが適当であろう。

同法は、首相の強力なイニシアティブにより制定されたにもかかわらず、一九九八年五月二九日には早くも「財政構造改革の推進に関する特別措置法改正法」が制定されて、特例公債発行枠の弾力化を可能とする措置が執られ、また、財政健全化目標の達成年次が二〇〇三年であったものが、二〇〇五年に延長され、平成一一年度当初予算の社会保障関係費の量的縮減目標が「おおむね二％」から「極力抑制」にするという調子で、大幅な骨抜きが行われた。更に、それでも不十分であるとして、同年一二月一一日には「財政構造改革の推進に関する特別措置法停止法」が成立し、財政構造改革法全体の施行を当分の間停止する事となった。

しかし、このような措置が執られたのは、同法の完全実施が、この時点における我が国経済及び財政にとって負担になりすぎるという観点からであって、同法の内容そのものが問題視されたためではない。すなわち、同法は、我が国経済が回復軌道にはいった後、経済・財政状況等を総合的に勘案した上で財政構造改革法の停止解除があることを予定しており、決して同法を廃止したものではない。

私は、同法には、幾つかの根本的な問題点があり、財政構造改革の名に値するものではない、と考えているので、停止されているにもかかわらず、同法をたたき台として、我が国財政構造改革のあるべき姿を探ってみたい。しかし、同法についてもやはりあまり詳しい報道はされていない(1)ので、まず最初にその簡単な沿革及び内容を紹介し、最後にその問題点を指摘し、私見を述べる、という順序で以下論ずることとしたい。

一　わが国財政状況と財政構造改革への取り組み

わが国では、かつて深刻な財政赤字に見舞われ、昭和五〇年度に赤字公債が発行されたのを皮切りに、平成元年度まで連続一五年間、特例法の制定が続けられた。この時の危機は、大蔵省主導によるマイナスシーリングによって歳出を抑制することにより一応押さえられ（以下、この時期を「第一次歳出抑制期」と呼ぶ）、その後、いわゆるバブルによって生じた税収の伸びにより、赤字財政からの脱却に成功した、といわれていた。

しかし、バブル崩壊とともに、隠れていたマイナス要因が一気に吹き出し、現在の財政状況は、かつて以上の深刻な事態となっている。すなわち、平成一〇年度では、当初予算の段階で国と地方を合わせた財政赤字は対GDP（国内総生産）比九・六％に達し、深刻な状態と見られていたが、補正後には実に一四・九％になったのである。そして、上記の通り、構造改革法が停止された結果、一一年度補正後においては一〇・七％となっているなど、その後も深刻さの度合いを深めている。

国と地方を合わせた長期債務残高は九年度末の段階で四九二兆円と対ＧＤＰ比九七・四％に達していた。その結果、一〇年度末には五六一兆円対対ＧＤＰ比一一三・四％、一一年度には六〇八兆円対ＧＤＰ比一二三・一％という段階に達した。一二年度には更に大幅に増加し、補正後予算では六四二兆円ＧＤＰ比一二八・七％に達するという。

しかも、平成一〇年度一般会計歳出総額は約七八兆円に対して税収は五九兆円程度と見積もられ、これさえも厳しい数字であったが、決算額はこの厳しい予想数字を大幅に下回って四九兆円にとどまった。一一年度は歳出総額約八二兆円に対して、税収は四七兆円になった。一二年度は歳出総額九〇兆円弱に対し税収は若干回復して五〇兆円弱になるものと予想されている。したがって、今後も大量の赤字公債発行は必至の状況にある。したがって、このまま放置すれば近い将来にわが国財政は崩壊し、経済・国民生活の破局に至ることは間違いないものと思われる。

こうしたことから、財政制度審議会では財政構造改革特別部会を設けて検討を行い、平成八年一二月にその最終報告が出された[(2)]。それを受けて、橋本首相を議長とする政府・与党の財政構造改革会議が設けられて、積極的に財政改革に取り組みだしたのは平成九年一月のことであった。三月に、同会議で総理から、次の財政構造改革五原則が示された。

㈠　財政構造改革の当面の目標は二〇〇三年とする。

㈡　今世紀中の三年間を「集中改革期間」とする。歳出の改革と縮減は、「一切の聖域なし」とする。「集中改革期間」においては、主要な経費について具体的な量的縮減目標を定める。

㈢　当面の平成一〇年度予算においては、政策的経費である一般歳出を対九年度比マイナスとする。

㈣　あらゆる長期計画（公共投資基本計画など）について、その大幅な縮減を行う。歳出を伴う新たな長期計画は作成しない。

㈤　国民負担率（財政赤字を含む）が五〇％を超えない財政運営を行う。

この五原則を踏まえて、同会議で、六月三日に「財政構造改革の推進方案」が決定され、同日、「財政構造改革の推進について」が閣議決定された。これに基づいて制定されたのが冒頭に述べた財政構造改革法である。

二　財政構造改革法の概要

この法律によれば、財政構造改革は、「経済構造改革を推進しつつ、財政収支を健全化し、これに十分対応できる財政構造を実現するために行われる」（二条）もので、その「推進に関する国の責務、財政構造改革の当面の目標及び国の財政運営の当面の方針を定めるとともに、各歳出分野における改革の基本方針、集中改革期間における国の一般会計の主要な経費にかかる量的縮減目標及び政府が講ずべき制度改革等並びに地方財政の健全化に必要な事項を定めることを目的」（一条）としたものである。

財政構造改革の当面の目標は、次のとおりとされた。

㈠　平成一五年度までに、一会計年度の国及び地方公共団体の財政赤字の対ＧＤＰ比を一〇〇分の三以下とする。

㈡　一般会計の歳出は、平成一五年度までに赤字公債にかかる収入以外の歳入をもってその財源とすることとし、合わせて平成一五年度の公債依存度を平成九年度に比べて引き下げる。

㈢　財政赤字の対ＧＤＰ比を公表することにした。すなわち、平成一〇年度から平成一五年度までの間の各年度の予算及び地方財政計画の国会への提出後、遅滞なく、大蔵大臣及び自治大臣は、当該年度における財政赤字の対ＧＤＰ比の見込みの数値を計算して公表することとした。また、各年度の国及び地方公共団体の財政赤字額が公表された場合においては、同じく遅滞なく、当該年度における財政赤字の対ＧＤＰ比を計算して、公表する。

㈣　国の財政運営の当面の方針としては次の点が明記されている。

1　国は財政構造改革の当面の目標の達成に資するよう、財政運営にあたり、一般歳出の額を抑制するとともに、国及び地方公共団体と民間が分担すべき役割の見直し等の観点を踏まえ、特別会計を含むすべての歳出分野を対象とした改革を推進することを当面の方針とすることとした。

2　政府は、平成一〇年度の当初予算を作成するにあたり、一般歳出の額が平成九年度の当初予算の額を下回るようにすることとした。

3　歳出分野を社会保障等一二の分野に分類し、それぞれの分野における改革の基本方針、集中改革期間における主要な経費の量的縮減目標及び政府が講ずるべき制度改革等をそれぞれについて定めた。その特徴としては、かつてのマイナスシーリングのように、全歳出分野について一律に歳出削減を要求するのではなく、それぞれの分野ごとにその特徴に応じて大幅削減を要求する場合もあれば、むしろ現状より若干の増額を認める場合もある、というように、メリハリをつけている点にある(3)。

財政構造改革法は、第一次歳出抑制期に採られた及び腰的な財政改革に比べると、明らかに一歩を踏み出したものので、その姿勢そのものは評価するに価するであろう。特に、上記㈢に紹介した財政赤字の対ＧＤＰ比をリアルタイムで公表することは、財政に関する透明性を高める試みとして評価しうるであろう。また、本法の中心となる、㈣の**3**に述べた分野別の、メリハリをつけた削減案も、総論的には高く評価しうるであろう(4)。

本法の制定が財政改革の努力であることは間違いない。しかし、問題は、これのどこが財政〝構造〟に対する改革なのか、という点であろう。ここで意味論を展開するつもりはないが、常識的に言って、本法は、従来の財政構造をそのまま温存した上で、単に歳出削減のための努力を行うという宣言に過ぎないのではないか、と思われる。各歳出分野がそれぞれ、どれだけの犠牲を払うか、という点に関する調整が、今後のわが国財政の改善に向けてのきわめて重要な作業であったことは明らかである。しかし、そのことは、わが国財政状況がここまで悪化する以前に適切な改善努力が払われなかったことを免責するものではない。

今、この時点で財政構造改革と銘打つ以上、第一次歳出抑制期における努力を失敗に終わらせた様々な財政特有の構造上の要因を排斥することが、要求されるべきであろう。その最大の問題は、現行のわが国財政構造の全体像が、主権者たる国民の目から見て見えにくいものであったという点に求められるであろう。今、わが国が求められる財政構造の改革とは、その全体像の把握を容易ならしめるような透明性の高い構造への変革である、と考える。それがどのようなものであるのかについては、以下、項を改めて詳述したい。

三　わが国憲法の要求する財政構造

わが国憲法が定める財政制度の最大の特徴は、国会中心財政主義（憲法八三条）の徹底という点である。欧米諸国においては、財政の本質が、三権分立制度上内閣の責任の本質となる行政活動と密接不可分な関係にあることを踏まえ、財政に関する権限を、程度の違いこそあれ、行政府にも与えていて、立法府と行政府の協調の下に行使される形態を採る。これに対して、わが国行政府の場合には、予算原案を作成する義務を負わせているに止まる(憲法八六条)(5)。したがって、財政構造の変革を行う場合にも、それは国会及び主権者たる国民の権限を拡充する方向で行われる必要がある。以下、この観点から財政構造改革法を批判的に検討したい。

(一)　契約授権を通じた財政改革の必要性

国会財政権の強力さを端的に示すのが、憲法八五条である。同条は、「国費を支出」することと、「国が債務を負担する」ことという二つの財政活動に対して、いずれも「国会の議決に基づく」ことを要求している。これが事前コントロール権である予算の、二大機能である。私は、予算の持つ前者の機能を「支出授権」、後者の機能を「契約授権」と呼んでいる。この用語を使用して現行の予算制度を説明すると、支出授権の機能を有しているのは歳出予算のみであり、契約授権の機能を有しているのが予算総則、歳入歳出予算、継続費、繰越明許費及び国庫債務負担行為となる。

従来、憲法学者や財政法学者は予算の機能の中心を支出授権と理解する傾向があった。確かに夜警国家の時代においてはそう考えても誤りではない。しかし、現代福祉国家においては、国の活動の中心は、国民に対して様々なサービスを提供する点にある。その場合、行政庁としては、そうしたサービス提供に必要な契約を締結する権限を与えられることが重要である。契約の相手方としては、その契約の結果、最終的に国費の支出を受けることが大切であるが、行政庁としては、契約に基づく給付を相手方から受けられれば、それにより行政の目的は達成される。こうして、国家内部法としての現行の現実の予算制度においては、契約授権がその中心にあると考えるべきである。それだからこそ、現行予算では行政のニーズに対応して、多彩な契約授権制度を用意する必要が生ずるのである。(6)

ここまで述べてくると、財政構造改革法のもつ第一の欠陥が明らかになる。すなわち、それは前項に示した内容に明らかなとおり、歳出予算の抑制だけを問題としているのである。しかし、行政庁としては、契約授権さえ与えられるならば、支出授権は先送りできる。そして、国会としては、ひとたび契約授権を与えた以上、その契約に基づく支出義務の履行期が到来した段階で支出授権を拒絶することは不可能といえる。

したがって、財政再建を云々するためには、契約授権を与える段階での適切なコントロールが問題とならねばならない。財政構造改革法には基本的にこの観点が欠落している。この点からは様々な問題が発生するが、特に問題が大きいと思われる三点に限って、以下に論じたい。

1　継続費と国庫債務負担行為

契約授権を得ることにより、支出授権を先送りする中心的な手段は継続費及び国庫債務負担行為である。それらの契約授権期間は五年間とすることができる（継続費につき一四条の二第二項、国庫債務負担行為につき一五条三項）。一方、財政構造改革法による集中改革期間は三年間であるから、その終了後の二年間に支出授権を先送りすることにより、この三年間の支出そのものは、行政活動を大幅に抑制することなく相当程度削減可能ということになる。実際、この手法は、第一次歳出抑制期において、各省の採った歳出抑制手法の一つであった。これらの制度は、今後とも必要であるが、その乱用を抑止する措置を講ずる必要がある。その目的には、継続費を中心とすることで対応するのが適切と考える。

継続費は、現行憲法にそれを予定した規定がないため、当初は定められておらず、導入後も違憲論がつきまとったこともあってか、現在までのところ、自衛隊の艦船建造費以外には利用されていない。しかし、契約授権を一度与えた場合には、それがどのようなものであれ、後年度になってそれに関連する支出授権を国会が拒絶することは許されないことを考えると、むしろ、契約授権の対象期間中の各年度にどれだけの支出授権が必要となるかを明確に国会のコントロールの下においている継続費制度を利用する方が、国会中心財政主義の趣旨に合致している、というべきである。国庫債務負担行為を利用した場合には、それに続く各年度にどの程度の支出授権が必要となるかは国会には判らず、行政庁としては容易に歳出の先送りが可能となる。これに対し、継続費を利用する場合には、行政庁が当面の年度における歳出を抑制する手段として、支払い義務が現実化する時点を先送りしている状況が、予算上明確に見て取ることができる、という絶大な長所が発生するのである。(7)

2　建設公債概念の不明確性

建設公債は、赤字国債の発行とは違い、財政法四条但書の許容する公債ということで、第一次歳出抑制期以降、濫用されてきた。(8) 建設公債の対象となる公共事業の範囲は、国会が個別に決定することとされているが、現行の予算では、その方法として、予算の項の名称を上げ、そのすべてについて建設公債の発行を許容するという方式が採られていることは問題である。一つの項の中にも、後の世代に負担の転嫁が許されるものとそうでないものとが混在しているからである。しかも、現実に掲げられている項の中には、災害復旧工事費など、明らかに後の世代に転嫁することがまったく許容されないものまでが掲げられている。この結果、現行予算では、すべての公共事業がそこに掲記されている、といっても過言ではない。すなわち、現行の建設公債は、実質的には赤字公債に等しいものが多量に混入しているのである。今一度原点に立ち返って、建設公債の概念の明確化を図り、それに該当するもののみを正確に予算上に規定して許容する方策を考えねばならない。それが技術的に不可能というは不可能であろう。

のであれば、建設公債を全面的に赤字公債と同視して、一律に削減の対象としない限り、長期的に見た財政再建は不可能であろう。

3　公共事業の長期化

財政構造改革法が導入した新規施策で特に問題なのが、公共事業の長期化である。すなわち、財政構造改革五原則の一つとして、あらゆる長期計画の縮減ということがうたわれていたが、財政構造改革法は既存の各計画を、その定める事業量を変更することなく現行計画に比べて長期の計画に改訂することとし、これにより、各計画における一ヶ年当たり平均事業量を抑制する、としている。それを受けて、本法の附則に定められているところによれば、従来五ヶ年計画であったものを七ヶ年計画に変えている。長期計画は、財政法的にいえばそれに見合う長期の契約授権のことであるから、これは契約授権期間を財政法の原則の五年から七年にのばすということに実質的に異ならないと思われる。したがって、計画の長期化とは、第一に、同時に契約授権を通じた歳出の先送り以外の何ものでもない。第二に、このように計画を長期化するということは、なるほど各年度の歳出そのものは縮減されるかもしれないが、同時に計画の効果が発現する時期もまた先送りになるということである。したがって、限られた予算の効率的使用という観点から見た場合、むしろ財政改革に逆行する措置である。必要性が低いと判断された事業は、英断をもって廃止するのが正しい対策というべきであろう。

(二)　特別会計及び政府関係機関

欧米諸国に比べたわが国財政構造の最大の特徴を一つ上げよ、といわれた場合に、それが特別会計制度であることは、異論がないところと思う。特別会計は、個々に見ればその合理性は否定できないところであろう。問題は、それがきわめて多数に上り、その結果、国の財政全体に関する透明性を著しく低下させている点にある。その総数は三八に上っているため、大蔵省では以前からその数の増加を極力抑制している状況にある。他方、社会の変化に伴い、特別会計新設の必要性は増大しているので、特別会計の下に「勘定」という名称で独立の経理を行うという方法で、実質的に特別会計を増加させている場合が少なくない。今、一律に、勘定をすべて独立の特別会計とみなして数えれば、特別会計の総数は七三に達する。これに加えて、住宅金融公庫などの政府関係機関も、実際には特別会計と同様の機能を果たしているが、その総数は九二に達する。これらと一般会計の間の資金のやりとりはきわめて複雑で、予算書は「史上もっとも難解な本」と呼ばれるほどである。

ここまで述べると、財政構造改革法のもつ第二の欠陥が明らかとなる。同法は、先に紹介したとおり、一般歳出の抑制を行おうとしているが、その一般歳出の九割近くは、これら特別会計等に対する繰入金等で占められている。したがって、集中改革期間程度の短期間であれば、財政のひずみを特別会計等の方で負債を背負うなどの方法でやりくりすれば、一般会計の歳出を表面的に削減することはそれほど困難ではない。事実第一次歳出抑制期にはこの手もよく使われたのである。このような構造的潜脱手段をそのまま放置しておくことは、もちろん財政構造の改革の名には価しない。

国会及び国民の目から見た国の財政の透明性を高めるには、したがって、単に一般歳出の赤字やその対ＧＤＰ比を公表するだけでは不十分で、この一般会計と特別会計等の関係を、国民が容易に把握できる方向に財政構造を変換するべく、努力を行う必要がある。特別会計等を可能な限り廃止、統合するのはもちろんであるが、それに先行して、例えば、一般会計に特別会計等の純計額を取り込むことによって、国の財政の全体像が容易に一覧できるようにした「総合予算」のようなものを別に作る必要があるのではないだろうか。そして、国の財政赤字として問題にするべきは、一般会計の赤字ではなく、総合予算での赤字総額ではないだろうか。そうした制度を導入しない限り、例えば林野事業特別会計や国鉄清算事業団の抱える膨大な負債が、検討対象から抜け落ちることになるはずである。

㈢　見直し措置の具体的手段

財政構造改革法は、各歳出分野について制度、施策、事業等の見直しを要求している。しかし、その見直しを具体的にどのような手法で行うかについては全く論及するところがない。かつて、米国でそうした見直しが行われた際には、ジョンソン政権下のＰＰＢＳやカーター政権下のゼロベース予算に代表されるように、様々な具体的な手法を開発し、そうした物差しに基づいて統一的に見直しを実施した。それぞれの手法については、様々な限界からそれらの政権の終了とともに廃止されたが、こうした具体的、計量的な検討手法の導入という伝統は、今日まで一貫して継承されており、それが近時における米国の財政赤字からの脱却成功に、大きく寄与していると考えられる。

わが国の場合にも、そうした具体的・計量的な手法の導入が、見直し措置の実現に向けての最大の武器となるはずである。その意味で、この点に全く論及していないことが、財政構造改革法の第三の大きな欠陥と考える。

㈣　当初予算と補正予算

明治憲法下のわが国においては、補正予算を作成することは原則的に禁じられていた。いったん成立した当初予算を後に修正することは、予算の一覧性を著しく低下させるためである。しかし、福祉国家においては、社会の変化に対応した形で機動的に財政措置を講ずる必要が高いから、その様な硬直的な姿勢は正しいとはいえないので、現行財政法にはその様な規定はない。その結果、特に近年においては、大型補正が恒常化し、当初予算だけで特定の年度の財政を云々することは、ほとんど不可能な状態になっている。

それがわが国のいわば基本的な財政構造となっているにも関わらず、財政構造改革法は、あたかも補正予算が原則的に禁じられているかのように、歳出の削減目標の設定にあたり、各年度の当初予算と前年度の当初予算の対比だけを基準として採用している。したがって、集中改革期間内であっても、当初予算ではなく、補正予算という形式さえ採れば、政府は同法に抵触することなく、かなり自由に赤字国債の発行その他の措置が採れることになっていた。

この第四の欠陥は、法制定作業上の誤りというより、立法者が意識的に設けた潜脱手段と思われる。財政構造改革法が凍結される以前の段階で、アジア諸国の通貨不安に端を発した世界的な経済危機に対応すべく、政府は、大幅な財政出動を行ったが、それは同法のこの抜け穴を利用して行われてた。すなわち、当初予算も成立していない段階で、大型補正予算が云々されるという異常な事態が発生したのである。このような構造的抜け穴が用意されていること自体、同法が本質的な構造改革を目指していない一つの証左である。

おわりに

以上に述べたとおり、私は財政構造改革法の価値を否定するものでは決してないが、同時に同法は、第一次歳出抑制期に大蔵主導で行われた歳出削減を、法的に規定したというレベルに止まり、財政構造そのものの改革ではない、と考えている。

確かに本章を執筆している二〇〇一年一月時点における我が国経済状況には厳しいものがあり、財政構造改革法を停止したこと自体は理解することができる。しかし、本章で述べた構造改革の必要性そのものが消滅したわけではなく、まして、ここに提案した様々な財政構造改革それ自体は、現時点における財政状況とは関係なく実現しうることである。したがって、改めて声を大にして、我が国財政構造を真に改革する法律の制定を求めたい。

（1）紙幅の関係から財政構造改革法の具体的な内容について詳細な紹介はできない。詳しくは官報号外二四三号（平成九年一二月五日）を参照。大蔵省の広報誌『ファイナンス』一九九八年一月号に簡単な解説があり、また、ジュリスト一一二九号には櫻井敬子「財政構造改革の推進に関する特別措置法」と題する紹介がある。

（2）財政制度審議会財政構造改革特別部会最終報告があったことを踏まえて、ジュリスト一一〇九号で「国家財政改革」と題する特集が組まれている（ただし、報告それ自体の紹介はされていない）。

（3）一二の歳出分野とは、社会保障（七条～一二条）、公共投資（一三条～一五条）、防衛（一九条～二〇条）、政府開発援助（二一条～二二条）農林水産（二三条～二四条）、科学技術（二五条～二七条）、中小企業対策（三〇条～三一条）、人件費（三二条）、その他事項（三三条）、補助金（三四条～三八条）である。大幅削減としては、例えば地方公共団体に対する補助金等については、集中改革期間を通じて、毎年対前年比九〇％に削減していくことを要求している。増額としては、例えば社会保障関係費は、平成一〇年度で九年度よりも三、〇〇〇億円の増加を認めており、その後も、対前年比で二％づつの増額は認めている。

（4）分野別のメリハリについては、当然のことながら、各論的には異論のあるところも多い。例えば、防衛費についていえば、東西冷戦の終結に伴い、世界的にみて防衛費が大幅に減少しているといわれる状況の中で、現状で維持することは明らかに不当であろう。逆に、政府開発援助については、一〇年度を対前年比九〇％と削減するのは、世界の中でのわが国の置かれている立場をどこまで理解しているのか疑わしいといわざるを得ない。しかし、こうした各論的議論は、本書の目的ではないので、これ以上触れない。

(5)　わが国では、八六条の予算原案提出を、内閣の権利と解する立場が学界でも強く、また、内閣の有権解釈となっている。しかし、これは、八六条の明文に反する（同条は明らかに義務として規定している）ばかりでなく、八三条、八五条によって示される国会中心財政主義にも反する解釈と考える（本書第一編四(二)参照）。

(6)　本文では、予算の持つ支出授権及び契約授権の機能について、きわめて簡単に私見を紹介した。詳しくは、拙著『財政法規と憲法原理』（八千代出版、一九九六年）並びに本書第一編第二章「予算における支出授権と契約授権機能について」をそれぞれ参照。

(7)　継続費制度の、現行財政法における実際の機能及び合憲性等についての詳細については、本書第一編第三章「現行予算制度における契約授権の検討」参照。

(8)　建設公債の現行制度の下での運用の問題性の理論的整理については、坂野光俊「戦後五〇年と公債問題―財政法四条の意義に関連して」日本財政法学会編『戦後五〇年と財政法研究(1)』（龍星出版、一九九七年）二七頁以下参照。

第二編　わが国の財政監督制度

第一章　会計検査の歴史と現行会計検査院の権限

はじめに

私は、会計検査院に二〇年間在籍したので、わが国会計検査院がどのような組織を持ち、どのような活動を行っているかは自明のことであった。したがって、諸外国の制度等を研究するにあたっては、当然、それを物差しとして比較を行ってきた。

しかし、私にとって自明の存在であるわが国会計検査院そのものが、一般にあまり知られていない国家機関であるという事実であった(1)。

そこで、簡単にわが国会計検査の歴史を紹介し、現行会計検査院の権限を論ずることとしたい。

一　わが国財政監督の歴史

(一)　徳川時代

1　将軍綱吉による勘定吟味役制度の創設

わが国で、最初にきちんとした財政監督機関を創設したのは、徳川五代将軍綱吉といわれる。綱吉は、老中の専横を押さえるために、側用人制度を作り出して将軍独裁を幕府で初めて実現した人物である。彼はその独裁権力をふるって財政改革を断行し、四代将軍までの間にほぼ崩壊状態にあった徳川幕府財政の再建に成功した。また、沈滞していた国内経済を積極的経済政策の導入で刺激することにより、元禄景気をもたらすとともに、文化保護政策を通じて元禄文化の華をひらかせた。その他、今日我々が徳川時代の特徴的制度と考えているもののほとんどを作り出し、ひいては今日では日本人の固有の習慣と考えられるに至っている多くのものに強い影響を与えている。

その彼が、財政改革の一環として一六八二（天和二）年に設けたのが「勘定吟味役」制度である。

勘定吟味役は、身分的には勘定奉行の次席であるが、上司である勘定奉行の活動を監督する権限を有し、その監督結果を勘定奉行を飛び越して直接、将軍や老中に具申する権限を有していた。又、勘定所の次席として、予算の編成作業に関与し、予算執行にあたっても個別書類にはすべて勘定吟味役の署名を要した。たとえ老中の命令によろうとも勘定吟味役が了承しなければ、幕府資金の支出は不可能であったといわれている。すなわち、勘定吟味役は単なる事後的財政監督機関ではなく、事前、同時、事後のあらゆる時点で財政監督権を持つ、というきわめて強大な権限を有する存在だったと考えられるのである。

検査の観点的には、今日の三Ｅ検査に相当するものを持っていた、と考えられる。実をいえば、この点については歴史的には資料が存在していない。しかし、後述するとおり、明治維新後に、この勘定吟味役制度を範として創設された財政監督機関が、そうした検査の観点を持っていたことが明らかになっており、そのことから、逆に勘定吟味役もそうであったと考えられるのである。

前述のとおり、その時点での幕府財政は崩壊に直面しており、又、この当時はまだ財政法規はほとんど整備されていなかったと考えられるので、綱吉としては単なる合法規制検査の目的でこの制度を作り出したとは考えられないのである。一般に、徳川幕府は、先例主義の行政を行っていたから、幕府の財政法規そのものが、勘定吟味役の批難を軸にして、この後形成されていったと考える方が合理的なのである。そのように考えても、勘定吟味役が三Ｅ検査を検査の観点としていた、と考える外はないことになる。

しかし、この勘定吟味役制度は、一六九九（元禄一二）年に、時の勘定奉行、荻原重秀の建議によって廃止される。彼は野心家で、勘定吟味役の地位にあるときに、その職権をフルに生かして上司の勘定奉行を失脚に追い込み、自らが勘定奉行に就任することに成功すると、将来の自らの失脚につながる可能性のある勘定吟味役制度そのものを、廃止に追い込んでしまったのである。

これが復活したのは一七一二（正徳二）年のことであるから、この間、一三年間の空白があることになる。復活にあたって活躍したのは新井白石である。新井白石は、荻原重秀の専横を憎み、これを失脚させるために肝胆を砕いたが、打倒荻原の決め手として行ったのが、この勘定吟味役の再設置だったのである。

新井白石は、この時代の人としては信じられないほどに経済を理解しており、荻原重秀を失脚させて幕府財政たりした。
の実権を掌握すると、一種のデフレ政策を導入することで、過熱していた元禄景気のソフトランディングをはかっ

八代将軍吉宗は、彼を擁立した無能な老中達に迎合して白石を退け、白石の経済政策もまた放棄した。しかし、なぜか白石のデフレ政策中の一施策であった金貨の改鋳による通貨量の抑制政策の部分だけは継承し、それも、白石と違って短い期間に集中的に実施したので、日本経済は一転して大変な不況に直面することになった。この結果、幕府財政は短時日のうちに崩壊し、吉宗は、上げ米の制という諸大名からの借金政策によってかろうじて幕府そのものの崩壊を防ぐ羽目になる。

こうした深刻な事態からの脱出を目指して、彼が実施したのが有名な享保の改革である。享保の改革は、きわめて長期に行われ、その中には有効な施策も多い。が、基本的には幕府の年貢米収入を増加させることで、幕府財政を再建しようという、貨幣経済の浸透に逆行するアナクロニズム的努力であったということができる。享保の改革の努力目標であった年貢米徴収量の増加政策そのものは非常な成功を収め、吉宗はその治世の末期に江戸幕府としては史上空前の年貢米徴収高を記録することになる。しかし、この時点の徳川幕府は、既に米ではなく、貨幣を媒体として様々な行政活動をしていたから、幕府財政を支えるには、この米を市場で売却する必要があった。そして、市場に需要以上の米を送り込めば、その価格が暴落するのは必然の結果である。こうして、享保の改革は、その改革目標達成の故に失敗に終わるという結果を迎え、吉宗は引退するという形式を通して、政権を投げ出したのであった。

2　将軍家重による財政制度整備

吉宗が破綻に追い込んだ幕府財政を再建する任は、九代将軍家重の肩に掛かることとなった。家重は幼少期の

重病の後遺症で言語障害があり、側近以外にはその話す言葉が理解できなかったといわれるが、聡明な頭脳の持ち主であった。吉宗が譜代の門閥に迎合して老中中心の政治を行っていたのに対し、家重は、側用人制度を復活して将軍独裁を行った。おそらく徳川の将軍の中では、綱吉に次いで強大な権力を行使した人物で、たとえば、島津家は、家重の治世に、単独で木曽三川改修工事を命じられて破産状態に陥ることになる。江戸期の全体を通じて、これほどの大工事を特定の藩に単独で命じた例はなく、これは明らかに意図的に島津藩財政の破壊をねらって命じられたものであった。島津藩ほどの雄藩が、このような過酷な命令に反抗することができなかった点に、この時点における家重の強大な将軍権力の存在を端的に見ることができる。

彼が採用した幕府財政再建策は非常に根本的なものであった。すなわち、一七五〇（寛延三）年に予算制度を創設したのである。この予算制度の詳細は、幕末における資料の破棄から、詳細は今日も十分には判っていないが、単年度予算主義をとり、一般会計と特別会計の二本立てで財政を管理する、というきわめて近代的なものであったと考えられている。この時点では、欧米各国においてもこうした近代的予算制度は誕生していないから、おそらく世界最古の近代予算制度と見ることが許されよう。

このとき誕生した予算制度こそが、その後のわが国財政制度の根底を作り、今日のわが国財政制度に受け継がれていることを考えると、彼の功績はきわめて大なるものがある、ということができる。更に、彼は、この後十一代将軍まで三代にわたって続けられる、市場経済の浸透に対応した新しい税制の導入に向けての努力を開始する。この三代を通じての実際の財政の担当者が、有名な田沼意次である。

彼のもう一つの大きな功績が、一七五八（宝暦八）年に行った勘定吟味役機構の整備である。すなわち、それまでの勘定吟味役は、今日の地方自治体監査委員と同じく独任制の機関で、その手足となって実際の監査活動を行ｰ

うのは、監査の対象となる勘定所職員が、人事ローテーションの一環として付けられているに過ぎなかった。しかし、家重は、この年、勘定所とは切り離して、勘定吟味役に専従する部下を配置したのである。換言すれば、家重は、この年に会計検査院という組織の前身を作り出したことになる。これも、ドイツのプロイセンやザクセンの会計検査院の前身となる組織の創設には若干遅れるものの、世界でももっとも古い財政監督専従組織の創設の一つということができる。

この財政監督組織は、松平定信による寛政の改革の際、解体の悲運に遭う。幸いなことに、松平定信はわずか六年で失脚し、後任の松平信明は直ちに組織を復活させた。その後、勘定吟味役制度は幕末まできわめて有効に機能し続けることになる。すなわち、その職務の持つ高度の専門性の故に、単に家柄の善し悪しでその職に補することができず、常に実務経験の豊かな官僚の中から選抜された。その結果、実力派官僚の登竜門として機能し続けていくことになる。(2)

(二)　明治初期

一八六七（慶応三）年一〇月に大政奉還が行われ、ついで一二月に王政復古となり、徳川幕府は滅びた。そこで、朝廷では幕府という制度誕生以前の制度である太政官制度を復活させた。この太政官制度において最初に財政を担当したのは金穀出納所という機関であったが、一八六八（慶応四年＝明治元年）年四月に会計官が設けられた。この会計官知事は万里小路広房であったが、実質的にこの会計官の長であったのは、会計官副知事である大隈重信であった。彼は、早速に財政監督機関の必要を建議し、それに基づき、一八六九（明治二）年五月に、この会計官の中に「監督司」が設置された。初代監督司知事は大垣藩出身の安藤就高という人物であった。この会計官という組織は同年七月に大蔵省に改組され、更に八月に大蔵省と民部省とが合併して民部省となり、一八七〇年七月に民部省と大蔵省が分離する、という激しい機構改革の中で、名目上の所属が激しく揺れ動くことになる。その権限については、明確な規定は設けられなかったが、勘定吟味役制度を継承して、事前、同時、事後にわたる広範な監督活動が実際には行われていた。

一八七一（明治四）年七月二七日、大蔵省は突然監督司を廃止する。理由ははっきりしない。おそらく、上述のような強力な財政監督機関の存在が、大蔵省主流派にとり目障りであったためであろう。これに対して、この時点では租税頭兼造幣頭であった伊藤博文が強硬な反対意見を唱え、その結果、廃止のわずか二週間後の八月一〇日に、「検査寮」という名称で再び設置されることになった。これがこの後長く続くことになる大蔵省と会計検査院の闘争の第一幕であった。この検査寮は、一八七七（明治一〇）年に、「検査局」と名称が変更されることになる。

(三)　会計検査院の誕生

検査局は一八八〇（明治一三）年に、大隈重信の建議により、太政官直属の会計検査院となる。検査対象の大蔵省から独立したわけで、ようやく外部検査機関としての形式を整えたことになる。薩長閥に属さない大隈重信としては、この強力な権限を持つ会計検査院を拠点として、明治政府の運営に関与する意図があったものと思われる。

しかし、いわゆる明治一四年の政変により大隈が下野するに伴い、会計検査院もまた、その側杖にあい、財政制度におけるその地位を変更する。すなわち一八八二（明治一五）年以降、その職権は決算検査権に限定されることになるのである。

大蔵省では、この機に乗じて、会計検査院の権限をフランス会計検査院に倣ったものに限定しようとする。この時期におけるフランス会計検査院は、その名称を日本語に直訳すれば、会計裁判所となるとおり、官金に関して不正行為を行った公務員に対して、弁償命令を下す、というような権限しか持たない機関で、財政監督機関としての機能はほとんど持っていなかったのである。この問題については、本書第2編第5章で改めて詳細に論じている。

この時期の会計検査院の活動に関して、きわめて重要な足跡を残したのは、渡辺昇である。彼は、大隈重信と同様、佐賀藩出身の維新の元勲の一人で、神道無念流の達人でもあった。一八八四(明治一七)年に第三代院長に就任すると、地盤沈下の著しい会計検査院の復権に乗り出した。ここで大きな役割を果たしたのが、一八八六(明治一九)年に属官として会計検査院に採用された平塚定二郎である(ちなみに、彼の長女が平塚らいてうである)。

渡辺は、一八八七年~八八年にかけて、平塚を伴って欧州各国における財政監督制度の実状を調査に回る。平塚定二郎は語学の天才で、各国会計検査院を訪問して、その制度について説明を受けると、翌朝にはその国の言葉で、説明者が驚嘆するほど詳細なメモを作って再度訪問し、内容の確認をした、という伝説が残っている。この調査の結果、渡辺は、プロイセン会計検査院制度がわが国が範とするにもっともふさわしい、との結論を下した。幸運にも、同時期に明治憲法のあるべき姿を求めて欧州各国を歴訪していた伊藤博文は、プロイセン憲法が、わが国憲法の範とするにもっともふさわしい、という結論を下していた。この結果、憲法の文言も含めて完全にプロイセン型の会計検査院に改組することが可能となった。

㈣　明治憲法下の会計検査院

一八八九（明治二二）年に大日本憲法が発布された。この中で、会計検査院はその七二条により憲法機関としての地位を確立する。次の条文がそれである。

七二条①　国家の歳出歳入の決算は会計検査院之を検査確定し、政府はその検査報告と倶に之を帝国議会に提出すべし

②　会計検査院の組織及び職権は法律を以てこれを定む

これは、プロイセン憲法における会計検査院に関する規定とほとんど同文である。

その同じ年に制定された旧会計検査院法では、次のように規定して、その政府に対する独立性を保障していた。

一条　会計検査院は天皇に直隷し、国務大臣に対して特立の地位を有す。

六条二項　会計検査官は刑事裁判若は懲戒裁判によるあらざればその意に反して退官転官又は非職を命ぜらるることなし

すなわち、裁判官と同格の独立性が保障されていたことになる。

ここで検査官と呼ばれているのは、プロイセン会計検査院と同様に、課長以上の全員であり、現在の制度でいう会計検査官に比べて非常に範囲が広い。

同法一四条二号は、同様にプロイセン会計検査院制度を受けて、会計検査院の検査の観点を「予算の規定または法律勅令に違うことなきや否や」と定めていた。したがって、この条文に文理解釈を施す限りは、当時の欧米諸国と同様に、会計検査院は、合法性については判断し得るが、経済性・効率性などの観点からの検査はできな

い、と解するのが妥当であろう。

しかし、会計検査院では、勘定吟味役以来のわが国財政監督の伝統にしたがって、経済性・効率性に関する検査を引き続き実施していた。

その結果、会計検査院の法律上の権限と実質的権限の齟齬は、明治二四年から同二六年にかけて、逓信省との間に繰り広げられた検査権限論争という形で表面化した。事件は、逓信省が、物品の調達に当たって、予定価格にロゥアーリミットを設けていたことを、会計検査院が会計規則に違反するものとして指摘したことに始まる。これに対して逓信省では、「検査院は、法規違背の有無を検査すればよろしいはずである。法規の範囲内において各庁が執行する事柄に対し、経済的なるや否やの点までも立ち入るべき権利はない。」と主張して、検査拒否にでたというものであった（なお、この事件では、現年度検査の当否も論点になっているが、本章には関係がないので、割愛する）。

会計検査院側は、「国に不利益を生じせしめる事態があれば、〈中略〉その不利益の原因は、法令違背にあるか経済的にみて当局の処置宜しきを得ないにあるかは問うところではない。」と再反論した。

三年間に渡って繰り広げられたこの論争は、結局、貴族院が、ロゥアーリミットを設けることに対して、「会計法規の精神に違背したる不当の処置なり。」として会計検査院を支持したことから、逓信省側の全面的な敗北に終わったのである。(3)

これ以降、経済性や効率性の検査は、法律上全く明記されていないにも関わらず、一貫して実施された。

第二次大戦後、新憲法下の会計検査院法においては、あえて検査の観点を法律に記載しないという形式を採用して、検査観点に発展の余地を許容する姿勢を示した。往々にして、会計検査院は合法規性検査しか行わないと誤解されているが、実際問題として、三Ｅ検査の観点を全く含まない、単なる合法規制検査の観点からの指摘が、決算検査報告に掲記された例は皆無に近い。平成九年度に会計検査院法が改正され、三Ｅ検査の観点が明記されたが、これに加えて「その他会計検査上必要な観点」という文言を挿入することにより、さらに新しい検査観点の開発・発展の余地を確保しているのである。(4)

明治憲法下のわが国会計検査院法で、プロイセン法継受のため、生じたもう一つの問題が、前述のとおり、院長、検査局長及び検査課長の全員に裁判官類似の身分保障が終身与えられ、その全員が、会計検査院の最高意思決定機関である合議体の構成員とされていたことである。(5)しかし、わが国の場合、「このように、会計検査官が刑事裁判または懲戒裁判によるのでなければ、その意に反して職を失うことはないという制度は、人事の停滞による検査活動の沈滞という弊害をもたらした」し、新制度に移行する際の人数で一六人に達するという「多数合議制は、決定を慎重ならしめ中庸を行く利点はあったが、反面、責任の所在が不明確となったり、決断と敏活を欠き改善の即行を妨げるなどの弊害も少なくなかった」。要するに、わが国の国民性と整合しない憾みがあったのである。(6)

そこで、昭和二一年三月に憲法改正要綱案が内閣から発表されると、わが国会計検査院では、財政監督制度をそれと整合させるべく、自主的に内部的な会計検査院制度の全面検討作業に着手したが、その中で、同時に積年の弊害を除去するための様々な方策が検討された。その結果策定された改正案で、合議制そのものは維持するが、少数合議制に切り替えることがすでに盛り込まれていた。同年九月に入ると連合軍総司令部から改正作業を行うことが求められたが、このように先行的に意欲的な改正作業が行われていたため、総司令部との折衝の下に新たに開始された改正作業も、基本的にはこの既に行われていた改正作業の延長線上に行われた。総司令部はそのほとんど全条文について意見表明を行ったというが、特にここで問題としている合議制に関する示唆で導入されたのが、米国流の独立行政委員会型の組織、すなわち、決定機関たる合議体と検査執行機関の分離であった

こうして現行制度が生まれることになる。

二　現行会計検査院の権限

現行憲法下における会計検査院の地位をどのように解すべきかについては、前著第一部第七章「国民主権原理と会計検査院の憲法上の地位」に詳述したところである。ここでは、それを受けて、会計検査院の持つ権限はどのようなものであるべきかについて論じたい。

その地位は、必然的に会計検査院の権限の内延、外包の両面にわたる制約を要請するものになると解する。すなわち、会計検査院の下した事実認定を覆すことは国会にも内閣にも許されず、しかもそれら機関が事実認定に介入して左右されることのないよう、高度の独立性が保障されている結果、問題が具体的に発生した後に、個々的に検査活動について掣肘を加えることは不可能なのであるから、その権限そのものを検査目的達成に必要な限度に制限しておくことが適切と考えられるのである。

これを「可及的制限原則」と呼びたい。この原則から派生して、次の諸原則が考えられる。

(一)　技術性

会計検査院が取扱う問題は、その判断をなすに十分な技術を有するものであるならば、誰が下しても同一の結論となる種類のものに限られる、という原則である。

行政とは読んで字のごとく、政治の具体的執行行為である。しかし、行政は、同時にオットー・マイアがその著書の第三版序文でいみじくも指摘したとおり[7]、政体の大幅な改変にも影響を受けることのない高度の技術性を備えた面も有しているのである。

行政の政治的側面については、国民から直接・間接に信託を受けている国家機関が取り扱うべきものであって、民主的基盤を有しない会計検査院が判断を下すことは許されない（非政治性の原則[8]）。

これに対して、技術的側面において要求されるのは、客観的妥当性であり、不偏不党性であって、会計検査院はまさにこれらの要求を満たすために、各種調査権を付与され、また、活動に当たっての独立性を保障されているのである。

(二)　特　定　性

会計検査院が取り扱う問題は、財政という特定の分野に限定される、という原則である。

すなわち、行政活動中、技術的性格を有する領域は非常に広汎であるが、会計検査院の活動が許されるのは財政の分野に限られるのである。技術的分野に活動を限定しても、多方面にわたって活動を認めるときは、その権限が実質的に肥大化し、制約が困難なものとなるおそれがある。可及的制限原則に照らすときは、客観的に分別可能な指標により特定しうる領域に活動範囲を限定する必要が存在するのである。憲法が財政の章に会計検査院に関する規定をおいたのは、会計検査院の活動を財政の分野に限定する趣旨であると解する。

本原則には、別個の実際上の根拠も存在する。すなわち現代行政の複雑さを考えるとき、単一の機関が、そのあらゆる技術的側面につき、高度の調査能力を備えることは不可能ないし非常に困難である、という点である。

それを無理に実現しようとすれば、それ自体が非効率なほどの巨大組織となってしまうか、あるいは十分な調査能力のない分野で不正確な判断を行う結果を招くものと考えられる。後者の事態は、ひいては、その機関の行う判断全体に対する国会や国民の信頼を低下させる結果を招来させることとなろう。(9) これは、漠然とした「信頼性」をその存立の基盤としているこの種機関にとり、致命的な損失を招くこととなる。この点、憲法訴訟における裁判所の自制要求と同様に理解することができるであろう。

財政という指標で会計検査院の活動領域の外包を決定しようとする場合、現行制度の下において主として問題となるのは、人事院または総務省の持つ人事管理権との関係であろう。

なぜなら、三Ｅ検査の一環として行政の経済性または節約性を追求していった場合、国の業務執行を民間業者に委託している場合など、国家公務員を使用していない場合を除き、必ずいつかは人員配置の適否の問題に突き当たることになるからである。

総務省は内閣の内部組織に過ぎないので、同省の活動そのものが会計検査院の検査対象となり、会計検査院の活動を制約する要因とは理論上はなり得ない。ただし、人事問題の専門家の判断に対しては相当の敬意を払う必要があるであろうから、よほど明白にその判断が不当である場合を除き、否定するのは困難になるであろう。

これに対し、人事院は、憲法上の明文の根拠は有していないが、内閣から独立して内部行政の分野を監督する独立行政委員会という点において、会計検査院類似の独立性を有する専門機関であるから、ここにあげた特定性の原則に照らすときは、人事院の権限に属する問題は、会計検査院の検査対象からそもそもはずれると考えるべきであろう。(10)

(三) 後行性

会計検査院の検査対象となるのは、既になされた活動に限られる、とする原則である。これは、最高財政監督機関の判断の可及的制限手段としてわが国会計検査院においても、諸外国においても、伝統的にとられている原則である。すなわち、事前検査または同時検査を許容するときは、会計検査院の判断が予算の作成または執行という、国民の信託を受けた機関が責任を持って行うべき行為を事実上左右する危険が高くなり、適当とは認められないからである。(11)

しかし、この原則は、上記理論的理由の外に、実質的な理由も存在し、むしろそちらがその国の政体に関係なく、広くこの原則が採用される理由となっている。

すなわち、事前に財政行為に関与する権限を会計検査院に与えるときは、その結果なされた行為に同院も事実上共同責任を負うこととなる。その結果、事後的に見ればその不当性がはっきりしている場合にも、天に唾する結果となるのを恐れて非難をためらう可能性が発生するのである。これは一見不明朗な印象を与える理由かと思うが、その重要性は、前期形式的根拠といささかも変わらない。不当な行政活動から国民が損失を受ける事態を防ぐためには、常にクリーンハンドの原則を墨守し、非は非として非難する機関が必要である。そして、会計検査院をクリーンハンド状態に保つためには、後行検査にその活動範囲を限定することがもっとも単純、明快な方法ということができよう。(12)

憲法九〇条が「決算」という語を会計検査院の活動範囲に関し使用しているのは、この後行性の原則を端的に示すものと解する。

しかし、後行性の原則を過大に解してはならない。本原則は、第一に、判断行為に関するもので、調査活動に及ぶものではない。なぜなら、先に挙げた実質的根拠も形式的根拠も、ともに会計検査院が事前判断を示すことの危険性に向けられているのであって、何ら判断を伴わない、いわば無色の調査活動を対象とするものではないからである。

第二に、判断行為に対しても、当該財政活動の終了または少なくとも単年度における決算の終了まで許さないこととする場合、国の行政は長期にわたり継続的になされることを考えると、検査結果の発現時期を著しく遅らせることとなり、不当行為に基づく国の損害を可及的に減少せしめようとする三Ｅ検査の基本的使命に背馳することとなる。前記制度趣旨に鑑み、財政行為の可分的な一部が完結していることにより、少なくともその部分については、会計検査院の判断が左右する余地がなくなっていることをもって、後行性の要求を充足しているものと解する。

(四)　非強行性

会計検査院は、強制捜査権など、直接強制の手段を持たず、また、罰金など、間接強制の手段も持たないとする原則である。

本原則もまた、わが国及び諸外国で、会計検査院の権限制約手段として伝統的に認められているものである。

前著に論じたとおり、会計検査院の検査報告の目的は、究極的には国会がその財政管理権を発動する契機を与えることにある。したがって、検査受忍・協力義務を負担している行政庁等が、検査そのものを拒否し、または資料の一部または全部の提供を拒否若しくは不当に遅延せしめた結果、検査の目的を達成することができなくなった場合には、その事実そのものを内閣、国会及び国民に報告すれば、不当事項そのものを報告した場合と全く同様に、それら機関が自らの調査権を発動する契機を提供することになる。したがって、会計検査院に強制権を付与する必要は必ずしもなく、その結果、可及的制限原則により、否定されることになる。

すなわち、会計検査院の調査権限は、その強制力ではなく、財政の最高意思決定権者である国会及びその信任の上に、実際に決定権を行使する内閣の存在そのものによって担保されているということができる。

(五)　検査対象機関及び検査受忍機関の特定

会計検査院の検査対象となり、あるいは検査受忍・協力義務を負う機関の範囲は、法規により明確に特定されなければならない、とする原則である。

ここに、検査対象機関とは、その会計につき、会計検査院が当否の判断を行うべき機関のことであり、検査受忍機関とは、上記判断を行う上で必要な調査を受忍すべき機関のことである[13]。検査対象機関が、その検査を受忍する義務を負うのは当然であるが、検査対象機関でなくとも、受忍義務を肯定しなければならない場合がある。特定の行政活動の当否を十分に判断するには、その活動の相手方となる者の会計についても調査を及ぼす必要があるからである。

夜警国家の時代にあっては、行政活動の範囲そのものが可及的に限定されていたため、検査対象機関はもとより、検査受忍機関も国家機関であったから、受忍機関の特定について、特に本原則を云々する必要はなかった。

しかし、今日の高度に発展した社会国家にあっては、複雑多様化した行政活動全般にわたって有効な財政監督を実施するには、国家機関またはそれに準ずる地位にある機関ばかりでなく、私法上の法人または自然人の下において検査を実施する必要が存在しているからである。

1　検査受忍の根拠

会計検査院が持つ補助機関性の結果、検査対象機関として会計に対する判断を示されても、私人が直接権利を侵害することはあり得ない。しかし、会計検査院の調査の有する高度の信頼性から、権利を侵害される結果となる蓋然性は極めて高い。まして、検査受忍義務に伴い要求される負担は、現実問題としてかなり重いものがあるので、個人の権利を擁護する憲法の下においては、その範囲の明定は、当然の要求ということができる。

今日において、対私人検査の必要は、主として二つの方向から生じている。

第一は、社会権に基づいて、国家機関が私人の問題に関与することを要請され、あるいは少なくとも社会政策的な見地から私人の要請に応じて補助その他の財政援助等の活動を行う場合である。この種行政活動の当否の判断には、相手方たる私人が財政援助を受けるにふさわしい資格を有しているか否かの調査を欠くことはできない。この場合の受忍義務は、平等原則から導くことができると考える。すなわち、私人が国から特別の利益を受けている場合には、その利益に対応する限度で特別の義務を課することは許されるべきだからである。

第二は、公法の私法への逃避（Flucht in das Privatrecht）と呼ばれる現象に基づくものである。これは様々な形態をとって行われる。事実上の行政活動を、国が出資している私法上の法人に行わせる場合も多い。最近目立つものとしては、庁舎の保守・管理など、判断要素の比較的少ない活動について、効率性・経済性を目的として、公務員の使用を廃止し、その業務を民間に委託する、という場合である。この場合、民間業者は、単なる私法上の契約を締結しているだけで、公法上の特別利益を得ているわけではないから、先の平等原則から受忍義務を肯定することはできない。しかし、ここで検査受忍義務を否定すれば、効率化・経済化を目指して行為すれば、それが真に効率的、経済的かどうかの判断権が、効率性等を監督する機関の権限から、自動的に逃避するという喜劇的な状況が生まれることになる。そこで国等と行う契約の特殊性という観点から、一定の限度で検査受忍義務を肯定することが考えられることになる。

さらに、この類型の特殊なものとして、急激に進展する逃避現象に法的整備が追いつかないために、現実に検査権限から逸脱したものをどう処理するべきか、という問題がある。

2　検査受忍の実態

私人が検査を受忍する態様は、先に述べた三つに対応して、大きく三態様に分かれる。

第一の態様は、国等から補助金、貸付金等財政援助を与えたり、借入金について保証している場合である。これらの対象者に対して、検査受忍義務を課することは当然であり、現実にも、前者について会計検査院法二三条三号、後者について同六号の明定するところである。

第二の態様は、国等の工事の請負人及び国等に対する物品の納入者に対する場合である。これは、今日のわが国の意識では必ずしも私法への逃避現象とは言えないが、歴史的に見れば、かって国が自ら生産していたほとんどのものが民間への請負、あるいは民間からの調達という形態に変化しているのであって、私法への逃避の古典的な形態ということができる。これらの場合には、いずれも会計検査院法二三条七号が明確に私人に対して検査受忍義務を課している。

第三の態様は、このような特別の受忍義務を課した規定がなく、しかも、そうした調査を実施しなければ、国の活動の適否を判断することが不可能である場合である。そうした場面では、一般に「肩越し検査」と呼ばれる検査手法がとられることになる。すなわち、会計検査院そのものが法律上、私人に対して検査権限を有していない場合にも、検査対象機関そのものは、契約当事者たる地位に基づいて調査権を有しているので、その検査対象機関の肩越しに、契約相手方たる私人に対して会計検査院が質問を発するという形式で行われる検査である。私法への逃避現象ばかりでなく、特別受益者に対する検査でも、法的根拠が設けられていないために、この手法による場合が存在している。

この方法に依るときは、会計検査院の検査は、検査対象機関が本来契約相手方たる私人に対して有する権限以上に拡大することがないので、相手方も国と契約したことにより、一般私人と契約した場合以上の不利益を被ることはない。その意味で、私人の権利保護と検査の必要性の調和を図ることのできる巧妙な検査手法であるが、それだけに問題も多い。

その一は、検査対象機関としては、なるほど検査対象となる義務はあるが、それから一歩踏み出して、肩越しに会計検査院の発している質問を相手方に取り次ぐまでの義務は負担していないことである。そのため、検査対象機関に検査協力を拒絶される場合も多く、しかも、それは義務違反ではないため、前段に述べた国会等への、非協力報告を行うこともできないのである。

その二は、当然のことながら、巧妙な策であるだけに、本原則の脱法手段としての性格を有する、という点である。

思うに、内部行政のみに関与する国家機関としての会計検査院としては、原則として一般私人に対する直接的な検査受忍義務を課することは許されないから、形式としてはむしろこれが本則であるべきであろう。そして、今日、いよいよ顕著となる私法への逃避現象の拡大から生じるこうした調査の必要性の増大、検査対象機関の協力義務の明確化、及び本原則に基づき、受忍義務の存在する範囲を明確に法定する必要性という諸要素を考え合わせるならば、肩越し検査権そのものを明確に法制化するのが、もっとも妥当な解決策というべきであろう。

すなわち、会計検査院は、司法上の契約に基づき、検査対象機関が私人に対して調査権を有する場合に、原則としてその権限を代位行使することができる。その権利は、次の三つの請求権から構成されるべきである。

(1) 受検機関は、その有する私法上の権限に基づく相手方に対する調査を会計検査院の指定する日時及び場所において実施すること、

(2) その場に会計検査院の代表者の同席を認めること

(3) 会計検査院の代表者の発した質問を相手方に取り次ぐこと

という三つの請求権である。[14] これにより会計検査院の調査必要性と私人の権利保護の両者を調和させることが可能になると考える。

（1） わが国会計検査院が知られていない、という事実を示す一例を挙げると、平成一〇年に行われた第一六回財政法学会がある。私は、その際、創設以来一貫して行われている重要な活動として、三E検査について報告した。ところが、会計検査院がそうした活動を中心している者を知っている者は参加者の中にほとんどおらず、逆に単なる合規性検査しかしていない者と信じている者が多く、現実の活動との乖離に愕然とさせられたのである。（財政法叢書一六巻参照）

（2） 徳川綱吉から松平定信までの幕府財政制度の歴史については、詳しくは拙稿「江戸幕府財政改革史」建物物価協会『会計検査資料』一九九七年六月号～一九九七年六月号参照。

（3） ここに紹介した明治憲法下の財政監督機関の歴史については、いずれも『会計検査院百年史』会計検査院昭和五五年刊参照。特に逓信省との権限論争については、その一八〇頁以下より引用

（4）　会計検査院法二〇条の検査の観点に明記されていない検査の観点として、代表的なものに「公平性の検査」がある。例えば限られた補助金を国民に交付する場合に、個々の国民の観点から見て公平に交付決定がなされているか、という観点から実施される検査である（これらの検査観点については、次章参照）。

（5）　検査課長以上の全員が検査官として、身分保障を与えられるという点については、ドイツでは何ら問題意識は持たれず、今日のドイツ連邦会計検査院制度にそのまま継受されている。これについては本書第三編第一章参照。

（6）　院法改正の経緯に関する第一の括弧書きは、会計検査院刊『会計検査院百年史』三六三頁より引用した。同じく、第二の括弧書きは同四一三頁より引用した（この前後の改正経緯に関する詳細は四〇〇頁以下にくわしい）。

（7）　本文で言及したオットー・マイア（Otto Mayer）の著とは、帝政ドイツからワイマールドイツへの憲法体制の激変に際して刊行された行政法教科書第三版“Deutsches Verwaltungsrecht” 3. Aufl., 1924. のことである。

（8）　非政治性の原則については、しかし過大評価をしてはならない。イスラエルのベンジャミン・ガイスト博士は、ビックＰとスモールＰという概念をたて、政治性が絶無という行政活動がない以上、政治性の大小に従い、検査許容性を考えるべきであるとされるが、妥当であろう（B. Geist “State Audit”イスラエル会計検査院刊）。

　また、政治性がきわめて大きな問題についても、わが国会計検査院が「特記事項」という形式で報告していることは注目されるべきである。これについては、本書第二編第三章参照。

（9）　アメリカ会計検査院ＧＡＯは五、〇〇〇人を越える職員数を持つ巨大組織である。そして、議会の従属機関とされているので、この特定性の形式的根拠は妥当しない。この、実質的根拠は依然として妥当すると考えられる。すなわち、十分な調査能力のない問題について、議会の要求に従って調査報告した結果、その報告内容が不当であることが指摘されるような事態が生じているのである。

（10）　人事に関する経済性、効率性等の権限が、本質的に会計検査に属さない、ということではない。例えばドイツにおいては、わが国人事院に相当する機関は人事委員会（Personal Ausschuß）と呼ばれるが、その委員長は、官職指定により会計検査院院長が占めている。これは、会計検査院が人事に関する財政監督も行っていることから、適格と考えられているとのことである。事実、その検査報告中にも、人事の削減や公務員から雇員等への変換を妥当とする指摘が散見される。本文で述べたのは、日本の場合には、同格の独立機関が存在しているので、それに対する謙譲を示すべきである、という主張である。

(11)　欧州の会計検査院には、事前検査や同時検査を審査しているところもある。例えばイタリアは事前検査を行っており、また、スイスは同時検査を行っている。しかし、イタリアの場合には、会計検査院の権限が合法規制に限定されており、また、スイスの場合にはその独立性が弱いというところがあって、それが可能になっているのである。スイスの場合、わが国勘定吟味役が実施していた事前検査や同時検査が、勘定吟味役が形式上、勘定奉行の下僚という地位にあったところから可能になっていたのと類似している。

(12)　近年の会計検査院長から内閣総理大臣への報告の提出は、一一月末ないし一二月はじめの時期に行われている。会計年度が終了するのが三月三一日であり、それを受けて出納簿が締め切られるのが五月三〇日である。したがって、出納簿の締め切り後わずか六ヶ月で、検査報告を提出していることになる。これは驚異的な短時間で、これほど早く検査報告検査を提出している国は管見の限りでは世界に他に存在していない。むしろ、年度終了後、検査報告を行うまでに、二〜三年かかっている国も珍しくないのである。この早期提出は、当然のことながらわが国会計検査院がそのために、並々ならぬ努力をしているからである。そして、そのように検査報告の早期提出に執念を燃やしている理由は、上記のとおり、わが国会計検査院の報告が三E検査と密接につながっているからに他ならない。すなわち、国の財政活動の経済性や有効性に直結する指摘は、翌年度の予算審議に、更に理想的には予算編成の段階で既に、その結果が予算に反映されて、はじめて意義を有することになるからである。その意味で、これは非常に有意義なのであるが、報告時期を早めれば早めるほど、それが本文で述べた後行性の原則と衝突する危険が高くなることは否定できない。検査報告の早期化は現状程度がその限界ということができる。

(13)　わが国現行法制では、検査対象機関と検査受忍機関の区別が明確ではない。すなわち、会計検査院法二二条各号は検査対象機関を列記したものであるが、二三条では、両者が入り交じっている。二号、三号、六号及び七号は検査受忍機関であって、検査対象機関ではない、と解する。

ドイツの場合、検査受忍義務のみを負う機関の場合には、「その下で（bei）」という表現がとられて、明確に条文上区分可能である（§§91、92BHO）。

(14)　実際に権利が法制化されている立法例が存在する（オーストリア会計検査院法一一条四項）。

第二章　検査の観点概念の再構成

問題の所在

検査の観点とは、検査機関がその検査活動を行う際の基準の意味である。すなわち、ある事態を検査機関が問題として提起するか否かは、一にかかってそれに対応した検査の観点を、当該機関が有してるか否かに依存している。例えば、計算の正確性をチェックすることだけを使命としている検査機関は、どれほど明白な違法事態に遭遇しようとも、それを問題として提起することはありえない。したがって、ある検査機関にとって、検査の観点概念をどのように構成しているかは、それを受けて行われる検査活動そのものを直接・間接に左右するという点で、本質的重要性を有している。

会計検査院が毎年度公表している当該年度の検査状況、すなわち決算検査報告の中で、昭和五七年以来、その冒頭「検査の概況」の中に、検査の観点と題する一節が設けられ、合規性や三E検査などに関する一応の概念内容も、またそこに示されているのは、このためと考えられる。

そこでの概念内容の特徴をあげるならば、

1、合規性は、合「予算」性、合「法律」性及び合「規則」性という概念の上位概念として把握されている。

2、数額的正確性は、この概念とは異なる観点として把握されている。
3、経済性、効率性及び有効性の、いわゆる三E検査の概念は、やはり合規性と異なる概念として把握されている。

以上の概念把握は、現行会計検査院法の条文を反映したものと考えてよいであろう。すなわち、会計検査院法二九条では、数額的正確性について一号及び二号が規定し、法律、政令及び予算に違反したことに関しては三号前半が規定し、さらにこれに属しない不当については、同号後半「または」以下の規定するところとなっているからである。

こうした概念構成は直感的に判り易く、これを報告冒頭に紹介することは、検査報告を理解し易いものにする上で有益である。しかし、他面、現行の概念把握の間には、概念相互の重複が存する結果、個々の報告を分析する際に困難が生ずる。例えば、独立した概念としての三E検査と、合規性概念に含まれる三E検査とが存する結果、会計検査院がその報告全体に占める三E検査の割合を一義的に示すなどの作業を行うことは困難である。

その原因としては、第一に、合規性検査概念が、わが国会計検査院独自の歴史的発展の中で成立してきたものであるため、諸外国の影響の強い他の概念との整合性を必ずしも持っていないこと、第二に、近時、給付行政の発達とともに、予算や法令そのものが従前のものと変化してきている、という点にあるものと考える。

会計検査院の、わが国会計検査全体に与える影響力を考えると、今後の会計検査活動の健全なる発達を促すためには、検査の観点に示された諸概念相互間及び関連諸法制との整合性の確保をはかる必要があり、特にその中心概念と認められる合規性及び三E検査概念の再構成が不可欠なものと考える。以下、順次検討したい。

一　合規性概念の再構成

㈠　諸外国における合法性検査

わが国で合規性という言葉が使われるようになったのは比較的新しく、昭和四〇年代半ば以降と推定される。初めは合法性という言葉で、上記概念内容を表現していたが、法律とはいえない予算や政令も含めた総合概念としては、合「規範」性という表現の方がよいのではないか、という判断から合規性という言葉が創出されたようである。その意味で、日本では、合法性といい、また合規性といっても、その間に特にニュアンスの差がなく使用されている場合が少なくない。

しかし、ヨーロッパにおける諸会計検査院の歴史を見ると、合法性の概念は、それとは少し異なるものであった。その原因は、基本的制度として三権分立制を採りつつ、最高財政監督機関の持つ、行政府からの独立性を説明する方法として、司法機関の一種として位置づけ、あるいは司法機関との類似性を強調する、という手法がしばしば採用されたことにある、と考えられる。フランス会計検査院（la Cour des comtes）、すなわち同国の最高財政監督機関が、直訳すると会計裁判所となる名称を持っており、その活動内容が変化し、もはや裁判所ではない、といわれるようになっている現在においても、司法機関として位置づけられているのは前者の典型例である。ドイツ会計検査院が、権力分立制上の位置づけを憲法上明確にしないままに、フランス会計検査院の名称をドイツ語に直訳した Rechnungshof と名乗り、その構成員に〝裁判官的独立性〟が保障されているのは後者の例である。

司法機関の行政に対する判断権に、大きな制約が存在するのは、フランスの大革命時において、司法機関がアンシャンレジームの最後の牙城として機能したことがきっかけになっている。この苦い経験を繰り返さないために、フランスにおいても、その強い影響を受けた他のヨーロッパ諸国においても、司法機関の権限をきわめて限定的に構成する伝統が存在する。戦前のドイツが、司法権の対象を民事、刑事に限り、行政については特別裁判所を設けたのは、その端的な例である。また、行政裁判においては、合法性の判断のみがなし得るのであって、行政町の自由裁量行為は、裁判所の判断の対象とはならない、というのも、その一例である。その結果、裁判所は、行政庁の活動の合法か違法かという点については判断権が及ぶが、当・不当については判断できないものと一般に解されている。

そして、最高財政監督機関は、司法機関ないしそれ類似の存在という形式を通じて立法府や行政府からの独立性を保障された代償として、司法機関の持つこうした制約もまた継受してしまったのである。例えば、ナポレオンが創設したフランス会計検査院は、当初「官金を取り扱うものの計算が正しいこと、内容的にも正確なこと及び出納官が受けた命令を厳格に実施したことを確かめ」ることなどに、その権限は限定されていた(1)。すなわち、ここでは数額的正確性は、適法性の最低限の要求として合法性に包含される一方、政令等が、合法ではあるが、不当であるという判断を下すことは、司法機関として当然に許されないこととなっていたのである。ドイツにおいては、ワイマール憲法が成立するまでは、結局会計検査院法そのものが存在していなかったので、その権限も、時の王の個人的意思に依存して浮沈を繰り返しているが、基本的には同様の限界を持っていた。イタリア会計検査院（la Corte dei conti）は、現在においても同様な意味での合法性の検査権限を、ただし事前検査という形でも行使している。

アメリカにおいては歴史的背景こそ異なるものの、一九四六年に包括的検査という概念が導入される以前における「官庁型検査」と呼ばれるものは、まさにこの意味における合法性検査であった。

(二)　わが国における合規性検査概念の発達

わが国において、明治期にヨーロッパ法を継受した際、こうした点をどのように把握していたのであろうか。明治二二年に制定された旧会計検査院法一四条二号は、会計検査院の検査の観点を「予算の規定または法律勅令に違うことなきや否や」と定めている。ここに勅令は明治憲法下における解釈としては、法段階説上、法律と同位にあると解されていたから、現行法における政令以下の法規範は、検査の対象には含まれていなかったと見るべきであろう。したがって、この条文に文理解釈を施す限りは、一に紹介した欧米諸国と同様に、会計検査院は合法性については判断し得るが、当・不当には判断は及ばない、と解するのが穏当である。

しかし、不当性に関する検査までも、会計検査院の権限に含まれるという方向への転換は、明治二四年から同二六年にかけて、逓信省との間に繰り広げられた検査権限論争によって早くも訪れた(2)。

先に述べたとおり、この論争に関する限り、法律論的には、逓信省側に完全に理があることは承認せざるを得ない。そのことは、会計検査院自身が、「法令違背……は問うところではない」と言い切り、貴族院もまた「精神に違背」と表現していることにより、明らかであろう。

それにも関わらず、会計検査院が権限論争に勝利し得たのは、会計検査院の採る立場が、日本における伝統的な会計検査観に合致しており、しかも当時の現実により密着し、逆に逓信省側は理論だおれになっていたため、と思われる。

すなわち、我が国では財政監督は、徳川五代将軍綱吉が、天和二（一六八二）年に設置した勘定吟味役制度を嚆矢とするといわれる。同制度の詳細については、徳川幕府崩壊時における書類の破棄等により正確には判明していないが、それが事前、同時、事後にわたる検査を実施し、その検査観点としては経済性等も含めた非常に強力な財政監督機関であったことはほぼ確実と思われる(3)。

そして、会計検査院の前身であった監督司、大蔵省検査寮、同検査局等は、いずれも明治政府においてこの勘定吟味役制度を引き継いだもので、勘定吟味役同様の強力な財政監督活動を実施していた。その後、いわゆる明治一四年の政変により、大隈が下野したことに伴い、会計検査院の権限は欧州主要国にならって事後監督に限定されることになる。が、検査権限的にはなお、経済性等を含む総合的なものであった。先に述べたとおり、明治憲法下における会計検査院法は、それを更に欧州の例に倣い、合法規性に限定したのであるが、会計検査院はこれを無視して、従来の慣行どおり検査を行っていたことが、事件の根本的な原因であった。

しかし、この当時の日本は、そのような限定を許さない状況にあったといえる。第一に、法令の整備が全般的に遅延していた当時において、会計検査院の権限を欧米的な意味での合法性に限定することは、その機能を完全に否定するに近く、噴飯ものの議論であったろう。例えば、もっとも基本的な法律であり、行政分野としても多分に依存する必要のある民法典の制定は明治二九年であるし、刑法典にいたっては明治四〇年という状況であれば、明治二〇年代における行政法規の整備状況がどの程度であったかは、想像に難くない。事実、旧会計検査院法一五条の規定する法律等改正提案権に基づく、予算や法律の改正、制定、制度の新設、改善及び廃止提案の例は、明治年間を通じて不断に実施されている状況であって、財政法体系を整備しようと奮闘する会計検査院の姿が浮かび上がってくるのである。[4]

第二に、明治期のわが国が、遅れてきた資本主義国家であったこともまた大きな原因と見るべきであった。すなわち、資本主義的発展に欠くことのできない各種産業が十分に育っていた欧米諸国にあっては、アダム・スミス流の夜警国家的財政運営で十分であった。イギリスについていうならば、インド経営は主として東インド会社の担当するところであった。国の支出が必要最小限度に抑えられていたことをもっとも端的に示すのは、政府支出の対ＧＮＰに占める割合であろう。大恐慌以後とは異なり、この時代には、財政学は、経済学とは別の学問分野と見られていたのであるが、これは、財政が国民経済に与える影響がきわめて小さかったからにほかならない。例えば一九二〇年代には政府支出がＧＮＰの二六％にも達するイギリスも、一八九〇年の時点ではわずか八・九％にしかすぎなかった。アメリカについては、一九世紀の統計が全く整備されていないため、直接的比較は困難であるが、一九三六年に一三・五％に達するのに対して、大恐慌の起きた一九二九年の段階では、ようやく四・九％という水準にすぎなかった。それ以前の水準は比較にならないほど低かったろうと推定することが許されるであろう。

しかしそうした産業のほとんど育っていなかった当時の日本においては、状況は全く異なっていた。列強の帝国主義的圧力に耐えられるだけの国力を短時日に育て上げねばならない状況下にあって、政府は造船所や鉱山など、各種官業を創設するとともに、適当な機会に民間への売却を行い、よって民間活力の振興をはかることにより、強引に資本主義的基盤整備を推進する必要があったのである。この結果、意識すると否とに関わりなく、それは一九二九年に世界を襲った大恐慌以後において、欧米各国が一斉に採用するにいたったフィスカル・ポリシーの中で政府の財政政策手段により景気の刺激に用いられたのと同様の方法を、現実に採用していたことになっていたものと考える。英米の例に倣って当時のわが国における政府支出の対ＧＮＰ比を紹介するならば、明治二四年からの一〇年間（一八九〇年代）の平均値で一一・八％と既に高い水準にあったものが、続く一〇年間はさらに上がって一七％になっている。ちなみに、大恐慌後の一〇年間を見ると、一五・五％とこれよりも低い水準になっている。要するに、明治期を通じて、先進各国が大恐慌時に余儀なくされたと同水準の政府支出対ＧＮＰ比であり続けたわけである。この政府財政の在り方が、会計検査の在り方にも当然影響を与えないわけがないのである。(5)

三Ｅ検査とフィスカル・ポリシーの関係については、項を改めて論じるが、ここでは、第二次世界大戦後、各国最高財政監督機関が三Ｅ検査に重点を移すようになったことは、各国の採用するフィスカル・ポリシーに対応するためと考えられることを指摘したい。すなわち、明治期における会計検査院は、欧米諸国が、その数十年後になって初めて本格的に取り組みを要請される状況に既にさらされており、それが、明治の先人の鋭敏な感覚に、法律の定めに関わりなく、経済性の検査を行う必要を示唆していた、と考える。逓信省の行ったロゥアー・リミットの導入にしても、通信に必要な物品の製造業者の保護育成策であった可能性が大である。その意味からは、この権限論争は、いわば政策の当否が、真の議論の対象であったともいえる。すなわち、政策の有効性の検査のはしりともいえるのである。

会計検査院が、この論争に勝利することができた真の理由が何であったかはともかく、この勝利により、旧会計検査院法一四条二号の解釈として

○　会計検査院は規則その他の当否の判断をし得ること、

○　さらにその当否判断に当たっては、経済性等の観点から検査することができること

の二点が実務上確立したことが、その後の会計検査院検査の発展にとって、大きな資産となった、ということが

できる。

戦後、現行会計検査院法二九条を制定するに当たって、その三号において、何等採めることなく、勅令の語が政令に置き換えられ、「又は不当と認めた事項」という語がつけ加えられたことが、上記会計検査権限論争の恩恵であった。これにより、会計検査院は、その検査の観点に照らして不当と判断する事項は何でも報告することが可能になったのである。しかも、何を基準にして不当と判断するべきかについては、法律上、全く文言がないことも注目するべきである。(6)

このことは、当時のアメリカにいては、いまだGAOは三E検査を行っていなかったことからも明らかである。アメリカにおいては一九四五年に三E検査の着眼点を含む「包括検査」の概念は現れているが、それが本格的に実施されるには、一九五六年以降の全面的なGAOの機構改革を待つ必要があるのである。

この、特に「又は」以下が、戦後、会計検査院が三Eに代表される各種検査を新たに展開していく上で、どれほど役だったかを考えれば、日本の合規性検査の歴史的特殊性は、どれほど強調しても、し過ぎということはないであろう。(7)

(三) 予算原則の変化と決算への影響

決算検査は、予算、法令その他事前に行政庁に示される活動規範が、そのとおりに遵守されているか否かの、事後的確認手段と理解される。したがって決算検査を規律する思想は、そうした事前規範ないしそれを決定する基本思想が変化すれば、必然的に変化せざるを得ない。その意味で、現代の検査の観点が、往事のそれに比べて変化している理由は、予算制度を規律する思想の変化の中に存在しているはずであり、したがって、その分析を通じて感知することが可能なはずである。

近代議会制民主主義の発達とともに、国の財政を行政府が執行するためには、それに先行して、予算の形で議会の議決を経ることが要求されるにいたった。その後、予算は、議会意思決定の主体である国民（旧憲法下にあっては天皇と考えるべきか）の意思が表明されているのであるから、行政府は、その意思を予算に即して実現することを求められ、予算そのものもまた、国民の意思が忠実かつ明確に表されるように作成される必要がある、と認識されるようになった。このように、国民の意思による行政活動の統制手段としての機能を予算は持っていると見ることができる。

この予算の持つ統制機能は早くから知られており、各国の学者がこうした機能を確保するための各種の原則の存在をして期している。現在では、これら統制機能を実現するための原則は、財政学上、「古典的予算原則」の名で知られている。それらをドイツの財政学者ノイマーク（Fritz Neumark）の集大成したところにより、紹介すれば、次の八大原則となる。

公開性の原則：予算は、編成、審議、実行の全てが国民に公開されていなければならない。

明瞭性の原則：収支の見積もりがはっきり概観できるように、内容が合理的に分類、表示され、収入の由来と使途が明らかになっていなければならない。

事前承認の原則：予算は会計年度の開始前に、国会の承認を得ていなければならない。

厳密性の原則：予算と決算を一致させることができないまでも、できるだけ正確に見積もって、決算と懸け離れないようにしなければならない。

限定性の原則：次の三派生原則よりなる。

①　流用の禁止：予算上の費目を他の費目に流用してはならない。
②　超過支出の禁止：予算に計上された以上の金額を支出してはならない。
③　年度独立の原則：会計年度をまたぐ収入支出は禁止される。

統一性の原則：予算は全て統合された、単一のものでなければならない。
完全性の原則：財政収支の全てが完全に予算に計上されなければならない。
ノン・アフェクタシオン（Non-Affectation）の原則：特定の収支の間に関係を付けてはならない。

こうした古典的予算原則は、わが国現行憲法下においても受け入れられるところとなり、憲法そのもの（公開制の原則：九一条）を始めとして、財政法、会計法等に、それらを保障する規定多数が設けられている。

このように、現代においても十分に意義のある予算原則が古典的と呼ばれるにいたった契機は、一九二九年に始まった大恐慌であったと考えることができる。すなわち、激しい不況に対応するため、各国政府は、当初、アダム・スミス流の緊縮財政を採用して景気の好転を待とうとした。しかし、それが全く効果を上げないままに不況がいよいよ深刻化していったことから、各国政府が相次いで導入した呼び水政策、すなわち積極的な財政手段による景気刺激策は、こうした古典的予算原則に深刻な影響を与えた。米国大統領ルーズベルトの採用したニューディール政策に対して、米国連邦最高裁が相次いで違憲判決を下して抵抗した事実は、フィスカル・ポリシーがいかに従来の憲法秩序に抵触するものであったかを、如実に示している。

さらに、始めは場当たり的に採用するのであって、いずれはアダムスミス流の健全財政に復帰することが予定されていた政策に、ケインズが理論的背景を与えた結果、フィスカル・ポリシーは、第二次世界大戦後までも続く、確立した地歩を占めるに至るのである。いまとなっては、古典的予算原則が昔日の地位に蘇ることはあり得ない状況となったということができるであろう。

現在のわが国予算状況を一見するだけで、そのことは極めて明白に見て取ることができる。特に影響の大きかったことをはっきり認めることができるのは、具体的内容を規定している第五から第八の各原則である。

すなわち、第五の限定性原則についていえば、流用禁止原則については、予算の移用、流用については既に財政法の認めるところであり、予算の移し替え、弾力条項なども特に問題意識を持たれることなく行われている状況にある。超過支出も、予備費や上記移用・流用等を通じて行われ、年度独立原則も、国庫債務負担行為や継続費という多年度契約授権の導入を通じて崩壊している状況にある。

第六の統一性原則についてみれば、一九九八年度決算によれば、特別会計は、国の直接的歳出の七〇％を越え、一般会計の歳出規模は、三〇％にも満たない状況にある。

第七のノン・アフェクタシオン（特定充当禁止）の原則に対する例外も、自動車関係諸税に代表されるように、既に多数に上っている。

第八の完全性原則についてみるならば、従来国の活動として行われていたものの多くが、公庫公団その他の政府系団体によって行われ、さらには、かっての三公社に代表されるように、純然たる民間組織に移行したものも増加している。さらに、元々は通常の予算を使用して実施していた活動を、第二の予算といわれる財政投融資からの資金を利用して行う例が大幅に増えてきている。この結果、今日では、国の予算だけでは、国の財政活動の全貌を窺い知ることは到底できない状況となっている。

触れなかった第一から第四までの原則は、第五以降の政策の中核的要素を改めて取りあげているものとみることができる。したがって、こうした基本原則からの逸脱は、古典的予算原則の全体に及んでいる、ということができる。

こうして、予算の古典的原則は崩壊しつつあり、予算のもつ統制機能は実質的に大幅の低下を示したことを承認せざるを得ないわけであるが、このことは、その以前において、欧米会計検査院の検査活動における中核を形成していた合法性検査そのものの崩壊を意味することになる。会計法規通り、厳正に予算が執行されていることを確認しようとしても、その法規そのものが変化し、膨大な額の公共投資が行われ、しかも、その投資の実行に当たっては、夜警国家時代の支出の中心であった人件費などに関してであれば考えられないほどの、大幅な自由裁量権が行政庁に認められるようになったからである。

ここに新たに発生した行政の分野こそが、ドイツのフォルストホフ（Forsthoff）が給付行政（Leistungsverwaltung）と名付けたところのものである、と考える。(8) この給付行政の中核を占めるのは、二〇世紀型基本権と呼ばれる社会権の概念である。彼はそれを生活配慮(Daseinsvorsorge)と呼んでいる。すなわち、人民の生活に不可欠の運輸事業とか供給事業とかを国として配慮するということを意味し、それに公営住宅の提供とか、補助金、融資、債務保証とかが加えられたものと考えてよい。自由権的基本権を確保する場合においては、法律制度の中核となっていたのは、国の活動を可及的に抑制することであった。しかし、社会権的基本権を確保するということは、こうした、いわばサービスの提供を行うことであるから、国の活動をいかに積極的に推進し、それを阻害するような無用の抑制をいかに排除するか、が法律の中心とならざるを得ない。このような理解は、いわば憲法側から、予算のもつ統制機能の弱体化を肯定する理論を導きうるものではないか、と考える。

では、予算に、統制機能に代わって国民を守る、どのような機能を想定することが可能であり、それから具体的にはどのような原則を現代的予算原則として構築することが可能であろうか。この点に関しては、憲法学者ないし財政法学者の間では、いまだほとんど議論が行われていない。また、財政学者の間においても議論こそ行われてはいるものの、古典的予算原則に匹敵するほどに定説化したものは、いまだ成立していないものと思われる。しかし、その中で、次に紹介するところの見解は、財政学としては比較的通説に近いものと考えている。

「『予算は国民のもの』とする統制機能が、形式的に整えられた予算制度において働いていれば、それでよいというわけではない。国民が予算の主人公であることは、同時に、予算の内容が国民にとって望ましい公共サービスの供給なり、その他様々の行政となることを、実質的に保障する必要がある。これを予算の管理(Management)機能と呼ぶ(9)。」

こうした実質面の充実を要求する立場から、予算原則を構築しようとするならが、それは従来のそれが国民主権を中心としたものであったのに対して、「意思決定された予算の内容が、目指している目標に対して的確であるかどうかといった経済的側面に着目する必要があり、〈中略〉もっとも端的に要約すれば、『経済的効率』と『経済的公正』の二つをあげることができる(10)。」

憲法学的観点からこれを見直すならば、次のようにいうことができよう。すなわち、一九世紀以前の人権の中心概念であった自由権が、国家権力を基本的に敵視し、私人間の関係に対する国家権力の介入を極力抑制することを目指していたのに対して、二〇世紀型基本的人権である社会権では、国家権力を一定の限界はあるにせよ、信頼し、その私人間への積極的な介入を促すことにより、人権の実質的確保を図るという、基本的観点の変換が存在する。本章にみてきた予算機能の、統制から管理への推移もまた、それと軌を一にした変化であると理解することが許されよう。すなわち、社会権の確立のためには、給付行政の円滑な実施が必要であり、給付行政を十全に実施していくためには、予算の統制機能は、大きな阻害要因となってくるからである。そして、国家権力をして、個々人の人権の擁護者と見る立場からは、議会、すなわち国民の代表者の手により、行政府の活動を一つ一つ統制する必要性そのものが減少してくることは当然のことということができよう。

もちろん、社会権の存在を肯定する憲法においても、自由権を保障することの意義が失われることがないのと同一の理由から、予算に管理機能を肯定した場合にも、その統制機能は可及的に確保されなければならない。しかし、自由権と社会権とは、その社会における活動の平面が通常は異なる結果、両者の衝突という問題は、比較的小さなものであるのに対して、統制機能と管理機能は、いずれも予算という同一の表現媒体によって著される結果、両者の調和という要請は、人権論におけるそれとは比較にならないほど困難である。

わが国以外で、両概念の調和の必要性を認識し、検討した研究例は、米国に関するものが良く知られている。例えば、管理機能の初期の主張者であり、米国予算管理局長官として第二次世界大戦期を通じて米国連邦政府の中枢部で活躍したスミス（H. Smith）は、両概念の調和の必要性と可能性を力説し、管理の用具としての予算が従うべき八原則を提案している。(11)

スミスは、こうした原則を充足すれば、形式的に立法府の統制権を確保しつつ、予算の管理機能の承認が可能であると主張している訳である。その憲法論的当否の詳細については、別の機会に述べることとして、結論のみを述べるならば、その意図はともかく、効果のほどは疑問視せざるを得ないと考えている。むしろ、統制原則のフィスカル・ポリシーの下における問題点と、フィスカル・ポリシーの立場からの予算への要求が要領よく整理されている点を高く評価すべきであろう。

米国が、その後においても、ＰＰＢＳ、ゼロベース予算、サンセット法案など、繰り返し予算技法の創設を模索しているのも、実質的効率性確保のため、ルーチン化した手法を発明することにより、管理機能と統制機能を

に矛盾した狙いであることを、いよいよ浮き彫りにして来ているように思われる。

ここで、管理機能を憲法論上、どう位置づけるかという議論にこれ以上深入りすることは、本来の論点がぼけることになるので避けることにしたいが[12]、これをどう把握するかに関わりなく、現実の予算に管理機能と呼ぶべき機能が備わってくる、ということが、厳然たる事実であることだけは、十分に認識していただけたことと思う。

こうした現象を、決算の側からいえば、最高財政監督機関として検査の中心を置くべき、もっとも集中的に支出の行われている分野、すなわち給付行政の領域には、合法性検査の基準となる形式的な判断の可能な規定は、将来ともに作成されることはない、という状況の発生を意味していることとなる。換言すれば、フィスカル・ポリシーが積極的に展開されている状況下においては、検査は必然的に上記経済性、効率性などを基準として行わなければ、全く意味を失う状態に追い込まれるのである。ここに、第二次大戦後、好むと好まざるとに関わらず、包括検査（アメリカ、カナダなど）、費用に見合う価値検査（イギリス）などの名称の下に、三Ｅ検査が急速に発展した理由があると考える。

さらに、従来合規性検査の内容となっていた事項も、予算の統制機能の崩壊に対応して、それ以前のものとは変質していることを承認せざるを得ないのである。例えば、米国で使用している包括検査の名称は、本来は従来の検査観点も含めた全方向的検査の意味なのであるが、実際には、数額的正確性の検査を担当していた局は、職員、業務ともに財務省に移管されるなど、従来型の検査を切り捨ててきており、現在では「経営検査機関」と評価するのが妥当な状態になっている[13]。

(四)　合規性概念の再構成

本章の冒頭で、従来からの合規性概念は、他の概念と重複する部分がある結果、分類に困難を生ずるということを指摘した。特に最近それが目立つようになった原因は、主として、近時法令にしばしば現れる不確定法概念にあるとみられる。例えば、地方自治法二条一四号をみてみよう。

「地方公共団体は、その事務を処理するに当たっては、〈中略〉最小の経費で最大の効果を上げるようにしなければならない。」

最小の経費で最大の効果とは、もちろん経済性及び効率性の検査そのものの観点に外ならない。それが法の要求そのものなのであるから、地方自治法の下においては、地方監査委員や外部監査人の行う経済性の検査は、三Ｅ検査であると同時に常に合法性の検査にも属することとなる理屈であろう。

これほど端的ではないにせよ、近時の立法では、制度の形式的な規制から一歩進んで、その実態面をみて、常識に照らしてその当否の判断を要求している例が増加している。これは、決して立法者の怠惰を意味するものではない。前項に論じたとおり、予算原則そのものが形式的な規制に満足せず、実体的な妥当性を目指して運用されるようになってきているが、それと同様に、実体的妥当性を目指している種類の行政にあっては、法律の中に、その運用上予想されるありとあらゆる事態を網羅的に規定することは不可能に近いばかりでなく、行政庁の弾力的な法運営の道をふさぎ、かえって法の立法趣旨に反して、実質的に不当な事態を惹起する危険が高いからに外ならない。

このように、従来に比べて法が定め、あるいは目的としている内容が多元化し、明確な定義を示さないままに、曖昧な言葉を使用するようになってきている、という事実が、合規性という言葉の、検査の観点として元来持っていたはずの一義性を奪っているということができる。したがって、現時点で必要とされるのは、財政関係法の内容を分類整理することにより、従来合規性として処理していた事項を、幾つかの指標の下に再構成することを通じて、個々の場合の検査の観点を明確に把握することにある。

そもそも合規性検査は、法規範適合性の検査であり、これは根本的には個々の行財政行為の法秩序適合性を問題にしているのであるから、基本的な法秩序からの要請そのものが多元化すれば、当然に多元化せざるを得ない。そして、前項に論じたように、合規性概念の多元化は、本質的には憲法の保障する基本的人権の多元化の反映である。

わが国憲法の通説的見解に従えば、わが国憲法は国家統治の基本原理として個人主義の尊重を採用している。その下位原理として自由主義、平等主義及び福祉主義などを考えることができ、個々の基本的人権は、これに基づいて自由権、平等権、社会権などとして具体的実現をみる。会計検査院は、国民よりの請託を受けて、国民の利益という観点から国の財政の監視を行っているのであるから、社会の発展に伴って新しい人権原理が肯定され、法規範内容が多元化すれば、当然これに対応する形で、合規性概念の多元化を肯定するべきである。そして、予算原則の推移は、こうした法原理の変化の、もっとも端的な現れとみることができるので、従来の合規性も、これを手掛かりに再構成していくのが妥当であろう。

そこで、以下には、上記新旧予算原則の機能に対応して、統制可能性、公平性及び三Ｅの三分類を提案したい。

1　統制可能性

予算を通じての国家財政の統制を確保するために採られている規制に違反し、あるいはこれを潜脱しているものではないか、という観点から行われる検査である。具体的には、古典的予算原則として示した各指標を基準に、これに違反した財政運営を批難する、という形態の検査となる。従来、欧米諸国で行われ、現にイタリアで会計検査院の権限とされている合法性の検査とは、この型の検査と考える。アリストテレスの正義概念でいえば、遵法的正義の実現を目指しての検査ということができる。わが国会計検査院では、最近、その種報告の例をほとんどみない。これは、一方において、実損失につながらない限り、会計検査院としては是非報告する必要のある問題とは必ずしも考えず、他方において、その違法性が明白であるため、受検庁が争わない、ということがあって、各検査課のレベルで問題になることはあっても、速やかに是正される結果、検査報告にまでは至らないためである。わが国では、今日では、基本的に内部監査部局の検査の観点と理解されている、といえよう。

2 公平性

公正、すなわち等しいものを等しく、等しからざるものを等しからざるように行っているか、という、アリストテレスの正義概念でいうところの配分的正義の観点から実施される検査である。わが国で、典型を求めるならば、歳入では、租税に対する検査がそれで、徴収不足と徴収過大とが、共に批難の対象とされている。

歳出では、文教分野を対象に実施している検査、特に義務教育費国庫負担金や、私学振興助成金の検査をその典型と数えることができよう。これらの場合、国は地方公共団体の行う一定の事業に対して、総額を決定しており、個々の補助金等の交付は、どのように個々の地方公共団体に対する配分額を決定する基準に基づき、分配されることになる。会計検査院は、特定の地方公共団体が虚偽の事実を申請することにより、過大な交付を受けたとして批判しているのである。が、仮にそうした虚偽申請がなかったとしても、国の支出総額が減少することはない。その意味で、これらの検査指摘は、国の支出の減少につながらないという意味で、経済性の指摘足り得ない。法規を遵守している者が、遵守していない者よりも不利に扱われることを防ぐということが目的といわざるを得ないのである。その意味で、これは公平性の観点による批判ということが可能である。

(五)　三　E

はじめにあげた地方自治法の例ほど三Eの要求を明確に盛り込んでいるものは、まだ珍しいが、それでも法令に、経済性や有効性等の実質的基準を示しているものの数は、近時非常に多くなっている。積算基準などはその典型といえる。こうした基準に違反している以上、従来の分類であれば、それが合規性検査に属することは間違いないが、同時に三E検査としての性格を有していることになる。

この分類は、上述のとおり、本質的には憲法の基本原理そのものの、財政法的表現として理解されなければならない。その立場から上記の各観点を説明すれば、統制可能性検査は、基本的人権の分類でいえば、自由権的基本権の財政的表現と解する。従来、欧米先進国の会計検査院で、合法性の検査の名の下に理解されていた検査の大半は、この分類に属すると考えられる。これは実定法規範の大半が、従来は実質的意味の法律概念に限定されていたことに対応するからである。

すなわち、通説的理解によれば、三権分立制は自由主義の現れであり自由権の実質的保障のために要請されていたものである。その観点から国民の権利義務を規定し、あるいは国家と国民の関係を規制する法を実質的意味の立法と呼び、それに関する立法権は国会の独占に属することとされている。こうした把握の根底には、法規範は主として行政庁の恣意的活動から国民の自由を守るためのもの、という伝統的な議会制民主主義の発想が存在しているこ とはいうまでもない。そうした立場から作られた法律が、そのとおりに守られているか否かという観点の検査は、その実態において統制可能性検査であらねばならなかったのである。

公平性の検査は、いうまでもなく、平等主義の財政的表現である。平等主義は自由主義同様に古い伝統を持つ基本原理であるが、これが統制可能性という検査観点とは異なる、独立した検査の観点である、ということは、欧米においてもわが国においても、従来明確に意識されていたとは必ずしも言えない。しかし、現象的には形式的な規範違反を問題にしている場合にでも、それを問題にしている理由は、決して国会の統制を確保するためではなく、むしろまじめに規則を守っている一般国民が、相対的に不利益な扱いを受けないようにすることを目的としている、という点で、上記統制可能性検査とは明白に異なっている。

現在、現行法規範の不当性そのものを問題にする場合(すなわち会計検査院法三四条や三六条該当の場合)、給付行政の分野に属するほとんどの法律では、実質的平等性確保は、余りにも当然すぎる要請であるところから、明文でそのことをうたっている例は極めて少ない。

その結果、過去の報告例をみると、この種検査の取扱い方は分裂している。すなわち、一方では「法の趣旨に照らし」というような言い回しによって合規性的に捉えているものがある。他方、当該法的根拠が、直接関連ある法令中にどうしても見あたらないところから、合規性以外の観点による検査であると考え、往々にして効率性や有効性の検査と混同してきている。しかし、次の点に明確な差異が認められるため、三Eに分類することはできない。

すなわち、効率性とみるのは、本類型が、給付の対象となる者との間の実質的な差異に対応して、合理的に差異ある配分がなされているか否かを問題とする（すなわち、成果レベルでの比較を行っている）のであって、投入に対する成果の比そのものを問題にしているのではない点から妥当ではない。その場合、平等という趣旨に添わない予算の執行よりも、趣旨に添った予算執行の方が常に予算の効率的な執行になっていると考えることができるから、効率性検査の一環として考える余地がある。しかし、そうした考え方は、効率性の判断に先行して実質的公平性の判断が存在していることを看過したものである。

本類型は、成果相互の比較という点で、むしろ有効性と明らかに共通性がある。しかし、その場合にも、実質的公平性という基準そのものが所与の達成目的として示されている訳で、その結果、国に経済的に不利な要求も当然導かれる。この点、実質的経済性という観点から、事業実施上の目的が設定されていて、それに対する現実の達成度を問題にする有効性とは、基本的なスタンスにおいて明確な差異が存在する。このことは実際の検査例における明確な取扱方法の差異となって現れている。すなわち、有効性の場合には、そのような事業計画自体の妥当性に疑問を投げかけることとなる（例えば農水省補助による集団育成事業の例）に対して、公平性の場合には、基準の変更は求めても、事業そのものの妥当性に疑問を呈することは少ない。経済的効果発生を目的としている場合には、効果が発生しなければ、実施の必要そのものが失われるのに対して、公平性の場合には、たとえ不平等な結果が発生しても、事業そのものが解消することを目指している基本的不平等な事態の存在は否定できないためである（なお、三E概念そのものについては、本章二参照）。

三E検査は、福祉主義に対応しているものと考えられる。すなわち、国民を財政の主人公とする立場に立てば、前述のとおり、予算の内容が国民にとり、好ましい公共サービスの提供等となることが、実質的に保障されなければならない。この実質的保障の確認こそが、三E検査の使命なのである。

このような実態に対応して、ここに紹介した三種の合規性検査は、その取扱方法において、伝統的に全く共通性を有しておらず、実務的には包括概念を維持する必要はないものと考えられる。

すなわち、対象となっている事案が、統制可能性の検査であれば、基準と異なる扱いをした事実だけが問題となるのであって、それが経済的観点からみたら、どれほどマイナスになろうとも、プラスになろうと、等しく問題にするのである。もちろん、経済的には全く中立であっても構わない。いま、仮に年度末の時期に何らかの機器、たとえばＡＤＰＳを導入する計画があり、それに予算が付いていた、としよう。ところが技術革新の結果、翌年度の五月になるとはるかに安い価額で同じ性能のＡＤＰＳが購入できることが判ったとする。そこで、年度末の時点で割引を受けて購入したかのように書類上処理をした上で、実際には五月になって新型を購入した、とすれば、これは明らかに年度独立原則に違反することになる。統制可能性検査においては、この事実のみが問題で、そうした処理により国費が節減できたことは問題とならない。年度末に国が予定通り購入したことにより被った、新型と旧型の価格差は、議会による統制可能性を確保するための、いわばやむを得ない代償ということになろうか。こうした代償の支払いを拒否したところから、三Ｅ検査は生まれてきたということができよう。

公平性の検査では、過大分も過小分と同じように問題になる点に、大きな特徴がある。いずれに誤っていようとも、等しいものを異なってあつかったことになるからである。イギリスのイングランド等で地方自治体の財政監督を行う中心的機関である地方財政監督委員会においては、補助金の過大交付を問題にするばかりでなく、その要件を満たしているのに、その事実を知らず、交付申請をしていない場合や、過小交付になっている場合も指摘しているというが、これも公平性原則による検査ということができる。

過小交付も問題にする、というスタンスは、わが国の補助金検査では一般的には余りはっきりしない。しかし、例えば昭和六〇年度検査報告に掲記された、義務教育費国庫負担金に関する処置要求案である僻地手当の問題では、年月の経過とともに、電気などが普及したり道路が改良されたりした結果、僻地の環境条件が緩和され、僻地手当を減少させるべきである、と認められた学校の指摘と並んで、過疎化等により、条件が厳しくなり、僻地手当を増額させるべき学校の指摘もあって、やはり過大過小いずれも問題にしていることが判明する。

三Eの場合には、国に不利益となる事実がない場合には、実際上は規範違反そのものは問題とはしない取扱いになる点に特徴がある。いま仮に、ある積算基準が社会の実態と遊離し、それにしたがって積算すれば割高になるものとすれば、これを批難することが経済性の検査であることは疑う余地がない。では、一地方局の行った積算が、妥当に作成されている積算基準に違反していた場合にはどうであろうか。従来の例に照らせば、規範違反だけを問題にしているものとみて、合規性の検査とされている。しかし、その際、経済性の観点だけが実際上機能していることもまた間違いない。なぜなら、会計検査院では、このように基準とは異なる方式で積算している場合でも、その結果としての金額が不当といえなければ検査報告に掲記していないからである。過大積算の裏で過小積算もやっている場合には、合規性検査という観点からすれば、両方とも非難されるべきであるが、実際には、差し引きで、なお国の不利益になっている場合にのみ、基準違反を批難するというのが、一般的取扱いになっているからである。すなわち、結果妥当な場合には、規範違反は現場注意の対象等には当然なるとしても、それ以上、責任を追及するということは、一般にはない。こうした取扱方法は、純然たる経済性検査と全く同一であり、逆に同じ合規性に属する他の二類型の取扱方法とは、明確に異なっている。

このように、合規性に属する類型相互間には、従来から明確に取扱方法に差異が存在していた。その意味では、同一類型として把握してきたこと自体が元々無理であったということができよう。

ここで示した三種の概念のうちで、導入に当たってもっとも問題となるのは公平性の概念であろう。前述のとおり、この概念に相当する検査は従来からかなり実施されてきており、その取扱方法も他の類型とは実際上異なっていたにもかかわらず、独立の検査観点とは考えられないまま、来ているからである。しかし、前述のとおり、現在の検査報告そのものの中に、既にこの概念によらなければ説明できないものが多数存在していることから、いわば四番目のEとして、この公平性equalityを提案したい。

次に問題あるのは、三E概念の統一である。すなわち独立した概念としての三E検査と、合規性検査の一環としての三E検査とを、異なる検査の観点として把握する必要があるのか、それとも両者は実質的に同一のものとして統合的に理解してよいのか、という問題である。思うに、両者が全く同質の問題であることは、上記取扱例に明らかである。したがって、統合的に理解するのが正しいものと解する。したがって、例えば積算基準違反を問題としている事例では、その本質において不経済性を問題にしたのであって、経済性の有無の判定に、外部の基準を使用する代わりに、従来から受検庁が作成していた積算基準を使用したにすぎないと理解するのが正当である。

㈥　正確性の概念

合規性検査の概念に関連して、最後にもう一つ吟味を要するのが、正確性検査の概念である。すなわち正確性は、諸外国においては、第一項において紹介したとおり、必ずしも合法性と峻別されてきた、とは言い難いからである。

しかし、正確性をして、合規性とは異なる独立した検査の観点としてきたわが国の伝統的な立場が正しいものと考える。なぜなら、ある行為が正確に実施されているか否かの調査は、事実確認の問題であるのに対して、合法か否かの判断は、最終的には必ず法規範的価値判断を伴わざるを得ず、その点で両者の間には明白な本質的差異が存在していると認められるからである。

正確性は、さらに二つの下位概念に分類しうるものと考える。数額的正確性と物的正確性である。以下論じたい。

1　数額的正確性

決算は正確に行われなければならない。すなわち、決算中に現れている数額は、現実の収入や支出を、一円の相違もなく、正確に表示していなければならない。しかし、このことは、財政法や会計法などの関連法令のどこにも、明確な形では定められてはいない。その意味で、これは合規性検査には、形式上属さない。規定がないのは、決して制度の不備ではない。決算を作る以上、正確でなければならないというのは、当然なことで、わざわざ法令に定めておく必要のあるような問題ではないからである。しかし、仮にその旨の定めが置かれている場合であっても、形式的に合規性に該当するということとは切り離して、数額的正確性の概念を確立していかなければならない。それはちょうど、三E検査概念を、法律の規定中に経済性等の要求が盛り込まれていると否とに関わりなく、合規性概念とは切り離した形で一体的に把握しなければ適切とはいえない、という問題と同じである。数額的正確性は、基本的には統制可能性を始めとするすべての検査概念に奉仕するものである。決算検査は、それがいかなるものであれ、決算数値が不正確であれば、そもそも成り立たない。検査が統制可能性のみで成立していた時代には、その意味で、正確性は、統制可能性と密接不可分の関係があったから、その二つを概念的に区別せず、一体的に理解していたのも無理のないところといわなければならない。

さらに、現実の決算実務の中には、統制可能性の要求から行われている部分が多分にあって、これは正確性、あれは統制可能性といったように、両者を明確に区分できない場合が存在している。始めに述べたとおり、正確性の検査と、合規性の検査の間には、法規範的価値判断を伴うか否かという明確は相違がある。しかし、決算を作成する場合には、例えば、通常の官庁的会計経理で済ませるか、企業的要素が強いことに着目して複式簿記的な処理を行うか、とか、さらに個々の支出をどの会計科目で処理するかといった形で、価値判断を必要とする場合が現れる。このような価値判断は、年度独立原則等、統制可能性の要求を基準にして行われているのが通例である。この点については、通常、法令の定めも存在しており、合規性検査の対象となることは、形式上、疑問はない。

数額的正確性は、概念的には、そうした価値判断が終了した後の、純然たる事実行為部分から始まる、ということができよう。

全国の会計担当職員の方の労力の大きな部分は、この数額的正確性に向けられており、さらに内部牽制活動のかなりの部分も、その確認に当てられていると思われる。これが発展途上国の場合であれば、そうした内部牽制の信頼性が低いことから、これら基本的部分に関しても、最高財政監督機関自身が精密な確認作業を行う必要があるという。すなわち、内部監査機関のみならず、最高財政監督機関にとっても数額的正確性検査は、重要な検査の着眼点とならざるを得ないのである。

その点、わが国では有り難いことに、原則的には経理の正確性は疑う必要がない状況にある。何重にも、赤や青のレ点が入った会計書類を見るにつけ、わが国で検査業務に従事する幸せ(?!)を痛感したものである。もっとも、私自身、ある官庁の全国集計を作っていて、一円がどうしてもあわず、その原因究明に非常な苦労をした経験がある。数額的正確性は、その意味で、いまでは間違っても検査報告に載ることはないが、依然として、会計検査院でも重要な検査の観点であり続けている、ということができる。

2　物的正確性

正確性に関しては、法文上その存在が認められるのは数額的正確性のみである。しかし、わが国会計検査院の実務上は、今ひとつの類型を明確に認めることができる。これを物的正確性を呼ぶこととしたい。

数額的正確性が、決算金額など、計数的に把握できる事項について、報告が所与の条件と一致しているか否かの正確性を問題にしているのに対して、物的正確性は、計数ではなく、物の性質などを通じて所与の条件が与えられている場合に、その条件と現実の物の性状が一致しているか否かの正確性を問題にしている。

卑近な例で考えてみよう。仮に私がオーダーメイドの背広を作ることにしたとしよう。一〇万円の約束であったのに、二〇万円という請求書が来たとする。これは、その数額的正確性に問題がある場合となる。少し状況を変えて、胸囲が一mであるべきなのに、九〇cmで作られてしまったために、着ることができない物となってしまったとしよう。これも数字のチェックをすれば正誤が判明するが、金額的正確性の問題ではない、という意味で、いままで問題にしてきた決算検査の基礎となる数額的正確性とは明確に異なる問題である。

では、英国製の生地を使うという約束であったのに、国産の物を使っていた、という場合にはどうであろうか。仮に生地の値段そのものは国産でも英国製でも差異がない、ということになれば、これはいかなる意味でも数字で与えられる条件ではない。国産の方が、耐摩耗性などはよいのかもしれない。それでも約束に違反している、という事実はなお問題になるのである。このチェックは、統制可能性や公平性などに属するものではなく、まして三E検査などではない。それは、英国製という計数化できない要素が、所与の条件として与えられているからに外ならない。

これらが物の性質に関する正確性、すなわち物的正確性である。以上に挙げた例では、私人間の契約関係を取りあげたが、国もそのような私人としての立場から、他のものと契約関係に入ることはある。服の購入という例に拘れば、自衛隊などでは、数千、数万という単位で、その種契約を締結している。

すなわち、物的正確性とは、民法上債務不履行という概念で知られているものにほぼ包含される事項を検査の観点とすると考えてよいであろう。物的正確性検査は、従来は、おそらく合規性検査の一環として理解されてきたのであろう。そもそも、この概念は、従来はその存在を全く認識されていなかったため、個々の検査の分類も行われていなかった状態である。が、少なくとも三Ｅ検査の一環とは考えられていなかったのであるから、合規性に入っていた、と考える外はない。しかし、契約を結んだ以上、その条項のとおりに遵守されなければならない、ということは、契約自由の原則の当然の結論であって、わざわざ法令で規定すべき事項ではない。また、現在もそのような規定は存在していない。そして、その本体をなしている契約自由の原則は、近代法思想における自由・平等の具体的現れである個人財産権の絶対と、私的自治の原則の契約法上の表現であって、これまた個々の法令に依存して存立している原則ではない。こう述べると、民法債権編の規定、例えば四一四条などはどうか、という疑問が生ずるかもしれない。しかし、これらは任意規定、すなわち当事者の意思により排除可能な規定であって、合規性検査の基礎となるような意味において、契約遵守の必要性そのものを定めた規定ということはできない。したがって、強いて根拠規定を探すならば、憲法一三条の幸福追求権ということになるであろう。

しかし、第四項に述べた公平性概念と憲法一四条との関係では、憲法一四条は、国に対する直接の命令であり、行政の受益者を平等に取り扱うべきことは、その当然の結論であった。これに対して、一三条では、国は意思自由の尊重を命ぜられているのであって、私人と対等の立場にある場合には、私人のそれと同様に、国の意思を尊重せよ、という要求は、その直接の内容とはなっていない。その意味で、公平性検査で憲法一四条を引用する場合よりも、はるかに間接的な根拠となる。世するに、物的正確性を合規性概念でカバーするのは本質的に無理があるということができる。

意思自由原則の下で、所与の条件に合致した債務の履行であるか否かは、ひとえに当事者の意思解釈にかかって行われ、公序良俗違反（民法九〇条）等と認められない限り、それが法的価値判断によって排除されることはあり得ない。したがって、司法上の契約に基づく債務不履行を追求する検査は、契約内容となっている条件が、履行結果としての事実と正確に符合しているか、だけを問題とすることになり、数額的正確性と基本的性格を同じくしている、ということができる。

この概念をここに特筆する必要があるのは、第一にわが国の最高財政監督機関は、「会計」検査院ではなく、「工事」検査院だといわれるほどに、過去において工事検査を得意にしてきており、現在もなお、工事検査は、検査を分野別に分類する最高財政監督機関の重要な一ジャンルを形成しているのである点にある。第二に、現在のように給付行政が検査の中心的対象となっている時代には、警察行政中心の時代に比べて、国の活動も、対等当事者間の契約という形式をとる場合が増加しているからである。当然、個々の場合における、所与の条件違反を、検査に当たって問題とするべき必要性が増加するのである。

この工事検査は、明らかにこの物的正確性を基本的な検査の観点としていると認められる。例えば、出来型不足という工事検査における代表的な批難は、要するに債務の不完全履行の意味であって、ここにいう正確性性検査の典型例ということができる。施行不良についても同様である。もっとも、工事検査に属する検査がすべて物的正確性検査に属するわけではない。同じように現場で不適切な自体が見つかっても、その原因が業者の側ではなく、発注した官側の責任に属する問題、例えば設計の不適切に起因している場合には、それによって事業目的が達成できないことになるので、次章に詳述する三E検査の一環である有効性検査に属することになる。

諸外国の最高財政監督機関が、それぞれ何を得意として検査をしてきたか、ないし現在しているか、ということは基本となる権限や組織と違って、それを文章としたものは余りないために、明確に把握することは意外に難しい。例えばわが国会計検査院の百年史でも、わが国自身の検査ジャンルの得手不得手ということには言及していない。おそらく、いずれの国においても、その得意とする検査ほど、当然に検査対象となるべきものという意識が強くなり、わざわざ論及する必要性を感じなくなるのであろう。で、根拠を示すことのできない、私の純然たる「感じ」という但書付きであるが、わが国会計検査院は、明らかにどこの国の最高財政監督機関よりも、工事検査を得意としている、と思われる。

少し間接的な証拠として、実地検査の割合が、わが国は他国と大きく異なっている点を指摘することができるであろう。すなわち、現行会計検査院法二四条は、書面検査を原則とし、同二五条は、これを補完する形で実地検査を規定している。このように書面検査を原則とする規定の仕方、というものは、世界的傾向といえよう。しかし、多くの国では、実態も当然それに応じたものとなっていたし、現在もそうである例が大半となっている。それに対して、わが国の実態では、その役割は完全に逆転していて、書面検査は実際問題として、実地検査を行う場所の選定か、実地検査により発見された問題の、背景データの把握のため行われる程度の意義しか持たない。実地検査が完全に検査の本体をなしている。これは基本的には、数額的正確性検査で述べたとおり、わが国では、内部牽制等が早くから的確に行われていた結果、提出される書面で不当な点を探そうとするのは、百年河清を待つに等しいほどに無理な話だからである。まして、工事検査は現場に入らなければ実施できないからである。

諸外国の実地検査は、検査相手方の官庁に常駐したり、書類の出張検査が主であって、わが国検査のように、直接現場に入るという形態はとっていないようである。したがって、工事の出来型検査などは、原則としてやっていないと考えてよいのである。

ところが、わが国会計検査院では、明治における創設の当初から、積極的に工事検査を実施して、今日に至っている。明治二四年度の検査報告をみると、出来型不足や施行不良など、現在と全く同じ類型が既に姿を見せている。(14)

この原因は、第一に、第二項に述べたとおり、わが国が遅れてきた資本主義国であったために、夜警国家的財政運営を行っていた他の先進国とは比べものにならないほど、国の手による工事実施量が多かったことにあろう。当然問題も多く発生するわけである。経済性の検査に、当時既に踏み込むだけの積極性を見せていた会計検査院として、黙視できなかったのは、当然といえよう。

しかし第二に、より重要なことは、この種検査が本章に述べているとおり、物的正確性の検査に属している結果、契約は守られなければならない、という法律の規定を待つまでもなく、当然に不当な事態であって、経済性に関する検査のように権限論争を誘発する可能性はなかった点にある。この結果、会計検査院としては、経済性よりはるかに自由にこの種検査の展開が可能であったことが、その長い伝統を作る原因になったと考える。

そして、第二次世界大戦後において、一方において戦火によって膨大な量の社会資本が失われ、他方においてフィスカル・ポリシーの展開に伴って国の役割が拡大されるという中で、従来にないほど積極的な公共投資が行われることになって、個々の事業における物的正確性の検査の必要性もまた、それまで以上に増大したのである。

この分野の検査に関しては、長い伝統をわが国は有するだけに、検査技法的にもほぼ完成に近づいている。(15) それだけに、三Ｅ検査など、今後も積極的に検査技法を開発、発展させていく必要に迫られている分野と比べると、地味な感じを与える。しかし、暗黙裏にであるにせよ、こうした検査の観点の存在を意識していたことが、特に工事検査において、その検査技術の著しい進歩を促し、わが国会計検査そのものの大きな特徴となってきている事実は、もっと注目してよいことである。

(七)　検査の観点の再構成

以上を要約するならば、検査の観点としては、

○　正確性　　数額的正確性
　　　　　　　物的正確性
○　統制可能性
○　公平性
○　三Ｅ　　　経済性
　　　　　　　効率性
　　　　　　　有効性

の四概念に分類するのが正しいと考える。

二　予算原理と三E検査

(一)　三E検査の定義と問題

経済性（Economy）、効率性（Efficiency）及び有効性（Effectiveness）に関する検査を、通常三E検査と称するのは、その概念に相当する英語がいずれもEを頭文字としていることに由来している。しかし、その概念内容がどのようなものかについては、意見の対立があり、論者の見解は必ずしも一致していない。以下に私見を述べる。

経済性と効率性は、検査技法の相違を無視すれば、実質的に同一の概念であると考えられる。すなわち、経済性及び効率性（以下「経済性等」という）の検査とは、事業に対する投入（input）と成果（output）の比率を、より大きくする可能性があるのではないかという観点から行われる検査と解することが許されよう。

その下位分類としての経済性と効率性は、主として検査技法による分類であって、着眼点そのものの相違ではない。すなわち、投入及び成果の双方を金銭で表示しうる場合には、その比率改善の可能性という検査指摘そのものも金銭で表現しうる。この場合を経済性の検査という。検査技法的には、費用効果分析が行われることになる。

これに対して、投入ないし成果の一方又は双方を金銭で表示できない場合には、比率改善の効果について、金銭的に表示することは不可能である。この場合、会計検査院としては、時間とかエネルギーとか利用者数というような別の測定尺度を開発して、これにより比率改善の可能性を論ずる必要が生ずる。この場合を効率性の検査というと考える。検査技法的には、費用効率分析が行われることになる（予算編成時において、分析技法の差異が生ずることを明言している例としてはドイツ会計検査院法第七条に関する解釈指針が存在する)。

第三の、有効性の検査とは、事業の目的達成度、すなわち当初において、事業目的とされたものと現実に達成できたところの成果とを比べて、後者の前者の対する比率が、通常許容されている程度を越えて小さいことを指摘するものと考えられる。すなわち、理論上の成果と現実の成果の比率を問題にするものである。したがって、この場合には、投入の大小は問題とならない。

この有効性概念は、検査の観点としてのものである。その観点から見る限り、この概念は十分に明確なものと考える。しかし、その法的性格がどのような点で経済性等と異なるのか、という点の解明は、この定義では決して十分とはいえない。特に、前章で論じたように、予算を支配する原理との関係に立って、決算検査の観点を把握しようとするとき、この定義のままでは奇妙な困難に逢着することを認めざるを得ない。

すなわち、予算作成時点を基準として考えると、上記定義では、経済性等と有効性の差異が消滅してしまうからである。実際と仮定の成果の比を問題とするという上記有効性の定義は、これから行う投入の規模を決定しようとする予算編成の時点においては、あくまでも投入と成果の比を、より大きなものにしようとすることを目指す作業を要求する以上の何ものでもない。その結果、経済性等の検査に置いて受検庁に行うべきであったと要求しているものと差異がないことになってしまうのである。

したがって、決算時における定義を基本的に維持しつつ、予算時における通有性をも確保しようとする場合、投入と成果の比という概念に、実は明確に識別しうる二態様が存在していると解する外はない。そして、投入は予算上に示されている金銭的数額という形式で一義的に表現されているのであるから、このことは自明のこととして、定義を怠った「成果」なるものに二義あり、経済性等と有効性の検査では、その対象とする成果の概念が異なることをし召しているものと考えられる。すなわち、前章では、予算のもつ機能は、その中心が、二〇世紀において、特に大恐慌以降にフィスカル・ポリシー等の導入に伴って、統制から管理へと推移している、と述べた。しかし、第二次世界大戦後におけるフィスカル・ポリシーの発達は、関連技術の進歩と相まって、従来、管理機能と呼ばれていた概念に内包されていたものから、いま一段の拡大を遂げているものと解される。以下、この管理能力の拡大を「計画」という概念を媒体にして検討することとしたい。

(二)　予算における計画機能と三E概念

アメリカの行政学者シック（A. Shick）はPPBS[16]をめぐる議論の中で、二〇世紀におけるアメリカの予算が、三段階の発展過程を経ていることを指摘した。[17]すなわち、①一九三五年頃までの「統制中心主義」、②ニューディール期から第二次世界大戦を経て一九五〇年に頂点を迎える「管理中心主義」、③一九六〇年代に発展する「計画中心主義」の三段階である。

その主張内容の当否はともかくとして、今世紀における予算制度の発展を「統制、管理、計画」の三つの視点から捉えるシックの説は、執行府における行財政権強化の過程をコンパクトに整理する上で有効であって、今日では多くの財政学・行政学者の賛同する基準となっているといえる。

こうした観点は、一人アメリカにおいてばかりでなく、わが国においても重要なものであることは言うまでもない。しかし、この三分類が国の予算編成機能の変遷を説明する上で有効である、という事実は、決してこれに対応して三概念が同等の法理論的意味を持つことを意味するものではない。私見によれば、計画機能は管理機能の拡大発展したものであって、広義には当然管理機能の一環として理解すべき性格のものである。

従来から、フィスカル・ポリシーは、財政投資というものの効果は、単にその投資額だけにとどまるものではなく、広く民間への波及効果を有すると主張してきた（大恐慌における「呼び水政策」という言葉は、端的にこのことを示している）。この波及効果を視点の中心に据えているのが計画行政である。そこでは事業そのものが直接作りだそうとしているものもさることながら、それにより民間に発生する大小の波及効果そのものを意識的に捉え、それをできるだけ増大させる方向に行財政運営を行うことを意図している。

例えば、道路整備五箇年計画というものでは、道路を造り、又は整備することに計画立案の中心があるのではない。ある場所から他の場所へ道路を通じさせることにより、それが経済的にどのような効果を発生させるかを評価し、その観点に立って当該道路の建設の是非を検討しているのである。こうした波及効果というものは、それ自体としては、本来は、行政庁が道路建設と同じように管理することは不可能であった。しかし、ＡＤＰＳの発達その他の未来予測技術の進歩が、そうした波及効果を現実に管理しているのと同様に、正確に予見することを可能にするようになった。例えばＰＰＢＳにおいては、計画評価の方法として特定の目的を達成するための代替手段の設定、これらの代替手段の産出の測定、費用に対応する成果（Program result）ないし効果（Effectiveness）の測定などが基本とされた。

この結果、ＰＰＢＳでは政策の効果を通常の業務量とか事務量というようなレベルではなしに、政策の究極の効果レベルでとらえようとしたのである。シックがＰＰＢＳ以降においてのみ計画機能の存在を強調するとき、このような管理可能性の増大を無視することは妥当ではない、と考える。

ここにおいて、ある事業が実施される際、計画担当者の意識に存在する効果には、明確に二義存在することとなった。すなわち実際に管理可能な効果と、明確に発生が予想される結果、管理対象に近い性質を帯びるに至った波及効果である。

しかして、計画立案時において、明確に波及効果が意識され、計画の実施そのものが、計画により直接実現されるもの価値ではなく、その波及効果の方を正面にみすえて決定されている以上、その事後的確認である決算サイドにおいてもまた、それに対応した形での検査というものが考えられなければならない。それが有効性の検査と考える。

すなわち、三E検査を、以上の考え方に基づいて、予算との関連において定義しなおせば次のとおりとなる。

効率性とは、予算の狭義の管理機能に対応する概念で、ここにいう成果とは、事業主体そのものが管理可能な、事業による直接の生成物をいうのである。当然に、投入と直接的因果関係に立っている。したがって、効率性の検査においては、投入と成果の比の最大化を目指していることが示されて、初めて認知しうるのである。その点、直接的因果関係であり、しかもその因果関係の存在は、計画自体に、明示的か黙示的かはともかく、予定することは可能であるが、直接管理することは不可能な存在をいう。投入との間にあるのは、事業の実施又はその直接的生成物が、他に働きかけることにより発生の条件を作りだす。

これに対して、有効性とは、予算の計画機能に対応する概念で、ここにいう成果とは、事業の実施またはその直接的生成物が、他に働きかけることにより発生の条件を作り出すことは可能であるが、直接管理することは不可能な存在をいう。投入との間にあるのは、間接的因果関係であり、しかもその因果関係の存在は、計画自体に、明示的か黙示的かはともかく、それを目指していることが示されていて初めて認知しうるのである。その検査にあっては、計画に示されている目標の達成ができなかった原因の分析が中心の問題となる。その意味で、投人との比は、有効性検査の問題意識としては上がってこないこととなる。しかし、さらにすすんで、会計検査院が、より有効な代替案を過去に遡って示すことになれば、投人と成果の間の因果関係に直接・間接の差異はあれ、効率性検査との差異は小さなものとなろう。だが、そこまで踏み込むのは、実際問題として、検査技術上、非常に困難なばかりでなく、実際の行政権限を持たない会計検査院にとって、行政裁量に対する介入となり、理論的に見ても問題ある行為ということになろう。

具体的な例で考えてみよう。

いま、仮にある道路が建設されれば、その地方の経済が活性化され、交通量は一日一、〇〇〇台に達するものと見込まれていたが、実際には一日一〇台しか通行がないものとしよう。この場合、一日一〇台の通行量であれば簡易舗装ですむはずである、として、その工事費の差額を問題にするのであれば、これは効率性の検査である。これに対して、一日一〇台にとどまるであろうことは、計画立案時に適切な調査を実施していれば、十分に予見可能だったのであり、その程度の需要のためであれば、そもそも道路建設の要がなかったのではないかとして、工事計画そのものを批難するとなると、これは有効性の検査といえるであろう。

かって会計検査院は土地区画整理事業の実施状況を検査して、事業実施後一〇年以上経過していながら、土地所有者に宅地として譲渡する意思が乏しいなどの理由から、宅地化していないものが多数に上ることを指摘した。これに対して受検側では。事業の直接の目的である区画整理そのものはきちんとできあがっているので、何ら問題はない、と抗弁したといわれるが、この論争は上記効率性と有効性の差異をよく示している。会計検査院は、事業を執行する目的そのものでありながら、受検側では直接管理することが不可能な部分を取り上げて、土地区画整理という制度そのものないしは当初の採択そのものの中に潜む問題性を指摘したのに対して、受検側では制度や採択といった基本問題は余り触れず、自ら確実に管理可能な部分だけについて、その非のないことを主張したこととなる。すなわち、有効性の検査に対して、効率性的発想の反論を行った、と言えよう。

統制という概念が、一定の規範を与えて、相手方にその範囲内における自由裁量を許容する、というものであるのに対して、管理は、本来はその権限内の事象を完全に支配することを意味する。この本来的な管理概念からは、以上に述べたような、直接管理可能な事業効果そのもの以外を視野の中に納める、という発想自体が生じにくい。実際には管理できない事象に対して、ADPSなどの武器を使用して、実質的には支配下に置いていると同様に扱おうという発想は、PPBSに始まる。予算思想の変遷を受けて動く米国等の決算検査に、有効性がなかなか登場してこなかったのはそういう事情からであろう。

しかし、より単純なかたちにおいては、管理に服さない効果を予想する、ということは、そうした技術や機械の助けを借りなくとも可能であり、このような発想は、当然それ以前から存在していた。端的にいえば、政策判断と呼ばれる活動は、多かれ少なかれそうした未来予知を抜きにしては考えられない。それがごく単純なものであれば、当然、ここにいう管理可能性は備えていた。面白いことに、そうした意味の有効性は、前項で述べた物的正確性の検査の自然な発展の結果、ほとんど同一の検査抜術の適用により、検査が可能となっていた。例えば、補助事業において個別不当の一態様となっている目的不達成や設計過大などの事案は、出来高不足や施工不良の検査とならぶ一般的な不当態様であって、大上段に、計画行政と分類するには、我々にとって余りに馴染みに成りすぎている事案であるが、やはり本来的には管理不能な部分における行政側の問題を取り上げているという点で、有効性検査に分類されるべきであろう。

なお、政策判断に関与する、ということは、政治性ある事案に会計検査院が関係を持つということをも意味する。会計検査院は、その有する高度の独立性の代償として課せられてる非政治性の原則から、国会の判断対象となるような問題（高度の政治問題の意味でビッグＰという）に軽々に関係を持つことは妥当とはいえない。しかし、他方、国民の真に関心を持つ事項が、無条件に会計検査院の権限から逸脱するとみるのも同じく妥当とはいえない。昭和五〇年度検査報告以降、特記事項という報告形式が導入された結果、政治的判断を直接表示しないままに、会計検査院の持つ優れた調査能力を活用し、国民に判断の基礎となる事実を提供するみちが開かれたが、これは有効性検査発展の重要な礎石と見ることができよう。各省庁レベル以下の政策問題（上記に対する意味でスモールＰと称する）においてはその政策レベル及び未来予知の確実性の程度に応じて、院法第三六条意見表示や同三四条処置要求という方法が従来から存在している。これもまた、今後の有効性検査発展の大きな武器となろう。

おわりに

ここに論じたのは、直接的には表題にも示したとおり、時代の変化によって、検査活動の契機となる諸状況に変化が生じている、という認識であり、その必然的結果として検査の観点そのものを、再構成しているにすぎない。しかし、その背景になっている議論は、数個の学問分野にまたがる広がりを持っものであることに注意する必要があろう。それらの止場のため、もとより微力を尽くしたつもりてはあるが、法律をのぞくと素人の筆者として、思わぬ誤解をしている可能性は決して少なくないものと思われる。厳しいご批判、ご指摘を賜ることができれば幸いである。

（１）　フランス会計検査院の制度に関する引用については、小峰保栄『財政監督の諸展開』（大村書店）三六六頁参照。

（2）明治憲法下における会計検査院と逓信省の間で繰り広げられた権限論争については、本書第二編第一章一一五頁以下及びそこにおける注記参照。

（3）徳川幕府における財政監督制度の詳細については、拙稿「江戸幕府財政改革史」建設物価協会『会計検査資料』参照。

（4）明治憲法下における財政法規の充実に向けた会計検査院の活動に関しては、いずれも『会計検査院百年史』二一〇頁以下参照。

（5）欧米との比較に関しては、拙稿「今日の財政法学における欧米ないし我が国戦前理論継受に関する問題点」日本財政法学会編財政法叢書一三巻（龍星出版、一九九七年）一〇七頁以下も参照。

（6）この当時、会計検査院としては、今後どのような検査の観点が新たに登場してくるか、正確に判断することは難しいと考えていた、といわれる。そこで、法律の文言により、そうした新たな検査観点を抑制することがないように、あえてそれを会計検査院法に明記しなかったのである。

これについては、平成九年に「国会法等の一部を改正する法律」（平成九年法律一二六号）によって会計検査院法が改正され、二〇条に三項が新設されて、三E検査の観点が明記された。これは、限定的に書かれた場合には、大きな問題性を有することといえるが、幸いにも「等」の語がその後に置かれていることにより、今日においても、三E検査以外の新しい検査観点の登場を許容することができるものとなっている。

（7）わが国会計検査院は、こうして一〇〇年以上の長きにわたり、三E検査を実施してきているが、それにも関わらず、わが国には、会計検査院は文字通りの合法規制検査しか行わない、という誤解が根強く存在している。おそらく、明治憲法下において、検査の実態を知ることなく、法文上だけから生じた誤解が、そのまま定着しているものと思われる。三E検査の歴史については、拙稿『財政赤字と財政監督法』日本財政法学会編財政法叢書一五巻（龍星出版、一九九七年）一〇七頁以下も参照。

（8）フォルストホフの見解については、Ernst Forsthoff "Lehrbuch des Verwaltungsreschts" 8. Auflage Verlag

C.H. Beck, 1961, 特に三一〇頁以下参照。

(9)　財政学における予算の現代的定義については、橋本徹ほか共著『基本財政学』（有斐閣ブックス）三九頁より引用。

(10)　現代的予算原則に関する言及については、橋本他注(9)前掲書四七頁より引用。

(11)　スミスの予算原則の内容については、横田茂『アメリカの行財政改革』（有斐閣、五九年）一七二頁以下参照。

(12)　予算の管理機能を憲法論上どのように位置づけるかについては、拙著『財政法規と憲法原理』、特に一四九頁以下参照。

(13)　アメリカにおける包括検査の紹介は、小峰『財政監督の諸展開』五六八頁参照。

(14)　わが国会計検査院の古い時代の検査状況については、『会計検査院百年史』二〇〇頁以下参照。

(15)　工事検査について、検査技法的に完成に近づいていると本文に書いたが、近時の特徴として、パソコンを使って強度計算等を会計検査院側で実施することにより、従来になかった指摘を行う例が増えていることは注目するべきであろう。検査技法は、細部にわたってみれば、常に進歩発展を続けているのである。

(16)　PPBSとは、Planning-Programming-Budgeting Systemの略である。これは一九六一年に米国国防省で、マクナマラ長官の下にベトナム戦争に初めて導入され、成果をあげたことから、その後ジョンソン大統領により、明確に法制度化され、連邦政府の全省庁に拡大採用された予算方式である。

PPBSという言葉を構成する三つの要素のうち、最初のプランニングとは種々の代替的な計画案の中から最適のものを選択し評価するプロセスを意味し、二番目のプログラミングとは選択、決定された計画案をいかに効率的に具体的実行に移すかを検討するプロセスであり、最後のバジェッティングとはプランニングされ、プログラミングされたものを予算に反映させるための予算編成プロセスを意味している。

その主たる目標は、①提案された公共目的を達成するための代替的手段の費用及び便益に関するデータ、並びに②選択した目的を効果的に達成できるようにするためのアウトプットの測定値、を提供することである。これらの測定値を提供する手段として、費用・効果分析はPPBSの核心をなすものと評価されている。すなわち、一定の政策目的を達成するために可能な手段（代替案）を求め、それらの一つ一つについて、その実行に必要な費用を算定し、それから得られる便益を推定し、両者を比較考量することにより最も効果的な手段の組み合わせを確定する方法がPPBSなのである。

PPBSは一九七三年度連邦予算から廃止されているが、その理由は、当初適用された軍事作戦が、勝利という単一の目的を追求するものであるのと異なり、ほとんどの行政活動は複数の目的に貢献することを目指しているため、目的別に代替案を立てること自体が極めて困難であった上に、PPBS技術そのものが、少なくとも当時においては未完成で、政府活動の優先順位を決定するものとして十分信頼できる段階に達していなかった、等のためとされている。

ただ、今日においても、新規施策の導入等に当たっては行政庁側が自発的にPPBSベースにおける分析を行い、それを議会に示しているのが通常とのことであり、その影響力は決して軽視できない。機械的に全面的にその作業を行うことが廃止になったにすぎないと考えるべきであろう。

(17)　シックの予算段階説については、宮川公男訳『PPBSとシステム分析』（日本経済新聞社）三一頁以下の「PPBSへの道」参照。

第三章　特記事項の意義と性格

問題の所在

昭和五〇年度以来、決算検査報告の中に「特記事項」という、それまでの検査報告に例がなく、会計検査院法上も明確には予定されていない形式の報告が掲記されてきた。ただし昭和六一年度決算検査報告以降の検査報告では、必ずしも毎年度報告されているわけではない。しかし、これが実体的な根拠を有しない制度であれば、断続的にもせよ、四半世紀以上の長期間を生き抜くということはまずありえない。すなわち、この連続して掲記されてきた、という事実そのものが、特記事項が、我が国社会において、会計検査院がその機能を果たしていく上で実体的な必要性のある制度であることの、なによりの証左と見ることができる。なぜこのような報告を会計検査院として行う必要があるのか、すなわち法定報告形式にはどのような限界があって、こうした新しい形式を創出する必要があったのか、また、この形式による報告は、現実にどうような機能を果たしてきているのかを明らかにするとともに、会計検査院の憲法上の地位との整合性を検討したい。

一　従来型の検査報告と特記事項

特記事項の必要性を考えるには、従来からの、法律上明定されている検査報告の形式の持つ限界を知る必要がある。現在、法律上では、報告には三形式の検査所見の掲載が予定されている。第一は、会計検査院法第二九条第三号に基づくものである。すなわち「検査の結果、法律、政令若しくは予算に違反し又は不当とみとめた事項」である。これを「不当事項」と実務上は言い慣わしている。この類型は、ときに個別不当と呼ばれることからも判るとおり、基本的には個々の最終段階での行政行為の妥当性が問題になる点に、最大の特徴がある。行政活動には、法律の与えた枠内で、裁量権を行使することが肯定される。したがって合理的基準に基づかない裁量や、一般に許容される限度を越した裁量が行われた場合にでも、法律の枠を超えていない結果、司法機関では違反と認定しえない場合が存在しうる。そのような場合にも、会計検査院では、その裁量が不適切と認められれば、不当事項として批難できることになる。特に、誠実に行動している者に比べて、不誠実な者の方が有利に取り扱われるような事態が発生した場合などに問題となる。長期に渡る会計検査院や各行政庁の努力の成果として、多くの場合に、合理的基準とはどんなものか、ということが、通達や先例、例えば工事関係であれば設計基準、積算基準の形で確立されており、そうした場合には、なにが不当事項か、という点での問題はほとんど生じない。

第二は、会計検査院法第三四条に基づくものである。すなわち「検査の進行に伴い、会計処理に関し法令に違反し又は不当であると認める事項がある場合には、直ちに、本属長官又は関係者に対し当該会計処理について意見を表示し又は適宜の処置を要求し及びその後の経理について是正改善の処置をさせることができる」。これを「処置要求」と言う。不当である事態を指摘して、その再発防止のための是正改善を求めるものである。

これから派生した報告類型として、「処置済み事項」がある。これは会計検査院が処置要求しようとして、検査担当課あるいは担当局から、そのような事態に対する当局側の意見を質すなどの作業をしていたところ、正規の要求以前に、本属長官等で自発的に対応処置を講じたという類型である。

これらの類型の対象となる事態というのは、第二九条と同じように違法と不当が対比されている点から容易に認められるとおり、基本的には上記不当事項と同一の現象形態であるが、それが集積されている場合に発動されるのが通常である。すなわち、不当な事態が多数発生しており、しかもそれがばらばらに発生しているのではなく、そこに統一的な原因が存在している場合、それを放置しておけば当然同種の事態の累発が予想されるが、その原因を本属長官又は関係者の適切な処置によって消滅させれば、続発を防止できるわけである。それを目的として、会計検査院としての意思を表明する行為が、処置要求あるいは処置済事項である。

第三は、会計検査院法第三六条に基づくものである。すなわち「検査の結果、法令、制度又は行政に関し改善を必要とする事項があると認めるときは、主務官庁その他の責任者に意見を表示し又は改善の処置を要求することができる」。実務上、これについては二類型に分けられている。すなわち問題を指摘し、是正改善の必要を述べているが、具体的な改善方法については行政庁に委ねている場合を「意見表示」、一歩進めて具体的な改善方法まで示している場合を「是正・改善要求」と呼んでいる。

第三六条の対象となる事態は、個々の行政行為そのものは、その時点での法令、制度その他の基準に照らせば正しいとしても、国全体の立場あるいは経済性、効率性及び有効性の観点から見た場合には、問題のある場合である。終戦後しばらくの間、法令の整備が必ずしも十分でなかった時代には、その整備を促す上で大きな効果を発揮したし、また、近年では、財政運営の効率性や有効性の観点から、現行制度や行政に問題がある、と認められる場合にもっぱら使用されるようになっている。

以上を要約するならば、会計検査院として、なんらかの基準に照らして、現在の事態が不適切である、という認定を下しうる場合で、しかも法令や制度の改廃の段階までも含めれば、その事態を解消する方法がある、と判断しうる場合にのみ、会計検査院法では、検査報告への掲記を予定していることになる。

しかし、会計検査院は国の決算の全般に渡って検査を展開しているため、その過程で、上記の類型に当てはめることは無理であるが、なお会計検査院の責務上、内閣や国会、さらには国民に知らせる必要がある、と思われる事態に遭遇してきている。すなわち、予算の執行効率などの見地から適切とは認められない事態ではあるが、関係者の責めに帰することが適切でないため、不当事項として批難することになじまず、また、問題の根源が深いとか、あるいは高度の政治的判断を要するなどのため、改善処置の要求はおろか、意見表示を行うことにもなじまず、それが故になお、国民等に十分承知していてもらう必要がある、と思料される事態が見いだされるのである。

こうした問題を、会計検査院としてストレートに採り上げることは、憲法上の地位との関わり合いの問題点もある（その詳細については本章三参照）一方で、報告することを期待する国民の声にも答える必要があるところから、会計検査院は、往時からこの二律背反を解決するべく、試行錯誤を繰り返して来た。例えば本章に取り上げた時期の直前に当たる四四〜四九年度の検査報告では、当局あるいは国会に問題を提起してその打開を図る必要がある場合には、その所見表示の場を各所管、団体別の事項の冒頭に求めていた。しかしそうした部分に記述しても、その部分の本来の目的である決算及び業務の概況に関する記述に埋没して、指摘しようとする事態が必ずしも浮き彫りにされているとは言えない、などの点から、読者である国民や国会に、必ずしも十分な検討、批判の素材として受け取ってはもらえなかったもののようであった。

こうした状況に鑑みて、会計検査院法施行規則第一五条で、検査報告に上記各類型の他に「その他必要と認める事項」の掲記が可能である点から、まさにこうした問題を取り上げるための専門の類型として、昭和五〇年度に創出されたのが「特に掲記を要すると認められる事項」、略して特記事項である。

したがって、特記事項は、各法定類型になじまない事態で、これを当局者あるいは広く国民に明らかにして検討の材料を提供することが、会計検査院の職分の一つである、と考えられる問題を取り上げるための総合的な受け皿として作られたのであり、特定の報告類型を予定したものではなかった、と言えよう。

二　現実の特記事項に見られる二つの類型

制度というものは、一度創出されると、その産みの親の意図とは関係なく、独自の発展の道を辿るものである。それに対して系統的な分析を行えば、現実に存在している制度類型を知ることが可能となる。特記事項も、四半世紀以上の長い期間を生き抜いてくる間に、その時々の関係者の判断により、上記制度趣旨の与えている幅の中で、さまざまの表現形態を採ってきている。過去の検査報告に掲記された特記事項を、分析した結果、特記事項には、互いに類似してはいるが、明確に機能の異なる二つの類型が存在している、と考えている。

その第一の類型は、問題意識の表明を主たる目的としている、と考えられる。五〇年度の検査報告にあるカドミウム米に関する報告はその典型である。カドミウムを含んだ米は、人体に有害だからそのまま食用にすることが出来ないばかりでなく、たとえ、焼却処分しても、糊に加工しても、稀釈して環境に放出されるだけで最終的には人体に入るおそれがある、ということから、当時全く処理の目途が立たないままに、毎年政府による買い上げが続けられ、保管倉庫の費用だけでも相当額に達するようになっていた。このような事態は、あきらかに財政上好ましくないから、会計検査院としては放置しておくことはできない。しかし、個々の買上行為そのものは、法令に則って行われるのであるから、院法二九条や三四条で批難することはできず、また、法令等制度に関して具体的に是正するべき方向を示すこともできないので、院法三六条により、意見表示することもできない。その結果、食糧検査担当課では、カドミウム米そのものと同様に、報告するあてもないままに、毎年調査結果の資料ばかりが増えていく、という実に困った事態となっていた。特記事項という報告形式が創出された結果、始めてこれを世に問うことが可能となったのである。掲記された内容は、会計検査院はこの事態を問題と認めている、と述べているに尽きており、国会や国民に対して、新聞その他の報道で知らされていたこと以上の新たな情報を提供したわけではない。しかし、これについて、会計検査院という権威ある最高財政監督機関が、改めて警鐘を鳴したことにより、問題解決に向けて、国会や内閣等に対して今一つの動機付けを与える、という機能を果たすことになった。

これに対して、第二の類型は、判断資料の提供――もとより単なる資料ではなく、問題意識に裏打ちされたものであるが――を主たる目的としている、と考えられる。五五年度検査報告に掲記された国営干拓事業に関する特記事項がその典型であろう。この国営干拓事業は、昭和五一年度検査報告に、第一類型のものが既に掲記されているので、四年後に再び同一テーマの報告がなされたことになる。別にその間に、経済情勢等に劇的変化があり、前回のそれが意味を失ったという訳ではない。二つの報告を比べてみると判ることだが、前のものがわずか一頁であるのに対して後のものが七頁と、後の方がはるかに詳しくなっている、という点を除き、その内容にも特に差がある、という訳ではないのである。この再掲記の理由を、その報告内容に沿って簡単に要約するならば、次のようなこととなる。

国営干拓地の造成は、完成までに数十年の時間を要するなど、国策事業としては他に例を見ないほどの時間と費用を要する。その結果、完成前に客観情勢は大きな変化を見せる。

すなわち、いずれの干拓地も戦後、非常な食糧不足の中で、農用地の確保を目的として計画されたものである。ところがその後、米の過剰時代を迎えると、事業目的を臨海工業用地と変更したうえで、同様に続行してきたのである。最近になると、そうした臨海型の工業用地を必要とする、いわゆる重厚長大型産業の落ち込みから、その必要もなくなったにも関わらず、各地の干拓事業はそのまま続行されているのである。現時点での経済性、効率性から考えるならば、当然中止するべきであろう。しかし、戦後の混乱期には、その後に訪れた食糧の過剰とか、工業用地の不足などという事態は全く想像の外であった。高度成長時代に、臨海工業そのものの低落は、同様に想像できない事態であった。とすれば、いま、我々が、造成中の干拓地の、完成する時点での用途を想像できないからと言って、直ちに中止というのは、短絡的に過ぎる発想である可能性がある。将来、仮に新たな土地需要が生じた場合、それから工事を再開したのでは、間に合うようには完成できないことは明らかだからである。

他方、干拓の容易な海域の工事は既に全て終了し、現在の事業箇所は、技術的にも費用的にも困難であることを考えると、既存の決定に従って惰性的に工事を続行することが妥当とは思われない。

干拓を続けるべきか否か、また、続けるとすればそれはどの海域で、どの程度の規模で行うのが妥当なのか、というような問題は、国民的コンセンサスの下に決定されるべきことであろう。とすれば、会計検査院としてなすべきは、国民やその代表者である国会が、適切な判断を下すのに必要な、偏りのない資料の提供である、ということである。

この再掲記理由として私が述べていることを、当時どこまで関係者が明確に意識していたかはともかく、第一類型の報告とは、指向しているところに、現実に差異がある、と認めることができる。第一類型では、例外はあるにせよ、基本的に国会や国民が事実関係を承知している問題について、会計検査院の持つ社会的重みを利用して衝撃を与えることを狙ったものである、と見ることができる。これに対してこの報告は、二番煎じであるから衝撃力は前者ほどにはなかったが、国営干拓事業に関してこれほど包括的かつ端的に問題となる事実をまとめたものは、これ以前には存在しなかった訳で、真剣に検査報告を読み、財政の状況を把握しようとするものにとっては、極めて貴重な資料ということができよう。

第一類型の報告においては、極端なことを言えば、会計検査院としては問題だと思っている、という一行で報告は足りることになるので、報告文は短いものとなる傾向がある。これに対して、第二類型の報告では、国民や国会がその問題に対して判断を下すに足るだけの情報を、報告文そのもので提供しようとするのであるから、いやでも長文のものにならざるを得ない。いわゆる再特記と称される事例は、五〇年度に第一の類型で検査報告に一頁掲記された林野事業特別会計が、六〇年度に再度掲記された際は第二の類型で一一頁となるなど、いずれも第一類型から第二類型への推移を端的に示すものであった、と考えられる。五五年度から五七年度にかけて、連続して掲記された、国鉄の貨物営業、荷物営業及び旅客営業に関するきわめて詳細な特記事項、いわゆる国鉄三部作では、一般国民や国会はおろか、国鉄自身でさえも全く把握していなかったような情報が示されていて、問題点の総合的な分析が行われ、国鉄再建にむけての貴重な資料提供が行われていた。

以上に述べたところから、ある特記事項が二つの類型のいずれに属するかを簡単に分類しようとする場合、その報告の頁数がその第一の手掛かりを提供してくれることがお判り預けることと思う。**表1**は過去に決算検査報告に掲記された特記事項の、各年度別の件数、総頁数及び平均頁数を示したものである。ここから特記事項の一件当たりの頁数が、五五年度を境に、大幅に相違してきているということに気付いて頂けるであろう。もちろん、頁数の増加については、報告内容を読者に理解しやすいものにしようとする研究努力の成果の一般的発現という面もあるので、頁数の推移だけで一概に即断することはできないが、初期には第一類型がほとんどであったが(1)、五五年度以降は第二類型に中心が移行しているという推定がある程度できよう。そして個々の報告ごとの分析を行ってみても、こうした推定の妥当性を論証できるように思われる。

表１　特記事項の件数等の推移

年　度	件　数	総ページ数	平均ページ数
50	8	12	1.50
51	8	14	1.75
52	6	24	4.00
53	1	3	3.00
54	2	5	2.50
55	5	24	4.80
56	3	12	4.00
57	4	24	6.00
58	3	16	5.33
59	2	10	5.00
60	1	11	11.00
61	0	0	0
62	1	4	4.00
63	1	6	6.00
平成１	0	0	0
2	0	0	0
3	0	0	0
4	0	0	0
5	1	9	9.00
6	1	12	12.00
7	2	26	13.00
8	0	0	0
9	1	9	9.00
10	2	14	7.00
11	1	10	10.00

特記事項は、そのいずれの類型にせよ、法に明定されている従来からの類型では記述不可能な内容を取り上げているのであるが、憲法第九〇条に直接制度の根拠を持つという特殊な地位にある会計検査院として、このような報告を行うことがこの地位と整合性を有するか、すなわち合憲であり、かつ妥当であるか否かについて、次に検討したい。

三　会計検査院の憲法上の地位と特記事項

我が国は、国の基本的な原則の一つとして自由主義を採用し、その派生原則として三権分立制を採用している。これに依るときは、国の全ての権限は、立法、司法、行政のいずれかの権力に帰属しなければならない。そして通説である行政に関する消極的定義、すなわち行政とは、国家作用のうち立法及び司法に属する作用を除外した後に残った作用をいう、という定義に依る場合には、会計検査活動は、立法にも司法にも概念的に言って属さないことは明らかだから、行政に属することとなる。しかし会計検査院は憲法第九〇条により設置を予定されている機関であり、憲法自身の設けた例外として、立法府や司法府からはもちろん、憲法第六五条により行政権が属するとされる内閣からも独立の地位にある、という法制が採用されている。しかし、なぜ会計検査院の場合には、そのような三権分立制に対する例外的地位を肯定する必要があるのか、という法理論上の問題は現在までのところ、我が国ではほとんど検討されないままとなっている。

三権分立制は自由主義の、統治の分野における下位原則であるから、実質的意味の立法の概念に端的に示されているとおり、国家と国民の関係が問題になる領域においてのみ問題となる。したがって、行政分野の中で、国民の権利・義務に影響を与えない領域において、内閣の支配の及ばない機関を設置することは、三権分立制に違反するものではない、と考える。現に、司法府や立法府の内部行政権については、内閣の支配に服さないことが一般に承認されているところである。

しかし、会計検査という活動が、特に伝統的に、それら他権力府の内部行政同様に、内閣の指揮・監督に服さないとされているのか、という点はなお説明を要する。行政庁の長の管理活動や内部監査部局の活動に明らかなとおり、会計検査それ自体は、本来は当該行政庁の活動の一部と同質のものだからである。

結論的に述べるならば、この点については補助機関という概念と従属機関という概念を峻別するべきである、と考えている。すなわち補助機関とは、その補助対象となる主たる機関と補助機関の活動内容に着目した概念である。これに対して従属機関とは、その活動に対する主たる機関の指揮・監督面に着目した概念である。会計検査院は、内閣の持つ行政庁の活動に対する管理権及び国会の持つ国政調査権の行使に関して、財政に関する補助機関ではあるが、いずれの従属機関でもない、と考える。従来、往々にしてこの両者が混同され、ドイツにおいても、会計検査院を補助機関と考える説に対して、従属機関と同視した上での批判が浴びせられることが多かったため、特に強調したい。

補助機関ということの意味は、会計検査院の検査報告それ自体はなんら形成的効果を持たないもので、報告を受ける内閣や国会はもちろん、直接当事者である行政庁もその提起した問題を真剣に検討し、その解決に当たり、その示している結論を参考にする義務は負うものの、結論に直接従う義務は負わない、ということである。検査報告は、上記機関が、報告の問題を検討し、主体的に判断するための契機を提供する、という点に最大の機能を有しているのである。したがって、補助機関性は、会計検査院の会計検査活動が国民の権利・義務に影響を与えず、したがって憲法第六五条に抵触しないことを意味することとなる。(2)

補助機関性の当然の結論として、活動における独立機関性を導くことができる。すなわち補助機関を真に有用たらしめるには、内閣や国会が真に検討するべき問題が全て報告され、それ以前の段階で闇に葬られてしまう事態を回避しなければならないが、各国の司法府における長い歴史において経験則的に知られているとおり、それには、検査対象機関からの完全な独立性が不可欠の要素だからである。どのレベルまでの独立性を保障するかは、その国が会計検査院にどのレベルまでの会計検査の徹底を期待しているかに依り、決定される。我が国の場合、司法府や立法府も会計検査の対象としているので、米国のように立法府の従属機関という構成を採ることができず、全ての機関から独立した地位を与えているのであろう。

補助機関性から、もう一つの重要な結論が導かれる。会計検査活動というものが調査活動と判断活動の二段の活動からなっている、ということである。事実の調査というものは、適切な能力を持つ者が適切な手段を使用して実施する限りにおいて、実施者の個性を問題とせず、常に同一の結果を期待することができる。これに対して判断というものは、その判断者の持つ価値観が前提となるので、判断者の個性の如何により、当然同一の事実を前提としていても結果が異なることになる。憲法それ自身がわざわざ規定することにより、保障している会計検査院の報告の拘束力は、当然調査結果についてのみ現れる。これに対して、会計検査院が自らの調査結果に基づいて下した当否の判断は、対外的な拘束力を持たないので、現に、国会や内閣は、会計検査院の報告に掲記された事態に対して、自由な立場から改めてそれぞれ独自の判断を下している（判断が異なる場合は極めて稀であるが）。

このように報告に示された判断それ自体は、裁判所判決などと異なり、一般的通用性を持たないものであるが、それにもかかわらず、憲法機関としての会計検査院が、その調査の結果として示すものである以上、その持つ実質的影響力には無視できないものがある。そこで重要な制約が経験則上認められている。検査の技術性又は検査の非政治性の原則と呼ばれるものがそれである。

ある問題が、その判断者に問題に関する適切な能力（すなわち技術）がある限り、判断者の持つ政治的見解の如何に係わりなく、通常同一の結論に至る性格を持っているとき、それには「技術性」がある、ということができる。例えば窃盗犯人を逮捕したり、火災を防止したりする必要性は、テロリストなどは別として、通常の人であれば誰でも肯定するであろう。したがって、火災防止という問題には技術性がある、ということができる。

会計検査院が扱う問題は通常その性格のものに限られる。というより限られてきた、という方が正確であろう。会計検査院の検査対象には、国の全ての決算が含まれる。国の財政はそれ自体として、特定の性格を持つものではない。国家活動の資金的裏付けとして、それを反映する鏡に過ぎない。そして、国家活動も又、その国民が国にどのような役割を演ずるかを期待しているかによって、決定的な変化を遂げることにならざるを得ない。

先に技術性の例として掲げた行政活動が、いずれも行政法講学上警察行政と呼ばれている分類に属するものであることに気づかれた方もあるであろう。前世紀から今世紀初頭にかけて、欧米でアダム・スミス流の夜警国家理念が主導的地位にあった時代にあっては、国庫支出の主たる対象は、こうした警察行政の費用であり、各国会計検査院の活動もまたその合規性に向けられていたのである。こうした時代には上記技術性の基準を会計検査院が守ることに、なんの問題も生じなかった。しかし一九二九年に始まった世界大恐慌を契機として、各国とも積極的経済政策を打ち出すようになって以来、国家活動の内容もまた劇的な変化を遂げてきた。具体的に言うと、行政法学上、給付行政と呼ばれる活動――公営住宅の提供、運輸事業・供給事業の経営、補助金・融資・債務保障等と一応いえよう――が、その主たる内容を占めるに至ったのである。この分野の特徴として、個々の事業の当否は、必ずしも完全な国民的コンセンサスを得られていない。例えば、警察が窃盗犯人を逮捕する場合とは異なり、道路公団が特定の道路を建設する場合には、常に誰もが賛成する訳ではないのである。

こうした、いわば技術性の低い問題に、各国の会計検査院としてどのように対応するかは、大きな問題であった。ほとんどの国の会計検査院は、当初、国費の大半がそれらに支出されている事実を無視して、従来どおりに数額的正確さの確認などを中心とした合規性検査を実施していたのである。当然国民や議会はこうした態度に強い不満を持った訳で、その声に突き動かされる形で、会計検査活動の内容もまた変化してきた。経済性、効率性及び有効性（通常頭文字をとって三Eと呼ばれる）の検査は、その端的な例である。幸いにも我が国の場合には、遅れてきた資本主義国として、明治初期以来一貫して、造船所や製鉄所の建設等、積極的に給付行政的な活動が行われていたなど、先進諸国が大恐慌後に遭遇したと同様の状況に早くからあったので、これに対応して、会計検査院それ自体の活動内容もまた、積極的であった。そうした用語こそ使用されていなかったものの、その実質的内容を見るならば、我が国では会計検査院の百年を越える歴史を通じて、経済性や効率性、更には有効性などの視点からの検査が一貫して実施されていた事実を認めることができる。

こうした合規性以外の検査の観点というものは、どうしても法規範等に明示されていない、なんらかの価値判断を伴わなければならない。したがって、厳密に技術性を要求するならば、検査の対象になじまないものと考えられるのである。この点を説明する理論として、近時ビッグPとスモールPという説が言われている。Pとはポリシーの頭文字で、要するに財政活動を、政治性の有無に区分するかわりに、政治性の強い問題と小さい問題に区分し、国会レベルで問題になるような重大問題を除いては、全て会計検査院の検査になじむ、と説いているものである。ここでその当否を論ずるのは本書の趣旨から逸脱しすぎるので、スモールPは検査対象として肯定しうる、と考えていると述べるにとどめたい。

ではビッグＰ、つまり国会レベルで論議の対象になるような問題については会計検査院はなにもできないのであろうか。

議論がここまで届いて、ようやく本論に戻ることができる。すなわち特記事項は、政治性の極めて高い、本来会計検査院の検査になじまない事項に対する、我が国会計検査院の創出したユニークな対応方法である、と考えられる。

前述のとおり、会計検査活動は、調査とその結果に対する判断の二段階に分けて考えられるが、通常はこれを一体的に行うので、法はその旨の単純な記述を行った。このため、従来の報告では、判断活動ばかりでなく、その前段階である調査活動にまで技術性の網がかぶせられてきたのである。しかし、検査活動は二段階であり、そのうち調査活動こそが憲法上会計検査院に要請されている会計検査活動の本体をなす部分であって、判断活動部分はそれに通常必然的に随伴しているものの、拘束力を伴わない従たる活動であると考えると、法律では予定されていなくとも、いわば憲法自身に基づいて、価値判断を交えない、純然たる調査結果の事実報告という類型が許されてよい、という結論を導くことが可能であろう。さらに一歩考えを進めれば、憲法上の独立機関として様々な特権を与えられ、それに支えられた優れた調査能力を持つ会計検査院が、国会や国民がまさに関心を持ち、ないしは本来持つべきである問題に関して、優れた、一党一派に偏ることのない情報を、判断権者に提供することは、むしろ憲法上の責務であろう。

このように考えた場合、会計検査院の憲法上の地位に、より密接した機能を果たす特記事項は、初期において支配的であった第一類型ではなく、その後に中心となった第二類型であると考えられる。既に国会や国民が承知している事実について、会計検査院としての影響力を利用することを意図してなされる第一類型の報告よりも、第二類型は会計検査院の憲法上の地位に、よりしっくりとなじむもの、と考える。第一節で述べたとおり、特記事項はそのスタート時においては、特定の類型に限定することなく、幅広い受け皿として構想されたものであり、第二節に述べた二つの類型は、その現実の運用の中から認められたものであるが、現実の掲記が第一類型主流から第二類型主流へと展開していったことは、上記のような憲法解釈に立つならば、起こるべくして起きたものと認められ、このような展開は、特記事項の存在意義を益々高める上で、大きな意味をもつものと考える。

現在、国民や国会からの、会計検査院に対する情報提供の要求は従前よりも一層高まっているものと思われる。なぜなら、給付行政の進展に伴う行政の肥大化は、部外者には、その内部状況を容易に把握することを極めて困難にしている。いわば、行政全体が一種の巨大なブラックボックスと化しつつある、と見られるからである。したがって、内部行政調査の専門家として、このブラックボックス解析をその使命としている会計検査院が、国民や国会が、その手により行政統制を実施するに当たり、適切な情報の提供者として必要となるからである。

四　特記事項の近時における件数の減少について

冒頭中に述べたとおり、特記事項は六一年度検査報告以降においては断続的に掲記されるようになり、件数においても相当の減少を示している。これには、表面にでてこない理由がある。

わが国会計検査院の指摘の非常に大きな特徴として、検査報告に掲記されている事項については、すべて受検側が、その問題性について納得している、という点がある。換言すれば、受検側が、指摘された点の不当性等をがんとして認めない場合には、報告に掲記されない、ということである。そこで、会計検査院の指摘が実際に正しいものなのかどうか、あるいは指摘した方法でどの程度まで是正可能なのかについて、検査担当課と受検側との間で火の出るような激しい攻防が展開されることになる。このことは問題視されることが多いが、これ自体は決して悪いことではない、と私は考えている。諸外国では、このような摺り合わせを事前に十分に行わないために、検査指摘が是正されないままに放置されることも少なくない。それに対して、わが国の場合には、公式に、指摘された点については必ず改善されることが約束されているからである。

ところが、特記事項の場合には、そこで指摘された問題については、受検側として改善する必要がない。受検庁限りでは改善不可能な問題という認識を会計検査院が示しているからである。そこで、是正改善要求としては受け入れられないが、特記事項としてならば受け入れるという反応をこの当時、各省庁が示すことが多くなったのである。そこで、検査課でも、苦労して相手を説得する代わりに特記事項という形で報告する、という選択をすることが増加した。

これはせっかくの指摘が是正につながらないことを意味するから、易きに流れるな、という強い指導が当時のトップより行われた結果、三六条の意見表示等が増えるかわりに特記事項の数が急減し、六一年にはとうとうゼロということになったのである。

しかし、このように、特記事項が現場で便利に使われる危険がある、ということは、特記事項という報告形式の重要性が消えたということを意味するものでは決してない。その結果、その後も、特記事項は会計検査院の検査報告の重要な構成要素となって今日に至っている。六二年以降の検査報告への掲記状況を見ると、掲記件数はかなり減り、掲記されていない年も多くなっているが、逆から言えば、その制度趣旨に合致した重要な問題のみが精選されて掲記されているということができるであろう。

五　特定検査対象に対する検査状況について

かって、この問題を初めて論文の形にまとめた際、その本文の末尾に、「現在、国民や国会からの、会計検査院に対する情報提供の要求は従前よりも一層高まっている」と考えられること、そして、その場合、「法定報告類型に依り難いがために、特記事項という受け皿を活用するべき問題が発生することは多分に予想されるところである。その場合、国会や国民の要請に答える上で最も合理的な類型を利用するべきであって、ここに論じた二つの類型に拘る必要はなく、現在予想できない第三、第四の類型が創出される可能性」がある、と述べた(3)。この予想は、その後現実となり、特記事項の第三、第四の類型が誕生した。特記事項の第三の類型として創出されたのが、ここでタイトルに掲げた「特定検査対象に対する検査状況」という報告形式である。

この報告形式が創出された直接のきっかけは、政府開発援助ＯＤＡ検査に対する検査である。ＯＤＡに関しては、きわめて莫大な国費を投入して多年にわたり実施している事業であるにもかかわらず、わが国では、諸外国と異なり、それを専門に所管する省庁を創設せず、各省庁が、自らの所管に関係する部分をバラバラに実施している状況にある。そして会計検査院でも、従前は各省庁に対応して担当検査課がバラバラに検査を実施していたため、検査の浸透度はきわめて低い状況にあった。これに対する批判に答えるべく、会計検査院では、ＯＤＡに関する横断的検査を担当する課として、外務検査課を六二年暮に新設した。それによる最初の検査の成果は、昭和六三年度の検査報告で、特記事項として掲記された。

当時、暗黙の了解として、ある問題について一度特記事項として掲記した場合、その後五年を経て、なお同様の事態が存在する場合にしか再度、特記事項として報告することは許されない、とされていた。そうでなければ、事態が解消されるまで、同じ問題を毎年特記事項として掲記する事が可能になってしまうからである。

しかし、外務検査課は、ＯＤＡ検査を行うために新設された課であり、ＯＤＡはその性格上、既存の報告形式にはなじまない。そこで、この暗黙のルールを適用すると、外務検査課は五年に一度しか検査報告に掲記できないことになってしまうのである。これではわざわざ外務検査課を設置した目的が失われる。そればかりでなく、当時、ＯＤＡに対する批判が高まり、会計検査院に対して、より積極的な検査報告を求める声が高かった。そこで、特記事項とは、一応異なる類型として創出されたのがこれである。

特定検査対象とは奇妙な言葉であるが、これは国会や国民の関心を呼んでいる特定の検査対象ということを意味している。それについては、検査を実施して結論に至っていない場合にも、その途中経過を報告する必要がある、と認識されたところから、この類型が平成三年度検査報告から誕生した。当然、ＯＤＡ検査は、この類型の常連である。しかし、これについても、幅広く活用されることとなった。例えば、同じ三年度検査報告には、湾岸戦争に際してわが国が拠出した資金の使用状況についての検査活動を紹介した「湾岸平和基金に対する拠出金について」という報告が載っている。

さらに平成九年度報告からは第四の類型が加わることになる。「国会からの検査要請事項」がそれである。今日までの掲記状況をまとめると、**表2**のとおりとなる。九年度については、国会からの検査要請事項を含めて件数等を掲記している。

この制度は、生まれた当初から一件あたりの頁数も多く、しかも、平成八年以降、それまでのＢ５版からＡ４版に大きくなって、一頁あたりの情報量は三割以上も増加しているにもかかわらず、更にページ数が増加している。その分だけ、情報提供機能が強化されているわけで、これが性格的には第二類型の特記事項に近いものであることが分かる。

国会からの検査要請は、特定検査対象事項という掲記方式が作られた平成三年当時は事実上行われていたに過ぎなかったが、その後、「国会法等の一部を改正する法律」（平成九年法律一二六号）が制定され、その一環として会計検査院法三〇条の二が新設されたことにより、法的根拠のある制度となった。

会計検査院では、従来は、国会からの検査要請のある都度、それに対応するプロジェクトチームを編成して対応していた。しかし、検査活動の最中に、臨時のプロジェクトチームを編成し、その要員を関係する検査課から引き抜くことは、検査計画の円滑な執行を阻害する原因となる。そして、このように法的根拠も整備されたことから、検査要請は今後一層増えることが予想される。そこで、二〇〇一年一月の中央省庁の再編に対応して実施された会計検査院の機構改革に際して、上席調査官（特別検査担当）という特別の課が作られた。この課では、それ以前において上席審議室調査官が担当していた総長特命による検査を実施することを主たる目的としているが、国会からの検査要請が、次章に述べる横断検査的性格を有する場合には、当然総長特命としてこの課に検査の実施が命じられることになると考えられる。

表2　特定検査対象の推移

年　度	件　数	総ページ数	平均ページ数
平成3	2	15	7.5
4	3	20	6.6
5	2	15	7.5
6	6	41	6.8
7	4	30	7.5
8	6	59	9.8
9	9	79	8.8
10	10	100	10.0
11	12	181	15.0

（1）　表1をみると、52年度の平均頁数が、その前後の年度に

比べて突出して多い。これは同年度には国鉄に関して一一・二五頁という第二類型に属する大型の特記事項が一件存在しているためである。これを除外すれば、この年度の平均頁数は二・五五頁で、その後二年間の数値とほぼ等しい。

（2）　会計検査院の補助機関性等に関しては、詳しくは拙著『財政法規と憲法原理』第一部、特に二〇一頁以下参照。

（3）　この問題に関する拙稿は「特記事項の意義と性格」『けんさいん』創刊号、昭和六三年四月刊、六八頁〜七三頁。

第四章　横断検査

一　横断検査の意義

国の行政組織および都道府県などの地方自治体に代表される公的組織や、ある程度以上の規模を持つ民間企業においては、その組織は上命下服の関係で特徴づけられるピラミッド型の縦構造、すなわちヒエラルキー構造を与えられているのが通常である。このヒエラルキー構造は、その中に、さらにいくつかの同様の構造を持つ明確な縦系列を含んでおり、通常これが会計単位となっている。国家行政組織であれば、そうした会計単位は各省庁やその内局・外局、出資法人などの形態を採り、民間企業であれば事業部や支社、子会社などの形態を採っている。

本章に述べる横断検査とは、典型的には、検査対象となる会計活動が、いくつかの縦系列の会計単位に区分されているときに、各会計単位に共通する要素を取り出して相互比較ないし全体的考察を行い、その異同に応じてその当否を云々する、という手法で行われる検査のことである。

検査の対象となる会計の規模が十分に小さければ、横断検査についてわざわざ特別の問題として意識する必要はない。公認会計士が通常その検査活動の対象としている企業会計の検査では、よほどの大企業でないかぎり、一人で対象全ての検査を実施する場合はもちろん、複数の検査人がチームを組んで取り組む場合でも、相互に密接に連絡をとることにより、その検査対象企業を、あたかも一人でその全ての検査を行ったのと同様に、検査に従事した検査人の頭の中に、対象企業の総合的なイメージを描くことが十分に可能であろう。

こうした場合には、そうした総合的イメージに照らして、当該企業の個々の事業活動の当否を決定することにより、横断検査などと事新しく銘打つまでもなく、当然、対象企業の活動を縦横に検査できるであろうし、そうすることで初めて当該検査対象企業に関する検査結果に対して、検査人として責任を持つことが可能となるのである。

しかし、検査対象とされる活動の規模が一定の限界を超えると、そこに投入される検査人の数を、互いに緊密な連絡を持つことが可能な程度の規模のチームを構成しうる限度にとどめたのでは、当該企業の会計全体の適正さに、検査人として責任を持てる程度に検査を浸透させることが不可能となる。どうしても当該企業の会計全体を一単位として検査するのではなく、その下位に位置する各会計単位を基準として、相互に独立して活動する検査チームを投入する必要が生じてくる。

そうした大きな規模の会計を、受検側が予め設置している会計単位や組織の区分に応じて、検査チームを編成し、その縦系列に沿った検査を展開するだけで、縦系列相互の比較を行わない場合には、対象会計の全体について検査を行った、ということはとうてい言うことはできないであろう。縦系列組織の通有性として、ある縦系列に属する者は、まるで競走馬のように、同一組織内であるにも関わらず、他の縦系列に目をやるのは難しいという盲点を有していることが多いが、検査の浸透する範囲がある一系列内に止まるときは、検査を行う者までが、それを受ける者と同一の盲点を共有していることになってしまうからである。

ここに検査人として、事務分掌上、その検査対象として割り当てられていると否とに関わりなく、受検側の設定している会計単位に属する事項の妥当性を、それ以外の領域での活動とクロスチェックすることで確認する必要が認識されるのである。このための手法がすなわち横断検査である。特に会計検査の性質上、悉皆性が要求されている場合には、横断検査がその内容として当然に予定されているということができよう。

国や地方自治体などの公的組織の財政活動は、まさにそうしたスケールに達している会計の典型であるため、従来、横断検査は公会計独特の問題と意識される嫌いがあったが、以上に述べたとおり、これはむしろ公民を問わず、一定以上の規模に達した組織に普遍的な問題と考えるべきである。

会計検査院の検査は、憲法第九〇条の定めるところにより、国の財政活動の全てを対象とするものとされ、これは悉皆的検査を意味することと解されている。したがって、とりわけ会計検査院の場合は、適切な横断検査を実施しないかぎり、会計検査院にあたえられた憲法上の責務を果たしているということはできないのである。

二　横断検査の必要性

横断的検査を必要とする問題は、経験的に知りえたかぎりでは、大きく次の三態様に区分することが可能である。

第一は、異なる系列が実施する同種の活動の、異同そのものの問題である。これはさらに三つの類型に分類することができる。

その一は、基本的に同様の性格を持つ活動が複数の縦系列で行われている場合に、個々の縦系列の中でだけ見れば必ずしも理論的整合性がないわけでもなく、不当な処理と決めつけることができない会計活動であるものについて、他の縦系列で異なる会計処理を行っており、しかも異なることについての理論的根拠がない場合である。

その二は、逆に所与の条件が異なるのだから、当然異なる処理がなされてしかるべきであるのに、安易な比較から同一の処理がなされているような場合である。

その三はこの変形として、社会情勢の変化等から、ある縦系列で行われていた、従来は正しかった処理方法が不当なものと変化していることが確認された場合である。この場合には、他の縦系列で行われている同種の全ての活動について、妥当性を確認する必要が生じてくるのである。

このように抽象的な言い方をしても理解しにくいと思われるので、国の活動の中から具体的に典型例をあげるとすれば、工事における予定価格決定のための積算基準などが判りやすいであろう。どこの省庁でも、多かれ少なかれなんらかの建設工事を実施する必要を有しているが、人事異動の結果、工事の実際にあまり通じていない職員が担当することになったときなどにはよく誤った積算を行う恐れが生ずる。そこで、そうした場合でも誤りなく積算が可能なように、一定の基準を設けている例が多い。

いま、仮に二つの省庁の積算基準を比べて、客観的にみれば同一であってよい、と認められる場合において、一方の積算結果が高額になるときには、どちらも実際に契約を締結する上で支障が生じていなければ、高額の基準が不当である可能性が高いであろう。もちろん、逆に全く業者泣かせの低い単価が定められている場合もあり、そうした基準は手抜き工事を誘発する恐れがあるところから、やはり会計検査院の指摘するところとなっている（ただし現在までのところ、検査報告に掲記されるのは高額であるとして批難される場合に、その抱き合わせという形に限られてはいるが）。これがその一に上げた場合である。

また、一方の工事内容が他方に比べて非常に単純な内容であるのに、複雑な工事と同一の単価になっている場合には、同様に、単純作業に関する基準はおそらく不当であろう。これがその二の場合である。

その三に上げた場合に対する例としては、新鋭の土木機械が普及したために、従来よりも高い効率で工事の実施が可能になり、これに伴って建設単価も低廉なものとなったのに、ある省の積算基準がこれに応じて修正されていないことが発見された場合などが適切であろう。この場合には、その省に修正するよう要求する必要があるのはもちろんとして、同様の内容の工事を実施している他の全ての省庁の積算基準についても、その内容を確認する必要があることは当然と言うべきであろう。

第二は、上記のように縦系列ごとに規範を定めている結果として、同一事態を区々に扱う危険が生じるのであるがら、これを避けるため、そうした共通要素を取り出して、特定セクションで一元的に規範を定め、他の系列でもその規範に従って処理することとした場合に特有の問題として、縦系列相互間の連絡の悪さから、他の系列に生じた客観的状況の変化が、規範制定セクションに十分にフィードバックされず、不適切な処理がなされている場合である。

こうした一元的処理には、国家公務員の給与その他の人事問題に係る規範に関する人事院、国の有する特許権の民間への供与に係る規範に関する特許庁、国の実施する統計調査に関する総務省などの例がある。その結果、問題が生じた具体例としては、人事院規則の定める結核に係る調整額を上げることができよう。

すなわち、国が経営する病院で働く職員のうち、結核病棟で勤務するものは、その感染の危険などの労苦に報いるため、人事院規則では基本給に加えて調整額を付することとしているが、国立結核療養所において近年結核患者が減少し、一般患者が増加した結果、全く結核患者がいない結核病棟が多数生じているのに、そうした病棟に勤務する職員に対しても、人事院規則に従って調整額が付されていたのである。これは現行制度としては、人事院規則の改正がないかぎり是正することの不可能な問題であった。

第三は、対象となる事象が既存の縦系列に納まりきれない大きなスケールを持つものであったり、系列境界線上にまさに生じた問題であるため、複数の縦系列が、それぞれの分に応じた関与をしているときに、縦系列間の緊密な相互連絡が欠けているために発生する問題である。すなわち個々の省庁では、関与している部分が異なるだけに、群盲象を撫でるに似て、それぞれの活動がちぐはぐなものとなっていたり、もはや当初の目的を達成して惰性的に行われているに過ぎないのに、どこも部分的な情報しか持っていないため、全体を一つとして見た場合にはじめて認めることのできるその異常性に誰も気づかない、という事態が発生している、という場合である。

国の事業で言えば、横浜で行われているみなとみらい21や幕張メッセなどで知られるいわゆる民間活力活用事業や、工業再配置事業などが、複数の省庁や団体が、それぞれその権限の限度で関与しているそうした活動の典型である。しかしこうした事業の当否を云々するということは、相当高次の政策に対して、その効果を判定することを意味するので、会計検査院の活動に関する非政治性の原則との関わりもあって難しい要素が多い。このため、現在までのところ、会計検査院として問題意識は十分に持っており、検査活動も相当に行ってきているところであるが、具体的に国会に提出される検査報告としての指摘に結びついた例はない。

三　横断検査の実施方法

(一)　静的横断検査手法

横断検査のこうした必要性に対して、どのような形で横断検査を実施していくか、という答えは必ずしも単純ではない。現在会計検査院が採用している態様は大ざっぱにあげても七通りを数えることができる。これをさらに大別するならば、静的手法と動的手法に区分することが許されよう。静的手法とは、組織の機構そのものを横断検査対応に構成しておくことである。この手法は横断検査の実施に確実性があるという長所を持つ半面、柔軟な対応性にかけるという欠点が生じてくる。この欠点を補うために採られるのが動的手法で、組織構成決定時には予見しがたい横断検査の必要に対応するため、問題の発見と検査にあたる要員を、本体のヒエラルキー構造における職員配置とは別途に確保するやり方を意味している。

横断検査を実施する上での最善の方法は、静的手法である。その中でも、密接に連絡可能な程度の人数で構成されている検査チーム（これは会計検査院では通常は課ということになる）の分掌する範囲内に、横断検査の必要性の特に高いと認められる複数の縦系列を全て確実に取り込むことである。

しかし、わが国のように、国の財政規模がきわめて大きい場合には、実際問題として、これは決して容易ではない。デンマークのような小国の場合には、第一の態様の事態が多く発生すると経験的に判明している分野、たとえば給与や工事のようにどの会計単位でも多かれ少なかれ必ず共通する要素として持っている活動については、各省庁別の検査課から引き離して、全省庁の給与や工事だけを、それ専門に検査する課が設けてある。しかしわが国の場合には、給与だけをとっても膨大な規模となってしまい、到底密接に連絡可能な人数で構成されている単一のセクションで検査しきれる範囲に止まらないので、これらの分野でこうした対応策を採ることは事実上、不可能である。

しかし、単一の課で処理しきれる程度の業務量に止まる場合には、ひとつの課に複数の縦系列の検査を行わせることは、横断検査を確保するもっとも優れた方法であることはまぎれもない事実である。そこでわが国でも可能なかぎり、これに準じた方法を採用している。すなわち、機構改革を検討する時点で、横断的に検査を行うことに効果があがると予想される縦系列のなかで、とりわけ大きな効果を期待できると認められるいくつかの縦系列を選定して、これを特定課の権限とする方法を採用している。

会計検査院では、数年に一度程度の頻度で大きな機構改革を実施しているが、その目的のひとつとして、一課のなかに取り込む縦系列を変更することにより、横断検査浸透率の向上を図っているという点が指摘できるであろう。すなわち、数年間に渡って特定の縦系列相互間の横断検査を実施していると、ほぼ問題が出尽くす一方で、社会情勢の変化、特に受検側の政策内容の変化等により、従前においては問題が予想されなかった縦系列相互間に横断確認の必要が生じている場合が多いので、受検側の機構改革の有無とは関わりなく、相当の頻度で会計検査院としては機構改革を行わざるを得ないのである。

近時における最も端的な例としては、昭和六二年暮れに第一局に新設された外務検査課をあげることができる。ちなみに、会計検査院には、現在、全部で五つの局があり、それぞれ多数の省庁を担当しているところから、具体的名称が付けにくいため、第一局から順次番号で呼ばれている。

海外経済協力事業費は、近年のわが国の国際的地位の向上を反映して増加の一途をたどっているが、諸外国と異なり、わが国では特定省庁に海外経済協力の権限を集中せず、各省庁が国内での所管に属する範囲については海外協力についても権限を有するという体制を採用している。しかし、こうした一般行政組織に対応した形で、会計検査院の各検査課がばらばらに経済協力検査を行っていたのでは、各省庁間の重複を会計検査院も見落とす危険が高くなるなど、問題が多いことは、自明であることおよび経済協力の全てを分掌する場合には業務量が多くなりすぎることから、六二年暮れに機構改革を行い、外務検査課を新設することで、経済協力事のうち、いわゆるＯＤＡに該当する事項に限定して一元的に検査を行う体制を整備したのである。

ついで優れた方法は、課よりも、もう一段階上位に位置する、したがって相対的に小さな活動単位である特定の部局に、相互に関連する可能性を有する縦系列を全て集めることである。この場合、相互関連性は、判断するものが、どのような価値に重点を置くかにより大きく変化する。

たとえば昭和三九年から四六年までは、第五局に公庫、公団等の政府関係団体の検査を担当する課を全て集めていた。この場合には、団体という共通性に価値を置き、その相互間の横断検査の確実性を期していたわけである。しかし四六年にいたって、団体相互の横断検査の必要は相対的に低下したと判断され、かわって団体とその監督官庁との間の、ある意味では縦の流れとも言えるものに対する横断検査の必要性が痛感されるようになってきたので、こうした検査課は監督官庁に対する検査課が置かれている局に分配されて現在にいたっている。

また、土木工事については、各省庁の中でも、建設、運輸の両省において特に大きな事業量があるが、会計検査院では、第三局にこれら両系列に属するほとんどの機関を集中させることにより、局内で密接に連絡をとることを可能にしている。

(二)　動的横断検査手法

前節に述べたのは、第一にあげた三通りの態様のいずれかによる横断検査の必要性が構造的に存在しており、数年以上の長期にわたって、集中的に検査を実施する必要があると認められる場合の対応方法である。しかし横断検査は、決してそうした比較的狭い範囲における長期検査を必要とする場合にのみ、問題となるのではない。

第一の類型としては、各年度の検査上の重要項目の設定の仕方や、検査の進展に応じて、その年にかぎり横断的に問題になるものがある。一般に「横断検査」と特に呼ばれるときには、むしろ、そうした事例を念頭に、これにどのように対応するかが問題となっている場合が多い。それが解決してしまえば、もうそれ以上、当該分野に横断検査の必要性は予想されない、という場合である。そうした単年度かぎりの必要に対応するために、わざわざ全体的な機構をその都度改革するのは煩に絶えない。

第二の類型としては、取り上げるテーマそのものは狭い範囲にかかるものであるが、関係する組織の範囲がきわめて広く、課はおろか局でさえも、その全体を収めることは難しい、という性格の問題の場合である。このときには、たとえ問題の全体像解明に数年間かかることが予想される場合でも、機構改革で対応することは不可能である。

こうした数年未満の臨時の必要や、広範囲の対象に対応して横断検査を実施していくために、そのニーズに応じていくつかの方法が考えられている。

第一の方法は、担当者レベルで話し合い、実行上資料を交換することによって問題を解明してしまうことである。先に例に上げた積算基準に定められている事項のように、検査上問題となっている事項が受検側の内部文書等の中で、明確に見て取れる事項の場合には、わざわざ複雑な手続きを踏むまでもなく、こうした資料の現物を取得するというやり方で十分である。そうした文書を見るだけでは内容が十分につかめないような場合には、比較の対象となっている省庁を担当する検査課を介して、その直接の担当者と接触をとり、その省庁の規範についての解釈を確認することもよく行われている。

会計検査院として、その決算検査報告を国会に提出するに当たっては、内部検討が何段階にもわたって行われ、それをことごとくパスする必要があるが、そうした内部検討の際に常に問題となり、担当者として回答を迫られるのが、こうした類似活動に対する他省庁における対応方法である。特に各局レベルの検討が終了した段階で、官房で開かれる調整委員会と呼ばれる検討は、この横断的調整を主目的にしたものである。すなわち横断的確認は、会計検査院として、内閣および国会に報告を行うに当たっての、標準的なルーチンになっているので、その限りで横断検査の悉皆性は確保されていると考えてよい。

しかし、このように個々の検査課の発意に委ねる方式では、どうしても各検査課の視野が限られるために、こうした確認作業は、往々にして案件が十分に煮詰まった段階で行われることが多い。このため、他の省庁にも同様の問題があった場合に、それについても独立の案件として提起するには、時間不足になるなどの限界が従来から認識されてきている。こうした限界を克服する方法として考えられたのが、企画官制度であるが、これについては改めて紹介することとしたい。

第二の方法は、併任発令を行うことである。上記のような単なる資料の交換では足りず、実地検査も含めた実体的な検査を、本来当該縦系列に対して、事務分掌上は、検査権限を有していない課が行う必要に迫られる場合には、それに必要な職員を、検査権限を有する課に臨時に併任することにより対応している。

こうした形で検査を行うことの多い課の典型としては、第三局に設置されていた上席調査官（地域担当）を上げることができる。なお、上席調査官というのは、会計検査院の職制のひとつで、公庫、公団など本省以外を主として担当する検査課をいうものと理解されれば、ほぼ正しい。この上席調査官（地域担当）は地域施策など、本質的に横断的広がりを持つ国の活動を検査対象としていたところから、各年度の検査上の重要項目の設定の仕方により、関係省庁の範囲が変動した。そこでその固定的な事務分掌とは別途に、その年の検査開始に先立って、その職員のほとんどを関係各課に併任した上で、いわば省庁の権限の限界にこだわることなく、対象事業の全体に対して検査を展開していた。

ただし、併任制度は横断検査のみを目的としている制度ではない。検査上の重要項目の設定の仕方により、非常に多くの人手を必要とする、と予想される検査が企画されたような場合には、官房の、本来は検査を担当していない職員を特定課に集中的に併任発令することにより対応する、という方法もよく採られている。例えば、労働検査課と厚生検査課に対して、いずれも保険制度の適正な運用状況を確認することを検査上の重要項目としていた当時は、本来の課員数を上回るほどの人数の併任者が配置されていた。

横断検査目的の併任は、問題の性質により、一方の課が自らの権限を自制して、他の課が問題の全てに当たる片務的併任の場合と、双方の課が相互に職員を併任して、それぞれに検査を行う相互併任の場合の二類型がある。上席調査官（地域担当）の場合には前者である。相互併任の場合には、各課が、文字どおりクロスオーバーして検査を行う場合もないではないが、次に述べるプロジェクトチーム方式を採るのが一般である。

第三の方法は、プロジェクトチームを設けることである。これにもいくつかの類型がある。よく見られるのは、ひとつの省庁に複数の検査課が設置されている場合である。単一の会計単位が非常に大きい場合には、一課だけで、その会計単位の全てを検査することが最善と判っていても、物理的に不可能であるため、複数の課を設置せざるをえない場合がある。その場合、なにをもって課の分掌を区分する基準とするかは、各課の検査効率に決定的な影響を与えるという点で、重要な問題である。

たとえば防衛検査課は、一省庁複数検査課設置の典型で、防衛庁という単一の会計単位を、三つの課に分割して検査に当たっている。課の分掌は、ほぼ陸、海、空三自衛隊に対応した形で定められている。しかし、防衛に関する財政会計活動は、武器弾薬、通信用品、需品などといった、主として調達対象となる物の性質別に把握することも可能である。たとえば、三自衛隊で同一の型のヘリコプターを調達するというような場合には、三自衛隊を別々のチームが検査するよりも、統一的に一つのチームが検査したほうが、検査の効率という観点からも、検査の浸透度という観点からも好ましいであろう。実際、防衛庁では、重要なものの調達は原則として三自衛隊がばらばらにすることはなく、調達実施本部という統一組織を通じて行っている状況にある。したがって、会計経理に主たる関心を持つ会計検査院としては、調達実施の事務分掌に対応して課編成を決定するというのも、十分に意味のある分け方ということができるのである。

各自衛隊という組織別の事務分掌と、こうした調達対象物品別という事務分掌のいずれが検査効率上、より良いものか、という問題は一概に断定できるものではなく、その時々にどういう問題意識で検査上の重要項目を設定し、あるいは検査のルーチンワークの中で、具体的にどのような事項が問題点として浮かび上がってくるか、に懸かっているといってよい。事実、かつては調達方法対応型の課編成が採られていたこともあったのである。が、現在のところでは、総合的に見て、自衛隊対応型のほうが利点が多いと判断されているのである。しかし、この判断は、決して調達対応で検査を行う必要性が、現在存在していることまでも、否定しているものではない。

その結果、防衛検査課としては、現在採られている事務分掌とは異なる形で、すなわち各自衛隊を別々に検査すると同時に、横断的に検査を実施する不断の必要にも迫られていることになる。その必要に対応するために、会計検査院が標準的に採用しているのがプロジェクト・チーム方式である。すなわち、防衛各課からそれぞれメンバーを出して特定検査テーマに関するプロジェクト・チームを編成し、あたかもこれが単独の課であるかのように各自衛隊の検査に当たるという方式である。会計検査院の内部規則に、「局長は、局主管の事務について、局内各課の職員に一時相互に援助させることができる」とあるので、局という相互関係の高い各課の間では、前項に述べた併任手続きを採るまでもなく、プロジェクトチームを結成することができることになっている。この定めの下に、防衛検査では多数のプロジェクトチームを同時に設置する場合が多いため、プロジェクトリーダーには、各課の副長（他の中央省庁の課長補佐に相当する）を当てる例が多い。

こうした問題は、防衛庁以外でも、ひとつの会計単位を複数課で対応せざるを得なくなっている分野では共通に発生する問題である。そして、プロジェクトチームが本当にあたかも単独の課のように活動するためには、実際問題としてプロジェクトリーダーを副長とするのでは、必ずしも十分ではない。こうした判断から、租税（国税庁）、防衛、建設、農水など、一省庁複数検査課となっているセクションでは、各課の課長とは別に、統括調査官という課長相当の職員一名を配置して、主としてその特定省庁という限られた範囲内における横断検査に従事させることとされている。ただし、統括調査官はまだ少いため、必要ある場合は、副長をもってリーダーとしている状況である。

第四の方法は、前述した企画官という職制を通じて行われている諸活動である。企画官は統括調査官同様に課長相当職で、職制的には全て官房に設置されているが、実際の活動に当たっては、官房および五つの局に常駐して、その行う検査活動をそれぞれ分掌している。職務内容は、各検査課の具体的な検査活動を把握することである。そしてその内容を、個々の検査課よりも幅広い視野から比較、検討する一方、企画官相互の間で適時に連絡、調整することにより、横断的確認の必要な事項を早期に把握し、問題点の、より多角的把握を可能にするとともに、調査時間内に問題点の解明を行うことができるよう、検査活動を企画することである。

具体的には、上述した問題の態様に応じて、企画官の活動内容も異なってくる。仮に某検査課の検査活動の結果、ある問題点が認められ、横断的確認が必要となった場合にでも、同様の問題を有するものと想定される課が、それぞれの角度から取り組むことだけで横断検査の目的が達成できると判断される場合には、各課が十分な検査を行うに足るだけの情報を提供するに止まる。

しかし、さらに踏み込んだ実地検査を総合的に実施する必要がある、と判断される場合には、関係各課から職員を出してプロジェクトチームを組織し、この中心となって検査に当たる場合もある。この場合には企画官がリーダーとなるのが通常である。たとえば、先年国会で問題となり、マスメディアを賑わせた青森県の粗悪捨て石問題では、関係省庁が多数に上るところから、企画官がリーダーとなって実地検査等に当たっていた。

この節の冒頭に、動的横断検査の二類型を紹介したが、ここまで紹介してきたのは第一類型に対応する検査手法である。しかし、この企画官をリーダーとするプロジェクトチームおよびこれ以降に紹介する各検査手法は、いずれも第二類型に対する対応力も有するものである。

限られた意味で、企画官と同様の企画調整機能を果たしているのが、技術参事官と上席情報処理調査官である。

技術参事官も課長相当職で官房に置かれ、現在は四名おり、その名称の示すとおり、各検査課が検査を実施するに当たり、重要な関わりがあり、かつ会計検査院の一般職員の資質をもってしては、専門的知識に欠けるおそれのある技術に関する専門家が配置されている。原則として、当該技術と関係の深い省庁から出向してきた職員をもって当てる慣例になっているので比較的他省庁との人事交流の少ない会計検査院にとっては、一般官庁の考え方を知る重要な機会ともなっている。どのような技術分野について参事官を置くかは、それぞれの時点において、会計検査院が主として関心を持ち、しかも特殊な専門知識を必要とする分野がなにか、という判断の推移に応じて当然変遷することとなる。現在は、土木、建築、医療および電気の四分野について参事官を置いている。このなかで、もっとも最近設置されたのは医療担当の技術参事官である。これは、国民総医療費の著しい増加と、それに占める国庫負担分のさらに著しい増加傾向に鑑み、会計検査院として、今後、医療関係の検査に、従来以上に重点を置くこととした場合、医学知識の必要性が痛感されるところから、設置されたものということができよう。

各検査課では、検査の実施に当たり、専門家の意見を求める必要に迫られた場合には、いつでも自由に技術参事官と相談することができる。また、特にその技術分野と関係が深いと考えられているいくつかの検査課の実地検査には、随時主任官として加わっている。したがって、技術参事官は、当該分野に関してならば、企画官を上回る全会計検査院的な幅広い情報に接する機会があることとなる。そこで必要に応じて企画官と協力するなどの方法により、横断検査活動を行ってきている。

上席情報処理調査官も課長相当職で官房に置かれ、本来の職務は会計検査院内部のＡＤＰシステムの運用である。しかしＡＤＰＳは今日においては各行政庁の活動の中核とも言える状態であるので、その専門的な知識を活用して、各検査課がその検査を行うに当たりＡＤＰＳやソフトウェアを解析したりすることが必要となった場合には、その相談にのったり、さらにその実地検査に参加して実際の調査活動を行うなど、技術参事官と同様の活動も行っている。また、次に紹介する上席審議室調査官と同様に、自らの企画による主体的検査活動も行うが、これについては後述したい。

第五の方法は、上席審議室調査官の行う特命検査である。上席審議室調査官も課長相当職で官房に置かれ、現在は四名おり、事務総長の下す特命に応じてさまざまの活動を行うものとされている。そしてこのうち、現時点で横断検査を特命されているものは一名である。ここまで紹介してきた一から四までの動的な横断検査手法は、各検査課の日常活動の積み重ねの中から問題点がでてくるものであり、いわば会計検査院が国の活動に対して張り巡らしているアンテナに、現実に引っ掛かった問題を横断的に展開することを目的としている、という点で、程度の差こそあれ、ボトムアップという性格が強い。

これに対して、特命検査は明確なトップダウンという点で顕著な差を示している。トップのものは、いずれの組織においても、下位のものが持ち得ない広い視野を有し得るものであるので、本質的に高次元の問題を取り上げられる点が最大の特長であり、また、その決断ひとつで、時代のニーズに敏感に対応し得る点で、下からの積み重ね検査が持つことの難しい迅速性と的確性を持ち得るという大きな長所を持っている。この反面、問題があることは確かでも、たとえば検査手法が確立していないような、本質的に複雑なものが取り上げられやすく、限られた人数と時間のなかで、それを国会に報告できるところまで整理していくのは、非常に難しいことが多い。極端な場合には、ある経理活動について検査をするのは、そこに問題があると認められたためではなく、それが社会的関心が高い問題であったり、これからの会計検査院が必要とするであろうと思量される新しい検査手法を開発するために、適切な性質を持つ分野であったりするから、ということになるのである。特命検査は、途中の中断をはさみながらも、昭和四六年から今日まで、という長い歴史を有するが、その間、ほんの数件が検査報告に結びついた程度に止まっているのは、こうした難しさを反映したものと言えよう。

従来は、ＡＤＰＳにかかる問題も上席審議室調査官に検査を行うことが特命されていたが、現在は上述の通り、上席情報処理調査官が設置され、検査能力も持っているところから、この分野の問題についての検査は、上席情報処理調査官に特命されることとなっている。すなわち、現在は特命検査は官房に設置されている二チームが担当している。

特命検査は、以上のような特殊性を有する検査手法であるので、一般的な検査手順においても、検査課主体の横断検査とは相当異なるところがある。

最大の特長は、特定の事務分掌を有していない、という点である。すなわち、併任手続きなど、特段の事務手続きをするまでもなく、当然に全ての省庁の全ての会計行為について検査を行うことができる。その問題を分掌している検査課に対して、その実地検査に当たり、特命検査の必要とする調査項目についての検査も、あわせて実施するよう依頼することができる。また、各省庁に対して、直接上席審議室調査官（または上席情報処理調査官、以下同じ）に対して書面による報告を求めることもできる。この結果、少ない人数でも広い範囲の資料を収集し、総合的な判断を下すことが可能である。さらに、上席審議室調査官が直接コントロールし得る形で、広範囲の実地検査を行う必要があると判断される場合には、他の上席審議室調査官や企画官等を動員することが可能なほか、官房各課の調査官などを、その下に併任発令することにより人員を拡充することも可能である。

検査結果を取りまとめた場合には、どの省庁に対する場合でも、相手方に対する質問を発する権限は、原則としてその直属する総務審議官が一元的に有している。通常の検査課の場合には、他の局の課にその課の職員が併任発令された結果、他局の問題について質問を発する必要が生じた場合には、その他局の局長が有しており、自分の課の属する局長ではない点と大きく異なっている。

四　まとめ

横断検査は一つの理念である。組織というものが通常ヒエラルキー構造を採っているのは、おそらく人間が効率的に行動する上で、それがもっとも容易かつ適切だからであろう。横断検査はその限界を超した点を問題にしている。検査活動を担当するものとして、この観点は是が非でも必要とされるものである。しかし、検査担当者も、検査対象組織に属するもの同様に人間であるが故に、ヒエラルキーに沿った検査の方が行いやすい傾向にある。本章に紹介したとおり、会計検査院では幾重にも横断検査の網をかぶせて、この人間の限界に挑戦している。しかし、天網と異なり、到底漏れなく問題点を掬い上げている、と確信し得る状況では、残念ながらない。現在形づくっている網をいかに効率的に働かせるか、そしてさらにどのような制度を用意することにより、より確実に問題点の発掘を可能とするか、は永遠の課題といっても過言ではないであろう。

〔付記〕　本章は、日本公認会計士協会の機関誌である会計ジャーナル（現在ＪＩＣＰＡジャーナル）一九八八年一二月号～一九八九年一月号に発表した論文を収録したものである。ここで論じているのは、横断検査という会計検査の手法そのものであり、財政憲法分野における法的解釈を論じようとしている本書としては、若干異分子である。それにも関わらず、これを収録することとしたのは、ここで横断検査と読んでいる概念の、現実の検査活動における重要性の故である。第六章で、現行地方自治法が採用している財政監督制度について批判をしているが、その批判を正当に理解していただくには、国や地方公共団体のような、規模のきわめて大きい組織体に対する財政監督というものの持つ特殊性を理解していただかねばならず、そのためには、本論文が最適の性格を持つからである。

（1）　その後の機構改革により、現在ではこの課は存在しない。

（2）　二〇〇一年一月の中央省庁の再編に対応して現在では厚生労働検査課となっている。

（3）　二〇〇一年一月の中央省庁の再編に際して、会計検査院では大幅な機構改革を実施したが、その一環として、従来の官房上席審議室調査官は発展的に解消され、官房上席企画調査官、官房上席研究調査官及び第五局上席調査官（特別検査対象）の三課に再編された。従来の総長特命に基づく横断検査は、その検査の性質に応じて適宜この三課で分掌されることになる。特に上席企画調査官には、その下に企画官が配置されるため、本文に述べた静的な横断検査の中心となることが予定されている。また、上席調査官（特別検査担当）は、国会からの検査要請を中心として、動的な横断検査の実施の中心的存在となることが予定されている。

（4）　二〇〇一年一月の機構改革の際、総務審議官は、その名称を総括審議官に変更した。

第五章　会計事務職員の弁償責任制度の問題点

問題の所在

出納官吏については会計法四一条の、物品管理職員については物品管理法三一条の、そして予算執行職員については予算執行職員の責任に関する法律（以下「予責法」という）三条二項のそれぞれ定めるところにより、これら三つの地位にある者（以下「会計事務職員」という）が、国に対して加えた損害に対する賠償責任が、「弁償責任」という名称の下に定められている[1]。これらの行為は、同時に民法第七〇九条以下に定める不法行為責任の規定も充足している場合が多い。その際の、二つの請求権の関係が本章の論点である。

一　弁償責任の母法系

わが国財政法制度には二つの大きな潮流が存在する。フランス法系とドイツ法系である。明治初期にわが国は、当時パリ大学法学部教授であったボアソナードを顧問として迎え、その指導の下にあらゆる法制度を急速に整備しようとしたが、財政制度もまたその例外ではなかった。ボアソナードの指導したフランス系財政法制度は、基本的にはナポレオン一世が制定した法体系であり、直接模範としたのは、ナポレオン三世の第二帝政時代のそれである。

それらフランス財政法制度の大きな特徴の第一は、会計事務職員の権限を分割し、その相互の抑制により財政執行の適正を図るという点にある。フランス財政制度の特徴として、よく内部統制が強力であるということが言われるが、それはあくまでも、会計機関内部における相互牽制に留まるものであることに注意する必要がある。近代的な内部監査組織がないということは、今日に至るまでフランス財政法制度の大きな特徴であり続けている。

第二は、外部検査組織もまた設けられていないという点である。その代わりに、官金を扱う者の責任をきわめて重いものとし、事実上無過失の弁償責任として位置付けているわけである。確かに、通常わが国で会計検査院と翻訳される組織が、同国にも当時から存在していた。しかし、少なくとも第二帝政までの時期における Cour des Comtes は、今日的な意味での外部検査機関と認められるような性格を持つ機関ではなかった。ナポレオン一世が制定した当時におけるその権限は、官金を扱う者の弁償責任を解除し、あるいは弁償責任額を決定する権限を有する司法機関で、しかも下級審に過ぎなかった。(2) 第二帝政になって一般的な財政検査権限も持つようになるが、それとても近代的な外部検査機関のそれではなかった。すなわち、「会計検査院の機能は、事後検査を通じて行われる計算書の審査に限られる。会計検査院は各省大臣又はその下僚に対して監督を行うものではなく、その活動に干渉することは出来ない。提出された計算書に判断を下し、議会に報告をするに止まっている。(3)」

このように、弱体な内部統制と無いに等しい外部検査という弱点をカバーするために導入されたのが、フランス法における会計職員の弁償責任ということが出来る。フランス法では、内部統制や外部検査がない分だけ大蔵省の権限が強化されるところから、明治期における大蔵省は、フランス帰りの留学生を中心に積極的にフランス法系の導入を図った。実際問題として、ボアソナードが播いたフランス法系の法律が、プロイセン憲法思想の導入の下に総崩れになった中で、わが国で実現し得た数少ないものの一つである。

こうした会計法に対して、会計検査法に関しては平塚定二郎の理論的な支援を受けた会計検査院長渡辺昇の強力な指導の下、プロイセン法が導入され[4]、立法、司法及び行政の三権の、いずれにも属さない独立機関型の会計検査院が設置された。プロイセンでは、というよりもフランス法系以外の法制度の下では、会計事務職員の分立とそれによる相互統制というものはない。したがって、出納官吏が無条件に弁償責任を負うということもない。ただし、プロイセンにおいても、弁償責任類似の制度がまったくなかった訳ではない。フランスを除く欧米諸国では、支出官はわが国の資金前渡官吏の場合のように、一定額の資金の交付を受け、授権された範囲内においてそれを支出し、会計期間経過後に残額があれば、これを国に返納するという事務手続きを取る。会計検査院は決算額の会計検査の一環として、支出が妥当か否かを検査するから、仮に支出行為に問題が認められれば、当然、返納額の当否が自動的に問題になることになる。そこで「会計官吏においてその責めに任ずべき金額があり、補塡した証明がない場合において、会計検査院が必要と認めるときは、その金額を収入調定額中に記入し、当該官庁に取り立てを命じる(プロイセン会計検査組織権限法第一七条[5])」こととなっていた。要するに、フランス法のように、会計検査とは関係の無い絶対的な無過失責任で、会計検査院にはその有無を決定する権限しかなかったものと違って、プロイセン法においては会計検査院の検査の一環としての行為であり、徴収権限は各省庁の方にあった。また、徴収するか否かについても会計検査院に全面的な裁量権を認めており、事実、小額なものや徴収するについて大きな手間のかかるものについては宥恕するなどの処置が取られていたという。また、その弁償責任の法的性格も民事上の責任である点、争いはなかったという。

要するに、わが国財政法制度は、フランス系の会計制度とドイツ系の財政監督制度の奇妙な混淆である。そして、ここで問題となっている会計事務職員の弁償責任は、フランス法系のそれに起源を有するものであるが、ドイツ法系の起源を持つ会計検査院にその運用が押しつけられたという点で、まさに二つの交点であったのである。

二　わが国弁償責任の沿革

明治二二年に初めて会計法が制定された。[6] その中に弁償責任の規定も置かれた。それは、母法たるフランス法と同様の無過失責任であったばかりでなく、現金と物品とを区別せず、「現金若ハ物品」と同列に規定している。このように物品についても現金と同列の厳しい弁償責任を定めたのは、母法であるフランス法にも例を見ない珍しいものである。さらに、この弁償責任を確実に確保するため、身元保証金を置かせることとしていた。また、会計規則において、補助者の行為によって発生した損害についても賠償責任があることを定めていた。そして、これらの裁判権は特別裁判所たる会計検査院に与えられた。会計検査院は終審裁判所とされ、他に上告する道はなかったから、コンセイユ・デタの下級審として位置づけられていたフランス法よりも、この点でも厳しい法制となっていた。

なお、大蔵省は出納官吏ばかりでなく、これまたフランス法に例のない、命令系統に属する会計官吏に対しても弁償責任を課するとする制度を導入しようと画策したという。が、各省庁の抵抗が強かったため、その案は草案の段階で完全に消えてしまっている。[7] この点については、第二次大戦後の一連の改革を待つ必要があった訳である。

しかし、このように厳しい個人責任制度は、売官制度や徴税請負人制度のように会計事務職員個人に大きな経済力があることを当然に期待できる法制や、ないしは事務執行のうえで裁量の幅が大きく、そこに当然役得を期待し得る法制度の下であればともかく、特別の経済力もないわが国官吏に課するのは、わが国の国情を無視したものということが出来た。そこで、この制度は、主として会計検査院の手により、創設後間もない頃から骨抜きにされていくのである。すなわち、

「明治二九年に制定された民法、同じく三二年に制定された商法において、賠償責任は、すべて過失原則に基づいて設定されるに及び、会計検査院内部において、会計法による弁償責任は、民法上の損害賠償と同じ性格のものであるのに、無過失原則を適用するのは、両者の間に著しく衡平を欠くものであるとの意見が有力になった。

こうして、出納官吏の賠償責任判決制度は、その制定後十数年にして、法文の規定はそのままながら、その運用において大きく補正されるに至った。会計検査院は、実際の判決に当たって、出納官吏に故意又は過失のあった場合に限って、弁償責任があると判決するようになったのであるが、この場合、会計検査院は現金又は物品の亡失毀損の事実があったことにより当然に発生した弁償責任を、判決によって受動的に解除するのではなく、むしろ、判定機関として能動的に当該出納官吏の故意過失の有無を判定し、その判決により、出納官吏の弁償責任が決定されるとしたのである。(8)」

この中で、当時の会計検査院で主張された弁償責任と民法不法行為責任の同視及び会計検査院の能動的判定機関としての地位にあるとしての立場は、明らかにフランス法系のそれではなく、ドイツ法系のそれであることは、前節に紹介したところより明らかであろう。要するに、明治会計検査院はフランス法系に属する制度を敢えてドイツ法系の立場から解釈運用しようとしたのである。これは本来であれば許されることではない。

しかし、もともと国情の相違を無視してフランス法系の弁償責任を導入しようとした大蔵省の方針の方に基本的な無理があったところから、会計検査院の運用は一般的に支持され、大正一〇年には、「善良なる管理者として

の注意を怠らざりしこと」を会計検査院に証明して責任を免れることが出来るという過失責任主義が導入される形に、会計法の方が改正されることとなったのである。また、実際にはほとんど徴収されることがなかったと言われる身元保証金制度も、この時正式に廃止された。ただし、責任の発生はあくまでも現金又は物品の亡失の事実によって当然に認められるとする、法の建前そのものは、なお維持されたのである。[9] この点では、依然として、会計検査院の判決によって初めて責任が発生するという実際の運用とは乖離した法制度となっていた。このように、フランス流の判決制度がドイツ流の組織により、ドイツ流の法思想の下に運営されるという変則事態が継続した結果、判決手続きが慎重に行われるようになったのは昭和一〇年代に入ってからであると言われている。[10] その後も、判例さえも十分に確立しないままに敗戦を迎えるのである。

第二次大戦の敗戦及びそれに伴う新憲法の制定に伴い、弁償責任は大きな転機を迎えた。すなわち憲法七六条第二項は「特別裁判所はこれを設置することができない。行政機関は終審として裁判を行うことが出来ない。」と定めていたので、フランス流の司法機関としての位置付けを会計検査院に与えることを前提としたそれまでの制度は、明らかに違憲となったのである。

そこで、会計検査院では、この際、弁償責任制度そのものを廃止しようという主張が行われた[11]が、大蔵省側は承知せず、結局、昭和二二年会計法では、会計法からは会計検査院の権限を規定した部分を削除し[12]、代わって会計検査院法三二条に、同院が検定を行うことの根拠規定を置くことで対応することとなったのである。同条は、裁判所の活動と紛らわしい「判決」という語を「検定」という語に置き換えるとともに、会計検査院が、不正行為者の行動により「国に損害を与えた事実があるかどうかを審理し、その弁償責任の有無を検定する」と定めることにより、弁償責任の存在を会計検査院が立証する必要のあることを明らかにした。

その後、二五年に予算執行職員等の責任に関する法律（以下「予責法」という）が制定され、会計検査院が弁償責任の有無を検定する対象者の範囲が拡大された。母法たるフランス法でも、出納職員に対象を限っていたのに対して命令系統に属する会計事務職員にまで弁償責任を及ぼす方向に進んだもので、明治会計法制定時に大蔵省が構想していたといわれるこの世界的にみても珍しい法制度はようやく実現したこととなる。ただし、責任の構成要件は、軽過失とした会計法と異なり、故意又は重過失とされた。また、この法律によって、国の職員だけでなく、公社等の職員にも国の職員に準じた取り扱いがなされることになった。

ついで三一年に物品管理法が制定され、物品に関して現金と同一の責任を負わせるという法制度はようやく廃止されることとなった。その代わり、責任の対象となる物品官吏職員の範囲を、それまでの出納職員に加えて、命令機関である物品管理官等にまで拡大するとともに、出納保管に限っていたものを、取得、供用、処分などの管理行為に関しても弁償責任を負わせることとして、大幅な拡大をしたのである。ただし、責任要件としては予責法同様に故意又は重過失とされた[13]。

三　弁償責任と不法行為責任の競合関係について

(一)　法条競合説

前節と前々節において、弁償責任の母法とわが国の今日までの沿革を見てきた。これにより明らかなことは、これら会計事務職員の弁償責任は、決して民法不法行為法の特別法として位置づけることはできないということである。

もともと会計法は、国の会計の基本規範の一つとして制定されたものであって、それ自体、民法と同格の一般法である。なるほどその中には、時効に関する規定のように、条文上明確に民法に対する特別法であるとされているものもあるが、それはそのような明文の効力によるものである。そうした条文の存在を理由として、同法全体を一般的に民法の特別法であると解することが許されないことは当然である。すなわち会計法上の制度について、民法との関連を論ずるには、その一つ一つの規定の意味、特にそれが民法を修正するという意図の下に作られたものか否かを慎重に吟味する必要があるのである。

弁償責任は、ドイツ系の法では民法上の不法行為責任そのものであったから、この法系の制度として会計法等に特別の規定が置かれたのであれば、それをして民法の不法行為に対する特則と見ることは、穏当な解釈と言うことができる。しかしすでに紹介したとおり、フランス法系の弁償責任は、外部検査の弱体を補うために制定された特別の公法上の責任であり、それを継受し、強化した形で制定されたわが国のそれは、制定過程を見ても民法の特則として構想されたものではないことは明らかである。また、戦前の会計検査院が、ドイツ流の民事上の責任として強引に運用したにも関わらず、大蔵省は敢えて、戦後にいたるまで一貫して法の建て前を崩していない。それどころか、命令系統の職員や公社等の職員にまで拡大している状況であった。こうした沿革的状況もまた、本責任が、民事上の責任とはまったく異なる公法上の責任であることを端的に示しているといえよう。

もちろん、解釈論としては、そうした制度の沿革に関わり無く、本制度は民法の特別法であると解することにより、その適用ある分野での不法行為責任の排除を主張する余地はある。しかし、本制度は基本的には会計事務職員の責任を、一般行政職員に比べて加重することを目的としたものであるが、制度の内容を細かく一つ一つ吟味していくと、その詳細については次節に述べるが、結果として私法上の責任よりも軽減されている場面も現れてくるのである。従って、特別法説を採用した場合には、私法上の責任を追求される一般行政職員の方が重い責任を追求される場合のあることを的確に説明できないという恨みが生ずる。その均衡という観点からみても、そうした解釈論を敢えて導入することが妥当とは認められない。

したがって、現行法の解釈として法条競合説を採用することはできないものと言わざるを得ない。(14)

(二) 非競合説

非競合説は、戦前においては通説であったと見てよい。例えば美濃部達吉は「官吏は国家に対する義務違反に基づき原則として損害賠償の責任を負うことなし。官吏の国家に対する関係は公法上の関係にして民法の規定は直接には之に適用せらるることなし。唯出納官吏に付いてのみ会計法は其の出納保管に係る現金又は物品に付き一切の責任を負うべきことを定む。」と述べている。(15)

戦後の会計法の解釈としては、杉村章三郎が強力に主張される説である。すなわち「一般に国家公務員はその義務違反に対して身分上の制度である懲戒処分を受ける外は、たといその行為によって国に対して財産上の損害を与えたとしても原則としてその賠償責任を負わない。その理由とするところは、公務員関係について契約説をとるとしてもその契約は公法上の契約であるから、一般私法上の労務者がその使用主に対して損害を与えた場合と同視して私法上の損害賠償に関する規定を適用することを得ない……（中略）。以上のように公務員が国に対して与えた損害に対して賠償責任を負わないという原則に対する例外は、会計事務職員について相当広範に認められている。」として、国家公務員は一切私法上の責任を負わないとの立場を鮮明に示されている。(16) この立場は、弁償責任という特別の制度の必要性を説明するという観点からは非常に明確であり、その限りでは説得力があることは否定できない。

しかし、この説は、その一点を除く多くの点に問題があり、賛成することはできない。第一に、国家公務員が国に損害を与えても私法上の責任を負わないという前提には反対せざるを得ない。特別権力関係説を採用しない限り、国家公務員の雇用契約が一般私法上の労務契約とまったく異質のものであると主張することは困難であろう。そして、今日の市民国家において、特別権力関係説のような画一的な論理によって公務員関係のすべてを説明することが許されないことは、もはや自明と言って良い。すなわち、公法と私法の区別が絶対的なものではなく、特に私法の規定でも一般的な原理や技術的な原理については、可能な限り公法分野にも妥当すべきであることは、今日、一般に認められていると言って良い。そして、自己の行為により他人に損害を与えた場合には、これが無過失または不可抗力によるものでない限り、その損害を賠償する責めに任ずるという不法行為の思想は、まさにそうした一般的原理の一つということができるのである。

したがって、今日においてこのような主張をするには、このような単純素朴な議論に代えて、公務員関係の特殊性に起因する個別具体的な論拠を必要とするといえよう。しかし、そうした論拠を杉村説はまったく示していない。

そこで、論拠となりうるものを私として検討した結果、その一つとしてあり得るのは国家賠償法の類推と考える。すなわち、同法では公務員個人に対する損害賠償請求を認めていないので、国として公務員個人に損害賠償請求することも認められないのではないか、という論理である。この主張は、国家賠償法が何故個人に対する国民からの請求を否定したのかという、より根本的な問題に対する考えの如何により答が大きく異なり、その大きな問題に答えることは本章の目的を逸脱するので、ここでは簡単に要旨のみを述べるにとどめたい。

すなわち、公務員の職務上の不法行為に基づく損害については、戦前は国家無責任の原則が支配し、行政裁判所は訴えを受理しないこととなっていた（行政裁判法一六条参照）ので、国等に対して賠償請求をするには民事事件として司法裁判所に訴える外はなかった。そして司法裁判所は被害者救済の一手段として、官吏個人に対する損害賠償の審理に当たり、官吏が職権を濫用して故意に私人の権利を侵害したときには、もはや官吏としての行為ではなく、私人としての行為であるとして民法の規定を適用し賠償責任を認めるという判例法を形成していた。しかし、国家賠償法が制定され、国という絶対的な資力を有するものが、軽過失でも損害賠償の責めに任ずることが明らかになった以上、それに重ねて公務員個人の責任を追求する実質的な理由は完全に失われているのである。

むしろ、同法が公務員本人に故意、重過失ある場合に国に公務員に対する求償権を認めていることは、同様の条件で直接損害賠償請求権も肯定していると解する方が妥当であると認められる。もし、そう解しない場合には大きな不均衡が発生することは明きらかである。

例えば、F刑務所において、刑務官が被収容者に送られてくる手紙の検閲に当たり、その中に入っていた金員を領得するという事件が起きたことがある。この場合、その金員の法的性格は、あくまでもその被収容者個人の私金であるから、当然被収容者として国に対して損害賠償請求をすることができる。そして、これは故意の犯行であるから、国がこの賠償請求に応じた場合には、その賠償額について本人に求償することができる。一方、その金員は、本来国としては歳入歳出外現金として管理するべきものであるから、犯人の行為はその管理権に対する侵害となる。したがって、国としては、民法上、直接損害賠償請求権を有していると考えることができる。しかし杉村説のように、後者の請求権を国が有することを全面的に否定する場合には、被害者からの請求を待たないで、直ちに領得された現金を回収するという簡易な処理をすることが不可能となる。そのような解釈を要求することは、無用の迂路を強いるものであって、その必然性は理解し難いし、現場事務が大幅に混乱することは否定できないであろう。

第二に、一般行政に関連した不正行為で、国が損害賠償請求権を認められないとすると、国は一般私人よりも不当に弱い立場におかれてしまうことである。例えば、K地方裁判所において、その職員が職務上知り得た知識を利用して金庫を解錠し、その中の現金を領得するという事件が起きたことがある。犯行は二回行われた。第一回の時には、犯人はその現金を管理する出納官吏の地位にあった。第二回の時は人事異動によりその地位にはいなかったが、同一箇所に勤務していた。この場合、杉村説に従えば、第一回については会計法上の弁償責任を追求し得るが、第二回の犯行についてはいかなる賠償請求も行うことができず、単に犯人を懲戒免職にし得るだけということになる。これは明らかな不均衡であり、民間企業に比べて、国が特にそのように弱い立場に無ければならないいかなる理由をも見いだすことはできない。

なお、杉村説は、職務に関係の無い行為により、国が被害を受けた場合に限り、民法上の損害賠償請求権を国も有すると主張する。しかし、職務関連性は少なくとも通説判例による限り、非常に緩やかに解されている概念である。例えば、国家賠償法の判例は、警察官が非番の際に、制服を着て強盗を行った場合についても、その行為に職務関連性の存在を認めている(17)。従ってこのような修正により、不均衡を回復させることは困難であろう。少なくとも上記刑務所や裁判所の事例などでは職務関連性が肯定されることは確実で、このような修正を加えたとしても国の請求権を認めることはできない。

以上のことから、非競合説もまた妥当とは認められない。

(三)　請求権競合説

以上のとおり、法条競合説も非競合説も採れないということになれば、論理的に言って唯一の選択肢は請求権競合説、すなわち弁償責任に基づく請求権と、不法行為上の請求権とが同時に存在し、一方が充足された限度で他方も消滅するという関係に立っていると考えざるを得ない。このような消極的なアプローチからの説明はきわめて歯切れの悪いものである。

しかし、これは通説であり、また実務が採用しているところの説でもある。(18) いずれの論者も、積極的な論拠を示すと言うより、せいぜい他の制度との均衡論を論拠として上げる程度に留まっている状況にある。例えば、田中二郎は、まったく理由を示すことなく、結論的に次のように述べている。

「その行為が民法の定める不法行為の要件を具備する場合においては、国庫に対する民法上の損害賠償責任を特に否定する理由はないように思われる。右の国庫に対する弁償責任の規定は、一般法に対する特別法で、その規定の適用のないものについての一般法の適用を一切排除する趣旨とまでは解すべきではなかろう。(19)」

このように、どの論者においても、自説を主張する積極的な根拠を説明ができない理由は、フランス帝政時代の特殊な事情から発生した弁償責任を、今日の市民社会においてなお、不法行為に基づく請求権とは異なる独立の制度として維持しなければならない積極的な理由は、何も見当たらないためであると思われる。少なくとも会計事務職員が通常の官吏よりも俸給的に恵まれていると言うような特殊の事情でもあればいいのであるが、一般公務員と区別するいかなる利益も有していないのである。そして均衡論は、弁償責任が存在するからこそ必要なのである。仮にすべての公務員が等しく不法行為責任だけを負担している場合には、およそ問題にならないことだからである。しかし、現行法を前提とする限り、もっとも問題のない結論を導く説であることは事実で、そうした実態的妥当性こそが、本説が通説として、また実務を支配する説としての地位を獲ち得ている理由といってよいであろう。

四　請求権競合説の具体的な効果

二つの請求権には主として次の相違点がある。

(一)　時効制度

1　民法不法行為法上の請求権　被害者又はその法定代理人が損害及び加害者を知ったときから三年、不法行為のときから二〇年とされている（民法七二四条）。前者の三年については民法上の通常の時効である（民法一四四条以下参照）が、後者の二〇年については除斥期間である。[20]

2　弁償責任による請求権　時効期間が五年、時効の援用を要しないこと、中断できないことという特徴を有する（会計法三〇条〜三一条）。すなわち除斥期間である。

(二)　損害賠償の内容

1　民法不法行為法上の請求権　不法行為と相当因果関係に立つ全損害である。そして金銭債権であるところから、法定利率が適用されることとなる。過失相殺によって負担を一部に止めることが可能である。また相続の対象となるので、相続人は相続権の放棄を行わないかぎり、国に対してなお賠償の義務を負う。

2　弁償責任による請求権　亡失した現金や物品の限りであり、利息や得べかりし利益を含まない。(21)賠償額はその全額であって、過失相殺の余地はない。そこで、会計検査院として検定するに当たっては、全額かゼロかの二つに一つを選択する必要がある。この結果、会計検査院として過失相殺の必要性を認識した場合には、請求権はないと検定しないと、当該公務員個人に対して過酷なこととなる。(22)また属人的な義務であるので、刑事訴訟における罰金や追徴金と同様に、相続の対象とはならない。ただし本人が弁償命令を受けた後死亡したときは、国の債権であるには違いないから相続財産に対して執行することが出来るとして運用されている。(23)

(三)　過失の水準

1　民法不法行為法上の請求権　国家賠償法一条二項では、国が公務員の不法行為に関し第三者に損害賠償を行った場合に、その賠償額を公務員個人に求償できる場合を、当該公務員に故意、重過失があった場合に限定している。このように求償権の要件を限定したのは「すべての場合に求償権を有するものとすることは、公務員に対し酷に失するのみならず、事務執行の停廃をもたらす怖れがあるため、それを避けるための政策的見地から」であると説明するのが通説である。(24)通常これとの比較考量から、各行政庁では公務員が職務執行に際して行った不正行為については、通常の不法行為と異なり、重過失以上がある場合に限って請求権を行使しているものと考えられる。(25)求償権と同様の事務執行の停廃の危険は、この場合にも同じように存在すると認められるから妥当な運用と考える。

なお、国として公務員に請求可能なのは、公務員に不法行為を行うにつき故意があった場合に限るとする説がある。(26)しかし、これは戦前、国家賠償はもちろん、公務員個人に対する賠償請求も、非競合説に紹介したような論理の下に肯定されていなかった時代において、被害者救済のため、判例が、公務員個人に対する賠償請求だけでも肯定しようとして形成した理論に従っているものである。国家賠償法の存在する今日においてなお妥当すると考える必要はない。同法の認める求償権の要件との均衡の上からも妥当とは認められない。そもそも予責法等において導入した重過失という概念は、故意の立証可能性の困難性から導入されたものと見るべきである。すなわち、故意は内心の事実であるから、不法行為者の任意の供述がない限り客観的に立証することの困難なものである。そこでその立証困難性をカバーするために、いわば故意に準ずるものとして重過失が加えられたものと考えられる(27)。

2　弁償責任による請求権　会計法四一条一項は、過失の要件について「善良な管理者の注意」という表現を使用しており、これが通常の軽過失を意味するものであることについては疑問の余地がない。この結果、この関係では民法不法行為法上の請求権よりも厳しいこととなる。しかし、出納官吏が物品管理官等よりも俸給的に優遇されている事実はない等、なんら特別事情がないのであるから、全体としての均衡を明らかに失しており、立法論的には妥当とは思えない。が、現行法解釈としては避けることのできない結論である。

おわりに

このように通覧してみると、民主主義の下、国家公務員といえども一般私人と等しく不法行為責任を負担するようになった法制の下で、会計事務職員に限って、不法行為責任とは別に弁償責任という特別の責任制度を法定し、しかも戦前に比べて著しく拡充しなければならなかった根拠を、今日という時点で理解することは非常に困難である。

戦後の一連の、弁償責任に関連する法の制定が、美濃部達吉等の非競合説が民主主義の下では妥当しないということがまだ十分に理解されていなかった時期に、民主的な責任制度への改善という観点から行われた、いわば間違った改革という印象を持つのは私だけであろうか。

弁償責任は、立法論的には速やかにすべて廃止すべきであり、制度の運営に当たっては、可能な限り不法行為責任を中心に運用し、弁償責任の実質的な空洞化を図ることが好ましいと考える。

(1)　ここで取り上げている問題は、あまり知られていないと思われ、また通常の六法に載っていない法律を問題にしているので、参考のため、各法律の条文を以下に示す。

会計法四一条：出納官吏が、その保管に係る現金を亡失した場合において、善良なる管理者の注意を怠ったときは、弁償の責を免れることができない。

2　出納官吏は、単に自ら事務を執らないことを理由としてその責を免れることができない。ただし、分任出納官吏、出納官吏代理又は出納員の行為については、この限りではない。

物品管理法三一条　次に掲げる職員（以下「物品管理職員」という）は、故意又は重大な過失により、この法律の規定に違反して物品の取得、所属分類の決定、分類換、管理換、出納命令、出納、保管、供用、不用の決定若しくは処分（以下「物品の管理行為」という）をしたこと又はこの法律の規定に従った物品の管理行為をしなかったことにより、物品を亡失し、又は損傷し、その他国に損害を与えたときは、弁償の責に任じなければならない。

一　物品管理官

二　物品出納官

三　物品供用官

（四から六　略）

七　前各号に掲げる者の補助者
2　物品を使用する職員は、故意又は重大な過失によりその使用に係る物品を亡失し、又は損傷したときは、その損害を賠償する責めに任じなければならない。
3　前二項の規定により弁償すべき国の損害の額は、物品の亡失又は損傷の場合にあっては、亡失した物品の価額又は損傷による物品の減価額とし、その他の場合にあっては、当該物品の管理行為に関し通常生ずべき損害とする。
予責法三条　予算執行職員は、法令に準拠し、且つ、予算で定めるところに従い、それぞれの職分に応じ、支出等の行為をしなければならない。
2　予算執行職員は、故意又は重大な過失に因り前項の規定に違反して支出等の行為をしたことにより国に損害を与えたときは、弁償の責に任じなければならない。
会計検査院法第三二条　会計検査院は、出納職員が現金を亡失したときは、善良なる管理者の注意を怠ったため国に損害を与えた事実があるかどうかを審理し、その弁償責任の有無を検定する。
2　会計検査院は、物品管理職員が物品管理法の規定に違反して物品の管理行為をしたこと又は同法の規定に従った物品の管理行為をしなかったことにより物品を亡失し、又は損傷し、その他国に損害を与えたときは、故意又は重大な過失により国に損害を与えた事実があるかどうかを審理し、その弁償責任の有無を検定する。
3　会計検査院が弁償責任があると検定したときは、本属長官その他出納職員又は物品管理職員を監督する責任のある者は、前二項の検定に従って弁償を命じなければならない。
（4及び5　略）
(2)　神谷昭著『フランス行政法の研究』（有斐閣、昭和四〇年）二二頁は次のように述べている。
「公会計の管理の使命を有し、公会計についての訴訟事件を審理する権限を有する会計裁判所(Cour des Comtes)がある。この裁判所は、その決定についてコンセイユ・デタに破毀の請求を提起することが法律上認められている関係上、行政裁判所としての地位を有する機関である。」

（3）小峰保栄著『財政監督の諸展開』三七二頁参照。ここに引用した文章は、本来は第二帝政が崩壊したあとの第三共和制期におけるフランス会計検査院の権限の説明であるが、当時の会計検査制度は長い停滞期にあったから、第二帝政期にもそのまま妥当する。
（4）ドイツ国家財政会計法（Reichshaushaltsordnung）は、一九八七年に現行ドイツ連邦会計検査院法が制定されるまで、六六年の長きにわたり有効であった法律であるが、その内容はわが国旧会計検査院法の定める組織及びその権限とほとんど異ならない。
（5）プロイセンにおける弁償責任類似の制度については、小峰・注(3)前掲書三三二頁参照。
（6）明治二二年会計法関係の条文は次のとおりである（ただし、読み易くするため、カタカナをひらがなに直し、送り仮名を現代表記に直している）。

二六条　政府に属する現金若しくは物品の出納を掌る所の官吏は其の現金若しくは物品に付き一切の責任を負い、会計検査院の検査判決を受くべし

二七条　前条の官吏水火盗難又はその他の事故に由り其の保管する所の現金若しくは物品を紛失毀損したる場合に於いては其の保管上避け得べからざりし事実を会計検査院に証明し責任解除の判決を受くるに非ざれば其の負担を免るるを得ず

会計規則第八四条　出納官吏は其の責任に属する会計に付き、自身に事務を執らざるを理由として其の責任を免るるを得ず

（7）会計官吏に対して弁償責任制を大蔵省が導入しようと試みた点については、小峰・注(3)前掲書七九頁参照
（8）引用箇所については、『会計検査院百年史』（会計検査院）三七七頁参照。
（9）大正一〇年会計法の条文は次のとおりである（ただし、読み易くするため、カタカナをひらがなに直し、送り仮名を現代表記に直していている）。

第三五条　出納官吏は法令の定むる所に依り現金又は物品を出納保管すべし出納官吏は其の出納保管に係る現金

又は物品に付き一切の責任を負い、会計検査院の検査判決を受くべし
第三六条　出納官吏其の保管に係る現金又は物品を亡失毀損したるときは善良なる管理者としての注意を怠らざりしことを会計検査院に証明し、責任解除の判決を受くるに非ざればその亡失毀損につき弁償の責を免るることを得ず

なお、大正会計規則第一三二条に、注(6)に紹介した明治会計規則第八四条は移ったが、そこでは「自身に事務を執らざる」とあるその前に「単に」の語を加え、補助者の行為でも責任が免除される余地を作っている。

(10)　判決制度の問題については、中西又三著『会計職員の責任』現代行政法大系第一〇巻財政三一九頁参照

(11)　会計検査院に、弁償責任廃止論があったことについては、小峰・注(3)前掲書二〇八頁参照。

(12)　昭和二二年会計法の条文は次のとおりである。

第四一条第一項　出納官吏が、その保管に係る現金又は物品を亡失毀損した場合において、善良な管理者の注意を怠ったときは、弁償の責を免れることができない。

(13)　弁償責任に関しては、会計検査院の行う検定の客観的妥当性が高いためか、裁判となったものはほとんどない。判例上知られているのは次の一件のみである。

東京地方裁判所昭和五九年一一月二八日判決（昭和五八年（行ウ）第六七号）ＬＥＸ判例番号二七六八二六六三

事件の内容は郵便局窓口において切手類売りさばき等の事務に従事していた郵政事務官に会計検査院が重過失を認定したのに対して、過失の有無を争ったものであって、本章で取り上げている問題とは関係がない。

(14)　法条競合説を採用していると見られる論者には次のものがある。

①中西又三著「会計職員の責任」現代行政法大系第一〇巻財政三二八頁

②小熊孝次・上林英男共編『会計法（下）』一八四頁

(15)　引用箇所に付いては、美濃部『行政法撮要』上巻（昭和七年）、二六九頁参照。ただし、旧漢字は新漢字に改め、又送りがなをカタカナから平仮名に直した上、現代表記にしている。

また、同様の主張は、佐々木惣一著『改版日本行政法総論』（大正一二年）二二二頁などにも見ることができる。

(16)　非競合説を戦後において採っているものとしては、

①杉村章三郎著『財政法』新版（有斐閣法律学全集一〇）二八九頁以下

②川西誠著『行政法総論（改訂増補版）』三一二頁

③井上鼎著『体系官庁財政会計辞典』八二五頁

杉村教授は自説を強調される余り「職務上の義務に対する違反についても、特定の場合には、民法の不法行為等に関する規定の適用を認めるという説もある」として、自説を通説とし、請求権競合説を少数説とするがごとき口吻を示されている。しかし、筆者の調査した限りにおいては、戦前はともかく、戦後において非競合説を主張されている論者は少なく、注(18)に見られるとおり、現在は請求権競合説が通説であると認められるので、注意する必要がある。

(17)　最高裁第二小法廷判決、民集一〇巻一一号一五〇二頁、判時九五号一一頁参照。

(18)　請求権競合説の主要な論者は次のとおりである。

①木村精一著『出納官吏弁償責任釈義』（昭和一六年）三三頁

②大沢実著『公会計基本逐条注釈（中）』二四四頁

③行方敬信著『財政・会計法新講』八七頁

④佐藤謙編『債権管理法講義』七八頁

⑤兵藤広治著『財政会計法』三四六頁

⑥全国会計事務職員協会編『質疑応答式官公庁会計辞典改訂五版』九四四頁（問一三四八）、九七七頁（問一三七五）

⑦田中二郎著『行政法（中）』二八〇頁

なお、このうち①から③は会計検査院の関係者、④から⑥は大蔵省の関係者が著者等となっている。

(19)　引用箇所については、田中注(18)前掲書、紹介箇所参照。

(20)　最判平成元年一二月二一日、民集四三巻一二号二二〇九頁参照。
(21)　ただし、弁償責任についても利息を課するべきだとする説がある。大沢実著『予責法逐条注釈』三一四頁参照。
(22)　検定実例の中には、国の側の過失が考慮された結果、無責検定となった例があるという。岡田康彦著『新訂会計法精解』（大蔵財務協会刊）七三四頁参照。
(23)　兵藤広治著『財政会計法』三四六頁参照。
(24)　田中二郎著『新版行政法（上）』二〇六頁参照。
(25)　学説としては例えば田中注(18)前掲書（中）二八一頁では、次のように述べている。すなわち、不法行為責任は「特定の者の国庫に対する弁償責任について故意又は重大な過失を要件としていることとの均衡、及び軽過失についてまで責任を負わせることは行政を停廃させる恐れがあること等を考慮すると、解釈上、故意又は重大な過失のある場合に限定すべきである。」
(26)　例えば、小峰・注(3)前掲書一三四頁は、「故意による場合は、職務外の行為となり、国に対し損害賠償をすることを要するが、過失に基づく場合は、依然国家の代表機関の行為たるを失わないから、その効果は国に帰属し、たとえ損害を発生しても、行政上の懲戒を受けるか否かは別として、その賠償に任ずるの要はないのである。」としている。
　同様の説を採るものとして、園部敏著『行政法概論』（昭和一五年）四一九頁、木村精一著『会計法規の理論と実際』（昭和一五年）四四頁等。
(27)　重過失の解釈について、軽過失とは単なる量的な差異に過ぎないとする説は当然存在すると思われる（本文のように、故意に準ずるものという質的な差異を認めている例として、『注釈民法』(19)二七頁参照）。

第六章　現行地方自治法における地方監査制度の問題点

はじめに

地方公共団体における財政赤字は国と同様に深刻な状況にあり、しかも国の財政危機の中で、今後大幅な補助金等の削減が予想されるので、地方公共団体の財政は国以上に厳しさを増すと考えられる。したがって、財政構造の改革と、それを適切に担保する財政監督制度の確立が急務ということができる。地方においても財政構造の改革に関する限り、第一編第四章に述べたことと問題は同一ということができるので、ここでは繰り返さず、財政監督に関してのみ、本章では論ずることとしたい。

地方公共団体に関する財政監督について端的に結論を述べれば、国と違って三E監査を云々する以前の段階で問題が山積しており、財政監督がその赤字解消に寄与するためには、制度そのものの抜本的な改革が必要であると考える。

首相の諮問機関である第二五次地方制度調査会においても、おそらく基本的には同様の問題意識を有していたと思われ、その結果一九九八年二月二四日に、首相に対して「監査制度の改革に関する答申」を提出した。しかし、この答申で提起した改革、すなわち外部監査という新しい制度の導入と監査委員監査制度の改正は、いずれもかなり問題のある内容と考えられたので、当時私はそれらの点について反対の意を表した論文を発表した。[1] しかし、国会では、私の指摘した点に留意するような付帯決議がなされた[2]ものの、ほぼ答申通りに地方自治法が改正された(平成九年法律六七号)。

我が国の常として、一度成立した法制度は、いかに問題のあるものであっても、それが全面的に廃止されることはないと思われる。幸い、上記のとおり、付帯決議においてもこの制度に欠陥があること、そしてそれを是正するために近い将来に改革を行うことが要請されている。そこで、本章においては、現在の制度をより実効性あるものにするには、どのような方向に改革を行っていくのが妥当かについて論ずることとしたい。

この地方自治法改正は、外部監査制度と監査委員制度の両面にわたって行われたので、改革もまた、この両者を念頭に置いて考えられるべきである。

一　基本的な問題点

地方制度調査会では、様々な問題を抱える監査委員制度を手直しするよりも、全く新たに十分独立性ある財政監督機関を作る方が、事態の抜本解決につなげ易いという発想をもったものと思われる。そのために、既往の監査委員制度をそのまま存置しつつ、新制度を作ってしまったのである。

その結果、今次の法改正は、現に存在する監査委員制度という外部監査機関とは別に、屋上屋を重ねる形で更に第二の外部監査機関を設置するという方策を採ったものである。[3] その場合、同一の目的に向けた二重の外部監査組織の存在自体、経済性監査の指摘対象となる不経済な事態と評価されるべきであろう。

ただし、監査制度が二重に存在すること自体が悪いことなのではない。なぜなら、同一組織ないし活動を対象としていても、監査を実施する目的が異なる場合には、監査制度が、その監査目的の違いに応じて二重、三重に存在することは、決して珍しいことではなく、また、決して不当なことではないからである。例えば、国の財政についてみれば、個々の省庁内の内部監査機関とは別に、広く国民に奉仕するという立場から会計検査院が存在し、内閣として自らの活動を点検するという観点から行政評価活動が存在し、国会として財政監督を行う手段として衆参両院の決算調査室調査が存在し、財務省が予算を適切に編成する手段としての決算監査（会計法四六条に基づくところから四六監査と呼ばれる）が存在している。この場合、それぞれ監査の目的が明確に異なっているので、このように重複して複数の監査制度が存在しても、それ自体は問題とはされないのである。

しかし、現行地方自治法の場合には、両者がそれぞれにどのような目的から誰の利益のために監査を実施するか、という点が全く明確にされていない点にある。それどころか、後に述べる補助者の選任その他、さまざまな場合に、地方自治法は監査委員との協議や調整を求めていて、両者の境界を敢えて曖昧にしているのである。

このような曖昧な方式を採用する限り、両者の権限の異同は明確にならず、無用の混乱の原因になるだけと考える。では、どのような点に両者の区分点を見いだすのが妥当であろうか。それについては、以下に述べる両制度の改革方向の中から自ずと見いだされると考える。

二　外部監査の問題点

㈠　総　論

外部監査における第一の問題点は、この監査が何を狙いとするのか、という点である。

公会計に関する監査は、簡単に分類すれば、合法規性監査、すなわち決算が予算執行の状況を正確に表示していること及び会計経理が法規に従い正しく執行されているか否かを確認することを目的とする監査と、三Ｅ監査、すなわち行財政活動が、経済性、効率性及び有効性という諸観点から見て、正しく執行されているか否かを確認することを目的とする監査の二種に大別することが許されるであろう。

両者は、調査に当たる人員の質及び量においてかなりの相違を示す。簡単に言えば、合法規性監査については、そのための調査を担当する職員に、あまり高い質は必要としないが、相当の量を必要とする。これに対して、三Ｅ監査は、そう大量の職員は必要としないが、かなり高度の資質を持つ職員によって行われる必要がある。

一つの典型例を米国会計検査院（the General Accounting Office=GAO）に見ることができる。ＧＡＯは、一九二一年創立後、長期にわたり、合法規性検査をその中心としていた。その当時は、我が国でいうならば初級職に相当する職員を中心に、最大時は一万名を越す規模を持つ巨大組織であった。その後、一九五〇年以降、三Ｅ監査（米国では包括検査（comprehensive audit）と称されるが、内容的には同一である。）中心に切り替えたが、それに伴い、一九五六年に機構の大改革が実施され、従来の職員は、その多くが他省庁に移籍され、代わって、公認会計士等、高度の専門技能を有する職員を中心に数千人の職員を新たに採用して、全体で五、〇〇〇人ほどの組織となったのである(4)。すなわち組織名そのものは同一であるが、組織的にも、職員構成的にも不連続となるほどの大改革が実施されたのである。

このように、二つの監査は、それに必要とする人員数及び能力の構成にかなりの差異があるので、外部監査制度が、どちらを目的としたものかが問題となる。

(二)　三Ｅ監査の担い手

この点につき、現行地方自治法二五二条の二七第二項は、同法二条一四項及び一五項の規定の趣旨を達成することと明言している。そして、一四項が定めているのは「最小の経費で最大の効果を挙げる」こと、すなわち経済性の観点であり、一五項が定めているのは「組織及び運営の合理化に努める」こと、すなわち有効性の観点である。したがって、外部監査制度は、三Ｅ監査の実施をその基本使命としているということができるであろう。そこで、地方自治法は、このような三Ｅ監査の主体となりうる者を契約の相手方として選択しているか、という点が問題となる。

外部監査契約を締結しうるのは、弁護士、公認会計士、税理士等とされている（地方自治法二五二条の二八）。この限定には二つの点で問題がある。

第一に、それは本質的に木によりて魚を求めるがごとき奇妙な資格制限である。なぜなら、ここに掲げられている者の本務は、いずれも合法性の確保だからである。この中で、公認会計士だけは、近時、経営監査と称して、ある程度三Ｅ監査的活動にも手を広げているが、基本的に企業監査技法であるだけに、官庁会計の監査にどこまで有効か、疑問の多いところである。

第二に、外部監査契約締結の有資格者とされた者はいずれも個人とされており、団体として契約を締結することが許されていないことである。これは、今日における地方公共団体における監査に必要なマンパワーというものを完全に無視ないし度外視している、という点である。

以下、詳述しよう。

確かに三Ｅ監査は、制度という比較的マクロな監査対象を解析するという意味において、担当者が十分な能力を持っている者であれば、比較的少人数で実施が可能である。しかし、はっきり言って、外部監査の受け皿の代表として筆頭に掲げられている弁護士が、三Ｅ監査について、専門知識を有するとは考えられない。その職務の要求する能力は、基本的に合法性の監督に向けられているからである。公認会計士の場合には、基本的には可能であろうが、予算経理はともかく、その他の領域については、通常はほとんど知識がないと考えることができよう。民間企業において、公認会計士による経営監査が一定の効果を発揮するのは、民間企業が、定款に書かれたかなり幅の狭い活動領域しか持っていないことに起因する。

それに対して、公会計監査の問題は、現代福祉国家において、その行政内容が極めて複雑多岐なものとなっているという点にある。例えば、会計検査院の決算検査報告では、収入に関するものを、租税、保険料、その他と分類し、支出に関するものを予算経理、工事、保険給付、医療費、補助金、貸付金と分類している。そして、今日の福祉国家においては、地方自治体は、規模の大小を問わず、原則として、こうした国の活動の全領域に匹敵する幅広い住民福祉に関係する活動を行っているのである。

包括外部監査を義務づけられている地方公共団体は、都道府県及び政令指定都市である(同二五二条の三六)。こうした大規模地方公共団体に対する監査は、単に膨大な業務量であればかりでなく、会計検査院ほどではないにしても、その幅も非常に広く、かつ複雑なものとならざるを得ない。

一人の人間でこうした様々な行財政活動の領域の全般にわたって詳細な専門的知識を持っている、という者は常識的にいって考えられない。例えば普通の弁護士が、公共土木事業の設計図を見て、その設計が適切か不適切かを判断する能力がある、とは通常考えられない。要するに、三Ｅ監査というものは、特定の個人が全面的に担当するということは不可能な活動である。合法規性監査ほどではないにしても、建築士や税理士の能力に匹敵する専門知識を有するかなりの数の専門家集団をその担当者として、初めて可能になると言わざるを得ないのである。

どの程度の人数が必要となるかということは、現行の監査委員事務局が一つの参考となる。最大である東京都の場合、事務局員数は一〇〇名を上回り、山陰地方など地方公共団体の規模の小さい県の場合でも一〇名を上回る職員がそこに勤務している。このことを考えると、包括的外部監査が必要にして十分に機能するには、それに匹敵する規模の補助者を確保しなければならないと考えるべきであろう。

そして、地方自治行政の特殊性を、民間で培っただけの知識では、十分に理解できるとは考えられない。例えば公認会計士の資格を持つ者であっても、直ちに官庁会計が完全に理解できるとは言えない。したがって、適切な能力を持つ専門家集団は、長年にわたる現場での訓練を通して育てる以外に可能な方法があるとは考えられないのである。

ところが、今回の改正では、一応補助者を使用できるとしているが、非常に厳しい制限の下で例外的に許されるにとどまる(同二五二条の三二)。しかし、外部監査の中心は、業務量が非常に大きなものに達することから考えて、契約上の債務者本人よりも、ここで補助者と呼ばれているものとならざるを得ない。すなわち外部監査が成功するか失敗するかは、補助者の質にかかっているのである。

しかも、この制度の下では有能な調査員を、長期安定的に雇用することは不可能である。なぜなら、第一に、包括外部監査契約は、必ず単年度契約であり(二五二条の二七第二項)、しかも連続して四回、同一の者と包括外部監査契約を締結することを禁じているからである(同二五六条の三六第三項)。この規定は、理念としては理解できる。すなわち、長期にわたって安定して契約されれば、契約当事者相互の癒着等により信頼性が低下することが考えられるからである。しかし、この結果、外部監査人としては、契約は原則として単年度限りのものであり、しかも最長でも三年間しか契約が得られないという条件の下で、補助者の雇用を行う必要があるのである。したがって、補助者は常に臨時雇い的な方法で確保する外はない。しかし、そのような方法で有能な補助者を確保できるはずはない。また、このように厳しい時間制限の下においては、監査業務を重ねることにより、補助者の監査能力が伸長する、ということも期待できない。あるいは、契約当事者となる弁護士等が、自らの危険で、多数の職員を安定雇用する可能性もあるが、そのように危険負担が大きければ、当然、契約に当たって要求する費用も増大することになり、外部監査が不経済要因となる危険が高まることになる。

さらに、現代国家における多岐にわたる活動に対する三Ｅ監査を、たとえきわめて優れた監査人が得られたとしても、なお、単年度という短い時間枠の中で実施可能であると考えること自体が、大きな錯覚であるといわなければならない。本書第1編で詳論したとおり、今日の予算の中心機能は契約授権にある。しかもその力点は、地方公共団体の予算においても、継続費、繰越明許費、債務負担行為、地方債と、長期の授権にある点において、国と変わることはない(地方自治法二一五条参照)。こうした長期授権を背景にして、地方公共団体はさまざまな息の長い事業を展開しているのである。これを単年度ごとのぶつ切りで監査したところで、その全体像を正確に把握することは不可能といわざるを得ない。この点にも、単年度契約を基本とする現行制度の問題点が存在している。

現行包括外部監査制度は、右に述べた欠陥をカバーするため、実は非常に奇妙な解決策を採用している。包括監査とは名ばかりで、実は「個別監査」を行う、というのがその解決策である。すなわち監査対象となる地方公共団体の全ての活動を監査するのではなく、そのうちで地方自治法「第二条第一四項及び第一五項の規定の趣旨を達成するため必要と認める特定の事件について監査する」（二五二条の三七第一項）とされているのである。

そこで、包括外部監査人は、短い契約期間と数少なく経験も不足している補助者の協力で監査可能な小さなテーマを選んで監査を引き受けることになる。その結果、監査人が有能であれば、おそらく最初の数年間はある程度の効果を上げることも可能であろう。しかし、そのような小規模な監査で問題を発掘可能なテーマは短い期間で見尽くされることになり、その後には、そのような及び腰の姿勢ではとうてい監査しきれない大きなテーマだけが残ることになるはずである。しかし、住民の利益のために行うべきは、重箱の角をつつくような細かい監査ではなく、そのようなスケールの大きな監査なのではないだろうか。もちろん、連続契約が制限されているのであるから、そのような長期的な視野から監査計画をたてる義務が、現行の包括外部監査人に課せられていないのは当然のことなのであるが。

さらに問題なのは、特定のテーマだけを監査することを義務づけられている外部監査人は、隣接する領域に問題を発見しても、それを監査する権限はなく、もちろん報告する義務もない、ということである。すなわち、文字通りの包括監査であるならば、速やかに事態の改善に導き得るような発見があっても、それが監査指摘に結びつかない、という非効率性を、特定テーマに対象を限定した監査は本質的に含んでいるのである。

そうした意味で、この制度は、短期的にはともかく、長期的に見れば、失敗が約束されていると考える。

㈢　合法規性監査の担い手

外部監査の相手方として想定されている弁護士等が、上述のとおり、基本的に合法規性の監督に関して専門技術を有していることを考えると、外部監査は合法規制監査に特化するという方向付けを考えることができる。しかし、ここで問題になるのもまた、マンパワーである。

すなわち、ＧＡＯを例に前述したとおり、合法規性監査というものは、基本的に三Ｅ監査よりも多数の従事者を必要とする種類の監査である。なぜならば、それは現行の法規が正しいことを前提として、その法規に従って実施されている膨大な数の行政活動の中から、その制度趣旨に合致しない例外を摘出することを必要とするからである。

地方自治法は、外部監査を、包括的外部監査と個別外部監査に分類している。包括的監査とは、監査対象となる地方自治体のすべての行財政活動を対象とするものであるのに対して、個別監査とは、監査請求または監査要求があった特定の領域だけを監査対象とする（二五二条の二七第三項）ものであるから、現行制度の下でも、合法規性監査だけが内容となる場合もあり得る。いずれにせよ、全領域を対象とする包括監査に比べ、明らかに個別監査の方が必要となる人員は少なくて済むと考えられる。

そこで、例えば、個別外部監査の対象として、一連の地方自治体不祥事で話題となったカラ出張という問題の有無を明らかにすることを要求されたとしよう。その場合にでも、監査人は、監査対象となる地方自治体のすべての出張計画を個別に検討しなければならない。そのほとんどの出張命令は、正しいものであるに違いない。その中から、例えば今回問題になったような、他に出張に行っている結果、出張に行くはずのない人間を主体とする命令を発見するという作業がここでは必要となる。しかも、カラ出張といっても、そのような純然たる架空のものしかないのであれば、まだよい。例えばかつて各地の裁判所で発見されたカラ出張事件のように、出張そのものはきちんと行っているが、出張日数を付け増したり、精算の事務手続を適切に行わない、という手法によるものもある（会計検査院平成二年度決算検査報告一二五頁参照）。このような場合には、出張で処理する予定の業務量と出張日数とを突き合わせて異常なものを摘出し、それを他の客観的証拠と突合する方法でしか、その違法、不当を発見することはできない（会計検査報告掲載の事例の場合だと、出張中で不在のはずの者が、施錠簿にサインしていることなどから日数の付け増し等を証明した。）。したがって、個別外部監査のように、特定の行政活動を調査すればよいという状況の中でさえも、その監査には多数の従事者と時間が必要となることは自明のことといえよう。

包括的外部監査の場合には、それを本来の語義どおりに実施する場合には、すべての行政領域に関して、どのような手口の不正行為でも発見できるだけの努力を行わなければならないのであるから、これは想像するだに恐ろしいほどの人員と時間を必要とすることは明らかである。ただ、ここで必要とされる人員には、三Ｅ監査のような、創造的な批判能力、例えば現行制度がそもそも不適切なものでより適切な制度は別の形を採るべきではないか、というような判断能力は必要としないので、個々人の能力はさほどのものが要求されないのである。

したがって、合法規性監査に限定して考えても、外部監査が良好に機能するためには、少なからぬ職員を持つ団体との契約を肯定する外はないことが明らかとなる。

本書第三編で、ドイツにおける地方自治体財政監督制度を紹介してあるが、そこに見られるような、全国規模の監査団体を設立し、長期継続的な監査の実施を承認することだけが、こうした問題点を解消しうる唯一の道ではないかと思われる。特に参考になるのが、バイエルン州の制度で、そこに見られるように、全国規模の組織を導入しつつ、競争原理も合わせ備える制度の導入が今後期待されるところである。(5)

三　地方監査委員制度の問題点

現行地方監査委員制度は、制度的にかなり問題がある。それを簡単に整理すると次の通りである。

(一)　監査委員とクリーンハンド原則

第一の問題は、その地方公共団体の元職員を監査委員に選任することを認めているという点において、クリーンハンドの原則に反している点である。クリーンハンド原則とは、文字通りに説明すれば、監査に当たる者の手はきれいでなければならない、という原則である。すなわち、過去に監査対象業務に携わっていた者が監査人になることは許されない、とする原則を意味する。アメリカにおいては内部監査などに関しても喧しくいわれる。

人間である以上、実際問題として、必ず誤りは犯すものである。監査人だけが特別製の人間ではない。その場合、人格の極めて高潔な者は、臆することなく、結果として自らの非違を暴くことになっても他人の問題を指摘できるかもしれない。あるいは将来自分の不利になることを指摘することもできるかもしれない。しかし、普通の人間には、そこまでの高潔さを期待することは無理である。そういう普通の人間が、有効な監査を行うための絶対の要求が、クリーンハンドの原則なのである。これを維持するには監査に携わる者は、実務に携わってはならないのである。それは単に、監査人として活動している間に限るものではなく、過去においても未来においても同様でなければならない。

したがって、監査対象業務に関わりのあった者が監査を実施する限り、監査の中立性に対し信頼を与えることはできない、ということは、監査制度のイロハともいうべき常識である。実際、今次改正に先立って、地方制度調査会の専門小委員会は、平成八年四月一六日に小委員会報告を行っているが、その中で、現行監査委員制度について、「監査委員の多くは、当該団体の職員経験者であり、『身内に甘い』のではないか」と指摘され、それがために十分に機能していないのではないかとの批判がある、と述べている。

現行の監査委員に関する最大の問題点は、当該普通地方公共団体の職員だった者が就任することが禁じられていない点である。この、従来職員であった者の監査委員就任が常態化していたことこそ、本来外部監査機関として設置されている監査委員が、あたかも内部監査のように思われる原因の一つである。

今回の地方自治法改正においては、従来監査委員が二人以上いる地方公共団体において、その一人以上は当該地方公共団体の職員でなかった者でなければならないとされていたものが、三人以上の場合にはその二人以上が職員でなかった者でなければならないという規定が追加された(同法一九六条第二項)。その結果、監査委員に、出納長その他、当該地方公共団体で財務管理や経営の任に当たっていた者が就任するという現実が今後も発生することになる。ここで看過してはならない点は、監査という業務が、将来の当該地方公共団体の活動を対象とするものではなく、過去におけるそれを対象とするという点である。すなわち、職員であった監査委員は、自分が職員であった当時、自ら取り扱った業務を監査するわけである。常識的にいって、そのような監査が意味のあるものとなるはずはないのである。このように考えると、一歩前進ではあるが、全面的に職員を禁止しなければクリーンハンドの原則を充足しているとは言い難く、高い評価は与えられない。職員であった者は、一律に退職後五年以内は監査委員として選任することはできない、という規定を導入することこそが、監査委員制度を実効あらしめるための最低限度の要求ということができるであろう。

(二)　監査委員事務局の必要性

第二の問題は、本制度が、独任制の監査委員が直接監査を行うと基本的に想定している点である。ここでは、外部監査について問題としたマンパワーの不足が端的に浮上してくることになる。というより、この監査委員独任制という発想がそのまま外部監査制度においても個人契約主義として現れていると解した方が妥当であろう。

ただ、外部監査に比べて条件がよいのは、監査委員事務局の設置を法が認めていた点にある。しかし、必ずしも徹底したものではなかった。すなわち、従来は、都道府県では監査委員事務局の必要的設置を要求し、市では監査委員事務局を任意的に設置できるとしていた。換言すれば、町村については事務局設置が不可能であった。今回の地方自治法改正では、町村についても、事務局の任意設置を認めた。これは確かに現状に比べれば一歩前進である。しかし、監査は、外部監査でも述べたとおり、個人の力の及ぶところではなく、地方公共団体の規模の大小に関わりなく、相当数の監査職員を必要とするものである。したがって、市町村についても都道府県と同じく、事務局の必要的設置とし、かつ相当数の職員配置を強制しない限り、監査の実効性を確保することは困難である。その意味で、町村に対する任意設置の承認にとどめた今次改正に対しては、高い評価を与えることはできない。

同時に、今次改正で導入された町村レベル等、小規模自治体においては、監査委員事務局が設置されている場合にも、職員もほとんどは他部局との兼任という実状にあり、監査委員を補佐する体制が十分ではない点が問題となる。

このように事務局員が一般部局と兼任することにより生じる問題は、次に述べる事務局とクリーンハンドの原則と同根の問題であり、合わせて論じたい。

㈢　監査委員事務局とクリーンハンド原則

第三の問題は、監査委員事務局職員について、他部局との絶縁が現行法制ではまったく保障されていない点である。

現在のところ、どこの地方公共団体でも、監査委員事務局職員は、一般部局の職員が人事ローテーションの一環として、たまたま事務局に配属されたに過ぎず、また、しばらくの後には受検対象部局へと転出していくのである。先に小委員会報告に言及したが、その報告は、監査委員事務局について「監査委員を補佐する事務局職員は、一般部局からの出向であり監査に当たって遠慮があるのではないか」と述べていた。しかし、一般部局からの出向者による調査活動には、単なる「遠慮」というような個人的性格の問題にとどまらない、構造的な性格の問題がある。

すなわち、クリーンハンドの原則は、トップにあって監査業務の指揮を執る監査委員においてもさることながら、実際に監査実務に携わる監査委員事務局職員においてこそ強く要求されなければならないことを考えると、この点の無策は非常に大きな問題である。今回の地方自治法改正のきっかけとなった、官官接待に端を発して発見された地方公共団体における不正経理問題で、不正経理を摘発すべき監査委員事務局までもがカラ出張等の不正経理に手を染めていた例が見られた。これはクリーンハンド原則の重要性を端的に示しているといってよい。

監査が過去を対象とするために、一般部局出身者は、基本的に自分の過去の活動を調査対象とする、という問題である。ここで過去の自分の活動という意味は、広く、過去の自分の有していた価値観を、客観的に見直すことなく、そのまま監査活動に持ち込むということを意味している。例えば、大きな問題となった監査委員事務局自らがカラ出張を行っていた、という問題は、一般部局で、そうした形の裏金を作り続けていて、それに抵抗感のない職員が、そのまま監査委員事務局に出向して、それまでと同じ行為をしたがために起きた問題である。

また、出向は永続的なものではなく、あくまでも原則として、近い将来に再び一般部局に戻るという問題である。この点について小委員全報告は、「経験年数も短く専門的な知識経験を持った職員が育ちにくいのではないか。」と述べている。

しかし、短期の出向は、そのような経験の不足だけの問題ではない。近い将来、一般部局に戻った段階で、自分として、活動が困難になるような指摘は控えるという形で現れている。食糧費の幅広い使用に対する監査委員事務局の無能は、その端的な例である。

監査に関する特に優れた識見を有するわけでもなく、単に人事ローテーションの一環として監査部局に配属になっただけの者が、他部局時代に特に違法意識もなく行っていた不正経理を止めるわけはなく、まして、他部局の不正経理を発見するが如き、天に唾する行為をするわけは絶対にない。すなわち、こうした一般部局と一体の人事管理こそが、監査委員監査の腐敗ないし無能を生みだしているのである。そうした人事管理は断固廃絶すべきである。合法規制検査にとどめるのであれ、三Ｅ監査にまで踏み込むのであれ、優れた外部監査を確立していくには、有能な職員を十分な数、長期に渡って専従させる以外に適切な方法はない。

こうした諸点を併せ考えると、監査委員事務局は、基本的に、その職員を一般部局から切り離して、独自に採用する必要がある。このように主張すると、現場業務の経験がないと、有効な監査は難しいという反論を、地方自治体関係者から受けることがある。しかし、会計検査院や衆参両院の決算委員会調査室の職員が、現場業務の経験がないにもかかわらず、優れた検査活動を行っていることは、広く知られた事実である。監査に必要な知識経験は、監査業務を行うことで、現場での経験よりもはるかに急速かつ充実した形で学ぶことが可能なのである。

また、例外的に一般部局から出向した場合にも、それは片道でなければならない。すなわち、監査委員事務局に出向した者は、決して再び一般部局に戻ることのないような形で行われるべきである。そうすることで初めて、クリーンハンドの原則に従いつつ、専門的な知識経験を持つ職員を育てることが可能になるのである。

このように、監査委員事務局に限定した人事を行う場合、その最大の問題は、職員に対する処遇であろう。すなわち、監査委員事務局は、最大の東京都でさえ百余名程度の規模であり、道府県のレベルでさえも、大多数の事務局はせいぜい二桁の前半にとどまることを考えると、その中だけで、監査に必要とされる有能な人材に、十分な人事的処遇を与えることは困難であろう。

小規模な地方自治体で、そのような人事管理を行っては、長期にわたり人員が特定部署に固定化し、癒着等の原因となる。また、職員の意欲を確保する観点から考えても、ある程度の昇進等の余地がなければならない。したがって、一般部局から独立した監査委員事務局はかなりの規模がなければ健全な運営は難しいと言える。

地方調査会の答申は、この点について事務局員が兼任となっているような町村に関して「監査委員事務局の共同設置を推進することを検討すべきである。」と述べている。残念なことに、答申のこの点については、今次改正では完全に無視されている。

しかし、それは、複数の地方公共団体で、共同監査委員事務局を設置することにより容易に解決できるのである。監査業務もまた、地方公共団体の事務の一環をなすものであることを考えると、監査目的の一部事務組合を設置する、という方法が現行法の下でも可能であろう。一つの郡、あるいは県単位でそうした組合を設置すれば、かなりの人的規模の組織を設けることも可能と考える。理想的には、全国規模の共同監査委員事務局が設立され、原則的に、すべての地方公共団体が、その機関を監査委員として選任する、という方向に制度を変革することが、地方公共団体レベルで三Ｅ監査を確立する上で重要と考える。[6] 外部監査機構の導入よりも、こうした共同事務局の必要性が現下の急務であるにもかかわらず、そしてこのことは外部監査の導入を提言した第二五次地方制度調査会も認識していたにもかかわらず、今回、何らの制度改革も行われなかったことは、残念という外はない。

(四)　地方議会との関係

従来の地方制度調査会答申で、一貫して議員出身の監査委員について批判的な意見が見られ、今次改正の元となった答申もその例外ではない。それにも関わらず、監査委員に議員を送り込みたいという議会側からの要望が強く、現行地方自治法は、従来どおり、監査委員の約半数は議員から選出することとされている。

今次改正で外部監査制度が創出されたことから、冒頭にも述べたように、外部監査に関して屋上屋を重ねる形担ったことが問題である旨、指摘した。

この問題を積極的に打開するとともに、従来からあった、議会との軋轢を解決する抜本策として、監査委員を地方議会直属の監査組織として位置づけることを提案したい。

現行地方自治法が地方議会に与えている財政権は、憲法八三条が国会に与えている財政権に比べると明らかに劣っており、地方公共団体にあっては長が基本的な財政権を有しており、地方議会は単にそれを予算及び決算を通じて監督するに過ぎない。しかも問題は、この議会の監督権を実質的に担保する、衆参両院の調査室のごとき専属の調査機関を地方議会は持っていない。

このことが、従来、地方議会が監査委員に議院を送り込むことに意欲を見せてきた真の原因ではないか、と忖度するものである。

であるならば、外部監査が二重に存在するようになったことを機会に、従来から存在していた監査委員を地方議会の機関として、活動させることにし、当然のことながら、監査委員の人事権も議会の専権事項とすれば、かなりの問題が解決することになるのではないかと思われる。

この提案は、現行の多くの規定を改正しなければならないから、簡単に実現することは困難であろうが、検討する価値があると信じる。(7)

（1）　拙稿「地方監査制度に関する第二五次地方制度調査会答申の問題点」全国会計職員協会『会計と監査』平成九年四月号・五月号掲載、参照。

（2）　地方自治法改正に際して、衆参両院において付帯決議がなされた。両者は基本的に同一内容であるが、そのうち、参議院の付帯決議を示せば、次のとおりである。

「政府は、地方分権を積極的に推進するとともに、地方公共団体の適正な行財政運営の確保に資するため、左記の事項について善処すべきである。

一　地方行政の校正と能率を確保し、住民の信頼と負託に応えるため、地方公共団体がチェック機能の向上を図り、自ら厳格なる姿勢を持って行財政運営及び予算執行の合理化・適正化に努めるよう、助言等的確な措置を講ずること。

二　外部監査制度の実効性を確保するため、公会計原則、監査基準の設定等を含め、地方公共団体の会計制度のあり方について幅広い見地から検討すること。

三　外部監査の独立性・専門性・実効性を一層強化するため、地方公共団体の共同の外部監査機構の設置について、外部監査制度の導入後の状況を踏まえ、さらに検討すること。
四　外部監査制度の導入と相まって、地方行財政の効率化・透明化を図り、住民の信頼を高めるために、現行監査委員制度についても専門性・独立性を高める観点から見直すとともに、住民監査請求や情報公開等のあり方について改善策を検討すること。
五　外部監査制度の実施にあたっては、より多くの地方公共団体においてその円滑な導入が図られるよう、国民への制度の周知徹底等、環境整備に努めること。」
衆議院の付帯決議は、上記の二が欠落している外は、参議院と同文である。

なお、この相違点である衆議院の二は、漠然とした言い回しを使用しているが、地方公共団体の会計に複式簿記の導入を検討することを促したものという話を関係者から聞いている。しかし、官庁会計にどこまで複式簿記がなじむのか、疑問がある。さらにいうならば、元々複式簿記は、手計算における確実性を確保するために開発されたものであり、現在のようにコンピュータ内部で計算処理がされる時代に、どこまでの合理性があるかも疑問である。監査証跡の確保がきちんと図られていれば、監査の必要が生じた場合に、任意の情報をコンピュータから引き出すことは可能だからである。
(3)　屋上屋を重ねる、と言えるか否かについては、外部監査をどのように定義するか、という問題と絡んでくる。すなわち、新しい制度に無造作に外部監査という名称を使用した点から見て、地方制度調査会では、現在の監査委員制度を外部監査とは認識していなかったのではないか、という疑問が存在するからである。
私見によれば、外部監査と内部監査の区分は、具体的権限を有する機関の利益に奉仕する監査活動が内部監査であり、抽象的存在の利益に奉仕する監査が外部監査である。具体的機関の利益に奉仕する場合、監査に侵害があった場合には、その奉仕対象たる機関が保護の手を伸ばすことが可能なので、監査機関の独立を確保する特段の制度を必要としない。これに対し、抽象的存在の利益に奉仕する機関の場合、奉仕対象者は監査活動を保護する能力を持たないから、制度それ自体の中に、監査の独立を確保する必要性がビルトインされていなければならないことになる。国の監査を例に取れば、行政監察の場合、内閣の利益に奉仕するので、行政監察を拒否し、あるいは監察結果をねじ曲げようという圧力が働いても、内閣それ自体が保護の手をさしのべれば十分であるので、行政監察自体の独立性を確保する制度は必要がない（あっても構わない）。これに対して、会計検査院の会計検査は、国民の利益に奉仕するが、この場合の国民は、抽象的存在であって、会計検査活動に保護の手を伸ばすことができない。その結果、会計検査院の独立性を確保する各種制度が必要になるのである。

地方公共団体の監査委員の場合、地方公共団体の利益に奉仕することを目的とするのであって、決して議会ないし長の利益に奉仕する者ではない。したがって、外部監査に属することになる。

この点の詳細については、拙稿「内部監査と外部監査」『会計と監査』昭和五九年七月号―六〇年三月号掲載論文参照。

（４）ＧＡＯは、職員数にかなりの増減を見せている。最大時は、第二次大戦終了の翌年である一九六四年で、一万四九〇四人である。本文に述べた一九五六年機構改革の直前期である一九五〇年時点では八二七二人となっていた。機構改革の結果、五五五二人となった。なお、この時の改革は不徹底な点があり、通常の概念では監査業務とは言えない業務に従事する職員が二、〇〇〇人を上回っていた。したがって、純然たる監査業務従事職員数という観点からいうと、三、〇〇〇人強の人員ということになる。ＧＡＯのこの当時の詳細については、小峰保栄著『財政監督の諸展開』（大村書店、昭和四九年）五四五頁以下参照。

（５）この弱点の是正方法については、衆参両院が同法を可決するにあたって行った附帯決議中の次の項により、基本的には認められている。

「外部監査制度の独立性・専門性・実効性を一層強化するため、地方公共団体の共同の外部監査機構を設置について、外部監査制度の導入後の状況を踏まえ、さらに検討すること。」

しかし、管見の限りでは、残念なことに、現在までこのような動きはでていない。この決議を受けた全国的な規模の共同監査機構の可及的速やかな設立と、それを受けての本条の改正、すなわち共同外部監査機構との契約の道を開くことが、今後に期待される。

（6）欧州では、地方公共団体の財政監督は、一般に全国規模の共同財政監督機関がこれを担当している（この点について、拙稿「地方自治体における財政監督――欧州各国との比較法的研究」『月刊自治研』一九九〇年一二月号三四頁以下及び本書第三編第五章参照）。

（7）この点については、本書第三編第六章に紹介したミュンヘン市監査局の制度が一つの参考になると思われる。ドイツにおいては、そこに見られるように、強力な独立性ある機関が、議会と長に属する監査機関として活動している。

第三編　ドイツの財政監督関連法

第一章　ドイツにおける連邦レベルの財政監督制度

はじめに

私は一九九八年度に日本大学在外研究制度により、ドイツのミュンヘン大学法学部政治公法学研究所において一年間、ドイツ公法制度についての研究を行ってきた。その中で、特に重点を置いたのが同国の財政制度及び財政監督制度に関する研究である。同国は、ＥＵ加盟国であり、また連邦国家であるので、その財政監督制度は、ＥＵレベル、連邦レベル、州レベル及び地方自治体レベルの四段階において、それぞれ明確に異なっている。本章は、そのうち、連邦レベルの財政監督制度について取り扱っている。ドイツ財政監督制度は、わが国会計検査院制度の一つの源流であり、現時点においても、世界の最高財政監督機関制度の中でもっともわが国と類似性の強い財政監督機関制度である。そこで、そのドイツの連邦レベルにおける財政監督機関制度について、わが国会計検査院制度との異同を念頭に置きつつ、その特徴を紹介したい。

ドイツにおける連邦レベルの最高財政監督機関は、フランクフルトに本所を置く連邦会計検査院(1)（Bundesrechnungshof)である。連邦レベルの財政監督制度について研究するに当たっては、ドイツの研究者による論文や著作を検討するとともに、連邦会計検査院を直接訪問し、予め提出した質問事項について、各分野の担当者から長時間に渡って詳細な説明を受けるとともに、相当量の内部資料の提供を受けた。なお、同様の調査をバイエルン州最高会計検査院その他の財政監督機関等においても実施している。

本章においては、公刊されている書物に発表されたドイツ人研究者等の研究成果から引用した点については当然注記しているが、これら連邦会計検査院等からの口頭説明や内部資料については、出典を逐一明記しても無意味であると思われるので、注記していない。本章中に記述したもので、特に注記していない事項については、このような調査活動によるものと理解していただきたい。

一　ドイツ連邦会計検査院の概要

㈠　連邦会計検査院の権力分立制度上の地位

一口に会計検査院というが、世界各国が、その会計検査院（最高財政監督機関）に与えている国家法上の地位は千差万別と呼んでよい。これを三権分立制度との関係で類型的に分類すると、オーストリアやアメリカに代表される立法機関の下部機関とされているもの、フランスやイタリアのように司法機関の一員として特別裁判所とされているもの、スイスやスウェーデンのように行政機関として内閣ないし大蔵省に属しているもの、等の類型を上げることができる。ドイツ連邦会計検査院は、このいずれにも属さず、日本とともに第四の類型を構成している。(2)

(二)　連邦会計検査院の沿革

現在のドイツの国土は、かって神聖ローマ帝国の版図に属していた。しかし、神聖ローマ帝国は緩やかな結合体で、その内部の支分国家に幅広い自治権を許容していた。特に三〇年戦争後においては、各支分国家は事実上の独立国といっても良いほどの段階に達した。こうした国家群は、フランスのルイ一三世の先例に倣って絶対主義的発展を始めるが、その過程できわめてドイツ的な特徴として、相次いで財政監督機関が創設された点を指摘できる。それらのうち、もっとも古いものは一七〇七年にザクセン公国で創設された財政監督機関である。ついで一七一三年に、プロイセンがこのザクセンに倣う形で財政監督機関を創設した。すなわちプロイセン第二代の国王であり、フリードリヒ大王の父でもあるフリードリヒ・ヴィルヘルム一世によって創設された総合会計検査室（General-Rechen-Kammer）がこれである。後に高等会計検査室（Oberrechnungskammer）と改名した。当初、総合会計検査室は、プロイセンの首都ベルリンに設置されたが、フリードリヒ大王がその郊外のポツダムに事実上の新首都を建設したことから、一八一八年にポツダムに移転している。

高等会計検査室の権限は、国の財政の決算検査、すなわち事後検査である。決算検査に当たっては、国の収入支出を対象とし、その合法性（形式整合性）及び数額的正確性を検査の観点としていた。その検査結果は所感（Bemerkungen）と題して王に直接報告できた。また、行政改革、特に収入増加策に関する提案を行う権限を持っていた。このように行政府から独立し、国王に直隷している点に、この機関の大きな特徴があった。プロイセンでは一八五〇年に憲法を制定するが、この憲法には高等会計検査室の地位に関して明確な保障が行われていた。このプロイセン憲法がわが明治憲法の範となったため、明治憲法でも会計検査院に関する保障が行われることとなった。また、当時のわが国会計検査院長渡辺登が欧州各国の財政監督制度を比較検討し、プロイセンの高等会計検査室を最適と認めた結果、わが国会計検査院法はプロイセンのそれに倣って制定されることとなった。[3]

普仏戦争後、ドイツはこのプロイセンを中核とする連邦型の統一国家（Reich）となった。しかし、この統一国家は人口においても面積においてもプロイセンが過半を占めていたため、国家の財政監督を担当する国家会計検査院（Reichsrechnungshof）を新たに設立せず、プロイセン高等会計検査室が、同時にその地位にあるものとして、国家の財政監督を実施した。[4] なお、この国家ではすべての省庁が同様の二重機構であり、財政監督だけがこのような扱いを受けたわけではない。ただし、同国憲法には、国家会計検査院に関する保障規定は設けられなかったから、この点で財政監督に対する取り扱いがプロイセン憲法より一歩後退した感は否めない。

第一次大戦後、ドイツはワイマール憲法の下、共和国家となった。このワイマール憲法もまた財政監督機関に関する保障規定を持たない。この憲法下において初めて国家会計検査院が設立されたが、この国家会計検査院が同時にプロイセン州高等会計検査室を兼ねているという体制に変わったに過ぎなかった。後にプロイセン州高等会計検査室はある程度の独立性を国家会計検査院から有するに至るが、最後まで国家会計検査院長が同時に高等検査室長を兼ねるという体制そのものは変わりがなかった。また、第一次大戦後に吹き荒れた激しいインフレの中で、国家会計検査院が在来型の財政監督の枠内で行う経済性の検査の限界を露呈したことから、[5] 政府では国家会計検査院とは別に国家節約性委員（Reichssparkeitkommissar）制度を創設し、時の国家会計検査院長ゼーミッシュ（Semisch）を個人としてこの地位に任命し、ゼーミッシュは国家会計検査院とは別個に事務所を設けて経済性（Wirtschaftlichkeit）に関する検査を行うようになった。

ナチスが政権を獲得すると、ナチスでは連邦制を否定し、それに伴い、バイエルン州最高会計検査院など独自の歴史を持って発展してきた財政監督機関が国家会計検査院支部に降格されるとともに、それまで最高財政監督機関を有していなかったハンブルクなどの州には新たに国家会計検査院支部が設置された。国家節約性委員制度はこの段階で国家会計検査院に統合されたが、経済性検査は、なお通常の会計検査とは異なる権限として存続した。

第二次大戦後、ドイツは英米仏ソの四ヶ国によって分割占領された。このうち英国は、ハンブルクにあった国家会計検査院支部を英国占領地区全体の会計検査院に昇格させて占領地区の財政監督を実施した。その後、英国と米国が英米統合経済地区を設置するに伴い、この機関は統合経済地区全体の財政監督機関になり、さらにこの統合経済地区が東西冷戦の激化とともにフランス占領地区も吸収して西ドイツに発展していったことから、そのまま連邦会計検査院（Bundesrechnungshof）に発展することになった。

一九四九年に制定されたドイツ基本法一一四条二項は、連邦会計検査院の存在を明確に保障した。これは、上述したところから明らかなように、連邦国家レベルとしてはドイツ史上初めての憲法的保障である。同条は、国の決算連邦会計検査院が検査することを明定するとともに、同院の構成員（検査官）に裁判官が有すると同一の独立性を保障した。ただし、会計検査院による決算検査報告に関しては、大蔵大臣を経由して連邦議会等に提出されるという、わが国現行憲法九〇条二項と類似の形式であった。

戦後西ドイツでは、わが国の財政法や会計法に相当する法規を新たに制定せず、一九二二年に制定された国家財政会計法（Reichshaushaltsordnung）をそのまま使用していた。したがって同法第五章の「会計検査」（Rechnungsprüfung）が連邦レベルの財政監督の基本法規となった。しかし、第二次大戦後においてもインフレの危険は高かったので、連邦政府・連邦議会では、ワイマール期の国家節約性委員制度に倣って、会計検査院とは別に「行政の経済性に関する連邦委員（Bundesbeauftragte für Wirtschaftlichkeit in der Verwaltung）（以下単に「連邦委員」という。）」という制度を設けた。ただし、これは法定化されず、内閣指針に基づいて運用された。運用上、会計検査院長個人を官職指定的にこの地位に補した。

ドイツ基本法の財政に関する規定（Finazwesen）は、基本的に夜警国家思想に立つもので、国家が公債の発行等を通じて積極的に国民経済にアクセスすることを禁止していた。しかし、一九六〇年代後半に、西ドイツは深刻な不況に直面し、連邦財政が破綻し、機動的な財政運営の必要が高まったことから、基本法中財政関連の条文を抜本的に改正した(6)。これを通常、一九六九年財政大改革（Große Finanzreform）と呼ぶ。

その際、一一四条二項も大きく改正された。これにより連邦会計検査院は、決算ばかりでなく、国の財政・経済運営の経済性及び合規性をも検査する権限を有することが確認された。また、検査報告は、従来大蔵大臣に提出されていたものが、直接、連邦政府（Bundesregierung）、連邦議会（Bundestag）及び連邦参議院（Bundesrat）(7)に提出されることとなった。

この財政大改革の一環として国家財政会計法は半世紀ぶりに全面改正されて、新たに連邦財政会計法（Bundeshaushaltsordnung）として制定された。同法の制定にあたっては、財政監督については連邦会計検査院の権限に限定して規定し、組織については連邦会計検査院法に譲るという方針がとられた。しかし、後に詳述する事情から連邦会計検査院法については直ちに全面的な改正を行うことができなかったことから、暫定的に国家財政会計法第五章のうち、連邦会計検査院の組織に関する規定は当分の間有効とされた。結局、連邦会計検査院法（Gesetz über den Bundesrechnungshof-BRHG）の制定は、一六年後の一九八五年にようやく実現することとなった。しかし、連邦委員制度については廃止されず、会計検査院長がその任にあたることが指針上に明記されるという形で存続することとなった。

㈢　組織及び職員数

私は、連邦会計検査院の組織や権限について、一九七九年に一度調査を行ったことがある。その際の組織は、院長、副院長の下に、官房、八検査局、五三検査課、一連絡事務所より成り、総員四一〇名という規模であった。

今回調査を実施した一九九八年度における組織は、本庁と支局に分けることができる。本庁は、院長（Präsident）、副院長（Vizepräsident）、及び院長に直属する直属する七官[8]があり、これとは別に官房（Präsidialabteilung）（八課＝Referat）、九検査局（Prüfungsabteilung）、五四検査課（Prüfungsgebiet）、九検査支援課（Abteilungsreferat）、九統括課（Steuerungsreferat）からなっており、総員で六四三名である（組織図参照）。

検査局は、いずれも六検査課、一統括課、一検査支援課から構成されている。検査課が検査活動の中心である（業務規則＝Geschäftsordnung＝五条）。これに対して、検査支援課は、その局の検査対象領域の中で特に重要と思われる分野や業務量の多い検査課を遊軍的に支援することを業務とする（業務規則八条）。統括課は次に述べる支局と本庁検査活動の連絡調整を任務とする（これについては私が調査した最終時点である一九九九年三月までの時点では、まだ業務規則が整備されていなかった。）。

支局（staatliche Rechnungsprüfungsamt）は、一九九八年一月から新たに設置された組織で、全国に九局新設され、本庁の行う財政監督活動の事前準備、支援、補完等の活動を行う。支局には一九九八年時点では四五六名が勤務していたので、連邦会計検査院全体では、合計すれば、一、〇九九名の職員がいることとなる。支局の職員数については、今後数年のうちに九〇〇人にまで増える予定である。本所の職員数も毎年微増しているので、二一

第五検査局	第六検査局	第七検査局	第八検査局	第八検査局 ベルリン
統括第五課	統括第六課	統括第七課	統括第八課	統括第八課 ベルリン
第一検査課 交通	第一検査課 労働事業団１	第一検査課 人事制度	第一検査課 租税（財産税）	第一検査課 年金保険（保険、分担金、農業社会保険、災害保険）
第二検査課 地上工事１	第二検査課 労働事業団２	第二検査課 人件費１・労働法・労働協約法	第二検査課 租税（取引税）	第二検査課 年金保険（その他）・リハビリテーション
第三検査課 道路建設１	第三検査課 労働事業団３	第三検査課 人件費２・公務員法・給与・扶養手当	第三検査課 ERP特別財産・銀行 ベルリン	第三検査課 年金保険（年金給付）
第四検査課 都市計画・建築規制・土木建築・地上工事２・道路建設２ ベルリン	第四検査課 労働規則・社会規則・社会的保障・復旧	第四検査課 組織	第四検査課 経営・連邦債務	第四検査課 家族・老人・婦人・若齢者
第五検査課 地上工事３	第五検査課 食料・農業・林業	第五検査課 勤務・物的行政支出・調達 ボン	第五検査課 租税（その他） ベルリン	第五検査課 連邦による社会的金銭給付 ベルリン
第六検査課 地上工事４	第六検査課 社会給付（横断検査） ベルリン	第六検査課 情報技術及び情報処理	第六検査課 大蔵省・関税・消費税・市場秩序	第六検査課 健康・健康保険・介護保険・負担調整 ベルリン
検査支援五課	検査支援六課 ベルリン	検査支援七課	検査支援一課	検査支援一課 ベルリン

連邦会計検査院組織図

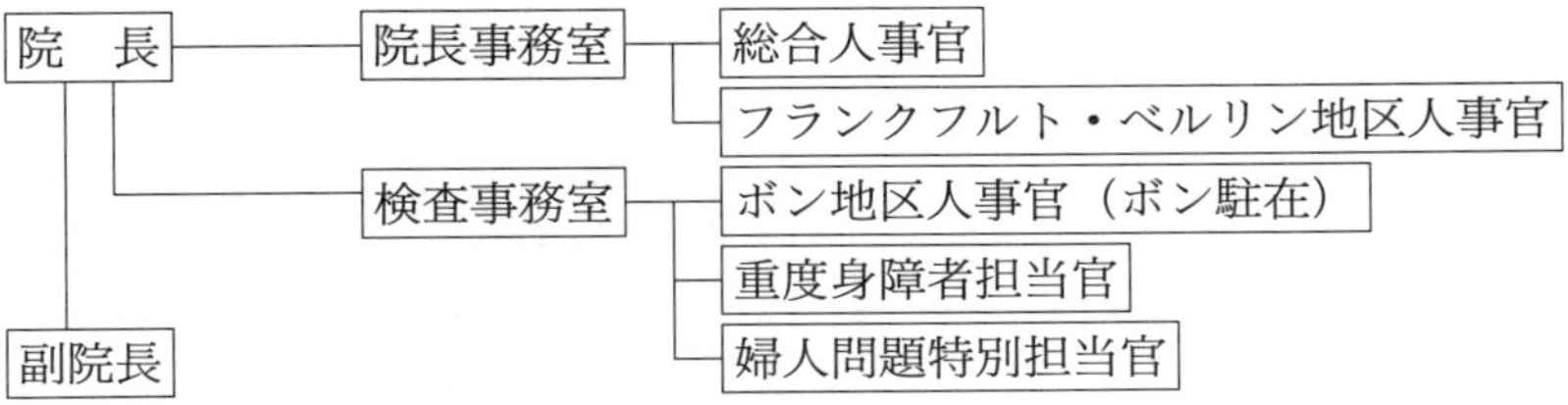

官房局	第一検査局	第二検査局	第三検査局	第四検査局
総務課 組織・州会計検査院との共同活動・書類管理・情報管理・配分検査	統括第一課	統括第二課	統括第三課	統括第四課
人事一課	第一検査課 会計検査基本問題・検査報告	第一検査課 外務	第一検査課 連邦財産・信託財産	第一検査課 防衛（組織、人事、不動産、軍行政）
人事二課 支局人事	第二検査課 財政法・会計検査院組織法・会計制度	第二検査課 内務	第二検査課 ドイツ鉄道株式会社・連邦鉄道特別財産	第二検査課 保安
会計・庶務課	第三検査課 連邦大統領府、連邦議会、連邦参議院、連邦首相府	第三検査課 環境・自然保護・原子炉保全	第三検査課 鉄道行政・軌道建設	第三検査課 内外の保安のための情報・通信技術
情報課 情報及び通信技術	第四検査課 検査支局	第四検査課 開発援助	第四検査課 資本参加	第四検査課 防衛（陸軍、兵站、資材行政、自動車） ボン
広報課 （課長は院長事務室長が兼任）	第五検査課 経済性・公開活動・放送 ボン	第五検査課 EU業務･国際機関・国際施設	第五検査課 電話・郵便（行政及び郵便会社・郵便銀行・テレコム）	第五検査課 防衛（海軍、軍需行政、遠隔通信、調達）
国際課 （課長は、第二局第五検査課長が兼任）	第六検査課 行政手続き、行政近代化 ボン	第六検査課 教育・科学・研究・技術	第六検査課 信託事業団の後継組織 ベルリン	第六検査課 防衛（空軍、NATO、軍事研究）物価統制担当 ボン
法規課	検査支援一課	検査支援二課	検査支援三課	検査支援四課 ボン

世紀初頭における最終的な全体規模は一、六〇〇人弱となろう。二〇年前に調査したときの約四倍の規模に拡大することになる。

以上、簡単に連邦会計検査院の概要を紹介した。(9) 以下では、この組織の特徴的な点を紹介したい。

二　合議制

連邦基本法一一四条二項は、先に紹介したとおり、連邦会計検査院の構成員(Mitglieder=以下、「検査官」という)に対して裁判官的独立性を保障している。連邦会計検査院法（以下「院法」という）三条一項の定めるところに依れば、この検査官に具体的に該当するのは、院長、副院長、検査局長及び検査課長とされており、一九九八年現在、予算上認められている人数は合計六八名である。(10)

ドイツ会計検査院制度の最大の特徴は、これら検査官とされている者は単に裁判官的独立性を保障されているばかりでなく、連邦会計検査院の意思決定機関である合議体の構成員とされている点にある。これは、ドイツ連邦会計検査院の原点であるプロイセン総合会計検査室以来の伝統である。

これに対して、米国、英国など多くの国では、最高財政監督機関は、通常の省庁と同じく独任制の機関である。同じ神聖ローマ帝国の系譜を引くオーストリアでもまた、独任制の組織を採用している。

この点、わが国は比較的ドイツの制度に近い意思決定機関を有している。すなわち、わが国会計検査院の最高意思決定機関は検査官会議とされ(会計検査院法一一条)、その構成員である検査官には、ドイツと同じく裁判官類似の強力な独立性が保障されている(同四条～九条)。しかし、わが国の場合には、検査官は検査計画を決定し、それに基づいて行われた検査活動の結果を検討して、それが国会や内閣に対して報告するのにふさわしいものかどうかを決定するが、検査活動そのものを担当することはなく、それは事務総長の下に設置されている検査局及び検査課が実施する。これに対してドイツの制度では、検査の第一線の担当者である検査局長及び検査課長が、同時に最高意思決定機関である合議体を構成している点に、その特徴が存在しているわけである。

実は、明治憲法下のわが国会計検査院法は、プロイセン財政監督法を継受したため、現在のドイツ財政監督機関制度と同じく、院長、検査局長及び検査課長の全員に裁判官類似の身分保障が終身与えられ、その全員が、会計検査院の最高意思決定機関である合議体の構成員とされていた。しかし、わが国の場合、強力な身分保障制度は、人事の停滞による検査活動の沈滞という弊害をもたらし、多数合議制は、責任の所在が不明確となったり、決断と敏活を欠き改善の即行を妨げるなどの弊害を生じさせた。そこで現行会計検査院制度においては、米国流の独立行政委員会型の組織、すなわち、決定機関たる合議体と検査執行機関の分離を行って、この弊害に対応した(11)。

(一)　ドイツ合議制の現状

ドイツの場合も、多数合議体方式を維持する以上、わが国戦前の会計検査院がぶつかったと同様の問題は当然に存在していた。これに対するドイツの解答は、合議体構成員そのものを制限するというわが国の選んだ方策の代わりに、構成員自体は従来と同様に検査課長以上の全員とするという建前を維持しつつ、会議をその目的に応じて区分し、個々の会議への参加者を制限するというものであった。すなわち、ドイツ現行会計検査院法では、最高意思決定会議そのものが、三種類存在している。小会議、局会議及び大会議である。これら三種類の会議は、院の最高意思決定機関という点では同格であり、ただ、権限に差異があるだけである。以下、詳しく説明してみたい。

１　小会議（Kollegium＝院法九条）

小会議は、原則として検査局長と特定の検査課長の二人によって構成され、先任者が議長となる（二人小会議）。ただし、院長又は副院長は、自ら必要と認めた場合ないしはその小会議の委員が必要と認めた場合には、いずれの小会議にも加わることができる(三人小会議)。院長は、特定の決定に関してのみ、小会議に加わることもできる。小会議の議事は全員一致で決せられる。

特定の検査課に関する事項は、小会議に決定権がある。ただし、その決定事項が局会議もしくは大会議の権限とされている場合はこの限りではない。小会議は、特定の委員に、個別案件に関する決定権を委ねることができる。問題の性質によっては、検査課長の裁量に委ねて、一々会議を開かなくとも良い、ということを意味する。全面的に自由裁量を認めることもできれば、制限付きの裁量権を認める場合もある。

決定しようとする事項が他の小会議の業務と重複する場合には、合同小会議を開かねばならない。合同小会議の決定は、共同署名によって確定する。特定の委員が共同署名を拒絶した場合には、その事項は、次に述べる局会議もしくは大会議の決定事項となる。

２　局会議（Senate＝院法一一条）

局会議は各検査局ごとに設けられる。局会議は、局長を議長とし、その局の全検査課長及び他の局の検査課長一名より構成される。現在、各検査局に五検査課があるので、局会議は七名の委員で構成されるわけである。

他の局の検査課長は、業務規則に従い、院長が任命する。業務規則によると、他の検査課長は、原則として会計検査基本問題担当の課長（第一局第一課）とされている。ただし、第一局の場合には、会計検査基本問題担当課長は当然に委員になっているので、例外となり、院長は、他の検査局の課長中もっとも勤続年数の長い検査課長をこれに任命することとされている。

院長は、必要と認めたときは、局会議に参加することができる。局長に事故があって局会議に出席できないときも同様である。院長が参加した場合には、院長が議長を務める。局委員会の議事は、単純多数決で決し、可否同数の場合には、議長の決するところによる。

局会議の権限は原則として次の事項である。

Ａ　小会議が意見の対立により決定するができなかった場合、もしくは小会議が、局会議で取り扱うべき重要問題と決定した場合、

Ｂ　合同小会議の委員の一人が署名を拒否し、小会議がいずれも同一の検査局に属する場合

Ｃ　小会議の委員の一人が、偏見を理由に除外された場合

Ｄ　局会議の委員の一人を、偏見を理由に除外すべきかどうかを決定する場合

局会議は、実際問題として滅多に開かれないという。この権限を見ればその理由は自明であろう。

3　大会議（Großer Senat＝院法一三条）

大会議は、院長を議長とし、副院長、局長全員及び三人の検査課長によって構成される。検査課長については、業務規則に基づき院長が任命する。業務規則によれば、第一に会計検査の基本問題担当課長（すなわち第一局第一課長）、第二に二年間の任期で、もっとも勤務年数の長い課長及びもっとも勤務年数の短い課長とされる。

また、その時審議する問題を担当する検査課長が報告者として、今一名の検査課長が共同報告者として出席する。したがって、大会議は、原則として一六名で構成されることとなる。

大会議の議事も、局会議と同様、単純多数決で決し、可否同数の場合には議長の決するところによる。
大会議は、原則として次の権限を持つ。

E　財政会計法第九七条に基づく決算検査報告、同九九条に基づく特別報告、その他法律により提出が求められている報告の作成

F　局会議もしくは小会議の依頼により局の権限の枠を越えた事項、もしくは基本的意味を持つ事項の審議

G　局会議もしくは小会議の依頼により、当該局会議もしくは小会議で予定している決定が、それ以前の局会議もしくは大会議の決定に抵触している場合。基本問題担当の小会議の決定と抵触している場合にも、同様の取扱いとなる。

H　検査計画、検査又は勧告もしくは報告の提出の実施もしくは基本原則に関わりのある場合、

院長は、必要と認めれば、その他の事項を審議することもできる。また、法律にもこの他にいくつかの権限が個別に認められている。例えば、院法の細則ともいうべき業務規則を決定するのも大会議である（院法二〇条、二〇条ａ）。

大会議はわが国戦前の検査官会議と同等の規模があるので、この規模では、わが国戦前制度と同様の弊害を示すおそれがある。そこで、大会議の活動を支援補完するために、大会議の下に、委員会が設けることができるものとされている。

常任委員会（ständige Ausschuß）については院法そのものに根拠規定が存在している（院法一三条二項）。これは、現行院法により新たに設けられた機関である。常任委員会は、副院長を議長とし、大会議により任命される検査局長二名、検査課長二名の計五名により構成される。業務規則によれば、委員となる検査局長は、もっとも

勤続年数の長い者ともっとも短い者とされる。検査課長も同様に、もっとも勤続年数の長い者と短い者とされる（業務規則には、例外的な場合に、勤続年数の長短を決定するためのかなり細かな条件が記載されているが、割愛する）。常任委員会には、院長のみが諮問権を持つ。審議事項は、法律又は業務規則により常任委員会の審議を必要とされている事項である。諮問があると、委員会は七日以内に答申を議長を通じて提出しなければならない。ただし、局課の事務分掌に関する答申は一〇日以内とされている。院長は、必要に応じてその他の委員会を設けることができる。

(二)　合議制の起源についての考察

本節の冒頭に述べたとおり、合議制はドイツ財政監督機構の伝統であり、そのため、行政国家現象の進展に対応した形で会計検査院の機構もまた肥大化する中で、その伝統を守るために、このように最高意思決定機構を細分化するための様々な手法が導入されたのである。

ここで問題は、このような合議制という伝統はどこから由来したのか、という点である。この点に付き、管見の限りでは、ドイツの財政監督法研究者の研究例はない。しかし、ドイツの版図では、このような合議制機関は、単にドイツ連邦会計検査院の直接の祖系であるプロイセンの財政監督機構だけの現象ではない。他のドイツ領邦国家、例えばザクセン公国やバイエルン公国など、プロイセンで財政監督機構が創設された前後の時期に、同じく財政監督機構を創設した多数の領邦国家で共通に認められる現象なのである。このことから考えて、これは今日のドイツ版図内に一般的に存在する、より古い財政監督機構からもたらされた伝統と推定することができるであろう。

ここで興味深いのが、バイエルン州最高会計検査院の内部資料が、ドイツ中世における財政監督の担い手は、各領邦国家の等族会議（Landestände）そのものであったと指摘している点である。等族会議（Stände）については、あまり日本では知られていないので簡単に説明すると、イギリスにおける議会、フランスにおける三部会に相当するドイツ版図における存在である。その国の領主に対してその領民を代表する機関で、貴族、僧院及び都市の代表者で構成されていた。英仏と違い、ドイツ地域がローマ帝国の直接支配を経験していないこともあって、等族会議は、古来のゲルマン法を強く反映して、中世においては、フランス三部会やイギリス議会よりもはるかに強力な機関であった。一八一五年にウィーン会議で締結されたドイツ同盟規約（Teutsche Bundesakt）一三条に基づいて成文法化された各領邦国家の等族会議憲法（Landesständische Verfassung）を見ても、等族会議の権限には地域により差異があることが判る(12)。しかし、財政に関しては共通して強力な権限を有していたといえる(13)。

バイエルン州の資料にしたがって、同州の中世封建国家について説明すると、等族会議は、領主からの依頼に応えて新たな租税を許可する権限を有していた。すなわち、領主は、普段の国家運営は、自らの領地からの年貢収入など、その固有の収入で賄わねばならない。戦争や城の築造など、普段の収入ではやっていけない特別の理由が発生した場合のみ、等族会議に特別の租税を徴収することを求めることができた。しかも等族会議によって徴収を許された租税についても、領主は自ら徴収することは認められなかった。等族会議は、自らが許可した租税については、自ら徴収し、管理する義務を負っていた。従って領主の政府は、それによる収入額や状況がどうなっているのかは知らされなかった。徴収した租税は、領主に引き渡されるのではなく、等族会議が領主の債務を引き受け、支払うという形態をとった。したがって、等族会議は、租税の許可に先行してその支出の妥当性を審議することが可能であったし、実際、強力に行使していたという。その資料に紹介されている実例を三例ほど、以下に紹介する。

一二九〇年頃、バイエルン大公は引き続いた戦争により財政危機に陥った。等族会議は、審議の結果、租税を課することを許可したが、同時に、大公に城の運営費を節減するよう条件づけた。

一六世紀になるともっと極端な例が現れる。バイエルン大公オトハインリヒ（Ottheinrich）は一五二一年に聖地エルサレムへの巡礼の旅から帰ってきたので、等族会議はこれを迎えて彼に忠誠を誓ったが、それと同時に、将来は国内にとどまること、また、これ以上浪費はしないように、という条件を付けた。しかし、彼はドナウ河畔のノイブルクに巨大な城を築造した結果、膨大な負債を抱えることとなった。これに対して一五四四年、等族会議は、この負債を引き受けることを決定すると同時に、大公から政治の実権を剥奪し、年金付きで追放した。

一五八〇年まで大公の地位にあったアルブレヒト五世もまた浪費家で、その治世の最後の時点では膨大な負債を背負っていた。等族会議は圧力をかけて、大公位をその息子ウィルヘルム五世に譲位させたが、債務の引き受けは拒絶したため、ウィルヘルムが債務を承継することとなった。しかし、ウィルヘルムには理財の才能がなく返済できなかったため、等族部会はさらにその子のマクシミリアン一世に譲位させた。マクシミリアンは等族会議の財政監督の下に政府に厳しい節約を行わせ、ようやく債務の一掃に成功したという。

このように、等族会議が租税の承認もしくは債務の引き受けを通じて財政監督を行う場合、当然多数合議制で意思決定を行った。おそらく、この慣行が反映して、各領邦国家の国王に、自らの財政監督機関を設立させることとなり、また、国王自身が設立した財政監督機関にも、合議制が当然に導入されたのではないか、と私は現在のところ推定している。しかし、この点については直接その点を明らかにしている資料を見つけることはできなかった。

三　院長の地位と権限

(一)　院長人事を巡る憲法機関間の紛争

先に触れたとおり、連邦会計検査院法は、本来は一九六九年財政大改革の際、連邦財政会計法の制定と歩調を合わせて全面改正されるはずであった。しかし、これが一九八五年まで大幅に遅延したのは、次のような経緯によるものであった。

一九六九年まで、ドイツ連邦基本法一一四条は、会計検査院の決算検査報告の提出先は直接には大蔵大臣で、連邦議会へは大蔵大臣を通じて提出されることと定めていた。また、国家財政会計法では、会計検査院長は、連邦大蔵大臣の副書の下に、連邦大統領が任命することとされていた。したがって会計検査院長の具体的な決定権は連邦政府にあったわけである。

これに対し、改正基本法による会計検査院の決算検査報告の提出先は、連邦政府、連邦議会及び連邦参議院とされた。連邦議会が、この基本法改正を契機として連邦会計検査院との関係をより緊密なものにし、議会直属の情報機関化しようとしたことが、事態紛糾の原因であった。連邦議会は他の機関に比べて情報の不足に悩んでいたからである。すなわち、連邦政府は、いうまでもなく、連邦行政庁の頂点であるから、その行政組織網を通じて収集された豊富な情報を有している。同様に、連邦参議院は、各州政府によって構成されているので、ここも同じく行政機関を通じた豊富な情報を有している。これに対し、連邦議会はそうした手足を有していないため、他の憲法機関に比し、入ってくる情報が常に不足している状態にあったのである。そこで、基本法改正を機会に、会計検査院を事実上連邦議会の機関化しようという狙いを連邦議会は持ったのである。もちろん、それまでも連邦議会と連邦会計検査院は没交渉であったわけではない。当時すでに毎年数件は、連邦議会からの調査依頼に基づいて、連邦会計検査院は検査報告を行っていた。しかし、これはあくまでも会計検査院側の裁量に過ぎない。そこで連邦会計検査院と連邦議会の間により明確な結びつきを作り出し、実質的な調査機関化したかったのだと思われる。

そこで連邦議会としては、院長の任命は、連邦議会の決定により行う、という形にしようとした。それも、三分の二以上の多数による議決を必要とすることを狙った。それだけの多数を確保しようとすれば、政府与党の意思だけでは不可能で、超党派的な賛同の得られる人物に限られることになるからである。

ドイツには軍事オンブズマン（Wehrbeauftragter des Bundestages）という制度がある。その任命には、議会の三分の二以上の多数が要求されているので、会計検査院長の任命もそれと合わせようとしたことになる。しかし、軍事オムブズマンは法律上明確に議会の機関とされている。これに対し、連邦会計検査院は、基本法上明確にいずれの機関からも独立していることが保障されている。したがって、そのような形で明確に議会の機関化すれば、それは基本法違反といわざるを得ない。

反対に、連邦政府としては、従来通り、できるだけ会計検査院に対する影響力を確保しておきたいと考えるのは当然である。そこで、基本法改正に伴い、院長の任命に議会の議決を必要とする方向に変えるとしても、院長候補者の提案権は連邦政府に留保し、また議決は単純過半数で足りるとして、事実上院長の決定権を保有し続ける形にすることを狙った。

さらに、連邦参議院も、院長の任命に参画する権利を主張した。なぜなら、連邦議会の主張の根拠が、改正基本法が連邦議会に対する検査報告の直接提出義務にあるため、連邦議会と同じく、検査報告の提出先と明記された連邦参議院の議決も、やはり院長の選任に必要とする、と定めるべきだと主張したわけである。これに対しては、連邦会計検査院の業務は、あくまでも連邦財政の監督なのだから、州代表である連邦参議院が参与するのはおかしい、という反論が行われる。

連邦会計検査院自身としては、連邦議会に協力するにやぶさかではないが、事実上議会の機関化して、やたらと調査を依頼されては困る、という判断があった。基本法上、裁判官的独立性が保障されているのは、あくまでも連邦決算を公平無私の立場から検査するためである。それなのに、議会のための調査に追われて、決算検査のための人手が奪われる、というようなことになっては本末転倒というべきだからである。

こうして、四つの憲法上の機関が、それぞれに自分の主張をぶつけ合って対立したのであるから、法律の制定が遅れに遅れたのも無理はない[14]。

こうした抗争を経て、ようやく成立した現行会計検査院法第五条一項は、次のように規定している。

「ドイツ連邦議会及び連邦参議院は、それぞれ、討論を行うことなく、連邦政府の発議に基づいて、院長及び副院長を選出する。連邦議会は、秘密投票に基づき、その構成員の過半数により選出する。連邦大統領は、選出された者を任命する。再任はこれを認めない。」

この規定は、第一に、連邦政府、連邦議会及び連邦参議院の三者にすべて関与する権利を認めている点で、一つの妥協である。ただし、連邦政府には発議権しか認められなかった。換言すれば、候補者を出す権利は否定された。したがって、従来に比べ、連邦政府の会計検査院に対する影響力は大幅に弱められた。

第二に、連邦議会の議決に当たっては、三分の二の多数決も、単純多数決も否定され、その中間の、構成員（総議員）の過半数とされた。基本法において、連邦首相の選出に当たって、この過半数が採用されているので、これを一般に首相の過半数（Kanzlermehrheit）と呼ぶ。

第三に、連邦参議院にも議決権が認められた。これにより、州政府は、連邦会計検査院長を選ぶに当たって、一定の影響力が保障されることになった。

院長及び副院長は、任期期間中だけの公務員（Beamte auf Zeit）で任期を一二年とするが、公務員としての退職年齢に達したときには、その月の終わりで任期は満了する。任期満了後は、引退することになる（会計検査院法三条二項）。任期期間中だけの公務員というのは、終身公務員（Beamte auf Lebenszeit）に対する言葉で、国会議員などがその典型である。従来は他の検査官と同様、終身公務員とされていた。

また、紛争の出発点であった連邦会計検査院への調査依頼権については、次のような規定が置かれて決着がついた。

「その法的業務の枠内で、連邦会計検査院は、ドイツ連邦議会、連邦参議院及び連邦政府を、自らの決定により支援する。」（院法一条第二文）

ここで、連邦議会等の依頼により、という表現が採られず、逆に連邦会計検査院「自らの決定により」という言葉が使用されているのは、連邦会計検査院の有する基本法上の強力な独立性への謙譲の表明とされている。わが国現行会計検査院法二〇条を制定する際にも、配慮すべき点であったと思われる。

(二)　院長の会計検査院法上の権限

院長人事権の所在がこのように大きな問題になったのに比例して、新会計検査院法における院長の権限は、従来に比べ大きなものになった。

すなわち従来からドイツ連邦会計検査院院長は、前述のとおり、大会議の議長であるばかりでなく、小会議や局会議にも必要があると認めれば、任意に参加することができた(その際は議長となる)。しかし、この点は、伝統的な合議制機関性から導かれる当然の権限ということができる。

これに対して、現行会計検査院法は、院長に他の会計検査院検査官を指定する権限を認めている。すなわち、院長及び副院長以外の検査官は、院長の提案に基づいて、連邦大統領が任命する。ただし、院長は、その提案に先立って、大会議の下に設置されている常任委員会の同意を得ることが必要とされる（院法五条二項）。

また、会計検査院内部の組織を決定し、その人事を定める権限を承認している（院法七条）。日本の会計検査院の場合には、恒久的な事務分掌規則を作成しておき、必要がある都度、これを修正する。これに対して、ドイツ会計検査院の場合には、毎年度、事務分掌に見直しを掛ける。[15] 事務分掌及びそれに対応する人事の決定は、院長が単独で決定する。合議体が原則として決定権を有する、という現行連邦会計検査院システムの中で、院長が単独で有する最大の権限がこれである。

ただし、常任委員会を通じて、副院長以下の検査官の意思もある程度反映できるようになっている。すなわち、毎年、新会計年度が開始される前に、院長は、各局各課の業務内容を決定し、さらにどの検査官がどの検査局や検査課を指揮するかを決定するが、最終的に確定するには常任委員会の同意が必要とされている。また、院長は、各検査課に調査官その他の職員をどれだけ配置するかを決定する権限を有している。この決定については、個別の配置に対して小委員会もしくは局委員会から異議があった場合には、決定を貫くには常任委員会の賛成を必要とする。会計年度中に、空席が発生したり、事情の変化に応じた決定を下す必要が発生した場合には、常任委員会の賛成を得て、院長が決定し、あるいは修正する。

院長は、どの検査課の権限か、あるいはどの局委員会の権限かについて疑問が生じた場合に、決定する。これについて小会議等から異議があれば、常任委員会の賛成を必要とする。

院長は、副院長の同意を得て、当該年度に、院長及び副院長が、それぞれどの小委員会や局委員会に参加するかを決定する。

わが国会計検査院の場合、院長は三名の検査官の互選によって決定される(会計検査院法三条)。院長の権限としては、会計検査院法は検査官会議の議長という職権だけを予定している(同法一〇条)。この他、長という名称から、当然に対外的代表権を有すると考えられる。これ以外の点については、他の二名の検査官と全く同等の存在である。わが国に比較してドイツ連邦会計検査院長の権限が相当強いことがお判りいただけると思う。

㈢　連邦委員制度

院長の持つ権限中、最大のものは、連邦会計検査院法にも連邦財政会計法にも定められていない。それどころか、法律的な根拠のないものである。すなわち内閣指針に基づく行政の経済性に関する連邦委員の地位がそれである。この地位は、会計検査院が持つのではなく、会計検査院長に属人的に、すなわち連邦会計検査院の長としての地位とは独立に帰属する。このため、権限の行使に当たり、合議制の対象とならず、院長が完全に自由にその権限を行使しうる点に最大の特徴がある。

一九六九年のいわゆる財政大改革以前の最後の内閣指針は一九六五年に定められたものである。[16] この内閣指針(Richtlinien für die Tätigkeit des Bundesbeauftragten für Wirtschaftlichkeit in der Verwaltung)は連邦会計検査院法が一九八五年まで全面改正されなかったため、一九八六年になってそれに対応させる形で全面改正された。[17] しかし、新旧の内閣指針は文言的には大幅修正となっているが、その内容は、会計検査院長がその地位に就くのを、従来事実上の慣行にとどめてあったものを明言したなど、権限の明確化を図ったにとどまり、抜本的な修正を加えたものではない。以下にその内容を紹介したい。

1　連邦行政組織の効率性及び任務遂行力の向上に関する勧告

連邦委員の主たる任務が、連邦行政庁の、調査対象組織の業務遂行に当たっての経済性に関する意見を、提案、鑑定意見もしくは所信表明の形式で明らかにすることにあるのは、今も昔も変わりがない。この場合、勧告活動の対象は、連邦の直轄の行政機関、特別財産及び企業である（指針第二項）。所管の大臣及び関係者が同意した場合には、連邦の直接支配に服する法人及び連邦からの補助金受領者にまで及ぶ（指針第五項）。

勧告の内容は、連邦行政の経済性を向上させ、合理化し、簡素化し、そして費用を節減することである。かつて、時の連邦首相、ルートヴィヒ・エアハルトは一九六三年の連邦議会で、連邦委員の職務について「行政技術及び実務を改善することにより、現在国家制度の要求を満たし、健全な市民感情に合致するようにすることである。」と述べたことがあるが、今日も、そのように理解することができよう。

効用の最大化（有効性原則）及び費用の最小化（経済性原則）が、ドイツ語の経済性（Wirtschaftlichkeit）という言葉の意味するところである。経済性という言葉を理解するに当たって、もっとも問題になるのが金銭とは関わりのない局面における有効性や効率性である。その局面は往々にして政治的判断と関わりを持つ。先に説明したとおり、一九六九年の財政大改革以降、ドイツ連邦会計検査院にも経済性の検査権限が認められ、また、議会に対する勧告権が認められている。連邦委員としての勧告権と、連邦会計検査院の持つ勧告権は基本的に同質のものである。しかし、連邦会計検査院は、その独立性の代償として非政治性が要求される。これに対し、連邦委員としては、完全に政治的な問題に関しても、それほど控え目である必要はない。ここに、連邦委員制度が一九六九年以降も必要な第一の理由が存在していると考えられる。

また、勧告内容の機密性という点に第二の違いがある。連邦会計検査院の検査報告は当然の事ながら、一般に公表される。これに対し、連邦委員の勧告は、勧告の対象となった者の同意がない限り、他の者に伝達することが許されない（指針第三項）。このため、公表されると国家の利益を害するような問題でも、連邦委員としてなら取り上げることが可能である。

しかし、それでも一九六九年以前と以降とでは、連邦委員の活動内容には明確な変化が生じている。一九六九年以前においては、勧告の四分の三近くは省庁その他の連邦組織の人的、物的改善に向けられていた。しかし、一九七〇年以降はそうした指摘は四割以下に落ち込み、その代わりに、かってはあまり取り上げられなかった特殊な問題に対してその調査の主力が向けられている。明らかに、連邦会計検査院が組織の改善問題について勧告を行えるようになったことが影響を与えていると認められる。

2　連邦省庁共通業務規則にしたがった行政に対する協力

内閣指針だけが連邦委員の権限規定でない点も注意する必要がある。連邦省庁は、共通業務規則を定め、基本的にそれに準拠して業務を行っている。しかし、当然各省庁の業務にはそれぞれの特殊性があるので、必要な限度でそれからずれることが認められている。しかし往々にして、省庁は自らの特殊性を過大に評価し、解釈に当たって必要以上の偏りを示したり、補則を設けたり、特別規定を定めたりすることがある。そこで、その監視が連邦委員の第二の権限となる。

すなわち、共通業務第一規則一条五項には、各省庁は補則を設けた場合には、連邦委員に通知することが義務づけられている。内閣指針により委ねられた任務の枠内で、連邦委員は関係各大臣にその当否を勧告することができる。

その権限を補完するため、共通業務第二規則二三条二項六号では、「新しい組織を設置し、もしくは既存のものを改善しようとする場合」には内務大臣と並んで連邦委員にも通知することが、また、同第八号では「連邦、州ないしは地方自治体の歳入・歳出に関わりある場合」には、連邦大蔵大臣と並んで連邦委員に通知することが、それぞれ義務づけられている。

3　閣議への出席

指針第四項によると、連邦委員がその提案や考え、経験を直接連邦政府の活動に反映することができるように、連邦委員自らが必要と考えた場合、もしくは他の連邦大臣が必要と考えた場合には、連邦首相の同意を得て、閣議に出席する権利がある。また自らが出席していない閣議の議事録を閲覧することができる。

つまり、その意味で隠れた閣僚としての機能を持っている。このため、従来、連邦会計検査院長の人事に当たっては、政治的な考慮がなされるといわれてきた。実際に選任された院長の経歴を見ると、従来は、その任命時の与党との関係が深い者が選ばれていた(18)。しかし、新会計検査院法の下で選ばれた最初の院長である現在のフォン・ヴェーデル院長は、典型的な官僚コースを歩んでおり、その意味で、「首相の多数」という不徹底な選出方式にも関わらず、三憲法機関の共同人事が、院長人事を非政治的なものへと移行させせと評価することができよう(19)。

おわりに

本文中に紹介した一九八五年連邦会計検査院法の制定に刺激されたものと思われるが、連邦レベルの財政監督については、近時ドイツにおいて非常に多数の研究が発表されている。したがって、そうした研究の紹介も今後必要と思われるが、それについては将来の発表の機会を待つこととし、本章では、さしあたりわが国会計検査院制度と比較研究する上で重要になると思われるいくつかのポイントに絞って論述してみた。諸氏の参考となれば幸いである。

（1）　連邦会計検査院法は、東西ドイツ統合以前においては所在地をフランクフルトと明記していた(第一条)。しかし一九九〇年に東西ドイツが統合した結果、激論の末、首都がベルリンと定められたのに伴い、連邦省庁の所在地の見直しが行われた。その振り分けに際して、連邦会計検査院は、さしあたりベルリンに移転せず、ボンに残留する省庁の一つと立法上取り扱われた結果、現行連邦会計検査院法においては所在地はフランクフルトからボンに変更されている。しかし、これは立法上の妥協に過ぎず、実際には一貫してフランクフルトに中心がおかれている。ただし、一部局課は、ボン及びベルリンに置かれ、活動している。なお、本所とは別に、後述するとおり、一九九八年度から連邦各地に計九箇所の支局が置かれ、本所の検査の支援活動を行うようになっている。

（2）　日本やドイツの会計検査院の権力分立制度上の地位をどのように理解すべきかについては、拙著『財政法規と憲法原理』一八七頁以降に詳述しているのでここでは論及しない。

（3）　明治憲法下のわが国会計検査院の歴史については、本書第二編第一章参照。

（4）　プロイセン高等会計検査室は、本文に述べたようにドイツ国家会計検査院としての職務を行ったし、それに先行して、本文では言及しなかったが、北ドイツ連邦会計検査院としての職務を行った。が、その法的根拠はいずれも限時立法の形式で与えられた。例えば、一九一〇年にプロイセン高等会計検査室に国家財政の検査権限を授与した法律は、「国家監督法」(Reichskontrollgesetz) であるが、その第一条第一文では次のように定めていた。

「一九〇九年から一九一四年までの全国家財政〈中略〉は、プロイセン高等検査室が『ドイツ国家会計検査院』の資格の下に、一八六八年七月四日付の、一八六七年から一八六九年までの連邦財政の監督に関する連邦法の定める手続きに従い、検査する。」

この規定中で引用されている連邦法が、北ドイツ連邦の財政監督権をプロイセン高等検査室に授権した法律のことである。

(5)　他の欧米諸国と違い、ドイツの財政監督では、早くから検査の着眼点として経済性を知っていた。特にワイマールドイツで制定された国家財政会計法 (Reichshaushaltsordnung) は、その二六条において財政資金は経済的、節約的に使用されねばならない旨明記し、それとの関連で、九六条で国家会計検査院の権限として経済性が検査の観点として存在することを明記していた。しかし、経済性改善の目的で法規の改正提案までは認めなかったこと、会計検査院の合議制が本質的に有する保守性などに阻まれてほとんど実効性を持たなかったのである。この点に付き、石森久広『会計検査院の研究』(有信堂、一九九六年) 七六頁以下参照。

(6)　西ドイツは一九六六～六七年に建国後初めての深刻な不況を経験した(六七年はマイナス成長)。不況による物価安定も作用して、ECの内外に輸出が増加し、一九六八年から経常黒字が拡大し、外貨準備も増大した。この不況の中で、労働者政党であるドイツ社会民主党SPDが建国後初めて政権に就き、欧州共産圏との友好を目指す「東方政策」、不況克服のための「経済安定成長法」の制定など、大胆な新政策を展開した。経済安定成長法は、ケインズ主義政策と労資協調体制によって不況の克服を図るもので、一九六九年の基本法大改革も、これを支えるために行われた。その効果は顕著で、同国は順調に不況から抜け出していくことができた。

(7)　ドイツは一院制を採っている。連邦議会がそれである。ここに連邦参議院と訳した機関は、国民の代表者ではなく、各州政府を代表している機関である。基本法により、地方の利害に関係の深い連邦法については、同院の同意が必要とされている。同意を与えるにあたり、各州政府は人口比等の指標に基づき計算される一定数の票を有し、これを統一的に行使することとされている。

(8)　院長直属の七官とは、具体的には、長事務室（Büro der Präsidentin）、検査事務室（Prüfungsstelle）、総合人事官（Gesamtpersonalrat）、フランクフルト・ベルリン地区人事官（Ortliche Personalrat Frankfurt/Berlin）、ボン地区人事官（Ortliche Personalrat Bonn）、重度身障者担当官（Vertrauensmann der Schwerbehinderten）、婦人問題担当官（Frauensbeauftragte）である。現在、連邦会計検査院はフランクフルトの本庁舎の外に、ボン及びベルリンに分庁舎を持ち、検査課等の一部はそちらで活動している関係から、地区人事官がいるものと思われる。ボン地区人事官はボン庁舎に、フランクフルト・ベルリン地区人事官はフランクフルト庁舎に、それぞれ駐在している。

(9)　連邦会計検査院に関する詳細な一般的紹介は、全国会計職員協会『会計と監査』において、拙稿「ドイツ連邦会計検査院」という形で、一九九八年一〇月以降の各号に連載してあるので、その歴史や組織の詳細に関心のある方はそちらも併読していただければ幸いである。

(10)　一九九八年現在の組織は本文及び組織図に紹介したとおり、九検査局、五四検査課であるから、これに院長、副院長の二名を加えて単純計算すれば、二＋九＋五四で、計六五名にとどまるはずである。その差の三名のうち、一名は、官房と訳した組織の長である。他の二名はＥＵ会計検査院等への出向者である。なお、官房の課と訳した組織の長は検査官ではないが、現実問題として、官房八課のうち六課までは検査課長が官房課長を兼任しており、専任の官房課長がいるのは二課に過ぎない。

(11)　我が国会計検査院の現行憲法制定時における組織改革については、本書第二編第一章参照。

(12)　小林孝輔『ドイツ憲法小史』（学陽書房）一〇八頁では、本文で等族会議憲法と訳した語を、「議会主義的憲法」あるいは「身分的議会制の憲法」と訳しているが、その訳語の妥当性には疑問を持っている。これは文字どおり中世等族会議憲法の成文法化を求めたものと読むのが妥当であり、その等族会議が近世身分制議会と類似した構造を持っていたのに過ぎないと考える。バイエルン公国の場合、ウィーン会議においてこの規定は内政干渉と抗議している。それにも拘わらず押し切られたため、一八〇八年に既に市民代表により構成される一院制の議会を定めた憲法を制定しているにもかかわらず、この規定に基づいて中世等族会議を復活させた憲法を一八一八年に制定している。この二つの憲法の内容を比較しても、一八〇一年憲法の方が明らかに君主権力への集中性の度合いが強い。このことから見ても、小林教授のいうようにフランスの制度などを参考に制憲したのではなく、その地の中世法の成文法化と見るのが妥当であろう。すなわち、ドイツ諸邦の憲法の内容のばらつきは、少なくとも議会制度や財政制度は、その地域の中世法のばらつきを反映したものと考えられる。

(13)　よく知られているように、近代的な財政制度は、イギリスに始まり、フランス、ベルギーを経由してドイツに入り、さらにわが国明治憲法へとつながる。しかし、イギリスやフランスでは、租税の使途指定という形で歳出予算制度が発展したために、歳入予算についての議会承認という制度はなかった。

また、公債の発行による収入は租税収入ではないので、その使途は歳出予算にも計上する必要はないという形で制度が成立した（イギリスでは今日でも計上されない）。

しかし、ドイツ版図で生まれた憲法ではどれでも、租税の承認ばかりでなく、公債の発行にもまた議会の同意が必要と当初から規定されている。民主的基盤の弱いドイツ版図の議会が、英仏を上回る強力な財政権を有していたのは矛盾のように思えるが、これは本文に述べたとおり、等族会議が中世を通じてそうした権限を有していたためである。すなわち本文に紹介したとおり、一八一五年ドイツ同盟規約が、各邦の憲法として等族会議憲法を定めるように求めたため、近代憲法の中に、中世等族会議の権限がそのまま移行したのである。

明治日本では、このゲルマン法の伝統を受け入れ、拡充している。すなわち単にドイツ法を継承して公債を発行する場合について議会の関与を認めたばかりでなく、その他「国庫の負担となるべき契約を為す」場合にも帝国議会の承認が必要である（明治憲法六二条三項）という、当時の世界のどこにもなかった強力な財政統制権を議会に与えのがそれである。この規定が、今日の憲法八五条の定める契約授権権能へとつながっているのである。

このように、ドイツ中世の等族部会憲法は、本文で述べた財政監督ばかりでなく、ひろくわが国財政制度に強い影響を与えているので、もっとわが国憲法学でも検討の対象となって良いと思われる。

(14) 新連邦会計検査院法制定を巡る問題については、次の論文が参考になる。
Wittrock, Karl "Auf dem Weg zu einem Bundesrechnungshof-Gesetz" DoV 1984s, 649.
Eickenboom, Peter "Das neue Bundesrechnungshofgesetz" DoV 1985s, 997.

(15) 事務分掌を毎年度見直すということは、単なる建前ではなく、かなりドラスティックに実施しているもようである。一九九六年度と九八年度の分課分掌表を入手することができたが、両者は驚くほどの相違を見せている。

(16) 一九六五年四月一四日「行政の経済性に関する連邦委員の活動に関する指針」は次の内容である。
一、連邦委員は、提案または鑑定により、合目的、単純、かつ経済的な連邦行政と財政運営の形成に影響を与え、連邦政府にこの目的を達成するため勧告する。
　連邦委員の業務範囲は、特別財産を含む全連邦行政並びに連邦会計検査院の検査に服するすべての地位及び資金である。

　連邦委員は、それにあたり、連邦、州、市町村及び市町村連合体の間の業務区分並びに連邦行政内部の業務区分に配意する。

　連邦委員は、自らの発意により、もしくは連邦政府、連邦大臣の依頼により勧告活動を行う。連邦委員は、連邦議会もしくは連邦参議院から希望があれば、連邦議会もしくは連邦参議院に対し勧告しなければならない。書面による鑑定は、依頼者もしくは鑑定に関係する資源に直接に関係する者に対し、伝達されなければならない。他の者に対しては、依頼者もしくは関係者の同意がある場合にのみ、交付することができる。
二、連邦政府及び連邦大臣は、組織上のもしくは財政上の措置であって広い適用範囲があるもの、もしくは予算案の策定または提出に関係あるものは、連邦委員に対し配布しなければならない。

三、連邦委員は、州機関ないし市町村機関の設置及び権限を調査するため、その同意を得て州政府と関係を持つ権限を有する。州の依頼により、その費用負担により活動することもできる。
四、連邦委員は、連邦議会または連邦参議院の本会議もしくは委員会に、自ら出席し、もしくはそれらの議事規則の定めるところにより代理人を出席させることができる。
　連邦委員は、自らの発意により、もしくは連邦大臣の提案により、連邦首相の同意を得て、閣議に出席することができる。

　連邦委員は、その出席した閣議の議事録を得る。また、連邦首相の同意を得て、その他の閣議の議事録を閲覧することができる。
五、連邦委員は、現地調査を行い、もしくはその代理人に行わせることができる。これにつき、担当の連邦大臣に通知する。現地調査対象機関の長は、連邦委員もしくはその代理人をあらゆる観点（例えば情報、書類の提出、補助者の任命）から支援しなければならない。

(17)　一九八六年八月二六日「行政の経済性に関する連邦委員の活動についての指針」は次の内容である。
一、会計検査院の院長は、伝統的に行政の経済性に関する連邦委員に任じられる。連邦委員の任命は、会計検査院の院長として任命された後に、連邦政府により決定される。決定にあたっては、事前に本人の同意が必要である。会計検査院の副院長を代理人とする。
二、連邦委員は、提案、鑑定、もしくは見解表明を通じて、連邦業務並びに特別財産及び企業を含む連邦行政にかかる組織の経済的な達成に寄与する。第一文に基づく勧告は、連邦の立法活動にも及ぶものとする。
　連邦委員は、所管の連邦大臣に事前に通知して、自ら実地調査を行い、あるいは代理人に行わせることができる。調査は関係機関からあらゆる観点（例えば情報もしくは書類の提供）で支援されるものとする。
三、連邦委員は、連邦政府、個々の連邦大臣、連邦議会または連邦参議院の発議、もしくは自らの発意により、勧告活動を行うことができる。連邦議会または連邦参議院に対して勧告を行った場合には、同時に連邦政府に通知する。他の機関でその業務範囲が調査の情報もしくは結果と関係あるものに対しては、連邦委員はその提案、鑑定もしくは所信表明を、所管の連邦大臣の同意ある場合に限り、送付することができる。

四、組織及びその他の措置であって著しい財政上の関わりのあるものについては、連邦大臣は、適時適切な方法で連邦委員に通知しなければならない。但し、連邦財政会計法一〇二条、一〇三条の定めるところにより、会計検査院に通知されるものについてはこの限りではない。

連邦委員は、閣議に、自らの発意により、もしくは連邦大臣の発意により、連邦首相の同意を得て、出席することができる。連邦委員は、自ら出席した閣議の議事録を得る。また、その他の閣議の議事録を、連邦内閣官房長官の同意を得て閲覧することができる。

五、連邦委員は、所管の連邦大臣の賛同を得て、関係者が同意した場合、第二項第一文の意味における連邦に直接属する公法上の法人もしくは補助金受領者において活動する権限を有する。連邦委員は、州及び市町村機関の設置及び活動方法について、その同意を得て、州政府に通知する権限を有する。

(18)　ハンス・シェーファー前々院長はＦＤＰ党首ゲンシャー外相にきわめて近い人間であったと言われており、ヴィトロック前院長はＳＰＤの現職連邦議会議員であったが、それを辞任して院長に就任している。

(19)　現在のヘッダ・フォン・ヴェーデル院長の経歴を簡単に紹介すると、彼女は一九四二年七月に生まれ、一九六九年に法学博士号をとり、七〇年にニーダーザクセン州で司法試験に合格、七一年に同州ヒルデスハイム郡庁に公務員補として就職、七二年に三級事務官になり、七三年にニーダーザクセン州公務員研修所長になる。同年、上級職甲公務員としての資格を満たし、上級事務官に昇格、その後、ニーダーザクセン州の中の各部署を異動しつつ昇進し、最後に八三年から九〇年まで同州食糧・農業・林業省事務次官を勤めている。そして九〇年に連邦議会により連邦会計検査院長に選出された。

第二章　バイエルン州の財政と財政監督制度

はじめに

ドイツは一九九〇年に東西ドイツが統合された。旧東ドイツには州制度が存在していなかったから、当然州レベルの最高財政監督機関としての会計検査院も存在しておらず、統合とともに設立された（これについては次章に紹介したい）。

これに対して、旧西ドイツでは、ベルリンを例外として、他の州はすべて州の最高財政監督機関としての州会計検査院が存在していた。これについては、いずれもかなり強い共通性を持っているので、その代表例として、西ドイツ地域の州の中でも最古の歴史を持つ州会計検査院であるバイエルン州最高会計検査院を紹介することとしたい。

一　バイエルン州概観

ドイツの最南部に位置するバイエルン州は、その正式名称をバイエルン共和国（Freistaat Bayern）という。州が共和国と名乗っていること自体、それがれっきとした主権国家の証といえる。国家としての誕生は、六世紀の

表１　ドイツ隣接EU諸国との面積比較

オーストリア	８万4,000平方キロメートル
バイエルン州	７万平方キロメートル
デンマーク	４万3,000平方キロメートル
オランダ	４万1,000平方キロメートル
スイス	４万1,000平方キロメートル
ベルギー	３万1,000平方キロメートル

表２　ドイツ隣接EU諸国との人口比較

オランダ	1,545万人
バイエルン州	1,199万人
ベルギー	1,013万人
オーストリア	805万人
スイス	720万人
デンマーク	523万人

バイエルン公国に遡ると言われ、現在のドイツ諸州の中でも最古の歴史を誇る（二番目に古い州はブレーメン市で、八世紀にまで遡れる）。

現在ドイツには、全部で一六の州があるが、バイエルン州は面積が約七万平方キロメートルあり、最大の面積を持つ州である。ドイツ全体の面積は三五万七、〇〇〇平方キロメートルであるから、バイエルンは、一州でドイツの二割弱の面積を占めることになる。また、バイエルン州の人口は一一九九万人である。ドイツ全体の人口は八一八二万人であるから、バイエルンはその一五％弱に相当する。ルール地方を抱えるノルトライン・ヴェストファレン州には少々負けるが、人口でもドイツ第二になるという巨大州である。

この数字を、もう少し別の面から理解して頂くため、ドイツ近隣のＥＵ諸国と比べると、面積では**表１**のとおり、バイエルン州はデンマーク、オランダ、スイス、ベルギーの倍近く広いことになる。バイエルン州と直接国境を接する隣国のオーストリアは、若干広いのであるが、山がちの国であることを考えると、平野の州であるバイエルンの方が実質的には広いといえるかも知れない。また、人口面で比べると、**表２**の通り、過密な人口で有名なオランダだけがバイエルン州を上回るだけで、あとはいずれもバイエルン州の方が多いということになる。

これら諸国の中でも特にオーストリアは、人口・面積ともにほぼ同等と言えそうである。

バイエルン州が、今日でも独立国家として存続できるだけの規模のある州だということがお判りいただけると思う。そこに地方自治体としては、七県七一郡二五市二〇三一町村が存在している。

ちなみに、日本全体の面積は三七万三、〇〇〇平方キロメートルであるから、ドイツは日本よりわずかに狭いわけである。都道府県レベルで比べると、北海道の面積が七万八、〇〇〇平方キロメートルであるから、バイエルンはこれより一割ほど狭いのである。しかし人口で見ると、北海道は五六九万人であるから、バイエルン州には、その二倍の人口があることになる。バイエルンの首都ミュンヘンの人口は一二〇万人で、これも北海道の道庁所在地札幌市の人口一一〇万人と大差ない。イメージ的には、北海道に東京都程度の人が住んでいるところを考えれば、バイエルンになる。

ただし緯度的には、バイエルン州は四八度前後であるから、日本の付近で言えば、北海道より北、だいたい樺太辺りに相当する。しかし、ユーラシア大陸の東端に位置する日本の冬が、大陸の影響で厳しいのに対して、その西端に位置する欧州は、その東にある大西洋の影響で比較的温暖な気候であるため、バイエルンの気候は北海道と似たり寄ったりと考えて差し支えない。

二　バイエルン財政監督の歴史

(一)　中世の財政監督

ドイツの中世における封建国家において、財政監督の担い手は、その国の等族会議（Landesstände）であった。

バイエルンはその典型とも言える国である。等族会議は、その国の領主に対立する存在で、貴族、僧院及び都市の代表者で構成されていた。等族会議は、新たな租税を許可する権限を持ち、自らが許可した租税を徴収し、管理する義務を負っていた。従って領主の政府は、それによる収入額や状況がどうなっているのかは知らされなかった。また、徴収した租税は、領主に引き渡されるのではなく、等族会議が、領主の債務を引き受け、支払うという形態をとった。領主は、普段の国家運営は、自らの領地からの年貢収入など、自らの固有の収入で賄わねばならない。戦争や城の築造など、普段の収入ではやっていけない特別の理由が発生した場合のみ、租税の徴収が可能となった。この場合、等族会議は、その支出の妥当性を審議したわけである。

例えば、一二九〇年頃、バイエルン大公は引き続いた戦争により財政危機に陥った。等族会議は、審議の結果、租税を課することを許可したが、同時に、大公に城の運営費を節減するよう条件づけた。

一六世紀になるともっと極端な例が現れる。バイエルン大公オトハインリヒは一五二一年に聖地エルサレムへの巡礼の旅から帰ってきた。等族会議は彼に忠誠を誓ったが、それと同時に、将来からは国内にとどまること、また、これ以上浪費するようなことはしないように、と戒めた。しかし、彼はドナウ川の畔のノイブルクに巨大な城を築造した結果、負債の山に埋もれるほどになった。一五四四年、等族会議は、この負債を引き受けることを決定したが、それと同時に大公から政治の実権を剝奪し、年金付きで追放した。なお、このオトハインリヒは、その追放先で再び実力を蓄えてプファルツ選帝侯にまでのし上がり、新たな城作りを始めた。それが周知のハイデルベルクの城である。

この先例にも関わらず、バイエルンでは、なおも浪費者の大公が後を絶たなかった。一五八〇年まで大公の地位にあったアルブレヒト五世は芸術の愛好家で、幸せな生涯を送った人であった。彼の城の中ではいつも音楽が演奏されており、その音楽家達が法外な給料を取っていることが問題であった。等族会議がその負債の引き受けを承認しなかったので、結局、その負債は、息子のウィルヘルム五世が承継することになった。可哀想に、ウィルヘルムは負債との多年の戦いに疲れ果てて神経をやんだため、大公の地位を息子のマクシミリアンに引き継いだ。これらの大公の代替わりは、いずれも自発的に行ったものではなく、等族会議の圧力によるものであった。幸い、マクシミリアン一世は財政の天才で、短期間に祖父の負債を一掃することができた。厳しい節約と、それに等族会議の強力な後押しと財政監督が、彼の治世にはくっきりと刻印されている。

イギリス議会の財政権獲得のための長年に渡る闘争は有名である。そうした多年の努力が現代の各国財政制度に反映していることは事実である。しかし、バイエルンでは、それよりも古くから、当然のこととして等族議会が、近代イギリス議会の最盛期をはるかに上回る強力な財政権を行使していたことは注目に値するであろう。

こうした強力な財政権は、バイエルンの専売特許ではなく、ドイツ諸邦の等族会議に共通した特徴であった。この等族会議の持つ財政権が、プロイセン王国憲法を経由して我が明治憲法に継受され、さらにわが国独自の伝統までが加味された結果、帝国議会に、当時の世界の憲法の中では、例外的なほどの強力な財政権を認めることになる。それがさらに現行憲法に反映している。我が現行憲法は欧米のいずれの国の憲法にも例がないほどの強力な財政権を国会に承認しているが、その源流は、こうしたドイツ諸邦の等族会議にあるのである。

(二)　会計検査院の誕生——王国時代の会計検査院

会計検査院は、どこの国でも戦争その他の理由から、国の財政が大赤字になったときに創設されるのが普通である。バイエルン州の会計検査院もその例外ではない。

かってドイツを中心とした欧州中央部には神聖ローマ帝国と呼ばれる大帝国が繁栄していた。ちなみに、今日のＥＵは、ほぼこの神聖ローマ帝国の版図に匹敵するため、その再興といわれている。この神聖ローマ帝国は徐々に衰退していったのであるが、最終的に完全に滅ぼしたのはナポレオンで、一八〇六年にドイツに侵入したときのことであった。しかし、ナポレオンは、帝国は滅ぼしたものの、旧神聖ローマ帝国全土をその直接的支配下においたわけではない。オーストリアからもぎ取った国々でライン同盟を組織させ、これを通じて間接的に支配するという形態をとったのである。バイエルン公国は、当初はナポレオンと戦ったが、後にこれに降伏し、以後の戦いではフランス側に立つ。その結果、帝国の滅亡に際して、勝利者として、オーストリアからの独立を勝ち取った。すなわち、この一八〇六年以後、バイエルンはライン同盟に加入し、神聖ローマ帝国内の公国から、独立の王国となることを認められる。

時のバイエルン王マックス・ヨーゼフは、この帝国の一領邦から独立国家になる難しい時期の国の舵取りをフランス人マクシミリアン・フォン・モントグラス伯爵を宰相に起用して委ねた。モントグラスは教養の高い知性人であったが、同時に血も涙もない計画一点張りの辣腕家であった。彼は、この帝国の崩壊というどさくさをよいことに、近隣の公爵領や伯爵領（すなわち帝国との関係ではバイエルン公国と同格の国家）、さらに中小の騎士領を、バイエルン公国に併合した。また、その版図内のキリスト教会所有地の国庫への編入も断行した。この結果、バイエルン公国の版図は一気に倍以上に膨れ上がって、ほぼ今日のバイエルン州に相当する範囲が、その支配下に入ったのである。すなわち、その時以前のバイエルンは、古バイエルン地方とプファルツ地方という二つの地方で構成されていたのであるが、この時から、フランケン地方及びシュヴァーベン地方が加わったのである。

正確に言えば、一時期は、その他に今現在オーストリアに属するチロル地方や、さらに北部イタリアのトリエント市を中心とする地域までが加わっている。だから、この時代のバイエルンは、地域の広さだけをみるなら立派な大国であった。

しかし、このような領土拡張策は、財政的には大変な大失敗であった。というのは、これら近隣の国家がモントグラスの政策に大きな抵抗を示さなかったのは、それらの国家が実は破産状態にあったに他ならなかったからなのである。これら新規の地方の編入を断行することで、バイエルン公国が引き継いだ国家負債の額は、九、〇〇〇万グルデンといわれる。他方、本体のバイエルン公国の財政の方はというと、ナポレオンのロシア遠征に協力するために行った人的・物的負担がのしかかってきて、二、八〇〇万グルデンの負債を抱え込んでいた。この結果、ナポレオンのロシア遠征の前年に当たる一八一一年段階での負債総額は一億一、八〇〇万グルデンに達していたのである。他方、その年の国家歳入は、といえば、わずかに五〇〇万グルデンである。つまり歳入をすべてそのまま負債の返済に回しても、元本の返済だけでも四分の一世紀は掛かるという状態だったのである。バイエルン王国も、事実上破産状態に陥ってしまったといえる。

しかし、ここで、宰相モントグラスはその辣腕家としての真骨頂を発揮する。

彼の施策は多方面に渡るが、財政に関するものだけに限定すると、まず第一に、バイエルン史上初めて、国家財政の統合を断行する。それまで、バイエルンの財政は、今日の我が国の財政になぞらえれば、多数の特別会計が乱立していて一般会計分がほとんどないというような感じで、誰にもその全貌が把握できないという状態だったのである。それを整理統合して近代的な統一会計を導入したわけである。

第二に、負債の計画的な償却と統制を始める。特に、国の財政と負債の総額に関する決算書を作って現状把握を可能にした点が重要である。

第三に、もっとも決定的な効果を上げたのが、ここに紹介している会計検査院の創設である。今現在、ドイツ各州の会計検査院は、たいてい州会計検査院（Landesrechnungshof）と名乗っているが、バイエルンだけは、最高会計検査院（Oberste Rechnungshof）と名乗っている。その名称は、この設立時以来、一貫した由緒あるものなのである。時に一八一二年一〇月二〇日、ナポレオンが冬将軍に破れ、モスクワから撤退を開始した翌日のことであった。

ちなみに、今日のドイツ版図内に位置する諸国の会計検査院の創設年を古いものから順に上げると、一七〇七年のザクセン、一七一三年のプロイセンの二つがずば抜けて古いものである。プロイセンのそれが、今日の連邦会計検査院の源流と見なされていることは、前章で紹介したとおりである。これはいわば絶対王政に奉仕する目的で設立された会計検査院ということができる。

ついで、一七七三年にブラウンシュヴァイク、一七七九年にヘッセン、一八〇九年にバーデンでそれぞれ創設されているから、バイエルンのこの一八一二年創設は、その次に位置することになり、六番目の設立ということになる。この第二期の会計検査院は、市民革命期を迎えた激動の時代に、国家の存続をかけて設立されたという共通性を持っている。もう創立二〇〇年目も間近いというその歴史の長さは、もちろん我が国会計検査院の歴史を大幅に上回るものである。

発足時点における会計検査院の設置に関する勅令が残っているが、それによると院長一名、局長一名、審議官一〇名など、勅令上に、官職名及び俸給が明記されているものだけで、総計一二名を数える。設立当初の組織としては、すでにかなり大型の検査組織と言えそうである。

この会計検査院は、政府直属の、より正確に言えば、大蔵省所属の機関と位置づけられた。検査報告も大蔵省を通じて国王に提出されることになっていた。

この時代は、ナポレオン戦争によって、各国の国民の間に自由主義が普遍化していたから、国王マックス・ヨーゼフとしては、この国難の時期を、単に専制君主的に君臨することで乗り切ることはできない。国民からの協力を得るためにも、自由主義的な体制を確立する必要がある。その一環として断行されたのが、憲法の制定である。一八〇八年制定のこのバイエルン憲法（Konstitution für das Königreich Bayern）は、近代憲法としてはドイツ最古のものである。

このバイエルン一八〇八年憲法第一章第二条は、等族会議を廃止し、一院制の国民議会（National Repräsentation）とした。議員は、「豊かで声望があり、有能な」土地所有者もしくは商工業者に限られており（第四章第一条）、貴族も僧侶も含まない点で、意外なほど近代的な規定といえる。今日のわが国の根本原理でもある国民主権原理を純粋に憲法化すると、このように、身分の別なく、国の将来を考える人だけを議員とする制限選挙形態になる。フランス革命直後のフランス憲法もこのような定めをおいており、バイエルン憲法はその影響下に成立したものと思われる。

議会は全王国を平等に代表すること、全王国は同一の法律により、同一の原則に基づいて支配されること、したがって税制も全王国で同一であるなどの諸点が明記されていた。しかし、それ以外の点での議会の権限ははっきりしない。モントグラスとしてはできる限り議会の権限を削減した訳である(1)。

ナポレオン滅亡後の一八一五年、欧州にナポレオン以前の秩序を再建するために開催されたウィーン会議で、神聖ローマ帝国に代わるドイツ地域における統一体としてドイツ同盟が、オーストリアやプロイセンなどを中心に設立された。ドイツ同盟規約（Teutsche Bundes acte）第一三条は「同盟加盟国は、等族会議的憲法を施行する」

と定めていた。これは、議会政自由主義を要求する国民の目をごまかすため、中世の等族会議を復活しようというオーストリア宰相メッテルニヒの策謀によるものであった。オーストリアは神聖ローマ帝国の中心であったから、早くからローマ法の影響を受けて、等族会議の権限は衰退していたので、同国としてはこれで十分であった。しかし、先に紹介したように、バイエルンなどでは、等族会議は大公の更迭までできるほどの強大な権力を持っていた。せっかくモントグラス憲法で、それを剝奪したというのに、また復活しろというのは絶対王政を指向していたバイエルンとしては迷惑な話である。そこで、会議の席上、バイエルン代表などは、この規定は主権の侵害であると抗議している(2)。

しかし、会議で決まったことなので、バイエルンでは、再び憲法を制定する。これが一八一八年憲法(Verfassung)である。

この憲法では、議会は等族会議集会（Ständе-Versammlung）と呼ばれ、貴族で構成される第一院と庶民で構成される第二院の二院制になる。庶民院といっても民選議員ばかりでなく、大学代表、教会代表、都市代表等も加えて構成されていたから、モントグラス憲法から見るとかなり後退している。

しかし、等族会議のかっての権限そのものは、復活を認めざるを得ない。それは多方面に及ぶが、本章の中心命題である財政関係の規定を紹介すると次のとおりである。

第七章　等族会議集会の権限範囲

第三条　国王は、等族会議の同意を得て、直接税を徴収し、もしくは新たな間接税を課し、ないしは変更する。

第四条　等族会議は、そのため、開会後国の正確な支出及び租税収入総額（予算）を提出を受ける。これは委員会によって検査され、その後、租税の徴収に関する勧告を行う。

第五条　通常の、確認され規定されている国の支出及び準備積立金に充当するため資金を賄うため、必要とされる直接税は、六年間有効とする。

第八条　支出予算額を超過したり、予見しがたい支出があり、所定の国家収入ではこれを賄えない場合には、等族会議に、臨時税の承認を求めることができる。

第九条　等族会議は、租税に、何の条件も付けないことができる。

第一一条　国のすべての債務は、等族会議の管理下にある。すべて新しい債務の負担は、等族会議の承認を必要とする。(3)

これは、ほとんど現代民主主義国家における議会財政権に匹敵する。改めて中世におけるその権限の強大さに驚かされる。

このように、財政権が明確に議会に帰属した結果、焦点に立ったのが、財政監督機関である会計検査院である。すなわち、会計検査院を巡って、議会と国王の間で争奪戦が始まったのである。国王としては、会計検査院は大蔵省に属するものであるから、その報告は単に大蔵省にだけなされるべきであり、会計検査院は独立性は有せず、その構成員に何らの身分保障も与えられない、という立場を固守した。これに対して、議会は、会計検査院に独立性を付与し、また、予算決定権の当然の帰結として会計検査院の報告は議会に対してのみ提出されるべきであると主張して、国王と争ったわけである。

時の会計検査院院長フォン・ゾイターは、議会に与して会計検査院の大蔵省からの独立を勇敢に主張したが、その結果、プファルツ県に左遷されて、二度と首都に戻ってくることはできなかった。当時のバイエルンでは、プファルツは最悪の左遷場所と意識されていたのである。こうしたことから、会計検査院独立機関論は叩きつぶされ、バイエルンでは、一八世紀、一九世紀を通じて大蔵省所属機関として存在を続けたのである。

一八七一年、プロイセン王国はフランスを撃破し、皇帝ナポレオン三世を捕虜にするというすばらしい勝利を上げ、ベルサイユ宮殿の鏡の間でドイツ皇帝として戴冠式を上げた。この時、バイエルンも帝政ドイツ国家に参加する。しかし、このドイツ国家は、それまでの各領邦国家をそのまま州とした連邦制で、緩やかな結合を行ってるに過ぎず、中央政府としてバイエルンの内政に干渉することはなかったから、会計検査院の地位についても変化はなかった。

しかし、二〇世紀に入って思いもかけないところから道が開けた。州大蔵大臣が、予算として議会からの承認を得ないままに三九〇万マルクの赤字を出す財政運営を行ってしまったのである。この機をとらえて、一九一〇年に、州議会は、州政府に対して会計検査院の一九〇六年及び一九〇七年決算検査報告を議会に提出することを求めたのである。そして、予算の遵守を要求している会計検査院報告を守ることを州大蔵省に承認させた。このとき以降、会計検査院の検査報告が毎年議会に提出されるようになったのである。ただし、この段階ではもちろん政府を経由してであって、直接議会に提出する権利が認められたわけではない。

同時に、会計検査院の地位が強化された。一九〇八年には、会計検査院の構成員に裁判官同様の独立性が保障された。ただし、これは憲法的な保護ではなく、バイエルン公務員法一八四条が、それを保障するという形を採ったものである。

(三)　ワイマール共和国時代の会計検査院

第一次大戦の終了により、帝政国家が崩壊し、一九一九年にワイマール憲法が制定されて、ドイツは共和国家となった。そこで、バイエルンでも歩調を揃えて改憲が行われ、その中で、会計検査院の地位と機能が強化された。すなわち、同憲法五七条二項は、「司法及び会計検査院活動の独立性は、侵害することはできない」と定め、また六九条で裁判官の独立を定めると同時に、検査官は裁判官同様の地位にあると定めていた。ワイマール憲法が、会計検査院について何ら言及していないことを考えると、この時のバイエルン州憲法が非常に先駆的性格を持つものであることがよく判る。

なお、バイエルンでいつ頃から三Ｅ検査が始まったかは、よく判らない。しかし、少なくともこの時点においては、裁判所と同列に規定されていることから見ても、その権限が合法性と数額的正確性に限られていたことは確実と思われる。もちろん、合法性の枠内で経済性等の検査の観点を事実上行使していたことはあり得るが、それでは制度の枠を破壊することを要求するような真の意味での経済性検査にはなり得ない。

この憲法制定の時までは、議会は、会計検査院に対して、必要があれば報告の提出を求めることができる、というものであった。これに対して、新憲法では会計検査院は議会に対して定期的に報告の提出を義務づけられた。報告を提出する根拠は、その報告に基づき、議会が、政府の財政運営の責任を免除することにあるとされた。ただし、報告は、政府を経由して提出されるのであって、直接議会に提出されるのではなかった(同八四条三項)。すなわち、会計検査院院長は依然として議会との直接の接触は許されなかった。会計検査院の財政権及び人事権は依然として大蔵省の下にあったのである。したがって、せっかくの裁判官類似の独立性も、限定的な効果しか上げることはできなかった。

一九三六年五月五日に、「州財政運営法（Gesetz über die Staatshaushaltsführung des Landes）」が制定され、一九二二年に制定されていた国家財政会計法（Reichshaushaltsordnung）の、国家会計検査院に関する第五章の規定が、バイエルン最高会計検査院にも読み替えて適用されることになり、ようやく会計検査院に、政府に対して独立で、法律にのみ従うという地位が認められ、それに伴い、財政権及び人事権もようやく自ら行使できるようになった。しかし、これは少々遅すぎた改革といえる。というのは、一九三三年一月には、アドルフ・ヒットラーはワイマール共和国首相となり、国家レベルでは、すでに中央集権を強く志向するナチスの独裁政治が開始されていたからである。財政監督の分野では、同じ年の六月一七日に「財政運営、会計制度及び会計検査に関する国家法」（Reichsgesetz über die Haushaltsführung, Rechnungslegung und Rechnungsprüfung）が制定されていた。これにより翌一九三七年四月一日から、バイエルン最高会計検査院は、ポツダムにある国家会計検査院のバイエルン支局ということになってしまったからである。なお、この一九三六年は、日本とドイツの間で、悪名高き防共協定が締結された年でもある。

㈣　第二次大戦後の会計検査院

一九四五年に第二次大戦が終了すると、バイエルン州に幸運が訪れる。バイエルンは、アメリカ軍によって四月三〇日に占領され、ほぼ州としての一体性を保ったまま、アメリカ支配地域となったからである。アメリカ軍政府は占領地支配の基本方針として、強力な連邦国家型の支配をするという重要な決定を下した。すなわち、アメリカ軍政府の支配地域に属する他の州とは切り離して、バイエルンの自主性を尊重する、ということである。

これを受けて、直ちに（正確には占領開始後一五日目に）バイエルン最高会計検査院の再興が決定された。財政が、独立機関によって検査され、その報告が直接議会に公開されるというのは、民主主義の基本原則であるということを、アメリカ軍政府は正確に認識していたのである。五月末に、軍政府の下にバイエルン州政府が発足すると、六月二〇日には、国家会計検査院ミュンヘン支局を「バイエルン会計検査院」と名付けることが決まり、院長も発令され、八月一日から正式に活動を再開した。翌四六年七月には、名称も昔に戻して「バイエルン最高会計検査院」とすることが決まった。

一九四六年一二月に制定されたバイエルン憲法では、その八〇条二項で「会計検査は、裁判官的独立性を持つ会計検査院により行われる」と明確に規定した。ちなみに、現行ドイツ基本法が制定されたのは一九四九年のことであるから、それより三年も前にバイエルン州憲法は制定されていたわけである。現代ドイツ連邦内の州憲法としても最古のものということになる。

日本の会計検査院は、戦前は、課長以上の終身在職権を持つ職員で構成する会議が最高の意思決定機関である、という現在のドイツ型の意思決定制度を採用していた。しかし、第二次大戦終了後のアメリカ軍統治時代に、皆さんご存じの通り、アメリカ流の独立行政委員会制度、すなわち、身分保障を有しているのは、検査官会議を構成する三名の検査官だけで、調査官は、その会議に付設される事務総局に属するという制度に変更され、現在に至っている。

これに対して、バイエルン会計検査院は、同じくアメリカ軍施政下にありながら、従来の合議体による意思決定型をそのまま温存することができた。日本では、多数の職員に身分保障があると、かえってサロン的雰囲気になって検査の迫力を失うと組織改編の機会を狙っていたのに対して、バイエルンでは、合議体制度こそが検査組織の本質と確信していた、という認識の差異を示したものであろう。その制度の詳細は、現在の組織そのものであるので、後で詳しく説明したいと思う。とにかくそのポイントは、課長以上の全職員が、合議体の一員として、院長と同等の決定権を持つ、という点にある。

なお、この設立時点では新規の会計検査院法は制定されなかったようである。おそらく従前の院法を慣習法的に適用して組織を運用していたものと思われる。戦後最初の院法は一九五一年に制定されている。この時の院法は、正式名称を「国の決算検査、行政検査及び財政検査に関する法律」という。

これはあきれるほど詳細に会計検査院の権限を規定している。例えば第一条に「検査に服するもの」として国の歳入・歳出から始まって政府から会計検査院に検査を依頼されている許認可団体まで、一二項目も掲げられている。ただ、検査の中身はすべて合法性や数額的正確性に限定されており、この規定から見ると、三Ｅ検査はやはりその権限には含まれていなかったことは確かである。そして、連邦レベルのように、経済性検査を担当する委員を創設する、ということも行われなかったから、おそらく経済性検査は行っていなかったものと思われる。やたらと漠然とした表現をとっているが、この点については、バイエルン会計検査院自身（正確にはその職員）が良く知らず、私が調査した限りでも、そうした例は見つけられなかったというに止まり、正確なところが判らないのである。

その後、連邦基本法が、一九六九年に、いわゆる財政大改革を断行し、基本法を改正して財政監督の内容として三Ｅ検査権を明確に承認したことは、連邦会計検査院に関して紹介した。それを受けて、バイエルンでも一九七一年に憲法が改正され、バイエルン会計検査院法及びバイエルン財政会計法が全面的に改正され、今日に至っている。当然、この院法では、三Ｅ検査がその主役に躍り出てきている。

さらに、一九九八年にバイエルン州憲法の会計検査院に関する規定が改正され、院長の任命権を議会が保有することになった。会計検査院の地位が、議会に対してより密接になったわけである。これについても、後に詳しく述べたい。

三　連邦主義と州及び地方自治体の財政

冒頭に述べたとおり、ドイツは連邦国家である。連邦国家の財政をどのように構成するかについては色々な考え方があり得るが、ドイツの場合には、かなり徹底した分離主義をとっている。

ドイツ基本法一〇四条a（この規定は、先に述べた一九六九年財政大改革で設けられた。）第一項は、「連邦及び各州は、この基本法が別段の定めをしていない限り、その任務を遂行するに当たり生ずる経費を別々に負担する。」と定めてこの原則を明らかにしている。

経費を別々に負担するには、別々の租税収入が確保されていなければならない。基本法一〇六条は、どのような連邦、州及び地方自治体に、それぞれどのような租税収入が帰属するかについて、詳細な定めをおいている。バイエルン会計検査院一九九七年度検査報告書に、一九九六年度の連邦全体の租税収入の分配額が書かれているので**表3**に紹介した。

最後の共同租税というのは、税の種類そのもので連邦とか州とかを分ける代わりに、共同で徴収した租税収入を、別に定めた方式に従い、分配する、というやり方の租税である。分配割合は、年によって見直しが掛けられる。九六年度の場合、**表4**のようになる。以上の数字を整理して、最終的にそれぞれの収入割合を示すと、**表5**になる。

表３　租税収入の分配

	金　額 （単位億マルク）	割　合 （％）
連邦租税分及び関税	1,445	18.0
州租税	385	4.0
市町村租税	620	7.0
共同租税分	5,550	69.0
計	8,000	100.0

表４　共同租税分の配分割合

	金　額 （単位億マルク）	割　合（％） 連邦	州	市町村
所得税	2,625	42.5	42.5	15.0
法人税	295	50.0	50.0	—
消費税	133	50.0	50.0	—
利子課税	121	44.0	44.0	12.0
売上税	2,372	50.5	49.5	—

注：金額は末尾を切り捨てているので、第一表の共同租税分の合計とは一致しない。

　租税の名称は便宜的に訳したもので、我が国の同一名称の租税とは内容が必ずしも一致しない。

表５　租税収入の最終的な配分割合

	金　額 （単位億マルク）	割　合 （％）
連邦収入	4,028	50.3
州収入	2,943	36.8
市町村収入	1,029	12.9
計	8,000	100.0

この州収入を、一六の州が分けるわけである。分配方法は、原則として、その租税を徴収した地域が属する州の歳入になるというものである。バイエルン州の場合だと、一九九六年度の租税収入額は四五一億マルクになる。

ただし、このままで各州や自治体の収入を固定してしまうと、人口が多かったり、有力産業のある州や地方自治体が有利になる。そこで、財政調整という制度が存在している。連邦の平均値を挟んで、それより上の収入のある州は、下の州に一定の割合で資金を交付する、という制度である。

バイエルン州は、ＢＭＷなど世界的な大企業も存在しているが、基本的には農業州なので、ルール工業地帯を抱えたノルトライン・ヴェストファレン州などに比べて相対的に貧しいといえる。そのため、これまではずっと財政調整金を貰う側にいた。しかし、ドイツは一九九〇年に東ドイツを吸収した結果、その支援の必要が発生した。当初は、その救済のためドイツ統一基金が設けられて、その枠で支援していたため、旧東ドイツ諸州は州際財政調整には参加していなかった。しかし、ドイツ統一基金による救済期間が一九九四年で終了したため、九五年からは旧東ドイツ諸州もこの財政調整に参入してきた。この結果、この年以来、バイエルンも財政調整金を支払う側にまわっている。その財政調整の計算はちょっと複雑なので割愛するが、最終的にバイエルンが他州に支払うべき負担分は二八億三四〇〇万マルクとなっている。

このようにせっかくの租税収入を他州に交付した結果、調整後に諸州の財政を比べると、バイエルン州は、その主張するところに依れば、連邦内でもっとも貧しい州になっているそうである。そこで、現行の財政調整制度は違憲として、憲法裁判所に提訴しようということを州政府では、私が調査した一九九九年三月時点では検討中とのことであった。

以上のような租税収入を基礎に、連邦、各州及びその州内の各地方自治体は、それぞれ基本的には相互に独立して財政運営を行っている。

したがって、当然その財政監督も相互に独立しているわけである。今現在、ドイツには全部で一六の州がある。したがって、それに連邦会計検査院を加えて一七の、相互に独立し、対等の地位に立つ会計検査院が存在しているわけである。

しかし、実際問題として、連邦と州、あるいは州と州とが共同で出資している事業などがある。このような共同出資事業の検査の場合、各州会計検査院がバラバラに検査に行ったのでは検査を受ける方も堪らないし、行う方でも非能率である。そこで、バイエルン財政会計法では二つの方法を予定している。第一は、共同検査を実施する、という方法である。第二は、他の会計検査院に検査を委託し、結果の報告だけを貰うという方法である。

また、検査技術の研究や調査官の研修なども、一七の会計検査院が共同で行っている。そのため、毎年、会計検査院院長合同会議その他、多数の会議が開かれている。

なお、連邦から州又は地方自治体に業務を委託することができ、それについては連邦が資金を負担することとされている。また、連邦は州や地方自治体に対して多額の補助金を支出している。これら連邦資金については、連邦会計検査院が検査権限を持つ。したがって、実際の活動においては、我が国会計検査院の地方自治体での検査と同じ様な現象がある。その場合には、州会計検査院の権限と連邦会計検査院の権限の競合ということも起こる。

なお、欧州は陸続きであるから、国境を挟んでの共同事業というものもいろいろと存在している。バイエルン州の場合、オーストリアとの共同事業があり、それについては、オーストリア会計検査院との共同検査というものを実施している。もっとも口頭での説明では、これはドイツ全体でもかなり珍しい事例のようである。

バイエルン会計検査院の組織図

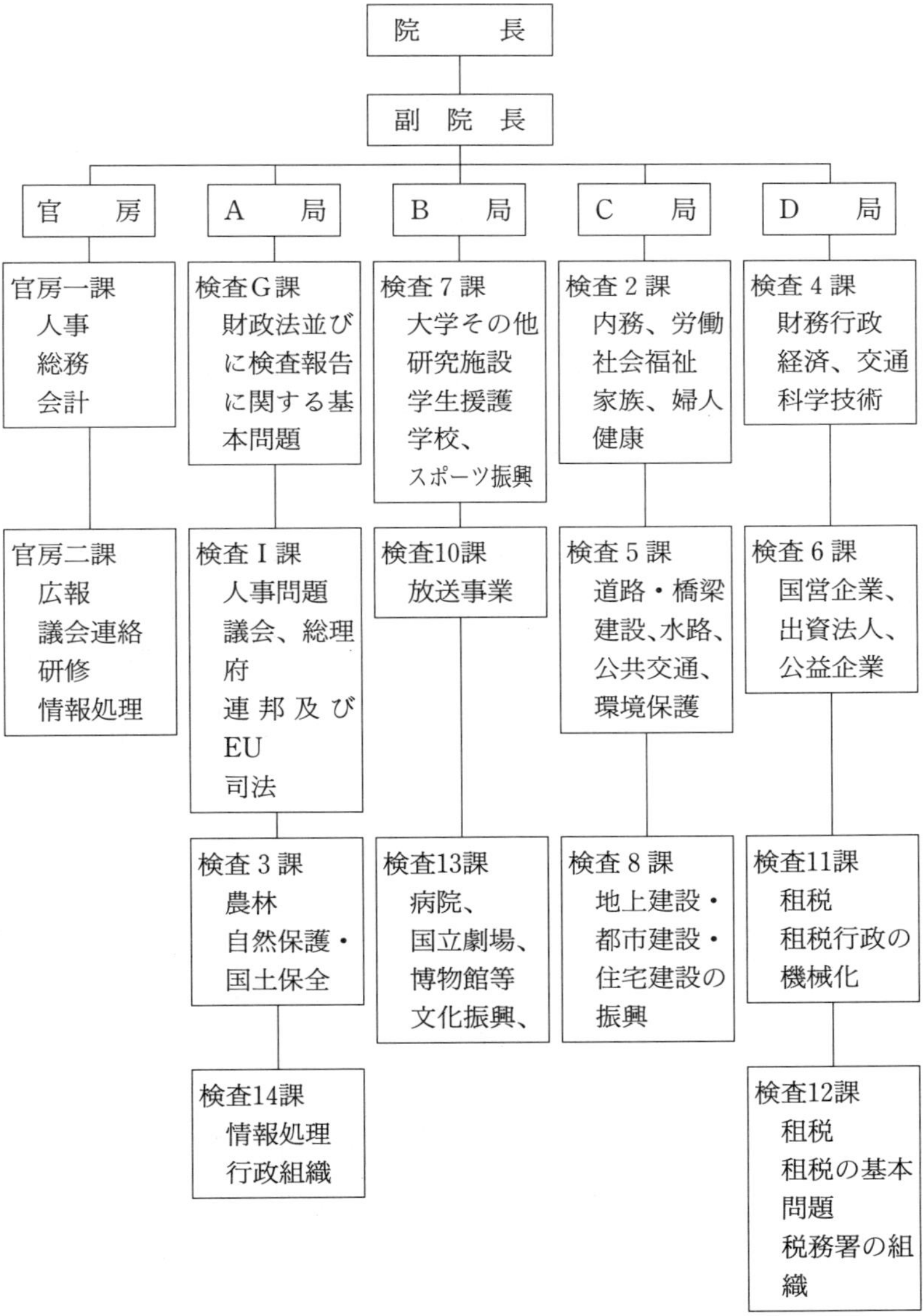
院　　長
副　院　長
官　　房
Ａ　　局
Ｂ　　局
Ｃ　　局
Ｄ　　局
官房一課
人事
総務
会計
官房二課
広報
議会連絡
研修
情報処理
検査Ｇ課
財政法並びに検査報告に関する基本問題
検査Ｉ課
人事問題
議会、総理府
連邦及びEU
司法
検査３課
農林
自然保護・国土保全
検査14課
情報処理
行政組織
検査７課
大学その他研究施設
学生援護
学校、スポーツ振興
検査10課
放送事業
検査13課
病院、
国立劇場、
博物館等
文化振興、
検査２課
内務、労働
社会福祉
家族、婦人
健康
検査５課
道路・橋梁
建設、水路、
公共交通、
環境保護
検査８課
地上建設・
都市建設・
住宅建設の振興
検査４課
財務行政
経済、交通
科学技術
検査６課
国営企業、
出資法人、
公益企業
検査11課
租税
租税行政の機械化
検査12課
租税
租税の基本問題
税務署の組織

表６　バイエルン最高会計検査院支局一覧

ミュンヘン支局（上バイエルン県担当）	
所長、副所長、４検査課	47名
レーゲンスブルク支局（上プファルツ県・下バイエルン県担当）	
所長、副所長、３検査課	33名
バイロイト支局（上フランケン県担当）	
所長、副所長、２検査課	20名
アンスバッハ支局（中フランケン県担当）	
所長、副所長、３検査課	34名
ヴュルツブルク支局（下フランケン県担当）	
所長、副所長、２検査課	19名
アウグスブルク支局（シュヴァーベン県担当）	
所長、副所長、２検査課	22名

四　バイエルン会計検査院の組織

㈠　概　要

バイエルン会計検査院の本庁は、院長及び副院長の下に、官房、四検査局、一四検査課よりなり、総員一四二名である（組織図参照）。

その付属機関として、バイエルン州の各県庁所在地にそれぞれ支局（staatliche Rechnungsprüfungsamt）を持っている。この支局は、第二次大戦後、現行会計検査院が発足した当初から設けられている。そのため、管内に支局を設けて検査を行うのは、ドイツ財政監督の分野では、一般に「バイエルン型」として知られている。最初はバイエルンだけが採用していた制度だが、その合理的なことがしられるようになり、ラインラント・プファルツ州では一九六九年の財政大改革に際して、そしてノルトライン・ヴェストファレン州でも一九九四年度からこれに切り替えた。また、一九九〇年の東西統一後に新設された東ドイツ地域の会計検査院でも、ほとんどがこれを取り入れた。さらに長いこと、下検査制度を採用していた連邦会計検査院でさえ、先に紹介したとおり、一九九八年から、このバイエルン型に切り替えた。おそらく、今後すべての会計検査院がこれに追随してくるのではないかと思われる。バイエルンの法制はドイツ全土に強い影響を及ぼしたといえそうである。

本庁と支局の関係については、バイエルン側にとっては昔からの常識なので、どうしても説明が不十分となりがちであり、法令や文書になっている部分もわずかである。逆に私にとっては我が国会計検査院に支局に類するものが全くないだけに、どうしてもその活動を想像しにくい、ということで、質疑はすれ違いがちで、私としては今一つ把握し切れていない。総務省行政評価局の地方行政評価局のように、本庁の指揮監督の下に、下検査的な活動を中心とする検査活動を行う一方、ある程度独立して、管内の検査を行う権限を持つ機関と考えれば、一応正しいようである。

支局は、各県庁所在地にあると述べたが、正確に言えば、下バイエルン県には設置されておらず、上プファルツ県の支局が管轄しているから合計では六支局となる。また、アンスバッハ支局は、その管内の大都市であるニュルンベルクに出張所を持っている。もっとも三検査課あるうち、一検査課がアンスバッハに、二検査課がニュルンベルクにあるので、本所がアンスバッハにあるというのは建前で、支局としての主力は出張所とされるニュルンベルクの方にあることになる。

支局の所在、構成及び職員数を示すと、**表6**の通りである。

支局の検査課の人数は、それぞれ数名の調査官で構成されている。六支局を合計すると、職員数は計一九一名となる。したがって、会計検査院本庁の人数に支局の人数を加えると、三三三名となる。バイエルン州職員の総数は約三三万三〇〇〇名であるから、会計検査院の職員数はちょうど〇・一％に当たることになる。

(二)　院長その他の検査官の任命

院長は、これまでの州憲法では、議会の同意を得て、州政府首相によって任命されるものとされていた。しかし、先に述べたように、一九九八年に州憲法が改正された。なお、バイエルン憲法の改正には議会の総員の三分の二以上の賛成による決議に加えて、住民投票が必要である。だから、日本国憲法とそう違わない条件である。割に頻繁に実施できるのは、小国の強みと言えるであろうか。

憲法の新規定によると、第一に、院長の選任は政府の提案に基づいて、議会が選任することとなっている。つまり、従前に比べ、議会の権限が単なる同意権から選任権に強化されたことになる。さらにいくつかの制限ないし保障が憲法的に与えられた。第一に、任期を一二年とし、再選を禁ずるとされたことである。従来はこの点は憲法には規定がなく、会計検査院法では任期はなく、定年までその職にあることができるとされていたから、それに比べると、理論的にいえば、議会の会計検査院に対する統制権が強化されたことになる。

これが先に紹介した連邦会計検査院院長に関する規定に合わせたものであることはおわかりと思う。

実は、連邦公務員枠法（Bundesbeamtenrahmengesetz）という連邦法で、各州の公務員に関する法律の基準が示されており、その一三四条が、連邦会計検査院法に合わせて、州会計検査院の構成員のうち、議会が選任する者（すなわちバイエルンの場合には院長だけである）の任期は一二年とする、という定めが置かれていたので、それにしたがったものである。枠立法というのは、ドイツにおいて連邦と州の制度を一致させる手段として、連邦が一定の枠を法律で定めると、州の立法権はその枠内に限られるという立法形式である。

連邦会計検査院法は、先に紹介したとおり、一九八五年制定であるが、連邦公務員枠法は一九九三年に現行の形に修正されていた。しかし、従来のバイエルン会計検査院法は、定年まで生涯を任期としていたので、当然一二年とするよりも保障が厚く、したがってこの枠立法に、建前的には抵触していなかったのである。が、今回、一連の憲法改正の一環として会計検査院に関する州憲法も修正され、枠立法に正確に合致させたわけである。しかし、実際問題として、院長になる方は大抵高齢者である。例えば最近時の院長の在任期間は一九八六年から一九九四年までの八年であったから、実際には影響を与えない改正といえる。

第二に、裁判官を罷免する場合と同様の手続きによらない限り、その意に反して罷免されることがないことが保障された。しかも、罷免に当たっては州議会の総員の三分の二以上の多数の賛成が必要とされた。判事に関しては、憲法上そのような保障規定は存在していないから、はるかに強力な保障が与えられたことになる。

私が調査を実施した時点（一九九九年三月）では、憲法は改正済みであるが、その発効は二〇〇〇年になってからとされており、それに対応した会計検査院法の改正はまだ行われていなかった。しかし、改正草案を入手することができたので、それに基づき、説明すると次のようになる。

第一に、従来は、院長を含め、会計検査院の構成員になるには満三五歳以上であることが要求されていた。この制限は、一九二二年制定の国家財政会計法にあったものであるが、現行連邦会計検査院法では削除されているから、それに合わせて削除されることになっている。

第二に、形式的な任命行為は、従来通り、首相が行うことになっている。州には大統領がおらず、州の首相が大統領に相当するとされているからである。

副院長は、連邦では院長とともに議会により任命されていたが、バイエルンの場合には議会が任命権を持つのは院長だけである。副院長は、その他の検査官とともに、院長の指名に基づき、州首相によって任命される。院長は、副院長その他の検査官の指名を行うに当たり、大会議の議を経る必要がある(同五条参照)。連邦会計検査院に比べれば、バイエルン最高会計検査院では後述の通り、連邦会計検査院に比べると検査官の人数が比較的少ないため、大会議は、院長、副院長を始めとする検査官の全員によって構成されている。連邦会計検査院の場合に同意機関として存在していた常任委員会の制度はない。

院長は、会計検査院の業務を統括し、会計検査院及びその支局の監督を行い、対外的に会計検査院を代表する。また、検査官の一人として会計検査院法の定める会議の決定に参画する（同四条)。

今回の憲法改正は、副院長その他の検査官の任命については触れていない。したがって、これらは従来通り、現行会計検査院法が適用されることになる。

それによれば、副院長その他の検査官の任命は、院長の提案に基づき、州首相が行う。院長は、新検査官の任命を提案するに当たり、事前に大会議の意見を聞く必要がある（同五条)。ここでも院長の権限が、連邦に比べて弱いものとなっている。

(三)　検査官

検査官は、院長、副院長、検査局長及び検査課長である。検査官は「少なくとも審議官(Ministerialrat)である」とされている(会計検査院法三条三項)。局長以上の地位にある検査官が審議官よりも高い地位を保有しているのは当たり前のことであるから、この規定は検査課長である検査官に対する保障規定ということになる。先に紹介した連邦会計検査院の場合には、検査課長は、慣行として審議官の地位にあったが、バイエルンの場合、法律上明確に、他の省庁の本省課長に比べて一段高い地位が、会計検査院の検査課長に対して保障されている点が大きな特徴である。
なお、官房課長には検査官としての資格が認められない。日本では、我が会計検査院をはじめとして、一般に官房課長の方が局の課長より序列が上とされているが（省によっては局審議官よりも官房課長の方が序列が上というところさえある）、実務優先という考え方から行くと、このドイツにおける会計検査院式のやり方の方が合理的ではないだろうか。

組織図で、この資格に相当するポジションを拾うと、合計二〇になる。実は、副院長がB局長を兼任しており、また一〇課と一三課、一一課と一二課で、それぞれ同一人物が課長を兼任しているので、検査官の総員は一七名となる。

院長や副院長も含め、検査官として任命されるための資格は次の通りである（バイエルン会計検査院法第三条参照）。

(1)　満三五歳以上であること
(2)　上級職甲種公務員としての資格を有していること
(3)　十分な行政経験を有していること
(4)　院長、副院長及びその他の検査官の半数以上は判事としての資格を有していること

最初の制限が、将来的には廃止されるであろうことは前述のとおりである。

公務員制度は、連邦とバイエルンとでは、細部においてかなりの差異を示す。しかし、上級職が大学卒業者に対する試験であり、甲種はその中でも高い資格を要求している、という基本においては変わりがない。

十分な行政経験という下りは、別に具体的な意味を持つものではない。他省庁に勤務して三五歳以上になって

いれば、大抵は十分な経験を持っているものだからである。

第四の条件について、一九九九年時点における検査官の内訳を見ると、一七名中一二名が判事資格保有者である。残り五名中、三名が工学者、一名が林学者、そして一名が経済学者となっている。

(四)　意思決定機関

連邦会計検査院と同じく、バイエルン最高会計検査院でも、院としての意思決定は合議体により行われる。我が国のように検査官がわずか三名であれば、検査官会議という一種類だけの合議体で済むが、一七名もの検査官がいると、いちいち全員が会同するのは大変である。そこで、検査官会議にも種類が発生する。大別すると、大会議、小会議、拡大小会議及び官房会議に分けることができる。なお、便宜上、前二者の訳語は、連邦会計検査院の合議体に与えたものと同一の訳語を使用しているが、原語は違うものであるし、以下の説明を読まれると判るとおり、組織や権限の細部にも違いがあるので注意していただきたい。しかし、同じ用語を使用している合議体の権限は、本質的には同一と考えて構わない。

1　大会議（Großes Kollegium）

これは、院長、副院長を始めとして、検査官の全員が出席する会議で、会計検査院としてもっとも権威のある決定機関である。年次検査報告、臨時検査報告、検査院規則の制定、支局に対する検査業務の指示は、この大会議の権限とされている。また、次に説明する小会議の権限に属する事項でも、重要性が高いと小会議が判断した場合や、他の小会議の議決事項と抵触が起きた場合には、やはり大会議が開催されることになる（同八条二項）。

2　小会議（Kleines Kollegium）

これは、担当の局長と担当の検査課長により構成される会議である。したがって、討議対象の問題が一つの検査課の権限だけに属する場合には（通常の照会の発遣等では当然そうなる）、小会議は二名で構成されることになる。院長は、自ら必要と考えたか、小会議の構成員から依頼された場合には、小会議に参加する。小会議の議長は、勤務年数の長い検査官が当たる。同じ勤務年数の検査官がいた場合には、年齢が上の検査官が当たることになる。したがって、検査課長の方が議長になることもありうるわけである。検査官としての対等性が良く現れている（同三項）。

大会議でも小会議でも、議事は多数決により行う。賛否同数の時は、議長の決するところに依る。しかし、二人だけで構成されている小会議の場合にこの方針を貫くと、会議体としての意味が失われてしまう。そこで、二人だけの小会議で賛否が分かれた場合には、必ず院長が会議に参画することとされている（同四項）。

3　拡大小会議（Erweitertes Kleines Kollegium）

これは、法律上は予定されていない。しかし、問題が多数の検査課に関わる場合には、自動的に、小会議の規模が三人よりも大きくなる。これが拡大小会議である。検査報告の準備作業の場合には、拡大小会議によるべきことと、会計検査院規則で定められている。要するに局の局長及び課長の全員で構成されることになるわけである。だから、我が国の検査報告の準備作業としての局委員会を考えればほぼ相当するようである。

4　官房会議（Präsidium）

これは、検査業務の分配という特定の業務だけを目的とした会議で、院長、副院長、局長及び検査課長中もっとも勤務年数の長い課長で構成される。ドイツの会計年度は暦年であるが、その暦年の開始に先行して、この官房会議を開催し、各局、各課の担当するべき検査領域の見直しを行うのである。こうして一度決まった検査領域は、よほど緊急の理由が発生しない限り、決して変更しないこととされている（同一一条）。つまり、官房会議は日本流にいうと、各課の事務分掌を決定する会議である。日本では、事務分掌表という形で固定的にそれを定めておいて、数年に一度見直しを掛けるわけである。これに対して、バイエルンでは建前的には毎年見直しを掛けることになっているわけである。しかし、これは建前であって、大抵は前年踏襲だという説明であったから、実態は日本会計検査院とあまり変わりがない、と考えて良いようである。

連邦会計検査院の場合には、先に紹介したとおり、この分課分掌決定権は、院長の持つ最も重要な権限であった。それがバイエルンでは、幾分大会議より規模が縮小されているとはいえ、やはり合議体の権限となっている分、院長の権限は連邦に比べて相対的に低く、合議体としての権限の方が強く出てくることになる。

㈤　職　員

日本の場合、検査職員は、原則として新卒を採用して、会計検査院自身の手で一人前の検査マンに育てて行くわけである。そのために、安中に専用の研修所まで持っている。ところが、バイエルンに限らず、ドイツには、検査職員を養成するための特別の方法というものがない。

バイエルン最高検査院の場合、職員は、必要が生ずる都度、一般公募という方法で募集し、採用する。一般的な職場研修という手段を持っていないので、採用に当たって重視されるのは大学を卒業した後、一般官庁で行政事務について十分な経験を持っていることである。この結果、会計検査院での新採用年齢は、平均して三五歳から四〇歳程度になる。もちろん、才能次第では例外的にこれより若い年齢で採用されることはあり得るが、その例は非常に少ないと言うことである。

本庁では、前期の通り、計一七名の検査官が上級職甲種公務員としての資格を有しているが、これに加えて一九九八年時点では、五六名の上級職甲種公務員がいた。上級職乙種公務員は三五名、中級職公務員は二九名、初級職は四名で、計一二三名が公務員としての職員数になる。年齢構成がかなり高いことに加えて、九割近くが上級職以上の地位にあるわけで、かなり高い能力が職員に要求されていることが判ると思う。

ドイツでは、一生の身分保障がある公務員に加えて、雇員（Angestellte）及び労働者（Arbeiter）が官庁で働いている。バイエルン会計検査院の場合、雇員は合計一七名おり、秘書やタイピストとしての仕事をしている。労働者は二名おり、警備員をつとめている。したがって、職員数の合計は一四二名である。

検査支局では、六箇所の支局の合計でいうと次のようになる。上級職甲種公務員は一九名、上級職乙種公務員は一二七名、中級職公務員七名、初級職公務員九名で、計一六二名である。こちらでは上級以上の公務員の比率が九割を上まわっている。これに加えて、雇員二七名、労働者二名がいる。したがって合計は一九一名ということになる。

この結果、本庁と支局を併せた職員数は、先に紹介したとおり、三三三名となる。

この職員の従事業務別の内訳を見ると、院長以下、検査官が一七名、検査担当職員が、本庁八四名、支局一四六名で、計二三〇名になるから、約七割が検査に専従しているわけである。官房等内部行政担当職員は、本庁四一名、支局四五名で、計八六名である。

なお、本庁と支局の間での人事交流はほとんどない、ということである。先に述べたとおり、ドイツでは我が国と違って定期採用がない訳であるが、このことは定期的な人事異動というものもないことを意味する。何かの弾みで欠員ができたときに先に述べた一般公募で職員を募るわけであるが、その際、適任者と見て支局職員に個別撃破的に声をかけても、ミュンヘンは支局所在地に比べて物価水準がかなり高いため、容易に首を縦に振らない、というのである。それでも何名かは支局職員出身者がいるという話であった。

五　検査権限とその実際

バイエルン憲法八〇条は次のように定めている。

「あらゆる国家収入の使用に関し、大蔵大臣は、次の会計年度に、政府の免責のため、決算を州議会に提出しなければならない。決算検査は、裁判官的独立性を有する会計検査院によって行われる。」

政府の免責という概念は、わが国旧憲法がプロイセン欽定憲法を継受するとき、議会の財政に関する権限を制限する目的から意識的に削り落とした概念である。が、実際にはドイツでも非常に形式的に議決が行われてきており、この点を巡って問題が起きたことはこれまでにない、といわれる。

この憲法の規定を受けて、バイエルンの州財政会計法（Landeshaushaltsordnung）が、会計検査院の検査権限の詳細を定めているわけであるが、その規定は、条文の並び方はもちろん、文言の端々に至るまで、連邦財政会計法のそれとほとんど変わりがない。先に本書第3編第1章で説明したとおり、財政原則法が、各州の財政立法権に強力な枠をはめているためである。そこで、これについては連邦会計検査院に関する紹介を参照していただければ十分と思われるので割愛する。

以下では、実際の検査において、バイエルン最高会計検査院がどのような活動を行っているかを見てみることにしよう。

一九九六年版の検査報告は例年のものとは少々変わっていて、その冒頭に相当のページを割いて、近年における検査の重点を体系的に紹介しているから、その全体像を知る良い手引きとなる。それによると、バイエルン会計検査院の努力は、三Ｅ検査の中でも特に行政の効率性に向けられている。これはさらに、人件費の削減、民営化、補助金の削減、出捐方法の単純化という各観点に分けることができる。

現在、バイエルン州でも行政改革が推進されており、人件費の削減及び民営化は、これに対応したものである。ドイツでは、予算の一環として、その省庁の人事そのものが掲げられている。職員の上級職、中級職など別の内訳を先に詳しく紹介したが、それらはすべて、会計検査院の予算書そのものに詳細に掲記されていることなのである。

予算に上がっている、ということは、その当否は会計検査院の権限に属する、ということである。そこで、会計検査院ではかなり積極的に、各省庁の人事問題に踏み込んだ指摘を行う。例えば九六年検査報告には、地域計画局を、その主要任務である計画業務は民間事務所に委託することにより、閉鎖を提案した、とか農業振興事業に関して持っている権限を、地域団体に委譲することにより、農業事務所の定員を三八削減する事を提案したという調子で、この年度だけで合計六件も、人員削減の可能性をした案件が掲記されている。人事院や総務省の有する人事統制権に対する謙譲から、滅多に人事問題に論及しようとしない我が国会計検査院との最大の相違点といって良いであろう。

国有企業の民営化を積極的に提案するのも、我が国会計検査院のあまり得意とする活動ではない。これはある程度大がかりな検査を必要とするため、毎年数件というほどのペースではないが、確実に行われている指摘事項の一つである。一九九三年度報告では、国営酪農場の売却を提案している。一九九四年度報告では、ミュンヘン市内の病院の売却も提案している。一九九五年度には、バイエルン・ロイドの持ち株の売却やバイエルン教科書株式会社の民営化も提案している。これらで提案されたものには、受検側が抵抗しているものもあるが、かなりのものは、現在すでに売却手続きが進行中ということである。

地方自治体に対する補助金の整理・統合、削減という活動は、かなり意欲的に行われており、読んでいてなかなか面白いのであるが、こうした指摘は我が国会計検査院の報告でもよく見られるものなので、これについては割愛する。

出捐方法の単純化という問題は、ドイツの諸会計検査院が得意とする基本問題調査の一環として浮上してきたものである。すなわちバイエルン会計検査院は、必要とする職員数を減少させ、組織を合理化できるモデル決算方法というものを開発し、それをいくつかの具体的な官庁に導入させるという指摘を一九九五年度、九六年度の二ヶ年にまたがって行っている。

我が国会計検査院では、二〇〇一年一月六日における中央省庁の機構再編までは官房審議室に基本問題研究班が存在していて同様の活動を行っていたが、ドイツ連邦会計検査院はもとより、バイエルン最高会計検査院に比べても、かなり弱体な組織であったため、こうした基本問題調査という検査手法そのものが、検査報告上、これまでほとんど登場していない。この基本問題研究班は、二〇〇一年一月の機構改革の結果、発展的に解消され、それに代って新設された上席企画調査官及び上席研究調査官が適宜その業務を分掌することになる。我が国会計検査院における、今後の最大の課題の一つと言えると思う。

六　検査報告及び勧告

検査の結果として検査報告及び勧告を提出できる点は、連邦会計検査院と同様である。バイエルンでも、予算に対する検査報告の影響力を確保するため、報告時期の早期化に努めている。一九九六年度の報告は一〇月二九日に、九七年度の報告は一〇月二八日に、そして九八年度報告は一〇月二二日にそれぞれ検査官会議（大会議）で取りまとめられており、この辺が、今の水準ということができそうである。ただし、バイエルンの場合、検査官会議で取りまとめられてから、州議会及び州政府に提出されるまでかなりの時間がかかっている。一二月の初旬、すなわち我が国会計検査院とほぼ同時期なのである。せっかく早い時期にまとめた検査報告が、何で一ヶ月以上も提出されないのか尋ねたところ、その時間は印刷製本に費やされているということであった。我が国のように、プリンターから出力した限定部数のもので何はともあれ首相に提出して一般に内容を公表し、印刷製本は後からゆっくりとというやり方に慣れているものとしては、面食らわざるを得ないのであるが、会計検査院では何ら異常とは考えていないようで、こちらの質問の意味そのものがなかなか飲み込んで貰えなかった。

ついでに言えば、連邦会計検査院やバイエルン会計検査院が検査報告を提出しても、それが日本のように新聞の第一面を飾るということはまったくない。はるか後ろの頁の下段に小さく載る程度で、内容的にも掘り下げた報道はされない。このような報道機関からの圧力の低さが、こうしたのんびりした提出の仕方に反映しているのかも知れない。日本であれば、完成したものを一ヶ月も保留しておけば、その間に、その内容はすべて報道されてしまうであろう。

検査報告の他に、勧告という意見表示方法があるのは、連邦会計検査院と同様である。勧告は、先に連邦会計検査院では、議会等からの調査要請に応える手段として活用されていると説明したが、バイエルンの場合もそれはやはり同様である。通常のものは、検査報告に掲記されているが、大型案件でかなりのページ数を要するものや、緊急案件で次の検査報告を待っていては時機を失するようなものについては、特別の報告書を発行している。

例えば一九九三年一一月にバイエルン会計検査院が提出した勧告意見は、大型案件でかつ緊急性を有する好例である。問題は、その年七月二七日に、政府がそれまで別々の組織として存在していた農業建設局、大学建設局及び財務建設局を統合して州建設局を設立することを決定したことにある。州内務省では、この計画の妥当性について、会計検査院に検討するよう依頼した。八月五日に、会計検査院では、これを受けることを決定し、調査に取りかかったわけである。これは従来バイエルン全体に合計四〇局あった建設局を、統廃合により二八局に削減し、人事ポストを二五〇整理して、人件費を一年あたり二、〇〇〇万マルク節減しようというものであった。会計検査院は、これを支持する勧告意見を一一月八日に出したわけであるが、その報告書は、本文六三頁、分析のための図表一〇〇頁という膨大なものであった。

おわりに

バイエルン州の財政及び財政監督法については、学者等による論文、研究書がほとんど存在していない。他方バイエルン会計検査院は、私が今回の現地での研究の拠点にしていたミュンヘン大学法学部政治公法学研究所から歩いて一〇分程度の近距離にあったため、訪問しやすく、口頭でかなりの説明を受けることができた。本章の注の数が極端に少ないのは、そうした口頭説明に頼る部分が多かったためである。

（1）　この前後のバイエルンの歴史については、詳しくはMichael Doeberl “Rheinbundverfassung und bayerische Konstitution” 1924参照。

（2）　バイエルン等が抗議した事実についてはJohann Ludwig Klüber “Quellen-Sammlung zu dem Deutschen Recht des Teutschen Bundes” 1830, 146, Note 2参照。なお、この書名に明らかなとおり、この頃は、ドイツという言葉の始まりはDではなく、Tであった。

（3）　バイエルン一八一八年憲法条文の出典は、次の書である。
Manfred Treml “Geschichte des modernen Bayern” 1994, p. 126以下。

第三章　旧東ドイツ地域における財政監督制度
――ブランデンブルク州会計検査院を例にして――

はじめに

一九四九年に、ソヴィエトの強力な後押しのもとにソヴィエト占領地区に成立したドイツ民主主義共和国（以下「東ドイツ」という）は、社会主義国家であり、したがってかなり徹底した中央集権主義を採用していた。同国は、それまでのドイツ国家時代に存在していた州を解体した。市町村などの地方団体は存在するものの、それは自治体ではなく、中央の指揮統制に服する形態をとっていた。

一九八九年にいわゆるベルリンの壁が崩壊するとともに、東ドイツは新たな将来像を模索し始めた。しかし、一九九〇年三月に同国で始めて自由選挙が行われ、その選挙でドイツ連邦共和国（以下東西分裂時代のそれを「西ドイツ」という。）のその時点における政権党であったキリスト教民主同盟ＣＤＵが圧勝したことから、事態は急速に西ドイツと統合する方向に進み始めた。しかし、統合するためには、東ドイツに属する地域では、まず州を作る必要があった。統合の根拠となったドイツ連邦共和国基本法が、その名称に端的に示されているとおり、連邦制をその根本原理としているためである。

州を新しく作るには、その地域を確定し、州憲法を作り、それに基づいて州議会を作り、州政府を作り、州裁判所を作り、そして州会計検査院を作らねばばならない。こうして、我々は、旧東ドイツ地域において、何もないところから新しい財政監督機関を建設するという興味深い例をみることができるわけである。

これら新しく建設された各州の会計検査院は、その財政監督の源流として東ドイツの国家財政監督機関があるという共通点を持つ。そして、新たに州として財政監督機関を設置する際、それまでの旧西ドイツ各州の会計検査院を比較研究し、その中から自分流の強力な会計検査院制度を作り上げたという共通点も持っている。その結果、その制度は、それまでの旧西ドイツに見られないユニークで、しかも強力なものとなった。彼らの作り出した新しい制度は、その後、連邦会計検査院や旧西ドイツ各州会計検査院に逆に影響を与えるようになっている。

本章では、その旧東ドイツ各州の中から、最大の面積を持つブランデンブルク州を取り上げて、その州会計検査院の実情を紹介したい。それは基本的には、ドイツ連邦会計検査院や旧西ドイツ各州の州会計検査院と同じ構造・権限を持っているが、様々な相違点がある。その権限面での最大の相違点は、地方自治体の財政監督機関を兼ねている、という点にある。

以下では、ブランデンブルク州会計検査院が、いかにしてゼロの状態から出発して現状まで建設されたかという点と、その権限について、特に地方自治体の広域検査機関としての活動に力点を置いて、その概要を紹介したい。

旧東ドイツ地域に新たに設立された州会計検査院に関しては、現在までのところ、ドイツでは体系的な研究が、管見の限りでは存在していない。また、旧西ドイツ各州会計検査院であれば、その職員の手による自らの州会計検査院を対象とした研究が存在している場合が多いのであるが、旧東ドイツ各州会計検査院の場合には、その歴史の浅さのためか、そうした内部研究も管見の限りでは存在していない。(1)資料として存在するのはわずかに一般民衆向けの広報資料のレベルにとどまるものか[2]、事務分掌表、検査報告など、実務用のものに限られる。したがって、以下の記述は、ブランデンブルク州の法律・規則など官報により入手可能なものを除くと、原則的に私がブランデンブルク州会計検査院を直接訪問して口頭で調査した結果によるものである。調査に当たっては事前に同州の法律等入手可能なものを検討して質問を送付し、それをベースに質疑を行うという方法を採った。

同院を代表して私の質問に回答してくれたのはアルヌルフ・ヒュルスマン（Arnulf Hülsmann）副院長であった。同氏は、元々ノルトライン・ヴェストファレン州会計検査院職員であったが、ブランデンブルク州会計検査院が設立されると同時に同院に採用され、同院の建設に当たってこられた方であり、したがって、訪問した時点における同院の職員の中で、上述した私の調査目的に対応可能な唯一の人物であった。

訪問の時点は、一九九八年一〇月であり、その時点で同院が作成していた一九九八年次検査報告は、一九九六会計年度の財政運営に関するものである。そのため、本文中で引用する統計数値は、原則としてその対象年度に関するものを使用している。すなわち、ドイツに関する統計数値については、原則として一九九七年度ドイツ統計年鑑（Statistisches Jahresbuch 1997）に、また、日本に関する統計数値については「日本国勢図会九七／九八」によっている。

一　ブランデンブルク州の概要

(一)　そのプロフィール

ブランデンブルク州は、ドイツの首都ベルリンをドーナツ状に取り囲んでいる州である。ベルリンは、市であるが、州としての地位が認められており、したがって、ブランデンブルク州と対等の存在である。このような形で、二つの州が存在していることは、実際の行政上何かと不自由なので、合併しようではないか、という話が従来からあり、政府相互の間ではかなり話し合いが煮詰まったこともあるのだが、住民の反対で現在まで実現しないでいる。

同州の面積は二万九、四七八平方キロメートルであるから、我が国に引き直せば、中国地方（三万一、九〇九平方キロメートル）よりは若干狭いということになる。かなり大きな州であることがおわかりいただけると思う。しかし、人口は二五四万人にすぎない。中国地方は、日本では決して人口密度の高い地域ではないが、それでも七七七万人が住んでいる。ブランデンブルク州には、その三分の一程度の人口しかいないのであるから、大変人口密度が低い州であることがおわかりいただけるであろう。この州の面積の三五％は森林によって占められ、それ以外のところは地平線まで畑や牧場が広がる、という非常に緑の豊かな地域なのである。ここに、四市、一四郡、一、六九二町村が存在している。

ブランデンブルク州の東の境界は、ポーランドと直接接している。それがオーデル河と、その支流のナイセ河によって作られる、いわゆるオーデル・ナイセ・ラインである。

かって、ドイツのヒットラーとソ連のスターリンは密約を結び、東西から同時にポーランドに侵入して、同国を山分けにしたことがある。第二次大戦後、スターリンは、それによって得たポーランド領はそのままソ連領として残し、それに見合う領土をドイツからポーランドに割譲させることにしようと考えた。敗戦国ドイツに、ソヴィエト領土拡張の代金を払わせようというわけである。そして、これを、おそらくは対日参戦の約束と引き替えに、現在のブランデンブルク州の首都、ポツダムで開かれた会談で英米に飲ませたのである。これによるドイツ＝ポーランドの新しい国境線が、オーデル・ナイセ・ラインである。したがって、我が国にとっての北方領土と同様に、今日においてもこの線以東の旧ドイツ領の主権を主張することが、ドイツにとっては理論的には可能である。

それを明確に断念したことを表明したのが、ウィリー・ブラント西独首相が行ったいわゆる東方外交である。これにより東西欧州を分ける国境線が確定し、紛争の種が消滅したことが、東西欧州の和解を生み出した。そして冷戦という求心力を失ったことで東ドイツ政権が崩壊したことが、東西ドイツの統合に基づく今日の欧州平和を生み出したということができる。

しかし、今日でも、この線がドイツ＝ポーランド両国のもっともデリケートな部分であることは間違いない。ポーランドは、東方外交により国境紛争が解決したはずの今もなお、依然として疑心暗鬼の状態にあるらしく、ドイツ側のちょっとした発言や動きにも、敏感に反応する。(3)

こうしたデリケートな国境線を保有していることを反映して、ブランデンブルク州憲法第二条第一項は次のような異色の文言となっている。

「ブランデンブルクは、自由的、法治的、社会的国家であり、自由と正義及び自然環境と文化の保護の義務を負う民主的国家であって、他国の民族、特に隣人たるポーランド人と協調すべく努力しなければならない。」

(傍線は筆者)

州レベルであろうと国家レベルであろうと、特定の外国名を出して、それとの親善をうたう憲法を、私はほかに知らない。同州の置かれた状況がわかると思う。

(二)　その経済と財政の状況

ブランデンブルク州は、旧東ドイツ地区の州はどこでもそうであるが、非常に厳しい経済状況に置かれている。ブランデンブルク州会計検査院一九九八年次報告は次のような文章で始まっている。

「一九九八年次報告の公表に当たり、失業者が危険なほどの高い水準にあるという社会政治的状況に落ち込んでいることを銘記しなければならない。特に強調されなければならないのは、若年層における失業率の高さ、とりわけ職業教育の機会の不足である。この一部の若者における将来見通しのない状況は、我々の社会における民主主義的基盤に対する深刻な脅威を作り出している。」

この文、若干の解説が必要だろう。我が国では、民間企業は、一般に新卒を採用して、企業内教育により一人前の労働者として育てていくのを好む。したがって、中途転職者よりも新卒者の方が有利な就職の機会に恵まれる傾向がある。ところがドイツでは官民を問わず、一般に企業内教育というものをしない。完成した労働者を受け入れて直ちに労働させるのを原則とする。したがって、大量の失業者がいる状態の下では、まず第一に就職機会を与えられてるのは、豊富な職業経験を持っているベテランということになる。これに対して若年者は、売り込むべき経歴を持たないから、学校を終えて社会に出ると同時に失業者となり、その後も職業的経歴を重ねることができないままに、いたずらに年を重ねざるを得ないわけである。そうした閉塞状況に置かれた彼らとしては、極左・極右などの極端な行動に走る以外にする事もないという状態が生じてくるわけである。これは、若年層だけに限っていえば、かってナチスが出現した時代背景と非常によく似ているということになる。(4)

州の経済を取り巻く状況の厳しさは当然州の財政を直撃する。一九九六年度の州の歳入は一九三億二、五三八万マルクであるが、租税収入はその四一・五％に過ぎず、補助金等収入二七・八％、公債等収入二六・八％、その他政府収入三・九％となっている。

これを旧西ドイツ各州、例えばバイエルン州と比べると、同じ年の州歳入の七八・二％までが租税収入によって賄われ、補助金等収入五・九％、公債等収入五・七％になるにすぎない。

また、旧西ドイツ各州では、どこでも財政支出の四〇％程度は人件費で占められている。これに対して、ブランデンブルク州では、その比率は二五％にすぎない（他の旧東ドイツ各州でも同様である）。財政が厳しいために、極力人員数を押さえていることがわかる。このことは、もちろん、失業率の高いこの州において公務員という就職先を減少させ、失業率の上昇に寄与していることになるから、痛しかゆしの面があると言えよう。

後に、ブランデンブルク州会計検査院の組織を紹介するが、それが、バイエルン州などに比べればかなり簡素なものである理由も、基本的にはこうした公務員数の絶対的な少なさに起因しているということができる。

二　東ドイツの財政監督制度

東ドイツは、日本や西ドイツなどに見られる、三権のいずれからも独立した財政監督機関を持っていなかった。このため、これまで我が国で、世界各国の最高財政監督機関を研究する際には、軽視あるいは無視されてきた。すなわち同国の国家財政監督機関（Staatliche Finanzrevision）は、大蔵省に属する機関であるから、理論的には外部監査ではなく、日本流にいえば、大蔵省が予算の執行状況を確認するために行う監査（会計法四六条参照）が、予算部門の片手間ではなく、それ専門の機関によって実施されているような状況であったわけである。

しかし、財政監督機関として被受検機関からの独立性を持っていないということと、それが弱体であるということとは必ずしも一致しない。

西ドイツが連邦主義を採用して、各州に対して主権を認めたのに対して、東ドイツでは、先に触れたとおり、社会主義政権の下、強力な中央集権を実現し、州は廃止されていた。したがって当然の事ながら、州レベルの検査機関はなく、国家の財政監督だけが存在していた。その結果、この国家財政監督機関は、いやでも巨大なものにならざるを得ない。この機関の中心は、一五の地域査察局（Bezirksinspektion）で、それは各地方の中心都市及び東ベルリンを管轄するもの及び特別監査を担当するものに分かれていた。八〇年代の後半には職員数が約一、六〇〇名であったというから、一、二〇〇名程度であった我が国会計検査院よりもかなり多く、もちろん同時期の西ドイツ連邦会計検査院の四〇〇名程度という職員数をはるかに凌駕する巨大機関だったことがわかる。人口一、七〇〇万人弱、面積一〇万平方キロメートル（北海道に四国を加えたくらいの面積）の小国の財政監督機関としては、非常に強力なものといって良さそうである(5)。

その組織や権限に関する法律は、一九六七年五月一二日に定められた「国家財政監督機関の任務、権限及び組織に関する決定」（Beschluß über die Aufgaben, die Arbeitsweise und den Aufbau der Staatlichen Finanzrevision）である。

個々の地域査察局は、三つの部に分かれていた。すなわち、企業担当、その他の国家所有事業担当及び国家組織・施設担当である。各部にはさらに多数の検査グループが設置されていた。

社会主義国家であるため、国家活動はあらゆる場面に及ぶ。したがって、その権限は必ずしも、資本主義国における公会計の領域には限定されなかった。すなわち

①　中央省庁及び地方国家機関及びその施設（約三万五、〇〇〇箇所）

② 国家所有企業及びコンビナート（約七、〇〇〇箇所）
③ いわゆる経済関連組織
④ 金融及び信用機関及び国立保険機構

などがその対象となった。

しかし、この国家財政監督機関は、ドイツの統合まで存続していたわけではない。西ドイツへの統合に先立って、一九九〇年三月一八日に、四〇年ぶりに自由な選挙が行われて、東ドイツ議会が新たに設置された。この議会が、同年六月一五日に共和国会計検査院に関する法律を制定した。それに基づき、七月一日に共和国会計検査院は設立された。従来の国家財政監督機関の地域査察局は、そのまま共和国会計検査院の支局とされていた。

ただし、この新機関はわずか三箇月存在したにすぎない。すなわち、同年一〇月三日に、西ドイツ基本法二三条にそって、統一ドイツが誕生したが、その前日一〇月二日に廃止されたのである。なぜなら、その翌日から国家としての東ドイツは消滅し、代わって、ブランデンブルク州など五つの州及びベルリン市だけが存続したからである。このわずかの存在期間では、当然の事ながら、その名に値するような検査活動は何もすることができなかったようである。また、支局とされた旧国家財政監督機関もまた、共和国会計検査院の解体に伴い、やはり一〇月二日にその活動を停止した。

三　ブランデンブルク会計検査院の建設

(一)　基礎の建設

一九九〇年一〇月三日に、ドイツが統合されると同時にブランデンブルク州は誕生したものの、最初は名前だけで、実質は何もないと言っていい状態であった。そこでまず一〇月一四日に州議会議員選挙が行われ、州議会が組織された。次いで、この議会が一一月一日に、「ブランデンブルク州の州議会及び政府における活動能力の当面の確保に関する法律」(Gesetz über die vorläufige Sicherung der Arbeitsfähigkeit des Landtages und der Regierung des Landes Brandenburg) を制定した。これは、内容的には後に制定された州憲法とほとんど同一のものである。暫定憲法と理解すればよいであろう。これにより、州の様々な機関が活動するための最低限の法的根拠が提供されたことになる。州会計検査院についても、この法律により、その設立が予定された。

とはいえ、どのような形で州会計検査院というものを建設していったらよいのかは、それまで長年州会計検査院を持たずに来た人々には判断することができない。そこで、旧西ドイツの連邦会計検査院及び州会計検査院の院長連絡会議では、新しい州に対して、それぞれ分担して援助の手をさしのべることにした。本章で取り上げているブランデンブルク州に対しては、ノルトライン・ヴェストファレン州(ボンやケルン、デュッセルドルフ等のある州である)の州会計検査院が担当した。その他、ザクセン州はバイエルン州及びバーデン・ヴュルテンベルク州の州会計検査院が、メクレンブルク・フォアポメルン州はハンブルク市及びシュレスヴィヒ・ホルシュタイン州の州会計検査院が、といった調子で、原則的には地理的に近い州会計検査院が援助を担当している。

本来なら、派遣された者は助言を行うにとどまるのであろうが、何しろ助言すべき相手がいない。そこで、初期においては、その派遣された者を、州政府がそのまま州委員という地位に任命して、その実務を担当してもらったということである。

(二) バイエルン型支局検査法式の採用

ドイツでは、会計検査の効率を高めるため、実地検査が入るのに先行して事前検査が、また実地検査に行かない場所に対しては補完検査が行われる。これを総称して下検査(Vorprüfung)と呼ぶ。この下検査等の実施機関の設置に関しては、この時点までに二通りの方法が知られていた。一つは、この当時、連邦会計検査院を始め、ほとんどの州会計検査院で採用されていた、受検側の内部監査部局の利用である。すなわち、検査対象の省庁内に設置されている内部監査部局に対して、会計検査院が指揮命令権を有することを法的に認め、下検査等をここに行わせるという方式である。今一つは、第二次大戦後一貫してバイエルン州会計検査院で採用されていたもので、州内各地に州会計検査院それ自体の支局を設け、ここに下検査をやらせるという方式である。これはこの時点では、外にラインラント・プファルツ州会計検査院が採用していた。同州では、一九六九年の財政大改革に伴い、大幅に法改正をした際に導入したものである。

ブランデンブルク州では、連邦及びほとんどの州会計検査院で採用していた内部監査部局方式ではなく、バイエルン型の支局検査方式を選んだ。ここで、同州がバイエルン型の支局検査を選んだことは重要な影響力を持った。旧東ドイツ地域の州に新設されたほとんどの州会計検査院がこれに倣い(唯一の例外はメクレンブルク・フォアポメルン州である)、さらに、一九九八年一月からは連邦会計検査院までがバイエルン型支局検査方式に切り替える事になったのである。

ブランデンブルク州がその時点での大勢である内部監査部局方式ではなく、例外的な支局検査方式を選んだ理由は次のとおりであった。

ブランデンブルク州の助言者であるノルトライン・ヴェストファレン州では、一九八五年に、内部監査部局による下検査方式は非効率なので、支局検査方式に切り替えるように、と州議会から勧告を受けていたのである。同州では、それまでのいろいろな経緯があるため、簡単に改正することはできず、途中、一九九一年にＣＤＵ提出の法案が否決される（同州はＳＰＤの強い地域である。）などの曲折を経た結果、支局検査方式に切り替えたのはブランデンブルクよりかなり遅れて、一九九四年六月のことになる。が、ゼロから出発するブランデンブルク州会計検査院においては、当初から支局方式で建設を進めるよう指導した、という訳なのであった。

支局の場所としては、この時点ではコトブス（Cottbus）とフランクフルト・アン・デア・オーデル（Frankfurt an der Odel）の二箇所が予定された。どちらも東ドイツ時代、郡都の所在地とされていた市である。コトブスは、州の南東部に位置する市である。フランクフルトは、ポツダムから見て真東の、オーデル河のほとりの市である。

㈢　州会計検査院の誕生

翌一九九一年三月一八日に、ポツダムの本局に、最初の七人の職員が採用された。なお、そのうちの一人が、先にその名を出したヒュルスマン副院長である。同じ日に、コトブス及びフランクフルトでも、それぞれ五人の職員が採用された。

四月一日から、会計検査の根拠法であるブランデンブルク州財政会計法及びそれに基づく政令等が発効した。

その第五章に会計検査に関する規定がおかれているのは、連邦財政会計法や西ドイツ各州の財政会計法と全く一緒である。

六月二七日、ブランデンブルク会計検査院法が発効した。後に詳しく紹介するが、同法によれば、院長や副院長ばかりでなく、その他の検査官の任命にも州議会の承認が必要である、という点に一つの特徴がある。

一一月一日、最初の院長の選挙が州議会で行われ、同日、州首相により任命された。

翌一九九二年三月一日、会計検査院は最初の検査官会議を開催した。この時点では、検査官は、院長、副院長及び二検査官の計四検査官であった。したがって、この日が事実上の会計検査院の創立の日ということになる。

四月一四日、ブランデンブルク州の憲法が州議会で可決された。なお、同州での憲法制定及び改正の手続きは、ほぼ我が国憲法と同様である。すなわち、まず議会が発議し、国民投票にかけてその過半数の賛同を得ることにより成立するのである。国民投票は六月一四日に行われ、憲法は最終的に八月二〇日に成立した。その一〇六条及び一〇七条により、会計検査院は憲法上の基礎を与えられた(6)。

翌一九九三年六月一日に、第三の支局がブランデンブルク市（Brandenburg an der Havel）に新設された。ブランデンブルク州会計検査院法一五条一項は支局の所在地を明記しているから、これにより同法の最初の改正が必要となった。ブランデンブルク市は、首都ポツダム市から見ると真西に位置する。この町の名についているハーフェル河は、州の北の州境近くを源流とし、いったん南下してベルリン市内を貫流し、そこから西へ流れてポツダム市やブランデンブルク市を抜けた後、今度は北上して最終的にはエルベ川に流れ込む。エルベ川は、東西ドイツの国境の一部となっていたことで有名であるが、その後、ハンブルク市を抜けて北海へと抜けるドイツ有数の大河である。

なぜブランデンブルク支局をコトブス支局などと同時に設置しなかったのかは、ヒュルスマン副院長にも不明であった。ただ、旧東ドイツ国家財政監督機関の地域査察局は、ブランデンブルク州内では、郡都所在地であったポツダム市、コトブス市、フランクフルト市の三箇所にあったということである。そこで、これは私の想像であるが、コトブス市やフランクフルト市では、旧地域査察局の庁舎をそのまま引き継ぐことにより、支局設置が容易であったのが、そちらが先行して本局と同時に設置できた理由であろう。これに対して、ブランデンブルク市では、庁舎の確保から始めねばならなかったので、時間が掛かったのであろう。いずれにせよ、これにより州の中央に位置するポツダム市、その西に位置するブランデンブルク市、東に位置するフランクフルト市、南に位置するコトブス市と、バランス良く州内に本局と支局が配置されたことになる。また、ブランデンブルク州にある、四つの市すべてに会計検査院本局かその支局が設置されたことになる。

八月二六日に、最初の検査報告が出された。同州の最初の会計年度である一九九〇年及び九一年に対するものであるから、年度終了後一年半以上遅れていることになる。このタイムラグは今までのところ解消されていない。

㈣　地方自治体財政監督権の授与

当初、ブランデンブルク州会計検査院の権限は、連邦会計検査院や旧西ドイツ各州会計検査院のほとんどと同じく、州の財政監督に限定されていた。もちろん、州から州内への地方自治体に交付した補助金等の検査は、日本の会計検査院と同じく、州会計検査院が実施するが、地方自治体の財政そのものの監督は、行わなかったのである。

ドイツでは、地方自治体における財政監督は、本書第3編第5章に詳述するとおり、自治体の内部監査に相当する地域検査（örtliche Prüfung）と、外部監査に相当する広域検査（überörtliche Prüfung）の二類型に分類される。広域検査は、通常統一的な機関が複数の地方自治体を監査するという方式で行われる。しかし、その機関がどのような組織であるかは、州によりかなりのばらつきがある。

ドイツでは、また、日本の自治省に相当する権限を、内務省（Innenministerium）が有している。そして、その権限の一環として、州内の自治体に対する法的監督権（Rechtsaufsicht）を有している。そこで、同州では、当初、州内地方自治体の財政監督についても、法的監督の一環として内務省にゆだねるのが妥当と考えられた。そこで、一九九一年に制定された、「ブランデンブルク州内の地方自治体の権限に関する規則に関する箇条法」（Der Artikelgesetz über kommunalrechtliche Vorschriften im Land Brandenburg）という暫定法においては、広域検査は、内務省が担当することとされていたのである。

しかし、一九九三年始めに州政府は、州議会に提出した地方自治憲章法（Kommunalverfassung）という名称の法律で、従来の地方自治制度の改善を図った。その一環として広域検査を州会計検査院にゆだねるという提案がなされたのである。論戦を呼んだこの改善案は、しかし、州会計検査院も賛同する意見を提出したことなどから、同年一〇月に制定された地方自治憲章法において、それを会計検査院の権限とすることが明記された。これにもとづき、一九九四年一月から、広域検査についても州会計検査院が担当することとなった(7)。

この改正理由については、州会計検査院自身があげた理由としては、会計検査院が憲法によって独立性を保障された機関であるため、その方が、より客観的な財政監督が可能であること、財政監督機関が、州と州内自治体とで統一されることによって州の財政会計法と地方自治体の財政会計規則の統一的な運用が可能になることなどがある。

しかし、このようなことは最初からわかっていたことである。なぜこの時点で改正したか、という理由としては、むしろ、この時までに、旧東ドイツ地域の他の州（ただし、チューリンゲン州を除く）が、会計検査院が地方自治体に対する広域検査を担当する方式で制度を整備していたことを上げるべきであろう。なぜそうなったかについては、いろいろな理由があると思われる。

一つの大きな要素としては、メクレンブルク・フォアポメルン州会計検査院の建設を支援したシュレスヴィヒ・ホルシュタイン州会計検査院が、州財政を検査するとともに州内地方自治体の財政監督を担当するという、その時点の旧西ドイツ各州では必ずしも一般的ではないこの方式を採用していたことが上げられよう。このため、同州を嚆矢として、このやり方が旧東ドイツ地域に広がったわけである。

この州会計検査院による広域検査という方式は、現在では一三ある一般州のうち、八州でまで採用されていて、もっとも標準的な方式と言える。が、当時は必ずしもそうではなかった。すなわち、現在ある八州のうち、四州は旧東ドイツの州であり、また、ヘッセン州は一九九二年になって会計検査院担当方式を導入したものであるから、当時はこの方式をとる州はわずか三州にすぎなかったのである。

旧西ドイツ諸州では必ずしも一般的ではない制度が、旧東ドイツ地域でこのように一般化するには、受け入れ側にもそれなりの要因の存在が必要である。冒頭に述べたとおり、旧東ドイツ地域の財政監督に関する系統的な研究は皆無であり、ヒュルスマン副院長にも、この点は不明ということであった。

私の考えでは、それはかっての東ドイツの国家財政監督機関の存在に求めるべきである。すなわち、先に説明したとおり、東ドイツでは州制度を採用していなかった結果、すべての市町村に対して、国家財政監督機関が直接財政監督を実施していた。その伝統が色濃く残っている結果、州会計検査院による財政監督の方がむしろ自然な感じがあるのではないか、というのが私の想像である。

ブランデンブルク州における地方自治体に対する広域検査制度の詳細については、後に改めて説明したい。

四　州会計検査院の組織

(一)　職員構成

院長を含めて、ブランデンブルク州会計検査院における公務員数は、一九九八年の時点では九八名となっている。試験区分別の内訳を示せば、上級職甲三三名、上級職乙六一名、中級職四名、初級職ゼロである。(8) このほかに、雇員一二名、労働者二名がいるから、本局の職員数は合計で一一二名である。(9)

支局では、公務員数は九〇名である。試験区分別内訳を示せば、上級職甲七名、上級職乙七四名、中級職九名、初級職ゼロとなっている。上級職乙の比率が支局の方が本局より高いのは、支局には官房業務がなく、ほとんどが検査従事者だからである。このほかに雇員四名、労働者一名がいるから、支局全体では九五名ということになる（職員数の出典は、いずれも一九九八年度州会計検査院予算書）。

したがって、院全体の公務員数は一八八名、職員数全体では二〇七名ということになる。人口が大体等しい新潟県の監査部門には、監査委員四名、監査委員事務局員二四名の計二八名しかいないことと比べて、ドイツの州レベルにおける財政監督機関の強力さがわかると思う。

㈡　院長、副院長その他の検査官の任命

連邦会計検査院[10]や州会計検査院の中でも規模の大きいバイエルン州会計検査院等では、検査課長以上の全員を検査官としていた。それに対して、ブランデンブルク州会計検査院では局長以上のものだけが検査官である。しかも、五つある局のうち、第一局長は院長が兼任し、第三局長は副院長が兼任している。したがって、実質的には三人しか局長がいないことになる。こうして本来は置くことのできる局長二名を減らしているのは、冒頭に紹介したとおり、同州の厳しい財政事情の反映と考えることができるであろう。

その選任には、しかし、厳しい資格と手続きが定められている。すなわちこの検査官になるには、当初、次の資格を要求されていた（院法四条）。

① 満三五歳以上であること

② 大学教育を完了していること

③ 多年にわたり公務に従事した経験のあること

④ 院長及び副院長を含め、検査官の三分の一以上は裁判官としての資格を有すること

公務員試験に言及せず、②のような形で述べられているのは、新しくできたばかりの州では無理のないことであるが、当初は公務員試験制度が整備されていなかったためである。その後、一九九七年一二月になって②のところは、「大学教育を完了しているか、若しくは上級職甲種公務員としての資格を有していること」と改正された。制度整備が進んだことを窺わせる。[11]

院長、副院長その他の検査官になるには、まず州議会の財政委員会で聴聞会を開き、その後、本会議において

その総員の過半数の賛成、すなわち、連邦基本法において首相の選任に要求される特別の過半数（一般に「首相の過半数」（Kanzler Merhheit）という）が、要求されている。

院長や副院長だけでなく、検査官全員について議会の議決が必要という点で、ブランデンブルク州の規定は、連邦やバイエルン州に比べて厳しいものとなっている。その理由は、ノルトライン・ヴェストファレン州の指導下でこの州の制度ができたことにあるようである。つまり、ノルトライン・ヴェストファレン州でも、同様の規定となっているのである。(12)

任命行為は院長以下のいずれについても州政府によって行われる（院法三条一項）。院長は、副院長その他の検査官を誰にするかを提案する権利が認められている。また、副院長その他の検査官の選任に先立って、必ず院長の意見を聴取することとされている。（同二項）。この点で、院長の権限が強化されている。

一般の会計検査院職員については、院長の提案に基づき、州政府により任命される（院法三条三項第一文）。ただし、州政府は、この任命権を院長に委任することができる（同第二文）。したがって、実際には、院長限りで任命行為は終わるのが原則となる。すなわち、現在のところ、トップの五人を除くすべての任命権は院長が行使しているという。

㈢　検査官会議

州会計検査院の最高意思決定機関は検査官会議である。すなわち、検査官とされる院長、副院長及び三名の局長の、計五名がその構成員である。

院長、副院長その他の検査官の絶対数が少ないものであるから、検査官会議の種類もまことに単純である。検査官全員で構成する大会議と、二人の検査官だけで構成される小会議の二種類だけしかない。

１　大会議（Große Kollegium）

大会議は、院長を議長とし、過半数の賛成により決定を下す。その権限については、院法七条三項に詳しく規定されているが、内容的には、連邦や他州のものとほぼ同一である。簡単に言ってしまえば、院としての決定行為のうち、小会議の権限以外のすべてということになる。重要なものとしては、検査報告（州財政会計法九七条）及び意見の提出（同九九条）がある。

特殊な権限として業務規則（Geschäftsordnung）の承認がある。業務規則とは、院の組織やその運営に関する準拠法規である。これについては、院長が、大会議の承認を得て決定するものとされている（院法一四条）。

２　小会議（Kleine Kollegium）

小会議は、原則的には局ごとに設けられるもので、大別すれば、院長と局長一人で構成されるものと、副院長と局長一人で構成されるものの二種がある（院法七条四項）。どの局について、院長と副院長のどちらが担当するかは、事務分掌を定める際に決定している。次頁の組織図に明らかなとおり、第一局と第三局は、それぞれ院長及び副院長が局長を兼任している。したがって、この二つの局の場合には、小会議はどちらも院長と副院長の二人で構成されることになるわけである。小会議の権限は、日本流の表現をとれば、照会の発遣(13)その他ということになる。

小会議は、その構成員の一人に単独で決定する権限を与えることができる（同五項）。つまり、細かな案件であれば、局長単独で照会を発遣する事ができる、ということである。したがって、実務上はわが国と大差がないと

院　　長

副　院　長　　　調　整　官

院長官房	検査第一局 院長兼任	検査第二局	検査第三局 副院長兼任	検査第四局	検査第五局
官房一課 ①人事 ②会計 (職員数９)	一局一課 ①議会 ②首相府 ③内務省 ④憲法裁判所 ⑤基本問題・調達・処分 ⑥検査支局 ⑦EU会計検査院への協力 ⑧年次報告 ⑨院長会議・地域会議 ⑩特別業務 (職員数９)	二局一課 ①州の引き受けた保障債務 ②業務用調達契約 ③環境・自然保護・国土計画省 ④食糧・農業・林業省 ⑤ベルリン及びブランデンブルク社会火災保険 (職員数９)	三局一課 ①行政組織の基本問題 ②組織検査にかかる特別問題 ③人件費支出に関する基本問題及び検査 ④行政の自動化に関する基本問題及び検査 ⑤通信に関する基本問題及び検査 ⑥放送 (職員数11)	四局一課 ①州地上工事 ②州以外の者による地上工事 ③都市開発・住居・交通省 (職員数８)	五局一課 ①郡及び市の会計検査局 ②郡及び市に対する会計検査 ③郡及び市所有企業の年次決算 (職員数８)
官房二課 ①組織 ②ADPS (職員数７) ③内部業務 (職員数13) (職員数20)		二局二課 ①州資本参加企業 ②州経営企業 ③経済・技術省 ④労働市場 ⑤州投資銀行 ⑥州支配の公法人 ⑦商工会議所 ⑧労働・社会・健康・女性省 (職員数９)	三局二課 ①決算 ②労働・社会・健康・女性省 ③大蔵省 ④一般財務行政 (職員数６)	四局二課 ①州地下工事 ②州以外の者による地下工事 ③都市開発・住居・計画省 (職員数６)	五局二課 ①郡及び市の会計検査局 ②郡及び市に対する会計検査 ③地方自治体扶助機関 (職員数７)

			三局三課 ①公課の徴収に関する検査 ②組織、税務署及び税務局における人員の増加・削減 ③租税 （職員数６）	四局三課 ①司法省、連邦・欧州関連事象 ②教育・青少年・スポーツ省 ③科学・研究・文化省 ④労働裁判所 ⑤社会裁判所 （職員数５）	

いえる。

(四)　事務分掌（院法八条）と検査計画（業務規則四条）

ブランデンブルク州の会計年度は、ドイツ各州と同じく暦年である。州会計検査院では、年度開始に先立ち、大会議を開いて、各局各課の検査事務の分掌を定める。[14] 検査事務以外の事務については、院長の権限で、事務分掌を決定する（業務規則三条）。

検査事務が配分されると、各検査課では当該年度の検査計画を立案する。その承認は、小会議の権限である。検査局長は、特別の理由から必要があると認めれば、検査計画から外れた検査活動を行うように命ずることができる。また、事後に、検査計画を基本的に変更する場合にも、小会議がそれを決定する（業務規則四条）。

次に、ブランデンブルク州会計検査院の一九九八年度に掛かる分課分掌表を示す。

幾つか、表中の簡単な言葉では意味のわからない概念があるので、以下に補足する。

1　調整官（Justitiar）

院長に直属する調整官は、厳密にいうと、州会計検査院のための役職ではない。州会計検査院長は、官職指定的に幾つかの州会計検査院外の職に就くが、そのうちでも最も重要なものが、州人事委員会委員長の職である。人事委員会とは、我が国の人事院に相当する機関と考えればよい。ドイツでは、会計検査院は一般に人事に関して積極的に意見表明を行う。そうした人事に対する強い関わりから、その委員長には、連邦でも各州でも、会計検査院長が就任することになっているのである。しかし、委員長としての業務量が多いところから、その補佐役として設けられているのがこの調整官である(おそらく、ブランデンブルク州の場合、州人事委員会の組織が弱体なので、委員会の官房業務的なものを会計検査院側で負担せざるを得なくなっているのだと思われるが、はっきりしない)。

２　院長会議（Präisidentenkonferenz）・地域会議（Regionalkonferenz）

第一局第一課の九番目の権限として、この二つの言葉が出てくる。院長会議とは、ドイツにある連邦及び一六の州会計検査院の院長の連絡会のことである。同じく、地域会議とは、旧東ドイツ地域に所在する、ベルリン及びブランデンブルク等五州の計六つの会計検査院長の連絡会議のことである。なお、このような同等の役職の者の間の連絡会議は、ドイツでは極めて普遍的である。蔵相連絡会議、内相連絡会議等、あらゆる役職に渡ってそれが存在している。連邦システムをなめらかに運転するためには欠くことのできないものといえる。

３　ベルリン及びブランデンブルク社会火災保険（Feuersozialität Berlin/Brandenburg）

第二局第一課の五番目の権限として書かれているこれは、公的火災保険制度である。保険そのものは、ベルリンとブランデンブルク両州を管轄しているが、その本社がポツダムにあるため、ブランデンブルク州会計検査院が一括して検査している。

4　労働・社会・健康・女性省（Ministerium für Arbeit, Soziales, Gesundheit und Frauen）

同じ省が、第二局第二課の八番目の権限と、第三局第二課の五番目の権限として重複して出てくる。一つの省が、単一の課で検査するには業務量が多すぎるので、同一の局の中で二つの課に分掌されているという例は外にもある。が、二つの局にまたがっているという例は外にはない。先に述べたとおり、照会を発するなど検査業務を調整する権限は、各局の小会議にあるから、複数の検査課が同一局にある限り、その検査活動を調整することはさほど難しくはない。これに対して、単一の行政庁の検査が複数の局にまたがっている場合には、大会議で調整する外はなく、円滑な活動が難しくなる。その意味で、これは極めて異例の事務分掌ということができる。

これは、州政府の機構を簡素にするため、無理に一つの省に多くの機能を持たせたため起きた現象である。すなわち、この省の業務のうち、労働関係は異質であり、業務量も多いので、そこを第二局で担当し、それ以外の業務を第三局で担当している。労働省と厚生省が形式上一つの省にされたのにもかかわらず、会計検査院では、業務の異質性から依然として労働検査課と厚生検査課に分け、しかも、それを別の局に置いて検査をしている、と理解していただければ良いと思われる。なお、日本でも二〇〇一年一月から両者は厚生労働省として一つの省となったが、日本では第三局に同省に関係する全検査課を集めている。ただし、二〇〇一年の構造改革によって誕生した内閣府及び総務省については、その権限が非常に入り組んでいるため、その検査の全てを単一局に集中させることができず、前者に対しては三局にまたがって計五課、後者については三局にまたがって計四課でそれぞれ検査を行うこととなっている。

㈤　地位と権限

ブランデンブルク州の業務規則には、ひどく基本的な権限規定がおかれている。おそらく旧西ドイツ諸州で慣例で当然と認められている事項が、このように新しい会計検査院では必ずしも自明ではないところから詳細に規定されたものと思われる。したがって、ドイツ国内の他の会計検査院にも共通する内容と思ってよいであろう。我々にとっても自明の感じがする点が多いのであるが、他国制度の比較研究という観点から、以下にその概略を紹介することにしたい。

1　院長（Präsident＝業務規則五条）

院長は、会計検査院を指揮し、対外的に代表する。院長は、憲法及び法律により、検査官に関して与えられた制限を除き、会計検査院の公務員すべての上司であり、雇員及び労働者の上官である。その指示により検査活動を制限することも、検査局の決定の実質的内容に関与することもできる。

院長は、新しい検査官の任命に関する提案を行ったり、検査支局長その他、検査上特に重要な人事を決定したりする場合には、事前に大会議の意見を聴取しなければならない。

なお、予算上秘密を要すると定められた事項については、院長だけが検査権限を持つとされる（院法第九条）。ただし、実際にはこれは無用の条文である。連邦レベルでは、日本の公安調査庁に相当する憲法擁護庁という機関について予算上特則がおかれている。州レベルには憲法擁護庁のような情報機関は存在していないにも拘わらず、それに関する連邦レベルの規定を、州会計検査院法に機械的に引き写したため存在する規定にすぎない。

2　副院長（Vizepräsident＝業務規則六条）

院長が、その職務を執り行うことができない場合には副院長が、そして副院長が執り行うことができない場合には、その他の検査官中、最先任の者が、その職務を代行する。同一先任順位の検査官が二名以上いる場合には、より年齢の上の者が行う。

副院長その他の代行者は、代行に当たり、院長の権利義務のすべてを行うことができる。代行者は院長に、代行期間中における基本的重要性を持つすべての事務処理及び重要な出来事について報告しなければならない。ただし、院長の専権事項と院法上されている秘密事項の検査については行うことができない。これが無意味な規定であることは、上述のとおりである。

3　官房（Präsidialabteilung＝業務規則七条）

官房は、院長の指示により、会計検査院及び支局の内部行政事務を処理するのが任務である。また、その他、院長により指示された業務を行う。

官房長は、官房に属する課長、課長補佐、事務官及びその他の職員の上司である。官房の課長はその課の課長補佐及び課員の上司である。

4　検査局長（Abteilungsleiter＝業務規則八条）

会計検査院の院長、副院長その他の検査官は、事務分掌で定められた業務について、それぞれの局を指揮する。局長は、その局の課長、課長補佐、調査官及び特別の指示により各室に与えられた補助者Vorzimmerkräfteの上司である。

局長の任務は次のものである。

⑴　その局に配分された業務範囲における会計検査院の決定について、他の検査官が参画し得るように、準備し、協力し、配意すること。
⑵　基本的重要性を持つ事項及びその他重要な出来事について院長に報告すること
⑶　その業務範囲に属する事項について、検査支局が効率的に活動し得るよう、配意すること

5　検査課長（Referatsleiter＝業務規則九条）

検査課長には、上級職甲の公務員が就任する。このように、地位と試験区分を直結させているところが、いかにもドイツ的である。日本では能力さえあれば、ノンキャリアが本省の課長になることもあるが、そのような人事は、ドイツでは法的に許されないのである。

課長は、局長を助け、その課に割り当てられた仕事の処理を指揮する。検査業務に関していうならば、照会案の準備までが課長の職務である。

その課の権限の範囲内で、検査課長は、検査に当たり、基本的な疑問点を処理し、州議会及び州政府への報告の原案を作成するものとされる。

局長の了解を得て、院長は、検査課長のうち、一人を局長代行に選任する。代行者は、局長が不在の際には、局長の職務を代行する。が、検査官としての職務の代行はできない。

6　課長補佐（Referenten＝業務規則一〇条）

課長補佐には、課長と同じく、上級職甲の公務員が就任する。課長補佐は、課長を助けて検査業務を処理する。課長が不在の際には、その代行者となる。

課長補佐の本来の業務は、特に重要性の高い、複雑な検査対象を検査したり、高度の内容を持つ意見の対外的

表明に当たっての準備をすることである。その意味では、日本的な課長補佐というより、高級調査官としての面が強く出ている。わが国会計検査院では、他の省庁と異なり、課長補佐と呼ばずに、副長という特別の名称を使用しているが、同様の要求がドイツ各州会計検査院にも存在していることを示している。

課長補佐の職務には、その傍ら、特定の検査業務を共同で実行する場合に、検査チームを指揮して、調査官に助言し、支援し、指導することも含まれる。そして、担当した照会案をきちんと固めるのもその責任である。

7　調査官（Prüfer＝業務規則一一条）

調査官には、上級職乙の公務員が就任する。州会計検査院を構成する公務員のうちに占める上級乙公務員の割合が非常に高いのはそのためである。調査官は、検査上重要な内容を、独立して調査する権限を持つ。この任務を、調査官は、国家行政の内外に渡り、必要なあらゆるレベルで検査業務を企画、実施することにより処理する。個々の検査業務を実施するに当たり、確認した事実における財政上、経済上の価値について評価を下す義務を負う。調査官は、調査結果につき、文書にまとめて提出しなければならない。

㈥　支局（Staatliche Rechnungsprüfungsamt＝院法一五条）

先に触れたとおり、ブランデンブルク会計検査院には三つの支局がある。同州には市は四つしかない。すなわち、首都ポツダム、ブランデンブルク・アン・デア・ハーフェル、コトブス及びフランクフルト・アン・デア・オーデルである。この四つの市は、奇しくも中央部、東部、南部、西部にそれぞれ位置しているものであるから、ポツダムに本局を置き、他の三市に支局を置くのが、地勢的にも極めて都合がよいわけである。職員数は、三つの支局を合計して九七名である。

支局については、ここでまとめて説明することにしたい。

支局の人事については、大会議がそれを決定するという規定（業務規則一七条一項）があるだけで、これまで紹介してきたような職員についての試験区分その他の規定はない。しかし、実際に支局長に補されている者の職階を見ると、本局の課長級である。先に支局には上級職甲七名と紹介したが、これが支局長及び次席に就任している。また、調査官は本局と同様に、上級職乙の公務員が就任している。先に、上級職乙七四名と紹介したのがそれに当たる。したがって、検査能力的には本局に遜色はない。ドイツの常で、ブランデンブルクの場合にも、本局と支局の間では、人事の交流はほとんどない。

その業務は、連邦会計検査院の場合、本局の行う検査の事前準備、支援及び補完に限られており、独自の検査権限を持っていなかった。同州の場合にも会計検査院法のレベルでは同様である。しかし、州財政会計法一〇〇条において、州会計検査院の検査に関する権限が全面的に準用されている。この結果、日本流にいうところの支局と同様に、本局の支援のほか、独自の検査権能が与えられている点に特徴がある。すなわち、

① 支局固有の検査
② 州会計検査院の指導の下に、それに協調して行う検査
③ 州会計検査院の行う検査に、支局の調査官が参加して行う検査
④ 連邦会計検査院の検査の下検査

このように独自の権限を有する結果として、支局長は、毎年度、大会議にその支局の検査計画を提出する。本局では、これを審査し、適宜指導して、会計検査院全体として統一性ある検査ができるように配慮している。

五　州会計検査院の権限

州会計検査院は、本来、その所在する州の最高財政監督機関であり、したがって、その検査権限は州の財政に限られる。しかし、ブランデンブルク州をはじめとする旧東ドイツ地域にできた新しい州では、いずれもその領域内における地方自治体の財政監督を会計検査院に委ねている点に大きな特徴がある。

(一)　州の財政監督

ブランデンブルク会計検査院は、州の財政監督という点に関する限り、他の会計検査院と変わりがない。これは、連邦及び州の財政法規の原則に関する法律（Gesetz über die Grundsätze des Haushaltsrechts des Bundes und der Länder＝以下、「財政原則法」という）が、連邦と州の制度の間に齟齬が生じないように、しっかりと統制しているためである。そこで、会計検査院の責務に関する規定は、連邦財政会計法でも、ブランデンブルク財政会計法でも同じ八八条にあり、その文言も、連邦と州という言葉を入れ替えさえすれば、全く同一である。以下、検査対象に関する八九条、検査内容に関する九〇条などは全く同一の文言の条文が並ぶ。二〜三の条文では、若干の違いがあるが、関連する法令の規定の仕方を反映したものに過ぎず、本質的なものではない。

明確な違いがある条文は唯一、先に説明したとおり、支局の権限を定めた一〇〇条である。連邦財政会計法では、本局の検査の準備、支援、補完に限定されているのに対して、州財政会計法では、支局の検査に八九条以下の規定を全面的に準用している。その結果、本局の検査とは関係のない、独自の検査を行うことが可能になっているわけである。

表　ブランデンブルク州人口規模別地方自治体数

人　　口	市町村数
100人未満	39
100～　　200人	304
200～　　500人	747
500～　1,000人	297
1,000～　2,000人	135
2,000～　3,000人	50
3,000～　5,000人	39
5,000～ 10,000人	36
10,000～ 20,000人	25
20,000～ 50,000人	20
50,000～100,000人	2
100,000～200,000人	2

(二)　地方自治体の財政監督

ドイツの地方自治制度及び地方自治体財政監督制度については、先に説明したとおりである。本章では、ブランデンブルク会計検査院の機能を理解するに必要な限度で、同州の地方自治制度についてまず説明した後、会計検査院の権限を説明したいと考える。

1　ブランデンブルク州の地方自治制度

先に述べたとおり、ブランデンブルク州には、四市、一四郡、一、六九二町村が存在している。中国地方と面積では同等でも、その三分の一の人口しかない州にこれほど多数の市町村が存在しているのはかなり異常と思われるかもしれない。このように小規模地方自治体が多いのは、旧東ドイツ地域の州の特徴である。西ドイツでは、六〇年代の終わりから七〇年代初頭に掛けて各州で自治体の統廃合が推進され、その結果、二万四、〇七八もあった市町村は八、五〇六に減少しているからである。

東ドイツ諸州でもザクセン州、ザクセン・アンハルト州及びチューリンゲン州では一九九三年にある程度の自治体統廃合を実施した。

これに対してブランデンブルク州では「郡及び市新編法」(Gesetz zur Neugliederung der Kreise und kreisfreien Städte vom 24. 12. 1992) に基づき一九九三年に小規模な市の郡への編入及び郡の統廃合を実施したにとどまる。すなわち、それまで九市あったものが四市に、三八郡あったものが一四郡に、それぞれ減少している。

したがって、町村に関しては、日本の感覚はもちろんのこと、ドイツの感覚からしても極端に小規模な地方自治体が多数存在している。一九九六年の時点における人口規模別に同州の市町村を見ると、表のようになる。

五万人以上の四自治体が市で、後が町村ということになる。全市町村のうち、五、〇〇〇人以下の人口の町村が九五％を占めている訳である。ちなみに、日本の場合、日本全体でさえ、五、〇〇〇人以下の人口の町村は六七七しかない。このように小規模の村が、福祉行政や職員の人件費による破綻も見せずに存在できる理由は、二つある。

第一に、村相互の共同活動である。五、〇〇〇人を基準として、これよりも小さな村については、合計して五、〇〇〇人規模になることを一つの目処として統合村役場 (Amtsverfassung) という制度の導入を一九九一年に推進したのである。我が国の役場事務組合に類似した、地方自治体の共同活動形式である。

第二は郡制度の存在にある。日本の郡は、町村内に住む人宛に郵便の住所を書く際に入っているくらいのもので、実際上何の機能も果たしていない。それに対してドイツの郡 (Kreis) はれっきとした憲法的保障の与えられている地方自治の主体である。ドイツ基本法二八条が、郡を市町村連合体という言葉で呼び、自治権の主体と明定している。

この基本法の規定を受けて、ブランデンブルク州憲法第九七条は次のように規定している。ここで市町村連合体と呼ばれているのは、上記同様、郡のことである。

「(1)　市町村及び市町村連合体は自治行政権を有する。州は、市町村及び市町村連合体に対し、法的監督のみをなすことができる。

(2)　市町村及び市町村連合体は、その地域内における地域的共同体としてのすべての事務を行うことができる。ただし、この憲法あるいは法律の規定により、他の機関の権限とされている場合はこの限りではない。

(3)　州は、市町村及び市町村連合体に対し、法律により、州の業務を行うよう義務づけることができる。ただし、その法律は同時に、それに必要な費用を補填することを定めていなければならない。業務の委任に当たっては、州は、法律の規定に基づき、指示する権利を留保することができる。」

この第三項に述べているのが、法的監督（Rechtsaufsicht）権の憲法上の根拠となる。法的監督機関は、第一次的には内務省である。法的監督とは、法律に対する違背があるかないかの監督権の意味である。法に違背しない限り、当不当に関しては、州は監督権を持たない[15]。

郡もまた、市町村と同じように、その郡内の住民の直接選挙によって郡議会を選出する。郡における行政庁としてどのような形態をとるかは、各州における地方自治法の定めるところに従い、違いがある。ブランデンブルク州の場合、郡議会の信任に基づいて郡長が存在しており、その指揮下に郡庁が設けられて郡行政を行っているのである。

市町村は、その地域内における第一次的な行政権を持つ。郡と町村は、原則として重複して同一の地域の行政を行っているわけであるが、町村が第一次的な行政を行うのに対して、郡が行うのは、広域行政である。その結果、郡の下にある町村は、その町村の領域内だけに関わりのある行政を行えば足りることになり、広域的な行政はすべて郡に委ねることができる。

これに対して、市と訳している言葉は、直訳すると「郡から独立した町（Kreisfreiestadt）」となることに明らかなように、町村としての機能と、郡としての機能の両者を果たす自治体のことである。したがって、市もやはり広域行政の担い手ということができる。日本だと市であるか町であるかによって行政事務の負担は変わらないので、過疎地域などでは人口が激減していても、わざわざ町に戻してもあまり実益はないから、やたらと小さな市があったりする。これに対して、ドイツ地方自治の方式だと、郡に属する町と、郡から独立の市とでは、その行政負担に大きな差異がある。そのため、場合によっては市自ら町への降格を希望することがあるという。しかし、通常はドイツでも地方自治体自身はせっかくの市の名を失いたくないため、自発的に町になるということはあまりない。そこで、先に述べたとおり、ブランデンブルク州では、そのような小さな市について、郡の下に戻すという措置を一九九三年に実施したわけである。

先に、法的監督権を行使するのは「第一次的には」内務省であると、少々奥歯に物が挟まった表現をとった。実は、内務省が直接法的監督を行うのは市及び郡だけである。郡下の町村については、郡が、州の機関としての地位において、法的監督を行う。郡が地方自治体としての地位と、州機の関としての地位という二重の地位を有する点に、ドイツの地方自治制度の大きな特徴がある。我が国でも、かっての機関委任事務に関しては、同様の現象が起こっていた。それが、すべての法的規制の場面で現在も存在している、と考えれば十分であろう。

２　州会計検査院の地方自治体財政監督権

ブランデンブルク州会計検査院が、その直接の権限とするのは広域検査（überörtliche Prüfung）である。ただし、同院の場合、直接院が広域検査を行うのは四市、一四郡だけに限られている。町村に対しては、郡の会計検査局が広域検査を実施する。

同州地方自治憲章法第一一六条は、広域検査と題して、次のように規定している。

(1) 市町村の財政、会計及び経理制度及び財政運営並びにその特別財産の経理制度に関する広域検査の着眼点は次のとおりである。

一　法律及びその業務を実施するに当たっての指示を充たしているか、

二　使途が限定されている国の補助金は規則通りに使用されたか、

三　経済性及び節約性に関する原則は、遵守されているか。

(2) 市の財政、会計及び経理制度及び財政運営並びにその特別財産の経理制度に関する広域検査は、州会計検査院の権限である。町村及びその特別財産に関する広域検査は、州の下部行政機構としての郡長の義務である。郡の会計検査局が、州会計検査院の指図の下にそれを実施する。この場合、州財政会計法第九〇条の規定を準用する。検査権は、市町村の政治的決定に対しては及ばない。詳細は、州政府が、州会計検査院及び市町村連合会の意見を聴取し、州議会内務委員会の同意を得て作成する規則による。

(3) 広域検査の実施に当たる調査官は、その検査過程における実質的判断に当たり、独立である。

(4) 検査報告は、市町村及び当該自治体に対して監督権を有する官庁に交付される。

〈以下略〉

この規定については若干の説明が必要であろう。

第一項について

第一号

ここで述べられているのは合法規性検査の原則である。すなわち、単に法律の文言それ自体だけではなく、それに基づいて作られている規則も含めて述べられているのは当然である。したがって、その結果として、州会計検査院（ないし町村の場合には郡会計検査局）は当該自治体内の検査が不足していることを発見した場合には、そのことを指摘することができる。

第二号

補助金の使用状況に関する検査は、州会計検査院としては、州財政会計法第九一条第三号に基づき実施することができる。したがって、この規定は、同じ検査権限を広域検査機関としての立場から二重に規定していることになる。この二重の法の規定について、州会計検査院では、検査の対象に関する疑問を解消するためである、と解釈している。

すなわち、従来は地方自治体に対する監督は、法的監督も、財政監督も内務省が一元的に実施していた。その結果、内務省の監督という点で、一元性は確保できていたのである。しかし、補助金などに関しては、上述のとおり、州財政会計法に基づき、州会計検査院の検査が実施される。会計検査院は、当然の事ながら、財政関係の法令について、常に内務省と同一の解釈をとるとは限らない。その結果、同じ補助金に関する州の機関による検査でありながら、内務省による財政監督と、会計検査院による検査で異なる指摘が行われ、現場が混乱する、という可能性が存在していたのである。

この問題は、補助金検査を行う会計検査院が、同時に財政監督も行うことにすれば、検査と監督との間に齟齬が生ずることはなくなるので解決できる。このことを説明して、会計検査院では、この規定が、「検査統一の原則」（Grundsatz der einheitliche Prüfung）を示している、と説明する。すなわち、二重に実施されていた会計検査を、州会計検査院に統一した理由の一つを示しているのである。

第三号

広域検査が、内務省により、法的監督の延長線上で行われる場合には、合法規性の検査までに限る方が自然である。しかし、一九六九年の財政大改革以来、会計検査院は当然に経済性の検査を行うようになっている。せっかく会計検査院によって財政監督を行うならば、そこまで求めた方が、合理的であるし、効率的である。そこで、こうした規定が存在しているわけである。

第二項について

先に、町村に関する法的監督権は、州の機関としての郡の権限である、と説明した。町村に対する財政監督に関しても同じことがいえる。この結果、検査の実際の担い手は、各郡庁に設けられている会計検査局(Rechnungsprüfungsamt)である。それが設けられている本来の目的は、郡の内部監査を行うことであるが、同時に州の下部行政機関としての地位において、郡内の町村の財政監督も行うわけである。各会計検査局の人数は、郡によってばらつきがあり、最大一五名程度、最小五名程度ということである。

ここに、検査が「州会計検査院の指図の下に」(im Auftrag des Landesrechnungshofes) それを実施されるという表現が出てくる。この「指図の下に」という言葉は直訳であって、その活動内容を正確に示したものではない。が、どうしても適訳を思いつけないので、ここでは、この直訳した言葉を使用しておく。

具体的意味は、次のとおりである。州の財政会計法規と、地方自治体の財政会計法規は、州の財政の一体性を確保するために、統一的に解釈されなければならない。そこで、解釈に疑問がある場合には、会計検査院の採用している解釈にしたがって、郡の会計検査局は、町村に対する財政監督を実施しなければならない、ということが、この「指図の下に」という言葉だというのである。したがって、州会計検査院が、郡会計検査局の実際の検査活動を、支局に対して行うように、一々細かに指図するという意味ではない。検査機関は常に独立で、法律にのみ拘束されるものでなければならないから、郡の会計検査局は、通常は、全く独自に会計検査を行うのである。したがって、この言葉は先に紹介した検査統一の原則の法的表現と理解されるべきである。

ただ、その郡の町村に対する検査活動もまた、会計検査院の郡に対する広域検査の対象となる。そこで、結果としては、個別に指図しているのと同じように、全体として統一のとれた状況が生まれるわけである。

広域検査については、その準則となる規則が定められることに地方自治法上明記されている。が、この規則は、私が訪問した一九九八年一〇月の時点においては、まだ定められていなかった。どうしても内務省との調整がつかないのだそうである。

準則もないのに、それではどうやって検査を実施しているのか疑問になる。それは、東ドイツ時代の、国家財政監督機関の市町村検査規則（当然、失効している）を類推適用する、という方法に依っているそうである。

先に、会計検査院による広域検査という制度が旧東ドイツ諸州に導入されたに当たっては、東ドイツ時代に、国家財政監督機関によって市町村に対する財政監督が実施されていたことが、一つの要素として存在していたのではないか、という憶測を述べた。その憶測の根拠として、このような制度の運用の現実を上げることができる。

第三項については自明のことで、特に説明は要しないであろう。

第四項において、監督権を有する官庁とは、以上の説明から明らかなとおり、法的監督については内務省を意味する。これに対して、特定省庁の業務に属する地方自治体の活動については、その省庁が特別監督機関となるから、そこに報告が提出されることになるわけである。

なお、同院の毎年度の年次検査報告は、内容を、州の財政監督に関するＡ部分、市及び郡の財政監督に関する

B部分、そしてその他に関するC部分の三つの部分に分けられている。B部分は、しかし、市や郡に関する個別の報告ではなく、それらをまとめての総論的記述だけがなされている。なお、C部分は、一九九八年度検査報告の場合、政党助成金が載せられている。

こうして、ブランデンブルク州内の、地方自治体は、直接、間接の違いこそあれ、すべて州会計検査院という強力な財政監督機関による監督の恩恵を受けることができる。

おわりに

私は、従来から我が国地方自治体に対する監査委員制度は、監査委員が、現代福祉行政のあらゆる分野に通暁しているスーパーマンでもなければ十全の効果を上げ得ない、不適切な制度である、との持論を有している。(16) 今日において、十分な検査を実施するには、クリーンハンドの原則が満たされているある程度の人数を有する財政監督機関による監査の恩恵を、あらゆる地方自治体が享受しうる体制を作らなければならないということである。

しかし、そのような監査機関の作り方にはいろいろな方法がある。本章では触れていないが、ブランデンブルク州の場合、地域検査、すなわち小規模な地方自治体そのものの議会が行う内部監査制度そのものは、我が国の町村レベルにおける監査委員制度と似たり寄ったりのもので、無きに等しいと言える。しかし、それで問題が起こらないのは、州会計検査院を頂点とする上位機関による強力な財政監督制度で、地域検査の欠陥が補完されているためである。

我が国が、将来、新しい地方財政監督制度を考えるとき、様々な選択枝を模索するための資料の一つに、本章がなれば幸いである。

（1）一九九九年一月に、ドイツの全州会計検査院に対して、資料提供の依頼を行い、ブレーメン州を除く全州会計検査院から回答を得たが、旧東ドイツ各州会計検査院に関する限り、外部に発表しているものがないことはもちろん、内部的な研究資料もないということであった。

（2）ブランデンブルク州会計検査院に関して、州会計検査院自身から発行されている一般公報用資料で、本章の作成に当たり利用したものとして次のものがある。Der Landesrechnungshof Brandenburg——Ein Kurzporträt

（3）ポーランドとドイツの関係の微妙さとして、次の例を挙げることができる。

ドイツ連邦議会が一九九八年五月末に「東欧との関係構築に関する決議」を採択し、その中でドイツ連邦政府に対して、戦後東欧から追放されたドイツ系住民を東欧との関係構築に積極的に参加させるように求めた。私から見ると、そうした「東欧からの追放者を積極的に参加させない限り、東欧との真の和解と友好はあり得ない」というドイツ議会の発想はごく自然のものと思える。ところが、これをポーランド側から見ると「東欧との国境見直しやポーランド国民の不動産所有権の侵害につながりかねない内容」だということになるのである（同年七月三日付、ポーランド議会の議決内容）。

ポーランド議会は、ポーランドのEUへの加盟問題についても、それにより第二次大戦後にポーランドから追放されたドイツ人不動産所有者が、現在の所有者に対して権利主張をするおそれがある、と警戒心をあらわにしている。たしかに、東西ドイツの統合に伴い、西側にいた権利者から、東ドイツ国内における土地所有権主張が盛んに行われたから、これについては必ずしも杞憂とはいえない。日本の場合でも、北方領土の主権が日本に戻った場合、戦前の土地所有権がどうなるか（当時の登記簿は、今も釧路法務局に保存されているから、昔の権利者であることの証明は容易である）が未解決で、これがロシア国内、特に現に北方領土に住む住民の間における返還推進論議に水を掛けているが、それと同様に理解すればよいであろう。

（4）このブランデンブルク会計検査院の検査報告は抽象論だけなので、具体的な数字を補完すると、まずドイツ全体の失業率は、西ドイツ時代の一九八〇年にはわずか三・八％であったものが、東ドイツとの統合に伴い、その後急速に上昇して、一九九六年には一一・五％に達している。ちなみに同じ年の日本の失業率はまだ三・四％に止まっていた。それがブランデンブルク州の場合、一六・二％に達している。なお、旧東ドイツ諸州における同年の最高は、ザクセン・アンハルト州の一八・八％である。

若年層だけの失業率は、統計年鑑には掲記されていないので、ちょっと年次が違うが、私が同州を訪問した際に、ベルリン労働局から直接入手した数字で補うと、一九九八年九月の時点で、州全体の失業率は一六・五％になっている状態の下で、二五歳以下の失業率に限れば一八・一％となっている。なお、ベルリン市では全体失業率は一七・三％でブランデンブルク州と大差ないが、若年失業率は実に二三・一％となっている。若者は都会に集まる傾向があるので、農村州であるブランデンブルクより、ベルリンの方が高い数字を示すわけである。

さらに深刻なのが外国人失業率である。ブランデンブルク州に取り囲まれていた西ベルリンというところは、以前から外国人、特にトルコ人が多く、トルコ第三の大都会という通称があったほどである。すなわち、イスタンブールやアンカラはともかく、大抵のトルコの都市よりも、ベルリンにいるトルコ人の方が多いという意味である。一九九六年時点の統計を見るとベルリンには四六万八、〇〇〇人の外国人がおり、しかも毎年二万人以上も増加している状況にあったから、現在では五〇万人を突破しているかもしれない。ブランデンブルク州も、このあおりを受けて一九九六年には六万二、〇〇〇人の外国人が住んでいた。彼らの失業率はブランデンブルク州で三二・八％、ベルリンでは三二・八％という状況である。外国人失業者の多くは、ドイツで生まれた第二世代であるといわれているから、若年層失業率の一環で理解してよいわけである。

こうした厳しい状況が、かって東ドイツを支配していた独裁政党ドイツ社会主義統一党（ＳＥＤ）の後継組織である民主社会党（ＰＤＳ）の躍進を生んでいる。

ドイツでは選挙において基本的に比例代表制を採用しているが、この制度は民意を正しく反映する一方で、議会に多数の政党が乱立し、政治的不安定さを招きやすい欠陥を持っている。そこで、得票率が全体の五％に達しない政党には議席を与えない、というい わゆる五％条項を導入することにより、そうした政局の不安定を防いでいる。

しかし、機械的にこの制度を適用すると、この政党のように、旧東ドイツ地域だけを基盤としている政党に不利になるところから、東西統一の際、特則を設け、旧東ドイツ地域だけで五％を超していれば、議席を与えるとした。しかし、これはあくまでも統一に当たっての妥協で、ＰＤＳは自然に消滅していくものと期待されていたのである。が、一九九八年九月二七日に行われた連邦議会議員選挙では、とうとう同党は対全国比でも五％に届いて特則抜きで議席が得られる段階にまで到達してしまったのである。今では連邦議会に三五もの議席を持つ堂々たる勢力に成長し、州レベルでは、社会民主党と連立して政権の一翼を担っているところもある。連邦レベルでさえ、連立の必要性が議論されるようになってきている。とはいえ、その基盤の東ドイツでさえ、その得票率は二〇％内外にとどまっていて、その得票率は第一党のドイツ社会民主党（ＳＰＤ）の半分以下で、第三の勢力にまで成長してきたにとどまる。この数字から見る限り、東ドイツが自らの意思で、再び社会主義に逆行することは当分なさそうである。

また、ネオナチといわれる極右政党の得票率はほとんど延びていないことは、旧東ドイツ地域の人々がまだ民主主義を信じていることを窺わせ、西ドイツの人々を安心させている。しかし、それに甘えることが許されない情勢であることは、冒頭に紹介したブランデンブルク州会計検査院年次報告の指摘するとおりである。

（5）　旧東ドイツの財政監督機関に関する記述は、主としてバーデン・ヴュルテンベルク州会計検査院の課長であるManfred Beismann氏が、一九九四年に「行政記録」（Verwaltungs Archiv）という雑誌に書いた「新州における近代的財政監督の建設」（Aufbau moderner Finanzkontrolle in den neuen Ländern）と題する論文に依存している。同氏は、同院を代表して、旧東ドイツ地域における新州であるザクセン州の会計検査院建設に協力した。これは、その新会計検査院建設の記録であるが、それに先行する旧東ドイツ財政監督機構についても非常に詳しく紹介されている。

（6）　州憲法における会計検査院に関する規定は、その具体的には次のとおりである。

第一〇六条

(1)　州のすべての歳入・歳出、財産及び債務の状況について、大蔵大臣は、次会計年度に、州政府の免責のため、州議会に決算を提出する。
(2)　州会計検査院は、財政に関する決算を検査し、並びに財政・経済運営の合規性及び経済性を検査する。検査の結果は、州議会及び州政府に、年次報告により交付される。州政府は、州議会に対しその報告に対する見解を表明する。詳細については法律の定めるところとする。

第一〇七条
(1)　州会計検査院は、独立で、法律にのみ従う最高州機関である。検査官は裁判官的独立性を保障される。
(2)　州会計検査院検査官は、州議会により、討論なしに、その総議員の過半数により選出される。選出に先立ち、州議会の定める委員会において聴聞会が開催される。詳細については法律の定めるところとする。

(7)　地方自治体に関する広域検査権限が、州内務省から州会計検査院に移管された経緯については、州会計検査院一九九四年度検査報告一五九頁以下に詳しい。
(8)　ドイツの公務員制度では、採用試験の区分が、以下、本文中で紹介するように、わが国公務員制度よりも遙かに重要である。ここでは、わが国のかつての公務員試験制度の名称を借用して、大学卒業者を対象としたものを上級甲及び上級乙とし、わが国の高校卒業に相応する資格試験を中級職、わが国の中学卒業に相応する資格試験を初級職と訳している。しかし、ドイツの学校制度そのものがわが国とは大幅に異なっており、中学とか、高校という統一的な制度そのものが存在していないので、この説明はあくまでも「相応する」という点に力点を置いて読んでいただきたい。
(9)　わが国では官公庁に正規に勤務している者はすべて単に公務員と呼ばれる。これに対して、ドイツの場合には公務員（Beamte）、雇員（Angestellte）及び労働者（Arbeiter）の区別がある。公務員は身分保障が厚く、それに対して雇員及び労働者は通常の企業の就業者程度の身分保障しかない。その分、俸給面においては、雇員等の方が公務員よりも恵まれている。

(10)　連邦会計検査院の概要については、本書第三編第一章参照。

(11)　この検査官の任命資格は、一九九八年に州憲法を改正するまでのバイエルン州会計検査院法の資格に関する規定とよく似ている。したがって少々おかしい、と言える。すなわち、バイエルン州で、わざわざ一九九八年に州憲法を改正したのは、従来の規定が一九九三年制定の連邦公務員枠法一三四条に合致していなかったので、それとの整合性を持たせるためであった。枠立法というのは、ドイツにおいて連邦と州の制度を一致させる手段として、連邦が一定の枠を法律で定めると、州の立法権はその枠内に限られるという立法形式である。そして連邦公務員枠法一三四条では、州会計検査院の構成員のうち、州議会が選任する者の任期は一二年とする、と定めている。この規定は、一九八五年連邦会計検査院法における会計検査院長の資格規定と同一のものを各州レベルでも要求したものであった。

しかし、従来、どこの州会計検査院も、院長等の任期は、定年まで一生保障としていたので、この枠法よりも保障が厚い、という理由で直ちに枠法に違反するとはされていなかったのである。が、合致していた方が好ましいことは確かである。そうした観点からバイエルン州では一九九八年に州憲法の改正を行ったのである。

ブランデンブルク州では、一九九三年以降に法改正の機会があり、しかもまさに問題になっている規定の改正であったというのに、枠法と違う形で定めたというのはいかにも奇妙である。そこで副院長に尋ねたところ、単に諸州の規定に合わせただけとのことであった。枠法はもちろん知っていたが、各州がそれと違う形で定めていて、問題がないなら、ブランデンブルク州もそれで良いではないか、という回答であった。一九九八年初頭にバイエルン州が憲法改正までやって合致させたことは、私にいわれるまで知らず、そのように枠法に正確に一致させようという流れがでてきたのであれば、我が州も考えなくては、とのことであった。

(12)　検査官全員を州議会の選任としていること、及び「首相の過半数」を使用していることの利害得失を尋ねてみたところ、ヒュルスマン副院長の説明では、州会計検査院としては実は三分の二の過半数を希望したのだが、首相の過半数までしか認めて貰えなかった、とのことであった。すなわち、ノルトライン・ヴェストファレン州では、院長以下すべての検査官について単純多数で議会が選任することとされているため、ＣＤＵやＳＰＤが話し合って、各党の議席数の比率に応じた形で、検査官の一定数をそれぞれ自分たちの推薦枠とするようなやり方を採っており、その結果、検査官の任命に政党色が明瞭に出てしまっている、というのである。そうした弊害をなくし、会計検査院の非政治性を貫くには、三分の二の多数にする必要がある、ということであった。私は、連邦やバイエルン等多くの会計検査院の場合のように、院長かせいぜい副院長までを議会選任としておけば、首相の過半数でも十分に政治的任命は避けられると思うのであるが、ノルトライン・ヴェストファレン出身の同氏としては、全員を議会が選任するという方式自体は当然のことで、その他の方法は考えたこともない、ということのようである。

(13)　わが国会計検査院において照会とは、受検庁に対して検査した結果発見した疑問点を問いただす公文書で、局長が発する権限を有する。わが国の場合、官房にも検査を行うセクションがあり、その場合には事務総長が発する。

(14)　ブランデンブルク州の場合、理論的には、毎年事務分掌は変動しうるのであるが、実際にはもちろんそんなことはない。しかし、毎年見直しを掛けていることは確かである。わが国の場合には、固定的に事務分掌表を定めておき、問題が認められるようになった段階で改正する。現代の行政事務の流動性というものを考えるとき、この機械的に毎年見直しをかけるという方式は日本でも考慮の価値があると思われる。

(15)　州に地方自治体に対する法的監督権が認められるドイツと異なり、日本では、ご存じのとおり、市町村ないし都道府県の行う自治行政活動に対し、国は監督権を有さない。この点だけを比較すると、日本の方が地方自治を尊重しているように見える。しかし、日本の場合には、補助金の交付や起債の認可など不透明な部分を通じて国は圧力を掛けることが可能な結果、当不当を含めて、非常に広範囲の監督を現実には行っている。しかも、それは事実関係であるため、監督行為が不当と考えても裁判で争うことも困難である。それに対して、ドイツの場合には、監督権を行使しうる範囲が明確で、その行使が違法であれば容易に行政裁判所で争いうる結果、三割自治などといわれる日本に比べて、ドイツ地方自治体の自治権は非常に強大である、ということができると私は考えている。

(16)　地方自治体監査委員に関する私見については、詳しくは本書第二編第六章を参照されたい。

第四章　ドイツ地方自治制度の概要

はじめに

本章は、我が国地方自治制度にも、直接間接に様々な影響を与えてきたドイツの地方自治制度の現状を紹介する事を目指したものである。しかし、ドイツにおいてもまた、欧米各国の例に漏れず、その地方自治制度はこうなっている、と一言で説明することは不可能である。ドイツの場合、現時点における根本的原因は、同国が連邦国家である点に求められる。すなわち同国を構成する個々の州が、日本と同様の主権国家であるため、地方自治をどのように形成するかを決定する権限は、各州の主権に属する。そのため、同国には我が国の地方自治法に相当する、全州の地方自治制度を一元的に規律している法規範が存在しない。

同国が連邦制を採用している理由はいくつかあるが、その一つに、各州が、その地域の文化や伝統を反映した固有の発展を遂げてきたという歴史的事実がある。このため、地方自治制度も、それを反映して、州毎にかなりの差異がある。本書は財政制度の研究を目指すものであるが、地方自治体の財政・財政監督制度を理解するためにはその前提をなす地方自治制度及び地方財政制度を理解しなければならないのである。

ただ、現行のドイツ連邦基本法は、各州の地方自治制度等を完全に州の恣意に委ねず、一定の枠をはめている。

さらに、ドイツ民族としての伝統的な行動様式から、各州の自治制度やその財政制度、財政監督制度には一定の傾向がみられる。その上、東西ドイツの統合が各州に、自らの制度について、より効率的な方向を目指して改革する方向にインパクトを与えた結果、最近では、一定の制度に収斂する傾向を見せている。私の研究したところによれば、地方制度においても、財政監督制度においても、その収斂方向に存在する制度を、現在においてもっとも典型的に示しているのがバイエルン州の制度ということができる。

そこで以下においては、ドイツ各州の制度の概観と収斂傾向を歴史の流れの中で示し、制度の詳細については、ドイツの典型を示すと考えられるバイエルン州について説明を行い、必要に応じて他州に及ぶという形で、ドイツの現行地方自治制度について紹介していくことにしたいと思う。

一　ドイツの地方自治制度

(一)　ドイツ基本法における地方自治制度の保障

連邦国家においては、各州こそが基本的な主権国家であり、連邦憲法が明確に連邦の権限と定めている点以外は、すべて州の権限に属するということである。

ドイツの場合、連邦基本法は、地方自治に関する立法権を連邦に与えていないから(連邦基本法七〇条参照)、当然に各州の地方自治に関する立法権は、各州に属することになる。したがって、各州はそれぞれ自分の好むところにしたがって地方自治制度を定めうるわけである。ただ、連邦基本法二八条に各州における地方自治を保障する規定があり、各州の憲法の地方自治に関する規定に一定の枠をはめている。すなわち、

「(1)　各州の憲法は、この基本法が使用する意味における共和制的、民主的及び社会的な法治国家の諸原則に則して制定されなければならない。国民は、各州、郡及び市町村において、普通・直接・自由・平等及び秘密の投票によって選出された代表者を有していなければならない。郡及び市町村における選挙においては、欧州共同体の加盟国の国籍を有する者も、欧州共同体法の定める手続きにしたがい、選挙権及び被選挙権を有する。

(2)　市町村に対しては、その地域の生活共同体に関するすべての事項に関して、自己の責任で規律する権利が、法律の枠内で保障されていなければならない。市町村連合体もまた、法律に定める業務範囲の枠内において、自治行政を行う権利を有する。

(3)　連邦は、各州の憲法に基づく秩序が、基本権及び第一項、第二項の定めに適合していることを保障する。」

と定めている。

この規定で、注意するべき点が幾つかある。

1　枠立法権

第二項に「法律の枠」(Rahmen des Gesetzes) という言葉を訳語として使用した。この条文を我が国に紹介している文献では、一般にこの言葉を「法律の範囲」と訳している。(1) しかし、そのように日本国憲法九二条以下で使用されている、地方自治権の限界を意味する用語と同一の用語を使用して翻訳すると、ドイツと日本で、地方自治に同一の限界があるという誤解を誘発しやすく、その意味で誤訳というべきだと考える。

これは、現行のドイツ基本法の大きな特徴というべき連邦の「枠立法権」を意味している。すなわち、連邦が一定の事項に関して許容できる枠を法律の形で制定すると、各州は、その枠の範囲内で三権を行使しなければならないという制約が発生する。したがって、各州にとっては法律の枠は、憲法そのものの規定と同じような拘束力を持つ。

なお、訳語の正確性という意味でもう一つ注記すれば、選出された「代表者」（Vertretung）という言葉についても、我が国で出版されているドイツ基本法の紹介書では「代表議会」という訳語を使用している場合がある。しかし、この言葉には議会の形を採った代表者という限定は存在していないから、明らかに誤訳である。実際の制度においても、現時点においては、後に詳しくは紹介するが、日本と同様に、その地方自治体の長を住民の直接選挙により選出することが各州において一般的になってきており、その長もまたこの規定にいう「代表者」に該当する。

2　自治行政権

第二項に明確に「自治行政」（Selbstverwaltung）という言葉が使用されている。すなわちドイツの場合には、日本のように広く「地方自治」権が保障されているわけではなく、「地方自治行政」権が保障されているにとどまる、ということである。具体的には、地方自治体には立法権は保障されておらず、行政権だけが保障されているに止まる。この言葉は、文章的には、市町村連合体（Gemeindeverbände）についてだけ使用されているが、そこに「もまた」（auch）という言葉が使われているので、その前の市町村についても同一の理解が可能だとされている。

この結果、地方自治という言葉は、我が憲法二三条から引き出される「大学の自治」という言葉とまったく同じように、その団体内における自治という意味を持っていることになる。わが国では、地方自治の本質に関し、一般に住民自治と団体自治の両者がともに該当すると理解しているが、ドイツにおける団体自治とはこのような概念であることを正確に認識した上での議論なのか、疑問のあるところである。

ただし、実際問題として、地方自治体には必ず議会かそれに相当するものがあり、法規範を制定している。しかし、それは議会の各院が制定する議院規則や、行政庁や行政委員会が制定する行政規則と同様に、内部規則であって、対国民的な効力を持つ法規命令ではない、とされる。そこで、各州の地方自治法でも、一般に、自治体議会の制定する法規範については、規則（Satzung）という言葉を使用している。我が国地方自治立法の条例とは概念が異なることを強調するため、以下においても、これを規則と訳する。ただし、住民は、地方自治体構成員ということで、この規則の適用対象者となるから、実際の効果においては我が国条例とあまり変わりがないのではないかと理解しているが、限界的な場合にどうなるのかについては研究が徹底していない。

以下、本章では、単純に地方自治という言葉を使用して説明する場合も多く出てくるが、すべて原語は自治行政だということは、常に念頭に置いていただきたい。

3　県及び郡と市町村連合体

第一項では郡（Kreis）という制度が予定されているのに、第二項の権利主体としては、市町村のほかは市町村連合体(Gemeindeverbände)しか保障されていない。これについては、一般に、第一項でいう郡は市町村連合体の一種だと理解されている。郡のほかには、県（Bezirk）がこれに該当する。

この市町村連合体という言葉は、我が国でのドイツ基本法の紹介書でこの条文が紹介されるときには、一般に「市町村組合」と訳されているが、やはり誤訳というべきであろう。なぜなら、この市町村連合体という言葉には、ドイツ法では目的組合(Zweckverband)、すなわち、我が国地方自治法でいう地方公共団体の組合は含まれないという点で、異説はないからである。なお、同じドイツ語国家である隣国のオーストリア地方自治法の場合には、同じ言葉が日本と同じ地方自治体の組合の意味で使用される。

バイエルン州憲法一〇条一項は、よりはっきりと、次のように定めている。

「各郡及び各県の地域に対して、地方自治体として市町村連合体を設置する。」

すなわち、地方自治の主体として、市町村のほかには、県及び郡だけが保障されている。州憲法といえども、連邦基本法に違反することは許されない。したがって、市町村組合が誤訳であることはこのことからも明白である。

4　制度的保障

この規定では、地方自治は、あくまでも連邦と州との関係で保障されている制度であり、個々の地方自治体が権利として自治権を保障されているわけではない。

我が国でも、通説及び判例は、憲法九二条以下を制度的保障（Institutionelle Garantie）と理解しているが、ドイツの場合も、地方自治保障の規定は、日本とまったく同様に制度的保障と解釈されている。というよりも、日本憲法の地方自治に関する解釈が、ドイツのワイマール憲法時代の解釈に倣っているのであるから、本家のドイツで同じ解釈であるのは当然といえるであろう。

後に詳しく紹介するが、ドイツでは現在でもわが国に比べると小規模な地方自治体が多い。しかし、かってはさらに小さな地方自治体が多かったところから、各州で地方自治体の合併推進が行われた。しかし、合併の強制は、消滅させられてしまう小さな地方自治体からみると自治権の否定といえるので、憲法訴訟が提起された。が、制度が保障されているのであって、個々の地方自治体の自治権を保障したものではない、という理由から、合併の促進に対して合憲の判決が下されている。

ただし、制度的保障は、あくまでも連邦と州との関係に止まるから、州が、地方自治体に対して基本権的な保障を与えることは可能である。実際、バイエルン州憲法の解釈では、県及び郡の自治権は制度的保障であるが、市町村の自治権は、基本権類似の固有の権利だと解されている。それは、同憲法一一条二項が次のように定めているためである。

「市町村は、公法上の根元的な地域団体（ursprüngliche Gebietskörperschaften）である。市町村は、法律の枠内において、その固有の業務を自ら規律し、行政し、特に市町村長及び議会を選出する権利を有する。」

(二)　各州における地方制度の概況

このように連邦の憲法レベルで、地方制度には強力な枠がはめられてはいるが、これは決して各州の制度を統一しようという趣旨のものではない。その枠内にとどまる限り、各州に、幅広い自律の自由を認めている。その結果、各州ごとの地方自治制度の内容は、わが国の統一的な方式に慣れているものにとっては、驚くほどに多様である。

その多様性を直感的に理解していただくために、ドイツの各州における地方自治体の数を、**表１**に整理してみた。

この表で、都市州と呼んでいるものは、一都市が同時に州として扱われる、という特殊な存在である。したがって、その下に地方自治体は存在していない。ただし、ブレーメンは、ブレーメンとブレーマーハーフェンという二つの都市から成り立っているため、ある程度地方自治を考える余地があるが、本章では考察の対象から除外している。

西ドイツ一般州と呼んでいるのは、東西の統合以前に旧西ドイツ地域に所在していた都市州以外の諸州である。また、東ドイツ一般州というのは、統合以前には旧東ドイツに属していた地域に新設された州の意味である。すなわち、旧東ドイツは中央集権国家だったので、その時代には州制度及び地方自治制度は存在していなかったのであるが、連邦国家である現在のドイツの一部になるために、その準備段階で、州が新設されたのである。また、同時に地方自治制度も新設された。

この表を一見すると、州によって地方自治体の設置の仕方に、かなりのばらつきがあるように思える。しかし、実際には、特に旧西ドイツ一般州の場合には、かなり平均化されている。すなわち、面積でみると数千～一万平方キロメートルごとに、あるいは人口でみると百～二百万人ごとに、県が作られている。面積が広くなれば人口がある程度少なくとも県を作り、人口がある程度多くなれば面積が少なくとも県を作るというわけである。この基準で行くと、シュレスヴィヒ・ホルシュタイン州だけは少々例外になって、二つ県があっても悪くなさそうであるが、ここの場合には、シュレスヴィヒとホルシュタインという元々は別の公国を形成していた地域の一体性を強調したい、という別の意図があるものと思われる。細かい分析データは示さないが、同じように、郡のレベルについても、面積と人口のいずれかにより一定の基準が存在している。

このような平均化は、主として七〇年代に、西ドイツ一般州で展開された地方自治体の統合運動の結果である。これにより、統合前の一九六八年の時点では合計で、四二五郡、二万四、二八二市町村（一三九市）あったものが、統合後の一九七八年には二三五郡、八、五一八市町村（九二市）にまで減少した。その後も市町村レベルでは統廃合が進められたところから、**表1**の市町村の合計数字はさらに小さなものとなっている。

これに対して、東ドイツ一般州では、現在のところ地方自治は整備の途上にあり、西ドイツ一般州のように明

表1　州別の地方自治体数

州の名称	面積	人口	県	郡	市町村数(市)
都市州					
ベルリン	891	3,471	—	—	1(1)
ブレーメン	404	680	—	—	2(2)
ハンブルク	755	1,708	—	—	1(1)
小計	2,050	5,859			4(4)
西ドイツ一般州					
バーデン・ヴュルテンベルク	35,752	10,319	4	35	1,111(9)
バイエルン	70,551	11,994	7	71	2,056(25)
ヘッセン	21,114	3,010	3	21	426(5)
ニーダーザクセン	47,610	7,780	4	38	1,032(9)
ノルトライン・ヴェストファレン	34,078	17,893	5	31	396(23)
ラインラント・プファルツ	19,847	3,978	3	28	860(6)
ザールラント	2,570	1,084	—	6	52(0)
シュレスヴィヒ・ホルシュタイン	15,771	2,726	—	11	1,131(4)
小計	247,293	58,784	26	241	7,064(85)
東ドイツ一般州					
ブランデンブルク	29,479	2,542	—	14	1,696(4)
メクレンブルク・フォアポメルン	23,170	1,823	—	12	1,079(6)
ザクセン	18,423	4,567	3	28	860(6)
ザクセン・アンハルト	20,446	2,739	3	21	1,299(3)
チューリンゲン	16,171	2,504	—	17	1,179(5)
小計	107,689	12,352	6	118	6,113(24)
合計	357,022	81,818	32	319	14,626(113)

注：出典＝Statistisches Jahresbuch für BRD 1997
　面積は単位＝㎢、人口は単位＝千人である。また、市町村数は、市町村の合計数を示し、(市)は、市の数を内数で示している。
　少数点以下の四捨五入の関係から、各数値の合計と、合計欄の数値は一致していない。

確にはなっていない。例えば、面積や人口からいうと、当然二～三の県があってよいブランデンブルク州にまったく県がないのは不適切であろう。また、どの州でも、市町村数は明らかに多すぎるといえる。しかし、東ドイツ各州は、どこも、毎年のように市町村合併を推進しており、そのため市町村の数は毎年顕著な減少傾向を示している。そうした整理が十分進行した暁には、県や郡についても改めて設置や整理が行われるのではないか、と私は推定している。特にブランデンブルク州については、さらにその中心にベルリンを抱えており、これとの統合問題があるため問題が先送りされている、ということも忘れてはならない。

このように、ドイツの市町村数は、全体としてみれば着実に減少しつつあるのだが、それでも十分に行政能力があるとは思えないほどの非常に小さな地方自治体が、西ドイツ一般州においてすら、多いことは否定できない事実である。そのため、後に触れるように様々な対策が州ごとに採られている。

(三)　地方自治制度の歴史

1　中世におけるドイツ地方自治

ユリウス・カエサルの著書「ガリア戦記」や、タキトゥスの「ゲルマニア」などに描かれているところによれば、ゲルマン人は、昔から各集落ごとにかなり民主的な自治体を形成していたことは明らかである。

レックス・サリカ（Lex Salica）は現存する最古のフランク王国の法律集で、五〇八年から五一一年くらいに成立したと考えられているが、その中に既に村(Dorf)という言葉が現れてくる。その当時の村は、意思決定機関として村民集会（Conventus）があり、村が閉鎖的な自治的統一体であったと考えられている。

封建制が強まり始めると、領主は、その家臣を各村に配置するようになり、彼らは村長（Schultheiß）と呼ばれる。村は強力な自治権を有しているが、村長が村民集会で議長を務めるから、それを通じて領主は各村に影響を与えることが可能になっていく。

中世になって、神聖ローマ帝国内の諸侯の権力が伸張するにしたがって村に対する領主の支配権は強まるが、それでも各村が、自らの村内の問題に対する自治行政権と、自主立法権を失うことはなかった。ただ、その権限は、領主の権利と抵触しない範囲内に制限されてくるわけである。そのことは、ドイツ最古の法律書の一つ、シュワーベンシュピーゲル（Schwabenspiegel＝一二七五年成立?）などに明らかといわれる。一七世紀になると、領主の力の伸張の前に、村の自治権は一層の後退を余儀なくされる。

これに対して都市（Städte）は、むしろ中世を通じて徐々に自治権を強化していったということができる。都市は、諸侯あるいは僧正などが、自分の城の回りに商人を集めて建設したもので、そうした都市は外敵の侵入に備えて、城壁で囲まれた城塞（Burg）を形成していた。そこで、都市はその名称の後半にburgという言葉を伴うことが多く（例えばハンブルク（Hamburg）、アウグスブルク（Augsburg）等）、この城壁の中に住む人々ということから、都市住民のことを市民(Bürger)と呼ぶ。今日の国民主権国家において、その基盤をなす国民を意味する言葉として、この市民という言葉がそのまま使われていることは、この中世都市の自治権の強大さをよく示している。都市の場合には、しかし、村と違って歴史的に自治権を有していたのではなく、有力な商人を集めるため、諸侯などが、都市に個人の自由の尊重や商人ギルドの設立などの特権（Privilegien）を与えたことから生じてきたものである。したがって、最初は自治権も領主への依存性が強く、市長 Schtadtschultheiß は領主の家臣であった。しかし、一二世紀頃には、市議会が成立して市長の活動を監督するようになり、最終的には市民が市長(Bürgermeister）を選出するまでになっていくのである[2]。

三〇年戦争の嵐の中で、諸侯の権力は一層強大なものとなり、絶対主義体制を作り上げるに至る。それに対応した形で、都市も農村も、その自治権を大幅に失っていった。しかし、基本的な自治権は根強く生き残って近代を迎えることになる。

2　ナポレオン戦争とシュタイン地方制度

ドイツ地方自治の復活は、意外な方向から起こった。フランスが市民革命を通じて国民国家に成長し、ナポレオンが国民軍という形の強大な軍事力を背景に、ドイツ全土を蹂躙し、各諸侯を屈服させたのである。こうしたナポレオンの重圧に対抗するには、ドイツ領邦国家もまた、フランス型の国民国家に変容して、国力を増大させねばならない。そして、それまでの傭兵主体型の軍隊制度を捨て、フランス同様の国民軍を組織して戦う必要がある。

そのためには、国力を増強するための一連の改革を実施しなければならないが、特に重要なのが、その地域に住む人々に、その国の国民としての強い帰属意識を持たせることである。その手段として、地方制度の整備と地方自治の尊重が各邦で行われるようになった。この中で特に重要なものとして、ドイツ地方自治法の歴史に言及している本が必ずとり上げるのが、プロイセンのシュタイン（Heinrich Friedrich Karl Reichsfreiherr vom und zum Stein）が一八〇八年に行ったプロイセン市規則（Städteordnung）の制定であった。

同じ年に、バイエルンのモントグラスも市町村憲章の制定を行っている。二〇世紀の最後という今日の時点でみれば、後に紹介するとおり、バイエルン地方制度の方が全国的な影響力を持っているから、その開始となるモントグラス改革の方が重要ともいえそうである。が、ドイツの歴史という観点からは、プロイセンがドイツの統一を実現し、しかもその統一ドイツの中で占めるプロイセンの割合が、面積でも人口でも過半数を超える結果、その法制がドイツ全土に影響力を持ったこと、以下に紹介するとおり、比較的完成された内容を持っていたことなどのため、シュタイン改革の方が重要視されている。そこで、本章では、プロイセン地方自治に沿った形で、以後の地方自治の歴史をいったん説明し、後に改めてバイエルンの地方自治の歴史を説明するという方法で、全体像を理解していただきたいと考えている。

地方自治の導入というと、非常に個人主義的・民主主義的印象を与える。しかし、シュタインによる改革の目的は「市民的要素をより密接に国家と結びつけ、君主と臣民の対立を緩和し、市民の地方レベルにおける公行政への自己責任的参画を通じて、公共心と個人の政治的利益を復活させ強化することにあった(3)」のである。すなわち、地方自治そのものを尊重し、強化しようとしたものでは決してなく、国家を強化する一手段として、いったん奪った自治権を国家に都合のよい形で復活させ、市民の自治行政への参加を促進し、それを通して、個々の市民の、国家への帰属意識を強めようとしたわけである。このように逆行的な動機から行われた改革であるが、これがドイツ近代地方自治制度の第一歩となったことは紛れもない事実である。

なお、シュタインがプロイセンの大臣として活動した期間は非常に短いものである。彼は一八〇四年に大臣に始めて任命されるが一八〇七年一月には罷免され、同じ年の一〇月に再び大臣に返り咲くが、翌一八〇八年一一月二四日に再び罷免されている。すなわち市規則公布のわずか五日後には罷免されているから、市規則の実施にはまったく関わらなかったといってよいであろう。それを現実のものとして定着させたのは、プロイセンの得た今一人の偉大な行政改革者、ハーデンベルク（Karl August Fürst von Hardenberg）の業績となる。そこで、地方制度改革についても、シュタイン＝ハーデンベルク地方制度と呼ばれたりすることがあるが、以下では簡単にシュタイン地方制度とだけ呼ぶことにする(4)。

この市規則は、全部で二〇八条に達する非常に詳細なものである。規則の名称に市（Stadt）という言葉を使っていて、従来の中世地方自治でいう都市（Stadt）だけを対象にしたもののような錯覚を与える名称であるが、規模別に大（一万人以上）、中（一万人～三、五〇〇人）、小（三、五〇〇人未満）と三段階に区分していて、かなり小規模な地方自治体まで対象としているところからみて、今日の言葉でいう市町村（Gemeinde）すべてを対象とするものと考えてよさそうである。

この制度の下では、地方自治の主体を市民（Bürger）とする。市民は市民権（Bürgerrecht）を享受できる。市民とはその市に家を持って定住している人のうち、悪評のない人に限られる（一七条）。つまり、家の長だけが市民となれるわけである。その他の人は保護親族（Schutzverwandte）と呼ばれ、市民とは差別して扱われる。つまり、その町の条例で特に権利を認めた場合に限って市民権行使ができる。また、家長であっても、それが女性の場合には、後に述べる選挙権等の行使は認められない。反面、これらの条件を満たしていさえすれば、「プファルツ人、フランス人その他いずれの国の人であっても」市民と認められる（二四条）。まるで、今日のEU地方自治憲章の先駆者のような印象を与える規定であるが、これはプロイセンが人口不足に悩んでいて、積極的に他国からの移民を誘致していたことと関連している。

市の機関は、市議会、参事会及び代理機関ないし委員会の三種である。

市議会（Stadtverordnungsversammelung）がその市行政の最高意思決定機関として設置され、市民はそれを構成する市議会議員を選出する権利が認められた。市議会議員の数は、市の大小にしたがい、最低二四名から最高一〇二名まで認められる（七〇条）。議員の任期は、全員が同時に任期切れにならないように、三年ごとに三分の一ずつ改選になるとされている（八六条）から、九年という長期に渡ることになる。そこで面白いのが、補欠議員

(Stellvertreter) が議員数の三分の一の数、同時に選出され、議員が任期中に死亡、長期の病気、商用旅行その他で欠員となる場合に議員を務めるとされていることである（七一条）。市会議員は名誉職、すなわち俸給を伴わないから、議員は当然別に生活のための職業を持っている。そこで、その商売の都合での欠席を禁止するわけに行かないところから設けられた制度と思われる。

その市議会が参事会 (Magistrat) を選出する。参事会員の数も市の大小にしたがい、最低六名から最高二一名まで認められる。これは内閣類似の合議制の機関で、これが市議会の決定を実施する責任者となる。参事会員は、有給のものと名誉職であるものの二種に分かれる。参事会の議長は市長と呼ばれ、必ず有給である。小規模な市では、市長に加えて収入役が有給とされる。中規模市ではさらに法律顧問が有給になる。大規模市では、これらに加えて一～二名の学識経験者、すなわち法律に詳しい参事会員が有給とされる。法律顧問及び学識経験者の任期は一二年である。その他の参事会員は六年任期である。これらの場合にも、三年ずつで一部改選して、構成員の継続性を確保することとされている（一四六条）。一二年任期の参事会員は、その専門分野に関して試験を受けなければならない（一四九条）。六年任期の参事会員に対しても試験をすることができる。

第三の行政機関として代理機関 (Deputation) 若しくは委員会 (Kommission) がある。これには、参事会員、市議会議員、市職員若しくは一般市民が適宜選出されるが、その過半数は市議会議員でなければならない。その選出は市議会議員が行うが、参事会により認証される必要がある。その委員長は、参事会員（複数いる場合はその年長者）が就任する。これらの機関が、個々の行政執行の責任者となるわけである（一七九条）。

市は、一般性 (Universalität) の原則の下に、その固有の領域内の業務すべてを、自らの責任により、自らの名において処理することが認められた（市議会の権限に付き一〇八条、参事会の権限に付き一六九条）。また、租税高権も与えられた（五六条等）。

行政監督権は、市議会が保有している市会議員が、市固有のすべての分野に渡る全行政を監督する。

第一八三条　全体としての市会議員（一八三条）。すなわち、

(a)　すべての会計、市の金庫予算、歳出予算及び補正予算、さらに予算の超過については、市議会に報告を提出し、参事会は、より上位の法が免除していない限り、その警告をなおざりにすることは許されない。

(b)　新しく市から給料を得る者を、市の基金からまったく支出しない場合をのぞき、収入役若しくは貧困者救済組織に対する以外には、市議会の許可なくして定めることはできない。ただし、一般的な法がそれを必要とした場合にはこの限りではない。

(c)　雇用及び解雇、資金の導入と返済、会計資産の譲渡及び担保の提供、地役権の賦課、不動産利用計画、市有財産の利用及び管理、市有林における予定外の樹木の伐採、不動産若しくは用役権に対する永賃借権若しくは時限賃借権の約定、競売の実施、すべての新規工事、すべての供給契約、すべての債務免除・軽減の指示、及びその他すべての全体として重要性を持つ事項については、随時、市議会に説明し、それについて正確に考慮するようにしなければならない。

(d)　すべての代理機関、委員会及び支所からの決算書は、困窮者救済組織からの決算書も含め、全体収入役決算書と同様に、市議会に提出しなければならない。すべての行政機関は、その行政に使用している資産を一覧できる決算書を添付し、また、参事会から与えられた重要な指示すべてを添える義務を負う。市議会は行政を検査し、市会議員の中からその都度任命する委員会に処理を委ねる。この委員会は、市中に掲示して公告した期限内に、提出された決算を検査する。この委員会審議はすべての市民が傍聴できる。市議会は、こ

れに基づき警告決議を行い、その責務にしたがい決定する。

〈以下略〉

(e)　代理機関によるすべての新規工事についても、市議会により同様に審議され、同様に決算書を検査される。

(f)　市議会は、市議会の中から選任した代理機関により、自ら参事会の代理機関及び委員会の業務運営を検査できる。しかし、それに当たっては、事前に参事会に、参事会員の一人が調査するのを依頼しなければならない。

後に紹介する、今日のドイツ地方自治における自治監督制度が、この段階でほぼ完全に認められることが判るであろう。

国家による監督権(Staatsaufsicht)を行える範囲も、法に定められた特定事項にだけとなった。警察は、依然として国家に属するとされたが、市参事会にその指揮権限が委任された（一六五条）。

市民と保護家族の区別や、女性差別という封建的要素を除外すれば、かなり近代的な地方自治がここに誕生しているといえよう。

プロイセンではその後、一八三一年に、地方自治権に若干の後退がもたらされる。しかし、一八四八年に、フランスの二月革命に呼応してベルリンで起こった民衆の運動に対する国王側の譲歩によって、非常に進歩的な明定憲法が制定されたりする。その際、地方自治の面でも大きな進展がもたらされた。それにより、一八五〇年には市町村法(Gemeindeordnung)が制定され、自治権の保障の範囲が拡大された。しかし、革命運動が下火になってきたことを見て取った国王は、一八五〇年に欽定憲法を定めるなど、従来の譲歩を撤回する動きに出る。その一環として、この市町村法は一八五三年に廃止される。そして同じ年に、プロイセン市規則がプロイセンの全域に拡大される。結局、このような理由から、プロイセンでは、ナチスの登場する一九三三年まで、実に一二五年間もシュタイン地方制度が続くことになる。

他の有力なドイツ領邦国家では、先に述べたようにシュタインと相前後して、地方自治を認めるようになる。ただ、フランス国境に近い諸国は、ナポレオン時代のフランス流の地方自治を導入する。また、南ドイツ諸国では、シュタイン地方自治よりも一層自治権を拡大した制度を創出していく。これについては後に詳述する。

3　ワイマール共和国における地方制度

ワイマール共和国になると、一九一九年八月一一日に制定された憲法一二七条により地方自治に対する憲法的保障が与えられる。すなわち、「市町村及び市町村連合体（郡など）は、法律の制限内において自治権」を獲得したのである。これに基づき、諸州では続々と自由主義的な市町村法を制定していく。バイエルン州のように、ワイマール憲法に先んじて自治権強化立法を行ったところもある。

こうした地方自治の拡大傾向を止めたのは、いうまでもなく、ナチスの登場である。ナチスは、一九三三年一二月に、手始めにプロイセン州だけを対象に、非常に中央集権的色彩の強い市町村憲章法(Gemeindeverfassungsgesetz)(5)を制定し、一九三五年には、ドイツの全州を対象とするドイツ市町村法(Deutsche Gemeindeordnung)(6)を制定する。これはドイツで始めて、全国統一的な地方自治制度を定めたもので、第二次大戦後の地方自治の一つの原形を提供することになる。しかし、その内容は、当然のことながら、地方自治を厳しく制限し、国家の統制下に置こうとするものであった。

4　第二次世界大戦後の地方制度

第二次世界大戦後、ドイツは英米仏ソによって分割占領される。占領地では、当初ナチス時代のドイツ市町村法がそのまま施行されたが、やがて新しい州が建設されるとともに、新たに地方自治制度も再建されていく。そのため、各州の地方制度は、それまでの各州ごとの歴史的相違に加え、これら占領国の地方自治制度から強い影響を受けた。特にソ連についていえば、ナチスに劣らず中央集権的傾向を持つから、旧東ドイツでは事実上地方自治が存在しなかった。これに対して西ドイツは、連邦国家であったから、地方自治制度は各州の主権に属し、したがって、州による地方自治制度の相違は、占領下に形成されたものが、独立国家となった後も、そのまま長く持ち越されることになった。

しかし、一九九〇年に東西ドイツが統一され、東ドイツに新たに作られた州で、よりよい地方自治制度を目指した模索が始まると、それに呼応するように、西ドイツ側でもまた、地方自治制度の改革の気運が高まった。その中核になっているのは、地方自治に効率性、経済性及び透明性を求めようという意識の高まりということができるであろう。こうして、一九九〇年代に入ってから、ドイツ諸州の地方自治制度は激動期に入っている。

住民にとってもっとも身近な地方自治体が市町村であることは、ドイツも日本と同じである。そこで、各州における地方自治法制の改革も、市町村における代表制度を中心に展開されている。以下には、ドイツ各州における地方自治制度の第二次大戦後における制度を大きく分類し、それに属する諸州のその後の制度の変遷を述べることにしたいと思う。分類の基準は、市町村の自治行政の頂点に立つ機関が何か、という点である。(7)

(1)　南ドイツ議会＝長二重制度型憲法

この型の憲法は歴史的にみると、南ドイツに位置するバイエルン州、バーデン州及びヴュルテンベルク州において、一九世紀に成立したものである（バーデンとヴュルテンベルクは、現在では、統合されて一つの州になっているが、かっては別々の国であり、ドイツ国家時代には別々の州であった）。

この型では、住民から直接選出される自治体議会が、自治行政の中心機関である。しかし、第二の機関として、その自治体の長（Bürgermeister）もまた住民の直接選挙により選出されるので、議会と同様に、基本法二八条にいう代表者であるという強固な地位を持っている点に、大きな特徴がある。

中心機関が自治体議会という意味は、最終的な自治行政の決定権は議会に属している、ということである。しかし、長は議会の議長を務めるほか、行政庁の長として活動する。長の地位が強固であるという意味は、特に固有の決定権限を持つという点に現れる。すなわち、実施中の行政活動及び議会から委任された任務について決定権を持ち、また、指示する権限がある。

ドイツの地方自治制度の中では、我が国現行地方自治制度にもっとも類似している制度ということができるであろう。その具体的内容については後に詳述する。

(2)　ライン流域型憲法

かつてドイツの地には神聖ローマ帝国が存在していた。ナポレオンは一八〇六年にドイツに侵入して、この神聖ローマ帝国を滅ぼし、ライン川流域に、その傀儡政権であるライン同盟を作った。こうした歴史的経緯から、フランス法の影響を受けて成立した地方自治の型がこれである。

この型でも、議会と長という二重の機関が存在しており、長は南ドイツ型と同様の強力な権限を持っているが、南ドイツ型との違いは、長が、住民の直接選挙により選出されるのではなく、議会から選出される、という点である。

この型の憲法を持っていたのはラインラント・プファルツ州、ザールランド州及びシュレスヴィヒ・ホルシュタイン州の町村であった。しかし、ラインラント・プファルツ州は一九九三年以降、ザールラント州は一九九四年以降、そしてシュレスヴィヒ・ホルシュタイン州の町村も一九九九年以降、いずれも南ドイツ型に変更したから、現在はこの型の地方自治は存在しないことになる。

(3) 参事会型憲法

この型は、元々はプロイセンの市制に由来する。この型では、先にシュタイン地方自治について説明したとおり、市町村民から選出される市町村議会が地方自治行政の中心となる機関である。市町村議会では、その中から自治体の長を選び、これに加えて、参事を任命する。参事は、州により、名誉職である(すなわち俸給を伴わない)場合と、職業である(すなわち生活が成り立つだけの俸給を支給される)場合とがある。参事会の構成員は、必ずしも市議会の構成員である必要はない。この参事会が市の行政庁ということになる。長はこの参事会の議長であり、自治体を対外的に代表する。すなわち、我が国の内閣制度のようなものを考えるとよいであろう。

ヘッセン州、シュレスヴィヒ・ホルシュタイン州の市、及びブレーメン市に属する地方自治体であるブレーマーハーフェン市がこの型を採用していた。が、ヘッセン州では一九九三年以降、また、シュレスヴィヒ・ホルシュタイン州の市では一九九八年以降、いずれも市町村長を住民の直接選挙で選出するようになったから、現在の制度の運営としては、南ドイツ型に近づいたことになる。

(4) 北ドイツ議会型憲法

北ドイツは、第二次大戦後、イギリスの占領地域となった。そのため、イギリスの地方自治制度の影響を受けて成立したのが、この型である。

この型では、住民の直接選挙に基づく市町村議会が最高の全権を握った機関である。市町村長(Bürgermeister)は議会の中から選出されて、名誉職として議会の議長を務めるにすぎない。

行政は、同じく市町村議会から選出された理事（Direktor）が担当する。理事は、選出された期間内において、当該市町村の公務員としてもっぱら行政に従事する。理事は、固有の権限として行政執行権を有するのではなく、あくまでも議会の委任に基づいて行使できるにすぎない。

この型に属するのは、北ドイツにあるノルトライン・ヴェストファーレン州とニーダーザクセン州であった。しかし、前者は一九九四年に、後者は一九九六年に、それぞれ南ドイツ型に憲法を改正した。したがって、現在ではもうこの型に属する憲法は存在しないことになる。

(5)　旧東ドイツ型憲法

旧東ドイツ地域に、ドイツ再統一時に新たに設けられた五州では、ドイツの再統一に先行して民主的な手続で選出された東ドイツ議会が、東ドイツ地方自治法を制定して、ドイツ統一条約の条件を満たすという方策を採った。この地方自治法にしたがった型の憲法を旧東ドイツ型と呼ぶ。この型の下における地方自治というのは、それまで西ドイツ各州にみられた各種の類型を混合したようなものと一般に記述されている。(8)この地方自治法は、一九九三年及び一九九四年に、各州がそれぞれ新しい憲法を制定することにより失効した。

ドイツの研究者によると、ブランデンブルク州及びメクレンブルク・フォアポメルン州が制定した憲法では、元の東ドイツ地方自治法的要素を部分的に残したものとなっているという。これに対して、ザクセン州、ザクセン・アンハルト州及びチューリンゲン州の三州は、南ドイツ型憲法を制定した。

以上に簡単に紹介したとおり、ドイツ地方自治制度は、第二次大戦後、五つの大きな型が存在していたが、上述のとおり、一九九〇年代に入って大幅な改正が相次いだ結果、現在では、南ドイツ型の議会＝長の二重機関の方向に、ほぼ統一されつつある、ということができる。そして、先に述べたとおり、我が国地方自治制度にもっとも近く、したがって参考になりやすいのも、この南ドイツ型憲法である。

ただ、ここで南ドイツ型とまとめて紹介しているものの中にもかなり多様な制度のばらつきがあることはもちろんである。しかも、従来の南ドイツ諸州でも、先に述べた様々な住民の要求を反映して、やはり九〇年代においてかなり活発な制度改正が行われた。したがって、全体としてドイツの制度はこうなっている、という紹介は、南ドイツ型に限ってもかなり難しいといえる。

しかし、南ドイツ型憲法の代表といえる存在なのが、バイエルン州であることは疑う余地がない。さらに、バイエルン州は、本書がその中心目的の一つとしている地方自治体財政監督制度においても、後述するようにドイツでもっとも古い歴史を持ち、また、現在の時点でもっともすぐれた制度を持っている。そこでバイエルン州を中心にして、その地方自治制度を紹介し、必要に応じて他州に論及する、という形式をとって、以下、説明していきたいと考える。

二　今日におけるドイツ地方自治制度

(一)　バイエルン州の地方自治制度の歴史

ドイツの最南部に位置するバイエルン州は、その正式名称をバイエルン共和国（Freistaat Bayern）という。州が共和国と名乗っていること自体、それがれっきとした主権国家の証といえる。国家としての誕生は、六世紀のバイエルン公国に遡るといわれ、ドイツ諸州の中で最古の歴史を誇る。

1　モントグラスの地方制度改革

バイエルンで最初に地方制度に関する法制が整備されたのは、一八〇八年のことである。[9] プロイセンのシュタイン地方自治よりも半年以上も先行して行われたこの改革は、その内容的にも、シュタイン改革よりもかに徹底的なものであった。すなわち、シュタイン地方制度改革は決して孤立的なものではなく、ナポレオンの重圧が、同時期にドイツ各地に並行的に地方制度改革を企画させたということができる。

この改革を主導したのは、モントグラス（Maximilian Joseph von Montgelas）である。彼が宰相になるまでのバイエルン公国は、欧州の中で政治的には小国に転落しており、国内は、「共通の君主を戴いている雑多な国々の集まりのような状態で、統一的な憲法もなく、統一的な法制もなく、国民には国家帰属意識もない[10]」状況にあった。この引用文中で憲法と呼んでいるのは、もちろん近代的意味の憲法ではなく、いつの時代であれ、どのような国であれ、常に存在している国家の根本規範の意味である。しかし、当時のバイエルンは真の意味の統一国家でなかったため、それを欠いていたわけである。しかも、バイエルンは一八〇三年には、近隣の教会領や騎士領を吸収して、それまで古バイエルン地方（プファルツ地方を含む）にとどまっていたものが、歴史や文化、言語の異なるフランケン地方及びシュワーベン地方にまでも、その版図を大きく拡大したから、国内の非統一ぶりは、それ以後、一層激しいものとなったわけである。

モントグラスは、宰相になってから行政改革を立案したのではなく、かなり早くからそれを理論化していた。一七九六年の時点で、既にかなり明確な行政改革プランを立てていたことが判っている。[11]

彼は一七九九年にバイエルン公国王マックス・ヨーゼフ（Max Joseph）により宰相に起用されると、その積年の企画を着々と実現に移していった。その彼の施策の一つの頂点を形作るのが、一八〇八年に行われた憲法（Konstitution）と市町村憲章（Gemeindeverfassung）の制定である。

ここでいう憲法は、先の引用文とは異なり、もちろん近代的意味の成文憲法の制定を意味する。モントグラスは、慣習法的な意味での憲法が存在していないために国家としての統一を欠いていたバイエルンに、成文憲法を与えて、国家統一の礎としようとしたわけである。ちなみに、ドイツ最初の成文憲法は、この前年、一八〇七年にヴェストファレン国が定めたものである。しかし、ヴェストファレン国は、ナポレオンが作り、その弟のジェロームを国王にした、フランスの傀儡国家であるから、これはいわば外国製の憲法である。純然たるドイツ国家が主体的に作った成文憲法としては、このバイエルン公国のものが最古といえる。

市町村憲章の制定も同じ狙いである。各地方ごとに種々雑多な村落共同体が存在し、事実上強力な自治権を有しているような状態では、国家の威信を国の隅々にまで行き渡らせるわけにはいかない。そこで、勅令により統一的な地方制度を作り出し、村を国家行政の最下層行政機構に組み込むことにより、国家の実質的な統一を実現しようとしたわけである。

つまり、憲法が上からの国家統一を狙うものであるならば、市町村憲章の実施は、下からの国家統一を狙うものという意味で、車の両輪のような関係に立つ。両者が同じ一八〇八年に行われたのは、決して偶然ではない。シュタイン地方改革も基本的には同じ狙いであったことは、先に紹介したとおりである。(12)

モントグラスの市町村憲章は、正確には七月二八日に出された「市町村の樹立に関する制度勅令」（Organisches Edikt über die Bildung der Gemeinde）と、一〇月一九日に出された「市町村制度に関する勅令」（Edikt über das Gemeindewesen）という二つの勅令から成り立っている。特に後者は、全部で一三八条に達する詳細な法規範である。

モントグラスの元々の構想は、非常に徹底した中央集権国家を建設することであった。彼の想定している行政組織は、非常に簡潔で、どこでも同じ構造で、組織の隅々まで上の者が目を光らせ易いものとされ、市町村は、その行政組織の最下層として位置づけられていた。したがって、シュタインのような参事会制度は採らない。そうすれば、市町村ごとに制度内容が異なってくる可能性が発生するからである。そこで、地方団体の権限は完全に国家に移行するものとされていたのである。おそらく、モントグラスの念頭にあったのは、彼の母国フランスが採用した中央集権制があったに違いない。フランスでは、大革命後、非常に徹底した中央集権制が採られていたからである。

しかし、ローマ帝国の属州としての支配を長く受け、ローマ法が十分に浸透していたフランスと異なり、ゲルマン法の優越していたバイエルンでは、地方団体には、中世以来の様々な自治権が生き残っていた。特に都市は強力な自治行政権と司法権を有していた。モントグラスの基本構想はそれらを真っ向から否定するものであったから、一八〇二年に彼が中央集権的な地方制度建設に着手しようとすると、都市や農村は強い反対を行い、このため、モントグラスは様々な妥協を強いられた。その結果、この一八〇八年にようやく完成した市町村憲章は、彼の意図に反してかなり自治権を認めたものとなっていた。

すなわち、市町村には市町村議会が置かれてその事務を処理することが認められ、市町村住民には、市町村議会議員を選挙する権利が認められる（五九条以下参照）など、今日の地方自治につながる要素も含まれている。その意味で、この憲章こそが、バイエルンにおける近代地方自治制度の第一歩であったことは明らかである。ただ、市町村に国家の後見監督官（Kuratel des Staats）が置かれて、国家行政の末端組織となって市町村の活動を監視するというところなどに、モントグラスの中央集権的色彩が強く出ている。

一八〇八年市町村憲章は、各地方の村落共同体が中世封建社会の中で伝統的に保有していた権利を否定して、根底から作り直すという性格のものだけに、地域住民の強い反発を呼んだ。そのため、一八一三年になっても、全体の三分の一の市町村では勅令が実施されていないという状態にあった。そこで、この市町村憲章は全面的な見直しを余儀なくされた。

2　ウィーン反動体制下の地方制度改革

モントグラスが一八一七年に更迭されると、一八一八年に、それまでの市町村憲章よりも地方自治権を承認し、市町村側に歩み寄った第二の市町村憲章が作られた。同じ年に中世等族会議を復活させた新しいバイエルン憲法が制定された。この新しい市町村憲章もまた、都市や村落の持つ中世的特権の一部回復であったわけである。絶対王政期を経ていないバイエルンでは、中世秩序の回復こそが、近代民主主義、自由主義に、より近い形態を採る、という歴史の逆説がここにはある。

正式名称を市町村規則(Gemeindeverordnung)と呼ぶこれも、全体で一三四条に達する詳細な法規範である。この憲章で重要なのは、今日では、バイエルンのみならず、ドイツ地方自治制度全体に広がりつつある二重選出制度を初めて明確に導入した点である。すなわち、市町村長と、市町村議会の双方が住民からの直接選挙で選ばれるという方式は、この憲章に始まったのである。ただ、モントグラスの創設した国家後見監督官制度は生き残り、条例制定に関して、広範な監督権を有していた。特に、人事高権や租税高権は、少なくとも文言上は、依然として監督官の監督下にあった。

この市町村規則は、何とか全市町村に受け入れられ、その後一八三四年に小改正があったが、本質的な変更ではなく、一八六九年まで長く施行された。

3　市民革命の嵐と地方制度改革

この一八六九年という年は、白鳥王として有名であり、狂王とも呼ばれるルートウィヒ二世の治世が始まったばかりの時期に当たる。なぜそのような王の時代に、市町村憲章の大改正が行われたのか、不思議に思う。しかし、その理由について、ドイツの研究者が論及しているものを見つけることができなかったので、以下の記述は多分に私の管見によるものである。

一八一八年市町村規則が通用していた時代というのは、歴史的にみるならば、市民革命と産業革命という二重の革命の時代であった。したがって労働運動が起こり始めた時期でもあった。一八一五年に、ウィーン会議の結果設立されたドイツ同盟は、反動的な国家権力が、互いに連絡をとって、そうした国民の動きを押さえるという機能を果たしていたわけである。このドイツ同盟という反動体制に大きな破綻が起きたのが一八四八年である。

バイエルンの場合、国王ルートウィヒ一世と、ミュンヘン大学の急進的自由主義者である大学教授や学生達との対立が激化してきた結果、その年の二月に、ルートウィヒはとうとう自分で設立したミュンヘン大学を閉鎖し、教授や講師を解雇するという強硬手段に訴えた。当然学生や大衆はいきり立っていたはずである。こうした不穏な雰囲気の中で、同じ二月にパリで起きた革命で、国王が退位したという知らせが届いたのである。

この知らせはドイツ各地に波及効果を及ぼし、三月には、ベルリンやウィーンで暴動が起きたことで知られている。オーストリアの場合、宰相メッテルニヒはロンドンに亡命するところまで追い込まれた。プロイセンの場合、国王は革命に発展するのを防ぐため、憲法の制定を公約するという騒ぎとなっている。その結果議会により作られたのが、フランクフルト憲法よりも急進的といわれる、プロイセン一八四八年民定憲法である。

同じ三月、ミュンヘンでも暴動が起こったのであるが、バイエルンでは少し違った様相を見せた。それは都市にとどまらないで地方にまで広がり、ウィッテルスバッハ家の中央集権的支配下で差別的取り扱いを受けやすかったフランケン地方やシュウァーベン地方、特にプファルツ地方で大きな盛り上がりを見せた。デモ隊の過激さはだんだんとつのり、ついにはバイエルンからの分離独立まで叫ぶようになった。この厳しい情勢に、とうとうルートウィヒ自身が王位からの退陣を余儀なくされるまでになった。

急遽彼の跡を継いだマックス二世は、一方では改革議会を招集し、選挙制度など様々な改革を行ってお茶を濁す一方、フランクフルト制憲議会の制定したドイツ国家憲法の拒否宣言をしたりして国家があまりに急進的になるのを食い止めようとするなど、きわどいバランスの中で国家を運営していく。

プファルツ、フランケン及びシュウァーベンの各地方の住民がバイエルンからの分離独立を叫んだりするのは、その地方が、文化や習慣はもちろん、言語までがバイエルン王国の中核をなす古バイエルン地方とは違うためである。したがって、それらの地方住民を慰撫する根本的な対策は、地方自治の強化以外にないことは明らかである。そこで、マックス二世の改革は、もっぱら地方制度に向けられることになる。また、民主主義の要求の高まりの中で行われる一連の改革がすべて法律の形で、すなわち議会の関与下に行われたことも、この時の改革の、それ以前との明確な相違点といえるであろう。

その最初のものが、一八五二年に制定された「地方法」(Distriktgesetz) である。そこで、この法律では、約二〇〇の地方団体 (Distriktgemeinde) と呼ばれる市町村の上部構造の地方制度、すなわち今日の郡の前身に当たるものを、初めて作り出した。また、モントグラスは、その改革で、バイエルン全体を一七の行政区画 (Regierungsbezirk) に分けていた。これはあくまでも、中央行政のための区画だったのであるが、この時、同時に定められた「県議会に関する法律」(Gesetz die Landräthe betreffend) でこの行政区画のそれぞれに住民を代表する議会

(Landrath) が設置された。これは、今日の県議会制度の先駆者となる。ただし、県における行政自体は国の機関としての地位において県政府（Kreisregierung）が実施した。

一八六一年には、刑法（Polizeistrafgesetzbuch）が制定され、その中で、市町村規則に刑事処罰の規定を置くことが認められた。

一八六二年に第二の大きな改革があった。「裁判所憲章法」（Gerichtsverfassungsgesetz）の制定である。それまで裁判所は司法省の管轄下にあったが、この法律により、あらゆるレベルで司法と行政の分離が実現したのである。この際、個々の裁判官は地方公務員の身分に移行した。中世都市が司法権を有していたことは先に言及したが、それがこのような形で復活したわけである。そして、国家による市町村に対する監督権は、これら裁判所に、地方行政機関としての地位において、移管されたのである。

マックス二世が一八六四年に敗血症で急死したので、その跡を継いだのが、先に述べたとおり白鳥王として有名なルートウィヒ二世である。この時、国内情勢はマックス二世の時代よりさらに悪化していた。他方、プロイセンにはビスマルクが登場して、その鉄の手でドイツ統一に着手していたから、バイエルンは内外ともに厳しい状況下にあったのである。

そこで、ルートウィヒ二世は、当初は、父王の内閣をそのまま留任させ、父王の施策を継承した。一八六九年に行われた市町村規則の抜本改正は、この路線の中で行われたと考えられる。この時の改正では、始めて市町村法という形で制定された。すなわち、国民代表がその制定に参画したわけである。また、内容的にも初めて近代的地方自治制度を制定したものといえる。その第一条は次のように述べている。

「市町村は、公的団体であって、法律の定めるところにより自治行政権を有する。」

Die Gemeinden sind öffentliche Körperschaften mit dem Rechte der Selbstverwaltung nach Maßgabe der Gesetz

この規定は、自治行政権（Selbstverwaltung）という、今日のドイツ地方自治を端的に意味する言葉が、法文上明確に使用された初めての例である。この規定は、今日の地方自治法にこのまま置かれてもまったく違和感がないといえるであろう。もっとも、個々の条文のすべてが近代化されたわけではなく、その意味では、この第一条はプログラム規定とでもいうべきものである。

しかし、この法律により、市町村はその領域内におけるすべての事項に対する決定権を持ち、また、警察行政に対する指示権を獲得した。この当時、警察という言葉は、今日よりはるかに広い意味を持ち、内務行政すべてを意味していたから、この指示権の獲得が意味するものは非常に大きい。市の行政機関は、この時、シュタイン流の参事会方式に変えられた。市町村は従来の行政高権に加えて、市町村固有の領域に関する包括的な条例制定権が認められた。国家後見監督官の包括的な法的監督権や専門的監督権は廃止され、個々の特別法が監督権を認めている場合に限って、監督権行使ができることとなった。

この法律は、現在のバイエルン州地域に限って施行されたものであった。すなわち、バイエルン王国は、ウィーン会議の後、ライン川左岸に、現在のラインラント・プファルツ州の一部であるライン・プファルツを飛び領地として獲得していたが、そちらは適用対象から除外された。だから、この市町村法の正式名称は「ライン川のこちら側の部分に対する市町村規則に関する法律」(Gesetz von 29. April 1869, die Gemeindeordnung für die Landestheile diesseite des Rheins betreffend）というものであった。したがって、同じバイエルン王国の中でも、ライン・プファルツ地域では、市町村の行政機関は、依然として市町村長の独任制であった。

一八七一年にビスマルクの主導によりドイツ国家が成立し、議会での大議論の末、バイエルンもこれに参加する。しかし、このドイツ国家は連邦国家であったから、各州内の地方制度については各州の主権に属し、したがって地方制度に関しては特に変更はなかった。

一八七八年には「行政裁判所設置並びに行政訴訟に関する法律」(Gesetz vom 8. August 1878, die Errichtung eines Verwaltungsgerichtshofes und das Verfahren im Verwaltungsrechtssachen betreffend) が制定され、市町村及び地方団体に、行政裁判所の管轄に属する事項であれば、国と争う権利が認められた。

なお、ルートウィヒ二世は、一八八六年まで国王として君臨し、その間、ノイシュワンシュタイン城の外に二つも、まったく住みもしない豪華な城を建設したり、ワグナーを後援したりして国費を蕩尽し、バイエルン州を破産寸前まで追いつめた。バイエルン等族会議は、中世においては、浪費家の国王は引退に追い込むなど、強大な権限を振るってきた実績を持っていたが、統一されたドイツ国家の中では勝手が違ったのであろうか、なかなか有効な手を打てなかったのである。一八八六年になって、ようやくビスマルクが干渉しないという感触を摑んだらしく、政府は宮廷クーデターを敢行する。形式的には医師に精神病という診断書を書かせることで王から実権を剝奪し、ミュンヘン郊外の城に幽閉することに成功した。王は程なく、謎の水死を遂げる。

4　ワイマール共和国時代の地方制度改革

一九一八年に第一次世界大戦が終わる。これはドイツが戦争に敗れたというより、戦争に疲れた民衆がドイツ各地で革命を起こして、皇帝や王を追い払って戦争をやめたという事態であった。バイエルンでも事情は変わらない。一一月七日に、オクトーバーフェストの会場として有名なテレシーエンウィーセに集まった六万の群衆は王宮を目指してデモ行進を行い、国王ルートウィヒ三世のミュンヘンからの退去を要求する。この時、王宮の前には国防大臣がただ一人立ってデモ隊を迎えたという。大臣が指揮するべき軍隊がもう逃亡していたからである。国王一家は群衆の要求に応えてミュンヘンから退去し、革命政府が州の政権を握った。

革命政府は、いち早く、翌一九一九年一月に「バイエルン共和国暫定基本法」（Vorläufige Staatsgrundgesetz der Republik）を制定する。地方自治に関しては、四月一五日に普通・秘密・平等・直接選挙という民主主義的な要素を盛り込んだ「選挙法」(Wahlgesetz)を制定し、さらに非常に自由主義的な「自治行政法」(Selbstverwaltungsgesetz)を五月二二日に制定する。

地方自治を保障したワイマール憲法が制定されたのが、先に述べたとおり、一九一九年八月のことである。したがって、バイエルン州のこれら一連の立法はきわめて先駆的なものであったということができる。実際、選挙法に関してはその後、揺り返しで改悪されるほどである。

この一九一九年自治行政法により、地方自治行政はあらゆる面で民主化され、国家後見監督官制度は廃止され、選挙制度も変更されるといううきわめて画期的なものであった。今日のドイツ地方財政監督の大きな柱である広域検査制度も、この法律で、ドイツで最初に導入されたものであった。[13] 一八六九年市町村法で導入された参事会方式は、この法律で、再び市町村長直接選挙方式に戻される。市町村長の最初の選挙は一九二四年に、人口三〇〇〇人以上の市町村に限ってであるが、実施された。以後、今日まで、議会と市町村長の、二重直接選挙方式が続くわけである。また、住民投票により、市町村議会を解散できるという制度もまた始めて導入された。

ただし、権限の拡大にみあう財源の移管は行われなかったので、実際の自治権の拡大は多分に制約された。中央政府は「黄金の手綱」（Goldenen Zügel）、すなわち補助金や負担金の支出を通じて市町村政府を統制したからである。この状況を評して「地方自治の本当の基礎を作るのは、憲法ではなく、財政法規である」といわれている。[14]

我が国の現状をいわれているような気がする言葉ではないだろうか。

同法では、県制度の改革も行われた。従来は県議会はあるにせよ、県政府は国家行政機関としての地位から行政を行っていたわけであるが、行政権そのものが県議会及び県行政委員会に移管された。

この自治行政法はドイツ敗戦の混乱の中でかなり急いで制定されたものであったから、当然若干の欠陥があった。また、一八六九年市町村法は依然として有効であったから、二つの法律の基本理念のずれから来る曖昧性もあった。こうした点を補うため、一九一九年自治行政法の制定後、直ちに市町村法の改正検討作業が開始された。それが結実したのが「一九二七年市町村法」(Die Gemeindeordnung des Jahres 1927) である。同法は、一九一九年自治行政法を継承して、自治権を拡大強化したものである。特に市町村議会を地方自治に関する全権を有する機関と認め（同法一六条）、また議会に委員会を設けて、細かい権限の執行を委任することを認めた。これにより、議会は名実ともに自治体最高機関として活動することが可能になった。

しかし、こうした地方自治充実のためのバイエルン独自の努力が、ナチスの登場により制定された一九三五年ドイツ市町村法により終止符を打たれるのは、他の州と同様である。

5　第二次世界大戦後の地方制度改革

一九四五年に第二次大戦が終了し、アメリカ占領地区となったバイエルンでは、ドイツで最初に州としての自治権を認められ、それに基づいて、その年のうちに早くも新しい市町村法が制定される。これは基本的には一九二七年市町村法を復活させたものであった。しかも、これは条文数わずかに三二というごく簡単なもので、そのほとんどの規定は、市町村での選挙その他、根幹部分に関するものだけに限られていた。この法律に規定されていない問題については、ナチス制定のドイツ市町村法が適用されるという変則的な状態であったわけである。

しかし、一九四六年に制定されたバイエルン憲法は、大幅な自治権の保障を行うから、当然、それに違反する規定は停止されたことになる。

本格的な市町村法の制定は、独立を回復した後の一九五二年まで待たねばならない。これが現行の市町村法ということになる。以下、これについては項を改めて詳しく説明したい。

以上、同じ一八〇八年に開始されたプロイセンとバイエルンの地方制度変革の歴史をみたわけであるが、この簡単な紹介だけでも十分に、なぜバイエルン地方制度が、今日のドイツ各州の地方制度に重要な影響を与えるようになったのかが理解できると思う。

プロイセンの場合、その基礎を作ったシュタイン地方制度が、今日の目からみても比較的完成された地方自治制度であったために、ワイマール憲法による地方自治の保障規定制定の際にも見直しが掛けられず、ナチスによるドイツ市町村法の制定まで一二五年も生き残ってしまったのである。そのため、逆に地方自治制度の発達の歴史から置き去りにされたわけである。

それに対して、バイエルンの場合には、その基礎を作ったモントグラス地方制度が、かなり徹底した中央集権を目指したものであったために、それに対する反発から、ナチス登場以前の大改正だけでも一八一八年、一八六九年、一九一九年と3度も行われているなど、不断の見直しが掛けられていた。例えば市町村行政機関について、長の独任制と、参事会制をいずれも経験しているなど、様々な点について現実に試行錯誤を繰り返している。そうした批判的検討作業を通じて、今日においては非常に完成度の高いものが生まれてきていることが、他州の制度改革方向にバイエルン州が位置している理由と考えられる。

(二)　バイエルン現行地方自治制度

バイエルンの地方自治法制によれば、地方自治制度は三段階に分かれる。もっとも基礎となる層を構成するのが、市町村であり、その上に郡があり、最上層が県である。ドイツの州は、その作られた様々な歴史的経緯により、その規模にかなりの違いがある。先に表1に示したように、バイエルンのような巨大な州だけが三層構造の地方自治制度を有するわけである。

1　市町村

住民にとり、もっとも身近な地方自治体は市町村（Gemeinde）である。市町村に関する地方自治法制は上述のとおり、市町村法（Gemeindeordnung）と呼ばれる。この言葉は直訳すると市町村規則となるが、バイエルンの場合モントグラス以来の長い地方自治の伝統に対するプライドから、れっきとした法律であるにも関わらず、現在もこの名称で制定されているのである。同様に、次に述べる郡に関する法律は郡法（Landkreisordnung）、最後に述べる県に関する法律は県法（Bezirksordnung）と呼ばれている。

他の多くの州でも、市町村法に同様に ordnung という名称を使用している。それらの場合には、おそらくシュタイン地方自治に遡る伝統を意味するものと思われる。が、州によっては、これらの法律をまとめて制定している場合もみられる。その場合、その全体については地方自治憲法（Kommunalverfassung）と呼ばれる例がみられる。(15) が、実際には憲法ではなく、普通の法律である。日本であれば、基本法という名称を使う場合に、ドイツでは憲法という言葉を使用するのである。連邦憲法が基本法（Grundgesetz）と呼ばれているため、基本法という用語を通常の法律に使用しにくいところから出てきた用語法と思われる。ただし、そのような統一法であっても、市町村に関して定めた部分については、一般に市町村法（Gemeindeordnung）と呼び慣わされている。

(1) 市

市（Kreisfreie Stadt）とは、郡に属さない地方自治体のことで、したがって基本的地方自治体としての固有の業務に加えて、郡と同様の業務も処理する。どの程度の規模があれば市と認められるかは、州によって異なるが、バイエルン州の場合には人口五万人以上ということが一つの基準になる（市町村法五条三項）。現実の市の規模をみると、最大がミュンヘン市一二四万人、最小がシュヴァバッハ市の三万七、〇〇〇人である。ミュンヘン市は群を抜いて巨大であるから、これをのぞいて平均を出すと、一市あたり九万人程度の人口となる。

日本では、いったん町から市に昇格すると、幾ら人口が減ってもそのまま市として頑張ることが多いのであるが、ドイツでは、自ら進んで町に戻る例も多いといわれていた。町であれば、その業務のかなりの部分を、次に説明する郡が処理してくれるので、地方自治体としての人的、物的負担がグンと減少するから、というわけである。しかし、実際にはドイツでもやはり市という名称は捨て難いらしい。バイエルン州で、かっては四八もあった市を、現在の二五に減らすには、一九七一年に特別法を制定して強制的に町にするという荒療治が必要であったのである。しかし、一九九七年の時点になると、二五ある市のうち、八市が基準の五万人を既に下回っており、そのうち七市は次に述べる町の最大のものより人口が少なくなっている。

(2) 町

町（Große Kreisstadt）という制度は、必ずしもすべての州にあるわけではなく、また、その規模や権限も州によりかなりのばらつきがある。バイエルン州の場合には人口三万人以上というのが一つの基準になっている（市町村法五条のａ四項）。しかし、基準を満たしても、村からの昇格を拒否する権利も認められている。一九九七年時点で、町は全部で二六町ある。町で最大のものは、人口が五万人に近く、小規模な市よりも大きな人口を有している。

町は地方自治体としての固有の業務のほかに、郡の業務の一部を実施する。すなわち、市と町は、いずれも郡の業務を実施するが、市が郡の業務のすべてを実施するのに対して、町は一部にとどまる点に、両者の違いがある。

(3)　村

村(Dorf)という特別の言葉は、バイエルンの法律制度上はない(昔のモントグラス地方制度ではあった)。市でも町でもない市町村(Gemeinde)が、村ということになる。この点、他の州でも同様である。ただし、例えばノルトライン・ヴェストファレン州など幾つかの州では、町と村の間に、さらに中規模町(Mittlerekreisangehörige Stadt)という制度をおいている。

バイエルン州は、先に述べたとおり東京都程度の人口であるが、そこに合計二、〇五六の市町村が存在している。しかし、これでも一九七八年に町村の大合併を推進して、減らした結果なのである。それ以前は、何と七〇七三市町村もあった。それを合併の推進によりいったんは二、〇四八まで減らしたのだが、その後、またじわじわと増えて、今の数字になっている。

この数字から二五市、二六町を除外したのが村だから、二、〇〇五の村があることになる。バイエルン州の市町村を人口規模別にみると**表2**のとおりである。一〇〇万人を超える首都ミュンヘンは本当の別格で、全体の四分の三の地方自治体は、五、〇〇〇人未満の小規模なものであることが判る。

人口五、〇〇〇人未満の地方自治体では、先に述べたとおり、地方自治体として行政の主体になるのには少々弱

表２　バイエルンの人口規模別地方自治体数

人口規模	地方自治体数
200〜　500	2
500〜　1,000	148
1,000〜　2,000	630
2,000〜　3,000	364
3,000〜　5,000	399
5,000〜 10,000	305
10,000〜 20,000	148
20,000〜 50,000	42
50,000〜100,000	10
100,000〜200,000	6
200,000〜500,000	2
500,000以上	1
計	2,056

注：出典＝ドイツ1997年度統計年報

体な場合が多くなる。このような状況は、ドイツのどこの州でも共通に存在する問題点である。

日本にもかってはこうした小規模地方自治体が多数あったが、それでは十分な住民サービスができないという判断から、日本では随分無理をして強力な町村合併を行って、現在のように、全国で三、〇〇〇程度に減少させたわけである。

ドイツでももちろん同様の問題がある。しかしドイツの場合には、前述のとおり、市町村の合併促進という我が国同様の手段も採ったが、その他に、二つの制度を通じて問題の解消に努めた。そのために、今日でもあまり問題を生じさせずに多数の小規模地方自治体が存続しているわけである。

第一に、その上部地方自治組織である郡や県が広域行政をかなり引き受けているために、小規模地方自治体であるために発生する、様々な問題を相当程度まで緩和してくれているためである。特に郡の存在は、我が国では完全に消えているだけに重要といえるだろう。

しかし、人口が一万人を下回ると、地方自治体としての最小限度の業務でさえ処理するのが困難になり、郡制度だけでは十分補完することができなくなる。特に、五、〇〇〇人を下回るレベルになると、ドイツ行政学上、ほとんど不可能といわれている。そこで、州により制度が異なるが、どこの州でも五、〇〇〇人を一つの目途として、それより小規模な地方自治体のための特別の対策を講じている。

バイエルン州の場合には行政共同体（Verwaltungsgemeinschaftt）という制度が、特別法により設けられている。ドイツの各州が設けている小規模自治体対策法としては、その構成村のもっとも緩やかな連合体だといわれている。簡単にいってしまえば、我が国の全部事務組合類似の制度と考えればよいと思われる。一九九五年の時点での資料によれば、バイエルン州には全部で二、〇五一の市町村があったが、そのうち一、〇二一の村が三二五の行政共同体を設けていた[16]。一行政共同体は、平均してみれば、三村の組合だということが判る。同様に行政共同体という名称の制度を設けているのが、バーデン・ヴュルテンベルク州及びザクセン・アンハルト州である。ただし、州により制度の具体的内容には若干の違いがある。

なお、他の州における同様の小規模地方自治体対策制度の名称を紹介すると、ニーダーザクセン州では合同市町村（Samtgemeinde）、ラインラント・プファルツ州では組合市町村（Verbandsgemeinde）、シュレスヴィヒ・ホルシュタイン州、及びメクレンブルク・フォアポメルン州では合同役場（Amter）、ザクセン州では行政組合（Verwaltungsverband）という制度をそれぞれ採用している。もちろん名称だけでなく、制度の内容、特にそれを構成する村の結びつきの強度に相当の相違がある。

もちろん、これらとは別に、日本と同様に一部事務組合的な制度として目的組合（Zweckverband）があり、学校や水道事業などの共同設置を中心に、どこの州でも採用され、幅広く導入されている。バイエルン州の場合、学校の共同設置に関する目的組合は非常に例が多いので、一般の目的組合に関する法律とは別に、特に学校組合（Schnlverband）の財政に関する法律が作られている。

このような組合型の地方自治体は、日本の特別地方公共団体が憲法の保障する地方自治の主体ではないのと同様に、ドイツ基本法の定める市町村連合体ではないと理解されているから、憲法上は自治権は保障されていない。

　市町村行政の中心となる機関が市町村議会（Gemeinderat）である（市町村法二九条）こと、他方、市町村長も、市町村議会と同様に住民の直接選挙により選ばれる（同一七条）ことは、先に説明したとおりである。

　人口が五、〇〇〇人以上の市町村の場合には、市町村長は、職業としての公務員となることができる（市町村法三四条一項）。つまり、市町村長の職を行うに当たり、俸給を受けることができるわけである。しかし、小規模村の場合には、市町村長に対する俸給の負担でさえも深刻な問題となる。そこで、人口五、〇〇〇人以上、最高でも一万人以下の村の場合には、村議会が条例で定めることにより、村長を名誉職とすることができる。さらに五、〇〇〇人以下の村の場合には、村議会が、村長を職業公務員とするという条例を村議会が定めない限り、名誉職とすることになっている（同二項）。一九九六年の時点でみると、八四〇町村が職業としての町村長で、一一九一町村が名誉職としての町村長であった(17)。

　市町村長は、市町村議会の議長を務め、その決定を実施する責任者である（同三六条）。市町村議会議員は、任期が六年で、名誉職である（同三一条二項）。

　市町村議会は、行政業務を自ら実施するほか、委員会を設置し、それに委託して実施することもできる（同三二条）。すなわち、ここでいう委員会は、議会の内部機関ではなく、地方自治体の機関である。我が国行政委員会的な存在と理解すればよいと思われる。したがって、その委員会の委員長は、市長、その代理人、若しくは市町村議会の決定する市町村議会議員が行う（同三三条二項）。

　市町村の業務には、我が国と同様に、その区域に属する固有の事務のほか、連邦若しくは州から委任された事務も存在する。委任事務の量は、着実に増加する傾向を示しており、最近では全市町村事務の八〇％以上に達しているといわれる。[18] また、日本の機関委任事務に相当する活動も行う。その場合には、市町村は、州の下部行政機関と位置づけられる。

2　郡

町村の上部地方自治体が、郡（Landkreis）である。[19] バイエルン州には、現在、合計七一の郡がある。これも、元は一四三あったものを、一九七二年に、平均して一郡当たり一、〇〇〇平方キロメートルの面積と一〇万人の人口があることを目安として合併を促進した結果、この数になったものである。

郡もまたれっきとした地方自治体であるため、住民の選挙により選出された議会（Kreistag）を持ち、これが行政の最高責任者である（郡法二二条）。議員の任期は六年である。

これとは別に、郡長（Landrat）も、住民の直接選挙で、やはり六年の任期で選出される（同三一条）。郡長は、その任期中、職業公務員とされる。議会は、郡長の代理人を、議員の中から選出することができる。郡長代理は名誉職であって、俸給を伴わない（同三二条）。

郡長は、群議会の議長を務め、その決定を実施する責任者である。郡もまた、委員会を設置し、その業務の一部を委任することができる。その委員長は、郡長が務める（郡法三三条）。

郡庁は、市町村と同じく、地方自治体であると同時に州の下部行政機構としての地位にある。すなわち、純然たる州の業務を実施する場合には、それは州の機関なのである。そうした業務には様々なものがあるが、本書のテーマとの関係でもっとも注目するべきは、市町村に対する監督（Aufsicht）権である。州が有する市町村に対する監督権は、法的監督（Rechtsaufsicht）と専門監督（Fachaufsicht）に分けられる。法的監督は、地方自治法上の様々な法規を遵守させるように、市町村を支援するための監督活動である。日本であれば、自治省が行政指導という形で実施する活動を、きちんとした法的制度にしてあるのがドイツの特徴ということになる。州政府の機構としては内務省が担当する。しかし、その権限を実際に行使するのは、州政府下部行政機構としての郡庁なのである（市町村法一一〇条）。なお、郡に対して法的監督を実施するのは、内務省そのものである。専門監督というのは様々な行政分野における監督活動で、州の担当省庁もそれぞれの省であり、具体的な実施機関も、それぞれの法律により別個に定められている。

３　県

バイエルン州は、昔、ドイツが数多くの小国に分かれていた時代の名残で、大別すると、古バイエルン、フランケンそれにシュヴァーベンの三地域に分かれる。

これらの地域は、言葉一つをとっても、慣れてくれば我々外国人にも識別できるほどの相違を示す。すなわちバイエルン地方では、バイエリッシュと呼ばれる、標準ドイツ語とはかなり違う独特のドイツ語を話す。フランクフルト市にほど近い、北のフランケン地方に行くと、これに対して、フレンキッシュといわれる独特の言葉を話す。シュヴァーベン地方は、バイエルンの西の、アルプスを抱えた地域で、住人もアルプス民族と呼ばれ、ドイツの主流を構成しているゲルマン民族とは若干異なる民族といわれる。言葉はシュヴェービッシュといわれ、これまたバイエリッシュともフレンキッシュとも違う独特のものである。当然、各地方は、歴史や文化にもはっきりした相違がある。

古バイエルンが、上バイエルンと下バイエルン及び上プファルツの三地域に分かれる。フランケンは上、中、下とこれも三地域に分かれるから、シュヴァーベンと合わせると、この結果、バイエルン州全体では、七地域に区分することが可能である。

この各地域を日本の地方自治制度に当てはめて県(Bezirk)と呼ぶこととする。県の行政の中心になるのは、県議会Bezirkstagで、その議員は、市町村や郡の議会議員と同様、その地域住民の直接選挙で選出される。これに対して、決定的に違うのが執行機関である。県において市町村や郡の長の地位に相当するのは県知事(Bezirkspräsident)である。しかし、県知事は、県議会議員の中から選出され、住民の直接選挙ではない。名誉職とされ、俸給を伴わない。県知事も市町村長等と同じく、県議会においては議長を務める。

県は、かなり広い面積と人口を持ち、かつ、バイエルンのように、ある程度歴史的経緯がある州でなければないから、**表1**に示したとおり、県を有する州は八州で、ドイツ全体の県の合計は三二県である。これに県を持たない州の数を加えた計四〇という数が、日本の都道府県数と比較しうる数となる。国土面積が日本の九割程度であることを考えると、わが国の県とほぼ同程度の規模の地方自治体であるとご理解いただけるであろう。

（1）法律の枠（Rahmen des Gesetzes）というドイツ語を「法律の範囲」と訳しているものとして、例えば次のものがある。
樋口陽一・吉田善明編『解説世界憲法集』第三版（三省堂）一八三頁
高田敏・初家正典編『ドイツ憲法集』（信山社）二二〇頁
なお、両書は、本文において以下に指摘している代表議会、市町村組合というような問題ある訳語もすべて共通して使用している。

（2）ここに記述したドイツ中世における地方自治は、主として次の文献に準拠している。
Vogelsang/Lübking/Jahn "Kommunale Selbstverwaltung" Erich Schmidt Verlag, 1997. 特に二五頁以降

（3）本文に引用したシュタイン改革の目的に関する文章は、ドイツ憲法裁判所判決判例集一一巻二七四頁より引用

（4）以下、シュタイン地方制度の事実関係に関する説明は、主として次の文献に依存している。
August Krebsbach “Die Preußische Städteordnung von 1808” Kohlhammer Verlag, 1957.

（5）市町村憲章法の具体的内容についてはプロイセン州官報（Preußische Gesetzsammlung）四二七頁以下参照。

（6）ドイツ市町村法の具体的内容については国家官報（Reichsgesetzblatt）四九頁以下参照。

（7）ドイツ地方自治制度の分類及び現状は、主として次の文献に依存している。
Alfons Gern “Kommunalrecht” Nomos Verlag, 1997.
ただし、私が他書や各州の市町村法も参照の上、大幅に手を加えているので、正確な引用ではない。

（8）旧東ドイツ型憲法が定めていた地方自治が正確にどのような内容のものかを詳述している論文等を発見することができなかった。また、本文に述べたとおり、既に消滅しているため、現時点での各州憲法を検討しても、その正確な内容を把握することができなかった。

（9）この箇所以降のバイエルン地方自治の歴史の事実関係は、主として次の文献に依存している。
Franz-Ludwig Knemeyer “Die bayerischen Gemeindeordnungen 1808-1945” Verlag Kohlhammer, 1994.
Manfred treml “Geschichte des modernen Bayern” Bayerische Landeszentrale fur Politische Bildungsarbeit, 1994.

（10）モントグラス以前のバイエルンの状況に関するこの文は、次の文献より引用している。
Michael Doberl “Entwicklungsgeschichte Bayern”, 1928. s. 386

（11）モントグラスが宰相就任以前から詳細な改革案を立てていたことは、アンスバッハメモ(Ansbächer Memoire)と呼ばれる文書により判っている。アンスバッハとはバイエルンの古い町の一つである。

（12）同じ年にドイツの二大国で、同じ性格の地方制度改革が行われているのであるから、その指導者の間に何か連絡がありそうに、誰しも思うであろう。しかし、モントグラスとシュタインの間には何の交渉もなかったようである。プロイセンで、シュタインとは別に行政改革を手がけ、シュタインが途中で失脚した後は、シュタインの地方制度改革も引き継いだハーデンベルク（Hardenberg）の方は、モントグラスと親交があったことが判っているが、この両者の間でも、行政改革に関する議論が交わされた形跡は認められないそうである。おそらく、両者は同じ行政改革を志すものとしてのライバル意識からわざとそのことを話題にしなかったのではなかろうか。なお、この注に記したモントグラス、シュタイン及びハーデンベルク相互の交渉については、主として次の文献に依拠している。

Bernd Becker "Zusammenhänge zwischen den Ideen zu den Verwaltungsreformen von Montgelas, Stein und Hardenberg" BayVBl, 1986. s. 705

(13) バイエルンの広域検査制度の歴史等については、本書第三編第六章「バイエルン州の地方自治体財政監督制度」参照。

(14) 地方自治と財源の関係を述べた引用句は、Hettlage の言葉である。

F.L. Knemeyer "Bayerisches Kommunalrecht" Boorberberg, 1996. s. 25

(15) ブランデンブルク州など、新規に地方自治法規の整備を行っている州でこのような用語例が見られる。

(16) 行政共同体に関する記述については、Knemeyer 注(14)前掲書二四頁参照。

(17) 名誉職村長に関する記述については、Knemeyer 注(14)前掲書一六一頁参照。

(18) 委任事務の比率に関する記述については、Knemeyer 注(14)前掲書一二四頁参照。

(19) バイエルン州の場合、郡及び県という用語に関し、州憲法では郡を県（Bezirk）と呼び、県のことを郡（Kreis）と呼んで、用語が法律レベルではと逆転している(バイエルン州憲法第九条参照)。バイエルン州憲法は、第二次大戦後、ドイツ基本法よりも早く制定された。その際、当然、戦前のバイエルン州の用語法にしたがって郡及び県という用語を使用したわけである。ところが、後に制定された基本法の下、他の州では、県と郡とをバイエルンとは逆の関係で使うのが一般化した。そこで、バイエルン州でも、無用の混乱を避けるため、市町村法や郡法、県法という法律レベルの法制では、他の州に合わせた用語法にしたのであるが、憲法だけは、その先駆者としてのプライドから、いまだに改正しないで頑張っている、というわけである。

第五章　ドイツ地方自治体における財政権と財政監督権

一　地方自治体の財政権

ドイツ連邦基本法は、単に各州における地方自治を保障しているだけではない。自治権を行使するために必要となる財源までも明確に保障している。すなわち、基本法一〇六条五項以下に次の規定がある。

「(5)　市町村は、所得税収入のうち、市町村の住民からの所得税給付の基礎資料に基づき、市町村に引き渡すこととされている分について、州より受け取る。詳細は、連邦法により定める。この法律には連邦参議院の同意を要する。その法律で、市町村への配分率を確定することができる。

(5a)　一九九八年一月以降、市町村は、売り上げ税からの収入の一部を受け取る。それは、市町村に関して、その地域及び経済状況に関連して州が決定する基準に基づく基礎資料に基づき、算定され、受け取る。詳細は、連邦法により定める。この法律には連邦参議院の同意を要する。

(6)　固定資産税及び営業税からの収入は、市町村に属する。その地域の消費税及び奢侈税は市町村ないし市町村連合体に、その州の法律の定めるところにしたがい属する。市町村に、法律の枠内において、税率を決定する権利が与えられる。州内に市町村が存在しない場合には、固定資産税及び営業税並びにその地域の消費税及び奢侈税は州に帰属するものとする。連邦及び州は、一定の割合税として、営業税の一部を受けることができる。割合税の決定については、連邦法の定めるところによる。この法律には連邦参議院の同意を要する。州法の定めるところにしたがい、固定資産税及び営業税並びに所得税及び売り上げ税のうち市町村の取り分を、割合税を決定するに当たって算定の基礎とすることができる。

(7)　共同租税の総収入に占める州の取り分から、州法の定めるパーセントが、市町村及び市町村連合体に与えられる。その他、州税収入から市町村（市町村連合体）に対して与えられるか、若しくはどれだけ与えられるかについては、州法の定めるところによる。

(8)　連邦が個々の州に、ないしは市町村（市町村連合体）に特別の施設を設置し、これにより、その州ないしは市町村（市町村連合体）に直接支出の増大若しくは収入の減少をもたらしたとき（特別負担）は、その州ないし市町村（市町村連合体）に当該特別負担を帰属させるのが適当でない場合ないし適当でない範囲で、必要な補償を行う。第三者に対して与えた損害を補償し、あるいは財政上特別の利益を得るということが、その施設が存在する結果生じた場合には、保障を行うに当たって考慮する。

(9)　本条に基づく収入又は支出として、市町村（市町村連合体）の収入又は支出も扱われる。

このように、連邦基本法でかなり詳細な規定が置かれているから、財政権に関する限り、州による制度の相違はあまりない。バイエルン州憲法では、連邦基本法を再確認する形で、八三条で次のように規定している。

「(1)　市町村は、その固有の権限の範囲（一一条二項）において、特に市町村財産及び市町村営企業の運営、地域交通並びに道路建設、住民に対する水、光、ガス及び電気の供給、扶助の確保のための施設、都市計画、住宅建設及び住宅の監督、地域警察、消防、地域的文化援助、小学校及び職業学校制度及び成人教育、後見制度及び福祉的支援、地域保健制度、婚姻及び母性並びに乳児保護、学校保健及び学童の身体訓練、公共プール、死者の埋葬、地域の歴史的記念碑及び建築物の保全を行う。

(2) 市町村は予算を設定する義務を負う。市町村は、その需要を公課により補塡する権利を有する。

(3) 市町村が国の業務の委託を受けた場合には、同時に必要な資金を与えられる。

(4) 市町村は、国家機関の監督に服する。市町村の固有の権限に属する業務に関しては、国家は、単に市町村が法的義務を果たしているか、法規を遵守しているかという点に関してのみ、監督を行う。委託を受けた業務範囲に関しては、市町村は、委託を行った国家機関の指示に従う。国家は、市町村がその義務を行うことを確保する。

(5) 市町村と国家の間の行政上の紛争については、行政裁判所が取り扱う。

(6) 第二項から第五項までの規定は、市町村連合体にこれを準用する。

(7) 市町村ないし市町村連合体に関する業務を規制する法律ないし規則を制定する場合には、それに先行して政府は、地方自治体全国団体の意見を聴取しなければならない。

こうして、地方自治体は強力な財政権を保障されているわけである。その細部についてはバイエルン市町村法一二三条の定めるところにより、大蔵大臣の同意を得て制定される内務省省令で定められることになっている。この省令の内容について詳しく説明することは可能であるが、地方自治体の財政活動のあらゆる面に渡る膨大な省令群だから、本章の枠を超えるものとなる。そこで次節「地方自治体の財政監督」を理解するのに必要な限度で、次節の中で説明することにし、ここでは割愛する。(1) 簡単にいえば、連邦及び州の財政運営とのすりあわせの必要上、法制度的には連邦及び州財政制度と大差ない。

二　地方自治体の財政監督

強力な財政権のあるところ、強力な財政監督の必要が生ずるのは当然である。ドイツでは地方自治体の財政監督制度は、地方自治体の成立とともに生じた、と一般に考えられている。はっきり文献的に確認できるものでは、一五〇〇年代に、都市における財政監督を命じた文書があるということである。しかし、その後、どのような経緯をたどって今日の地方財政監督制度にまで発展してきたのかははっきりしない。例えばミュンヘン市の内部監査制度は既に二〇〇〇年を越える歴史を持つということであるが、その歴史に関する研究は存在していないのである。そこで、以下においてはもっぱら現状の紹介を行うこととしたい。

(一)　地方自治体財政監督の分類

今日のドイツ諸州の地方自治法は、いずれも財政監督を大別すれば三種類、細かく分ければ五種類に分類している。以前は若干の用語のばらつきがあったが、今日では、それもなくなった。したがって以下に紹介する分類は、ドイツの各州に完全に共通している。

財政監督制度は大別すると、会計検査、金庫検査及び決算検査の三種に分かれる。

会計検査(Rechnungsprüfung)とは、日本の普通の会計検査と同一の概念と考えて構わない。すなわち財政運営に対する事後的な検査である。

金庫検査（Kassenprüfung）とは、もちろん金庫に関する検査であるが、日本でいう金庫検査、すなわち金庫という物理的存在の中にある現金や有価証券の検査という意味ではない。日本では、国でも地方でも、公的資金はすべて銀行に預託するが、ドイツでは、行政庁の一部が、資金を集中的に管理することになっている。その資金を管理するセクションを金庫（Kasse）と呼ぶ。連邦の場合には連邦金庫（Bundeskasse）、州であれば州金庫（Landeskasse）という機関があるように、市町村の場合には、市町村金庫（Gemeindekasse）と呼ばれるセクションが、すべての市町村にある（バイエルン州の場合、市町村法一〇〇条）。そこが扱っている現金や有価証券等に関する検査を金庫検査と呼ぶ。

決算検査（Apschlußprüfung）というのは、企業の決算が締め切られた後、これに対して行われる検査である。ドイツでは、地方自治体所有企業の場合でも、決算検査については商法が適用され、したがって、連邦法上、公認会計士又は公認会計士事務所の専権事項とされている。州によっては、州法の定めるところにより、後に紹介する広域検査機関が担当できるとしている場合も少なくない。が、連邦法は州法に優越するから、その場合にも、広域検査機関の構成員に公認会計士がおり、連邦法に対する関係では、いわば公認会計士事務所という形で決算検査を担当していることになる。

上記のうち、会計検査と金庫検査については、さらに地域検査と広域検査という二種類の検査に分類される。

地域検査（örtliche Prüfung）というのは、簡単にいえば、当該地方自治体の内部検査のことである。が、ドイツ語の語義を重視して、地域検査と訳することとする。この地域検査という言葉は、次に述べる広域検査との対比でいえば、特定の地域だけを検査対象としているという点が重要だからである。

広域検査（überörtliche Prüfung）というのは、地方自治体に対する外部検査のことである。が、これについてもドイツ語の語義を重視して広域検査と訳することにする。なぜなら、この検査では、単に地方自治体議会や長から独立した外部機関が検査を行うという点も重要であるが、それ以上に、一つの外部検査機関が複数の地方自治体を検査することにより、相互の比較を通じて検査の質の向上を図るという点が重要視されているからである。その意味では、広域検査というよりは、多地域検査（viel-örtliche Prüfung）と呼ぶ方が実態に合っているという説明を検査関係者から聞いている。ヘッセン州の広域検査に関する法律では、広域検査の重要な機能として、端的に「比較検査」（Vergleichprüfung）という言葉を使用しているが、これこそが広域検査の特徴というべきであろう。

我が国会計検査院が、法律上支局の設置を許されている（会計検査院法一九条）にも関わらず、あえて支局を設置せず、全国への膨大な出張により検査を行う体制を維持しているのも、比較検査能力の低下、消失を恐れてのことである。その意味で、比較検査を考えない外部検査は、形式的には外部検査といえても、実質的には能力が不足しているといえる。

㈡　市町村における地域検査

地域検査に関する限り、現在では、各州の制度は、かなりの程度均質である。そこで、以下では、もっとも制度が確立・整備され、強力な地域検査が実施されているバイエルン州を中心に説明し、必要に応じて各州の制度に論及することとしたいと思う。

1　会計検査

バイエルン市町村法上、これは市町村議会の権限とされている。会計検査の対象となるのは、その市町村のすべての財政活動である。したがって、自治体の直接の活動のほか、自治体所有企業や病院の経理もすべて検査対象である（市町村法一〇三条一項）。他の州でも基本的に同様と考えられる。

人口五〇〇〇人以上の市町村では、市町村議会は、その議員の中から会計検査委員会を選出しなければならない。日本では、監査委員は独任制で、委員会となっていないが、この会計検査委員会は、監査委員が委員会を形成していると考えれば、ほぼ相当する組織ということになる。その委員は最低三人、最高七人とされている。また、委員の一人を委員長とする（同二項）。

委員長を委員の中から選出するというのは、日本の常識では当たり前という気がする。しかし、ドイツ地方自治制度では大きな例外である。先に説明したとおり、市町村議会は、その有する行政権の一部を委員会を設置して、そこに委任することができる。それらの委員会の委員長は、市長自身が務めるか、市長代理が務めるか、若しくは議会自身が決定するというのが原則であった(同三三条二項)。しかし、市町村長は、決算の責任者であるから受検側の代表者ということになる。それを委員長としたのでは、検査の客観性に疑問が生ずる。そこで長部局からの独立性を強化するため、このように定められたわけである。

しかし、会計検査委員会は、所詮は、会計検査には素人の政治家の集まりであるにすぎない。そこで、検査に当たっては、専門家を関与させることができるとされている。市町村に常設の専門機関として市町村法上設置されているのが、会計検査局（Rechnungsprüfungsamt）である（同三項）。

もっとも、会計検査専門の局を置くには、当然のことながら費用が掛かる。そこで、それがあるのは当然一部の大規模地方自治体だけということになる。

2　金庫検査

金庫に関する検査（Kassenprüfung）は、市町村長の権限である。金庫検査に当たっては、市町村長は、会計検査局がある場合には、やはりそれを使用しなければならない(市町村法一〇三条五項)。歴史的にみれば、地方自治体の財政監督機関は金庫検査から出発している。しかし、今日では、金庫そのものに、会計検査局とは別個の、かなり整備された内部検査制度があることもあり、金庫検査の重要性はかなり低下している。ミュンヘン市監査局長は、私に、今では金庫検査はまったく行っていないと明言した。

3　会計検査局

(1)　設置する市町村

先に述べたとおり、素人の議会議員に十分な会計検査を実施することを期待するのは困難であるから、その支援組織として会計検査局の設置が予定されている。しかし、上述のとおり、村長の俸給を支払うことすら困難な小規模地方自治体が多数存在する状況の下で、すべての地方自治体に会計検査局の設置を期待するのもまた無理というものである。そこで、バイエルン市町村法は、会計検査局を設置できる場合を制限している(同法一〇四条一項)。すなわち、市は、会計検査局を設置することが義務とされている。最大の規模を持つミュンヘン市の場合、局長を筆頭に、八〇数名の職員を有している。

これに対して、町村の場合には、それを設置するだけの需要があり、かつその費用が適切な範囲に収まる場合には、設置することができる。その結果、町では設置しているところがかなりある。ただし、設置してはあるけれども、局長一人だけで、指揮する部下はない、というようなところもある。例えば第一回冬季オリンピックが開かれた町として有名な、ガルミッシュ・パルテンキルヘンはそうした町である。現実問題として、村で設置しているものはない。

会計検査局の必要的設置をどの範囲で定めるかは州によりばらつきがある。ヘッセン州では人口五万人以上の市町村とされているから、バイエルンよりも設置範囲が狭いことになる。しかし、このように設置義務を市などに限る州は少数派で、ほとんどの州では、市ばかりでなく、町も必ず会計検査局を設置しなければならないとされている。二万人規模の村までが必要的設置対象とされている州も多くある。

(2)　独立性の保障

会計検査局は、あくまでも当該市町村の内部検査機関にすぎないのであるが、市町村法上、非常に強力な独立性が保障されている。

第一に、その権限を行使するに当たり独立で、法にのみ従うものとされる（同法一〇四条二項後段）。これ自体は、観念的な独立性の保障規定にすぎないが、それを担保するため、強力な人的保障制度が設けられている。

第一に、会計検査局の長、その代理人及び調査官を任命する権限は、受検者である市町村長ではなく、市町村議会に属している（同三項）。単に、局長ばかりでなく、調査官に至るまで、すべて議会が任命する、という点が注目に値しよう。

第二に、その解任権もまた議会に属しているが、その行使は任命よりもさらに厳しく制限されている。すなわち、会計検査局長及びその代行者については、市町村議会は、その職責を法規に従い処理していない場合にしか解任できない。しかも、本人の意に反して解任するには、市町村議会議員の法定数の三分の二以上の多数によらなければならない。調査官の場合には、若干緩和されて、投票権を有する市町村議会議員の三分の二以上の多数によって解任することが可能である（同三項後段参照）。

これほど強力な身分保障が、検査局長と調査官の双方に与えられているのは、ドイツでもバイエルン州とチューリンゲン州だけである。しかし、局長に限るなら、ほぼ同等の保障がバーデン・ヴュルテンベルク州、ラインラント・プファルツ州及びザクセン州で与えられている。残りの州も、少なくとも議会の議決を要求しているのが普通である。その意味で、どこの州でも、その独立性確保規定と、身分保障規定を備えているということができる。

(3)　資　格

このように重要な職責を担う会計検査局長であるから、誰を就任させるかは市町村議会の自由とはならない。まず第一に、終身公務員でなければならない。換言すれば議員ではいけないのである。局長は、少なくとも技術系ではない公務員上級乙の資格を有し、その職責に必要な経験と資格を有していなければならない、とされている（同四項）。普通、法律家である例が多いようである。

市町村法のレベルで局長の資格まで述べているのはバイエルン州だけである。が、実際問題としては他の州でも同様の取り扱いになっているようである。

(4)　検査の観点

会計検査局は、地域会計検査に当たっては市町村議会に、そして地域金庫検査に当たっては市町村長に、それぞれ直接責任を負う。

会計検査局にどの範囲の検査権限を認めるかについては、州によりかなりのばらつきがある。合法規性の検査や正確性の検査権限は共通に認められている。ただし、行政活動が行政規則に則って行われているか、という検査になると、ヘッセン州やラインラント・プファルツ州では認められていないなど、若干のばらつきがみられる。

検査の観点は、原則的には財政運営に有効な規則及び原則の遵守状況である（市町村法一〇六条一項）。特に、

１　予算が遵守されているか、

２　歳入・歳出は根拠があり、証拠書類が整っているか。また、年次決算及び公有財産に関する記録は、規則

通りに行われているか、

3　経済的、節約的に運営されているか、

4　業務は、最小限の人員及び物資を使用してなされているか、若しくは他の、より効率的な方法で行うことはできないか、

というような点が重要とされている。この特に三番目、四番目は、いわゆる三Ｅ検査の着眼点である。ただし、あくまでも合法規性の枠内での着眼点であるから、法規そのものが三Ｅに反するというような指摘はできない、と考えるべきであろう(2)。

ただし、市町村議会及び市町村長は、行政の検査に当たり特別の権限を会計検査局に授与することができる(同一〇四条二項前段)。したがって、法制度の不備などについて検査をさせることも可能である。

バイエルン州では、上記のとおり合法規性の枠内でしか三Ｅ検査は認められていなかったが、ヘッセン州、ニーダーザクセン州、ノルトライン・ヴェストファレン州、ブランデンブルク州、ザクセン・アンハルト州では、そういった枠抜きで、一般的に認められている。

(三)　郡及び県における地域検査

郡及び県における地域検査の規定は、市町村法とは別個に定められているが、事実上、その条文の市町村の語を郡や県に置き換えただけで、内容的にはまったく同一である。ただし、郡や県は、規模が大きいので、小規模の町村のように、会計検査委員会や会計検査局設置の費用負担に耐えられないという問題は起こらない。そこで、いずれにおいても、会計検査委員会と会計検査局が必要的設置とされている(郡法八九条、九〇条、県法八五条、八

六条)。

郡会計検査局は、地域会計検査に当たっては郡議会に、そして地域金庫検査に当たっては郡長に、それぞれ直接責任を負うこととされる。また、郡議会及び郡長は行政の検査に当たり特別の権限を授与することができる。しかし、会計検査局は、その権限を行使するに当たり独立で、法にのみ従うわけである。県についても同様である。

もっとも、郡も県も広域行政機関で、市町村のように地域に密着しているわけではないから、固有の業務というものはあまり持たない。したがって、地域検査の対象はかなり限られてくる。すなわち、郡や県の所有企業及び病院だけが地域検査の対象である。

会計検査局の局長や調査官に対する独立性の保障や権限等は、すべて市町村のそれについて説明したところと同一である。

(四)　広域検査

地方自治体に対する広域検査は、二〇世紀初頭に、州の法的監督権から発展する形でバイエルン州において始まり、今日ではすべての州で、何らかの形で設けられている。もっとも、現在ドイツにある一六州のうち、ベルリン、ハンブルク及びブレーメンは、州が即地方自治体であるから、州会計検査院が当然それに該当し、特に広域検査というものを考える余地がない。したがって、広域検査が存在するのは一三州ということになる。しかし、この一三州の中でも、各州間における制度の相違が非常に大きなものとなっている。大きく分けると、地方自治体の特別機関が実施するものと、州の機関が実施するものとに分かれる。州の機関の場合、内務省の支配下にある機関が実施するものと、会計検査院若しくはその支配下にある機関が実施するものとに分けられる。現行の広域検査について、広域検査を担当する機関及びそれに従事する人数を示すと**表1**のとおりである。

1　地方自治体の組合ないし特別機関型

ドイツで広域検査機関が最初に生まれたのはバイエルン州で、一九一九年に活動を開始した公的金庫検査組合(Prüfungsverband öffentlicher Kassen)がそれである。第一次大戦の敗北によりドイツ帝国が崩壊し、ワイマール共和国が誕生した際、同州において先駆的な地方制度改革が実施された。広域検査機関は、その一環として州による地方自治体財政に対する監督を代替する自主的な外部監査機関として誕生した。同州では、地方自治体の組合としての形式を採用した。この制度は、他の州に大きな影響を与え、計一〇州で外部検査機関が誕生した。しかし、一九三五年にナチスが中央集権的な意図の下に、ドイツ市町村法(Die Deutsche Gemeindeordnung)(3)を制定し、中央集権化の一環として広域検査を国家の権限としたことから、自治的な広域検査のそれ以上の発展は阻害された。しかし、結局国家レベルの広域検査機関は設立されなかったため、既存の広域検査機関は、その後も、第二次大戦の終了まで活動を続けることができた。

第二次大戦後、戦前に広域検査機関が設立されていた州で、戦後もほぼそのまま州として存続したのはバイエルン州のみであった。そこで、同州では地方自治体の組合形式の広域検査機関がその後も存続を続けることができた。むしろその重要性は高く評価され、一九七八年にはバイエルン地方自治体検査組合法が制定されるに至る。同州の場合、県及び郡は組合への加入が強制されるが、市町村の場合には、検査組合の検査を受けるか、郡が設置している会計検査事務所の検査を受けるかの選択の自由が認められている。検査料金は、郡会計検査事務所の方が非常に低額なので、小規模な村のほとんどは郡検査事務所の検査を受けている状況にある。これに対して、

表1　広域検査機関の種類と人員

州	中心となる広域検査機関	中心となる機関で専従する人数	郡会計検査機関で広域検査を担当する人数	合　計
バイエルン	地方自治体の組合	170	不明	170＋X
バーデン・ヴュルテンベルク	特別の独立機関	115	不明	115＋X
ニーダーザクセン	州内務省県地方自治体検査局	26	65	91
ノルトライン・ヴェストファレン	州内務省県地方自治体検査局	50	約160	約210
ザールラント	州内務省市町村検査局	10.7	0	10.7
ブランデンブルク	州会計検査院	15	約60	約65
ヘッセン	州会計検査院広域検査局	5	0	5
メクレンブルク・フォアポメルン	州会計検査院	9	88	97
ラインラント・プファルツ	州会計検査院	23	59.5	82.5
ザクセン	州会計検査院	74	38	112
ザクセン・アンハルト	州会計検査院	37	不明	37＋X
シュレスヴィヒ・ホルシュタイン	州会計検査院	13	不明	13＋X
チューリンゲン	州会計検査院	0	0	0

出典＝ニーダーザクセン州内務省内部資料（1997年8月6日作成）。

注1：小数点以下の人数があるのは、他部局との兼任者を案分比例しているためである。

注2：郡会計検査局の人数が不明(X)となっている州は、郡会計検査機関が広域検査の全部又は一部を担当しているが、それに従事している人数が把握されていないことを示す。なお、郡の機関は、中心となる機関の指揮・監督の下に広域検査を実施している州もあるが、まったく独自に実施している州もある。

市や町では、検査組合の提供する高いレベルの検査を受ける方を選択している。(4)

これに比較的類似している制度を有しているのがバーデン・ヴュルテンベルク州である。同州は戦前においてはバーデン州とヴュルテンベルク州という別々の州であったが、いずれにおいてもバイエルン州の例に倣って地方自治体の特別機関（Gemeindeprüfungsanstalt）を設立し、これが広域検査を担当していた。戦後においては、二つの検査特別機関は合併するのが適切と見られたが、その権限に微妙な違いがあるため、長く調整がつかず、バーデン地区とヴュルテンベルク地区とで別個の検査機関が存在していたが、近年にいたり、ようやく合併が成立して今日に至っている。同州においても、広域検査を、地方自治体特別機関の外に郡会計検査事務所が存在している点では、バイエルン州と同様だが、検査の受ける地方自治体の側に選択権が認められていないという点において異なっている。すなわち、小規模な町村の場合には自動的に郡会計検査事務所の管轄とされ、県、郡及び市町については特別機関の管轄とされている。

2　州内務省による法的監督の延長としての広域検査機関型

戦前において広域検査機関が設立されていた州の多くは、戦後東ドイツとされた地域に位置していたため、その伝統は消滅した。しかし、ナチスの制定したドイツ市町村法は、戦後誕生した各州においても、法的整備が進み、独自の地方自治法が制定されるまでの間は適用されていたので、広域検査という概念そのものも、各州の受け入れるところとなった。その際、多くの州では、州内務省が保有する地方自治体に対する法的監督権の一環として広域検査を受け入れた。しかし、その細部については、州により相当の差異がある。

ザールラント州の場合には州内務省内に、州内の全地方自治体の検査を担当する市町村検査局（Gemeindeprüfungsamt）が設置されており、これが一元的に検査を担当している。州そのものが一般州では最小であるため、極めて小規模な組織である。

これに対して、ニーダーザクセン州やノルトライン・ヴェストファレン州(5)では、州内務省は、事実上指揮監督にとどまり、実際の検査活動は、州内の各県毎に設けられている県地方自治体検査局(Kommunalprüfungsämter)が担当している。したがって、前者の場合、四つの、後者の場合五つの広域検査機関が存在して活動していることになる。**表3**の、中心となる検査機関で専従する人数欄に掲記されているのは、この複数の広域検査機関職員の合計人数である。この機関の検査対象は、市及び郡に限られる。郡の下にある町村については、法的監督における職務分配と全く同様に、郡会計検査機関が広域検査を実施している。

3　州会計検査院型

ドイツ各州は、いずれも一つの主権国家であるから、それぞれに独自の会計検査院が設立されている。ドイツの場合も、わが国と同じく、連邦または州から地方自治体に対して様々な補助金が支出されているので、州会計検査院は、当然に州内の各地方自治体において、そうした州の資金の使用状況等について検査を実施している。他方、州内務省が広域検査を担当する場合には、同じく補助金についての検査を実施する。その結果、法的監督型の広域検査が存在していると、同じ州からの指導でありながら、補助金の使用方法等について、異なる指導が行われる可能性が生じ、地方自治体の財政運営に当たり混乱が生ずる原因となる。

そもそも州会計検査院は、それ自体、州政府から独立した財政監督機関なのであるから、州内務省ではなく、州会計検査院に、地方自治体に対する広域検査を同時に行わせることとすれば、こうした無用の混乱が避けられるばかりでなく、組織的にも人的にも極めて効率的な活動を期待できることとなる。こうした判断から、徐々に州会計検査院を広域検査機関とする州が増加してきた。特に、一九九〇年の東西ドイツの合併に際して、旧東ドイツ地区に設立された五州は、いずれも州会計検査院を広域検査機関としたため、この流れが決定的となった。(6)現在、**表3**に示されるとおり、広域検査の対象となりうる一三州のうち、八州までが州会計検査院型となっている。

しかし、州会計検査院が検査を担当するといっても、州内務省が担当する場合と同じく、州によるばらつきが存在している。通常の州においては、州会計検査院はその本局において、郡及び市の検査のみを担当し、町村の検査に関しては、ニーダーザクセン州などと同じく、郡の会計検査機関が検査を実施している。これに対して、ザクセン州及びザクセン・アンハルト州では、州会計検査院の本局のほか、その支局も広域検査に当たっているため、中央機関の人数が多くなっている。

特にユニークなのが、もっとも最近になって、州会計検査院による検査が開始されたヘッセン州の場合である。同州では、州会計検査院内に設置された広域検査局（überörtliche Prüfung Kommunaler Körperschaften）には、わずか五名の職員しか配属されていない。(7)彼らは、検査計画を立案し、その実施を民間に委託し、成果物の内容を確認して、一般に公表するという業務のみを行う。実際の検査活動は、検査計画の内容に応じた形で、公認会計士、税理士、建築士、大学教授その他、広域検査局から検査実施能力があると認定された民間人によって実施されている。このため、この著しく少ない職員数であるにも関わらず、毎年度信じられないほど多種多様でかつ膨大な検査報告が発表されている状況にある。

おわりに

財政及び財政監督の領域においては、管見の限りではドイツ地方自治に関するそれについての研究はこれまでわが国ではなかったと考えている。これは決してわが国研究者の怠慢とはいえない。なぜなら、ドイツにおいてドイツ人の手によるドイツ地方自治体の財政制度に関する研究そのものが非常に少ないからである。そして、地方自治体の財政監督に関する研究ともなれば、皆無といえる。厳密にいえば現時点の資料としては、二冊だけ探し出すことができたが、それはいずれも、市町村の地域検査だけを取り上げたものであり、しかも、研究書ではなく、小規模村などの会計検査局職員のためのノウハウ書にすぎないものであった。これは決して私の調査が不徹底なためではないと考えている。なぜなら、ミュンヘン大学図書館及びバイエルン州立図書館の充実した図書検索システムを利用したばかりでなく、連邦会計検査院、各州会計検査院及び全地方自治体の広域検査機関に問い合わせた結果だからである。

非常に幸運なことに、私がミュンヘンに滞在していた一九九八年の全ドイツ広域検査機関連絡会議がバイエルン検査組合を主催者として開催された。私はそれにオブザーバーとして出席を許されたおかげで、ドイツ中の実務の責任者と面識を得ることができたのである。そこで、全州の広域検査機関に依頼したところ、いずれの州からも快く、各州の広域検査及び地域検査に関する資料を送付して貰うことができた。そうした資料を入手することにより、ようやく執筆が可能になったのが本章である。本文中、特に出典を示さずに記述している情報は、こうした内部資料に依るものと理解して頂きたい。したがって、ドイツ全体の地方財政監督制度に関するものは、ドイツ国内にも類似のものさえまったく存在していないと断言できる。

（1）　ドイツ地方財政制度及び財政監督制度については、主として次の書に準拠している。
Herbert Bohmann "Das Gemeindefinanzsystem" Kohlhammer, 1956.

Theo Reiner "Einführung in das Kommunale Haushaltsrecht" C.H. Beck, 1993.
Becker-Gruber "Kommunales Haushaltsrecht in Bayern" J. Jehle, 1998.
Hans-Ludwig Dornbusch、"Gemeindehaushalt" Institut Finanzen und Steuern, 1997.

（2）三E検査で、法改正なども要求できるか、という点は、ドイツの研究者の間では問題意識を持たれておらず、論及している書はない。私が、現場担当者に具体的設例をぶつけて得られた結論である。

（3）ドイツ市町村法は、一九三五年国家官報Ⅰ四九頁以下参照。

（4）バイエルン州の広域検査に関しては、詳しくは、本書第二編第六章参照。

（5）ノルトライン・ヴェストファレン州では、広域検査に関して大がかりな制度改革を計画中ということであったので、近い将来においては、この説明は妥当しなくなる可能性が高い。しかし、二〇〇〇年七月に得た連絡では、まだ改革実現の目途はたっていないとのことであった。

（6）旧東ドイツ諸州における州会計検査院による財政監督については、本書第三編第三章参照。ただし、チューリンゲン州では、広域検査を会計検査院が担当することが暗黙のうちに予定されているが、一九九九年三月時点では、そのための法律が整備されていないため、広域検査は実施されていない。

（7）ヘッセン州会計検査院広域検査局の五名というのは予算上の定員で、実際には会計検査院から更に二名の出向者があり、一九九九年三月現在、実際には七名の職員が活動していた。

第六章　バイエルン州の地方自治体財政監督制度

はじめに

　バイエルン州は、その起源が六世紀にまで遡るという、ドイツ各州の中で、ずば抜けて古い歴史を誇る州であるばかりでなく、ドイツ最古の法律書の一つ、シュワーベンシュピーゲル（Schwaben Spiegel）中に市町村の存在に関する記述が認めることができるなど、地方自治の分野でも非常に古い伝統を持つ。

　近代に入っても、バイエルンは、プロイセンにおけるシュタイン地方自治にわずかではあるが先んじて、ドイツで最初に近代的な地方制度が制定された国であり、その後も中央集権と地方分権の要求のぶつかり合いの中から様々な地方自治の形態がとられて、いわば地方自治の実験室的な役割を担いつつ、現在の制度に至っている。そのために、今日ドイツ諸州の地方自治制度改革の目標ともいうべき役割を担っている州であることは、本書第三編第四章において紹介したところである。

　同州は、単に地方自治制度において古い歴史と優れた業績を示しているばかりでなく、地方自治体に関する財政監督においてもまた、非常に古い歴史と優れた業績を示している。すなわち、わが国で内部監査と呼ぶ活動に相当する地域検査に関して、バイエルンの州都ミュンヘン市は二〇〇年を越える歴史を有している。わが国で外部監査と呼ぶ活動に相当する広域検査がドイツで最初に誕生したのも、またバイエルン州である。さらに、広域検査において複数の機関を設立し、地方自治体にいずれの検査を受けるかについて選択権を認めている唯一の州である。

本章では、このバイエルン州について、地域検査機関については、その代表としてミュンヘン市の監査局を、そして、広域検査機関については、ドイツ最古の広域検査機関たるバイエルン州地方自治体検査組合及び郡会計検査事務所の双方について、その法制や活動内容を紹介したい。

一　ミュンヘン市監査局

前章において、地方自治体の地域検査機関（内部監査）として、市や一定以上の規模の町には会計検査局（Rechnungsprüfungsamt）の設置が義務づけられていることを紹介した。本章では、その一例としてミュンヘン市監査局（Revisionsamt）の組織や活動について紹介する。

ミュンヘン市では、会計検査局といわず、特に監査局と称する。市町村法により会計検査局の設置が要求されるようになる以前からある由緒ある名称のため、今日もその名を使用している。すなわち、ミュンヘン市の地域検査は、約二〇〇年程度にはなる、という非常に長い歴史を持っている。したがってモントグラスによって地方制度改革が実施されるのと相前後する時期に創設されたことになる。そこに何か関係がありそうに思える。しかし、歴代の局長の中に、その歴史に興味を持った人はいないらしく、創設年も含めて初期の歴史に関するはっきりしたことは、現在のところ何も判っていない。

ミュンヘン市は、ドイツ最大の市である。都市であって、ミュンヘンよりも大きな人口を持つところとしては、

図1　ミュンヘン市監査局組織図

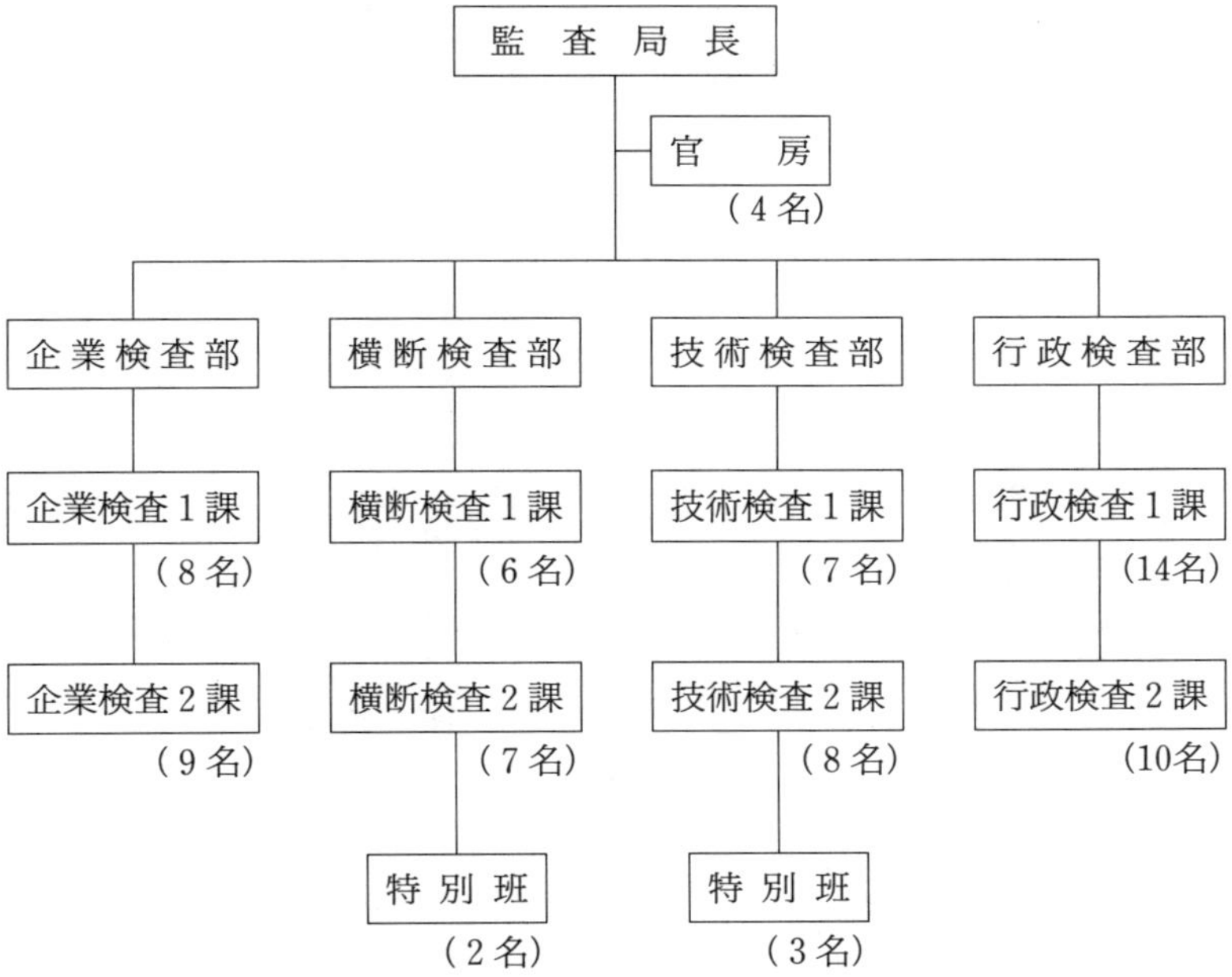

ベルリンとハンブルクがあるが、これらはいずれも都市州とされ、市ではない。都市州の場合、検査は州会計検査院の責務となるから、会計検査局は設置されないわけである。したがって、ミュンヘン市監査局は、全ドイツの大都市における地域検査での指導的役割も担っている。また、バイエルン州内のすべての地域検査機関が組織しているワーキンググループの指導的役割も果たしている。

調査の時点[1]におけるその組織は図一のとおりである。付記した数字は、そのセクションに属する職員数である。

監査局長は一名であり、各検査部にも部長が各一名づついるが、これは図中に示していない。また、各検査課の職員数には課長が含めてある。したがって、調査時点における職員数は合計八三名ということになる。

職員は、原則として、監査局長が、自らミュンヘン市の他の部局からリクルートしたもので、新卒を採用することはあまりないということである。

日本の監査委員事務局と違って、採用した者を、元の部局も含め、他の部局に戻すことはない。いったん、監査局に来れば、後は一生を調査官として過ごすわけである。もちろん、本人が希望し、元の部局が戻すことを希望するというような例外的場合に、それを否定するということではないが、それはあくまでも例外中の例外ということであった。

部長、課長及び調査官になる資格については、法的には特別の定めがないが、実際には部課長については上級職乙公務員、調査官については中級職公務員を採用しているとのことであった。

このように堂々たる陣容であるが、驚いたことに、事務分掌規則などは一切ない。すなわち、各部、各課が何をするかは、すべて局長の一存で決まるというわけである。したがって、次の説明は調査時点での局長であるフォリンガー（Voringer）氏より口頭で受けたものである。

企業検査部は、ミュンヘン市が所有する各種企業の検査を実施する。一課と二課で適宜企業を分担しているわけである。どう分担するかについては、一切文書化されたものはなく、すべては慣習で決まってくる。新たに監査対象部局が新設されたような場合には、部長が局長と協議して決定するわけである。

横断検査部は、すべての部署に共通に存在する事項を検査対象とする。具体的には、一課が情報処理関連検査を実施し、二課が人件費検査を実施するということである。特別班は、その他、各年度において必要と認められた横断検査を機動的に実施するそうである。

技術検査部は、もっぱら工事検査を担当する。一課が地上工事担当で、二課が地下工事担当となっている。例えば建物の建設などは一課で、市営下水道建設工事などは二課の担当である。特別班は、動産検査担当ということである。

行政検査は、ミュンヘン市の行政活動全般を対象とする。企業検査と同じく、適宜二つの課で、すべての行政活動を分掌しているわけである。

事務分掌規則がないくらいであるから、検査実施規則なども一切ない。すべて慣習と局長の決済で決まるということである。二〇〇年という長い伝統の力としかいいようがない。

辛うじて、検査活動の指針となる文書が、バイエルン州内務省が定めた地方自治体財政検査規則（Verordnung über das Prüfungswesen zur Wirtschaftsführung der Gemeinden, der Landkreise und Bezirke）である。ミュンヘン市もまた、他の地方自治体と同様にこの規則に服して活動する。しかし、これは大略の指針を示したものにすぎないから、以下それに沿いつつ、フォリンガー局長の口頭説明を加えて説明する。

規則の第一条には、地域検査機関の調査官の権限及び義務が定められている。箇条的に示すと次のとおりである。

(1)　検査は、適時、徹底的に、良心的かつ公平に実施しなければならない。

(2)　調査官には、検査の実施に当たり必要とされる情報を包括的かつ事実に即して提供されなければならない。

(3)　調査官は、法規がその反対のことを定めていない限り、検査のために必要と認められる書類を彼に交付するよう要求でき、検査機関は、機関に、これらの書類を送付するよう要求できる。検査の一環として、調査官はすべての執務用、若しくは事業用の空間に立ち入ることができる。すべての容器を開けることを要求し、また、すべての場所を視察することができる。

(4) 調査官は、違法な取り扱いがなされている疑いを持った場合、重大な認定を行う場合、特別の事件による場合には、市町村長若しくは監督官庁の委員に対して直ちに知らせる義務を負う。

(5) 調査官は、その調査業務と抵触するいかなる副次的活動もしてはならない。

(6) 検査機関は、検査に当たり、専門家を招致することができる。

第三項で、調査官の権限と検査機関の権限が別個に定められているが、これはもちろん無用の重複である、とフォリンガー局長は説明していた。

第二条では、地域検査は毎年これを実施することが定められている。重要なのは第二項である。すなわち、「会計検査は、会計年度中に、そして年次決算の提出以前に、実施することができる」とある。この点についてフォリンガー局長に質したところ、現実問題として、常時現年度検査を実施している状況である、とのことであった。すなわち、検査の有効性を高めるためには、現年度検査を実施することにより、より敏速に検査結果を市の業務に反映させる必要があるから、というのである。

第三条では、金庫検査について詳細な規定をおいている。しかし、これについては先に触れたとおり、事実上実施していないという説明であった。歴史的には、金庫検査は非常に重要であったが、現在においては、その重要性は低く、また、金庫では、その内部でかなり厳重なチェックを行っており、単なる金額確認のような単純作業に貴重な調査官をそれに投入する価値はない、というのである。

第四条以下については細かい規定となるので説明は省略する。

検査結果は、年一回取りまとめられて、会計検査委員会に提出される。一九九六年度検査報告は、一九九七年一〇月二三日付で提出されているから、年度終了後、一一ヶ月近くかかっている計算になる。報告は、本文約二〇〇頁、付表数十頁に上る堂々たるものであるが、その大半は、一九九六年度の決算数値で占められており、本当の意味での検査結果は六〇頁ほどにすぎない。しかし、わが国における一〇〇万人規模の都市でどれだけの検査が行われているかを考えてみれば、畏敬するに足る報告であると考える。

二　バイエルン州地方自治体検査組合

(一)　バイエルン州地方自治体検査組合の歴史

バイエルン州地方自治体検査組合（Bayerischer Kommunaler Prüfungsverband）（以下「検査組合」という）は、一九一九年に活動を開始した公的金庫検査組合（Prüfungsverband öffentlicher Kassen）以来、現在まで一貫して存在しているので、八〇年を超える歴史を誇ることになる。(2)

同組合が設立される直接のきっかけになったのは、その年に制定されたバイエルン自治行政法(Bayerische Selbstverwaltungsgesetz)(3)である。一九一九年といえば、第一次大戦にドイツが破れて、ワイマール共和国になった年である。第一次大戦が終了するに際しては、ドイツでは各地域で民衆が決起し、戦争の継続が不可能となる、という状況の下で皇帝が逃亡したのであるが、バイエルン州もその例外ではなく、革命政府がバイエルン王を追放して実権を握った。そして、自由主義的傾向の中で、いち早く地方自治を拡大することを考え、ワイマール憲法の制定に先行してこの法律を制定したのである。

ドイツ帝国時代、バイエルンでは法的監督の一環として、内務省が地方自治体に対する財政監督を行っていた。この地方自治法でも、そのことは基本として変えていない。しかし、検査組合による検査を受けている地方自治体については、州による財政監督を免除する、としたのである。すなわち、その一六条は次のように定めた。

「(1)　市町村、市町村団体、郡及び県において、監督官庁は、一年に一回、決算の正確性の検査を実施することができる。ただし、本条に定める検査を実施しているものは除外する。それに対しては、毎年度の決算書の提出も免除することができる。

(2)　州政府は、決算及び金庫制度の検査のための組合の設立に関する規則を制定する権限を与えられる。人口一万人以下の地方自治体及び郡については加入を義務づけることができる。

(3)　州政府はまた、当該組合及び同種の他のものを認定し、第二項第二文の権利を与えることができる。」

この第二項において予定されていた「決算及び金庫制度の検査のための組合」こそが、今日のバイエルン地方自治体検査組合の出発点である。このようなアイデアが出てくるには、それに先行して、一九一三年にバイエルン信用金庫検査組合が設立されていたことが影響したようである。信用金庫（Sparkasse）というのは、日本ではほとんどの場合、民間の機関であるが、ドイツではごく一部の例外をのぞいて、今日でも地方自治体が設立している。この当時、既にそういう状態にあり、その地方自治体信用金庫が、外部検査機関として信用金庫検査組合を、第一次大戦前に既に設立していたのである。したがって、同じような検査組合を作らせて、地方自治体の財政監督を、内務省ではなく、そこに行わせることにすれば、より地方自治の促進になると州では考えた訳である。そのため、上記のように、第一項で、検査組合による検査を受けているものに対しては、内務省による会計検査を免除することなどを予定して、自主性を重んじつつ促進策を講ずることにしたわけである。

実際の検査組合は、信用金庫検査組合を改組する形で作られた。

一九二〇年一月のバイエルン州内務省広報に次のような公告が載っている。

「案件：公的金庫検査組合の設立について

公的金庫検査組合は、一九一九年九月二九日に定められた規則に基づき、公法上の団体として権利能力を与えられた。

公的金庫検査組合は、今後、一九一九年五月二二日制定の地方自治法第一六条に基づき、市町村の決算及び金庫制度に関する検査を目的とする団体として認証される。

県、市及び市場であってそれが人口一万人よりも少ない場合、また、町村であって町村立の信用金庫を有し、それが人口一万人よりも少ない場合、組合に加入する義務を有する。

ミュンヘン、一九二〇年一月一三日」(4)

この公告で二つのことが判る。一つは、当初の検査組合は、もっぱら金庫検査を目的としたもので、法律上は可能であった会計検査は、その対象から除外されていた、ということである。今一つは、検査組合の組合員となることを義務づけられる市町村は、小規模な村に限られていた、ということである。

このような定め方をした理由ははっきりしない。おそらく、当初は検査組合の検査能力に疑問があり、対象を限定していたのであろう。

しかし、時がたつとともに、その実力に関する不安は解消したのであろう。検査組合の活動範囲も拡大され、一九二七年に改正された市町村法一四二条に基づき、金庫検査ばかりでなく、会計検査も行う機関と明確に認められた。また、一九二九年には信用金庫の有無を問わず、人口二、〇〇〇人以上一万人以下のすべての村に加入義務が課せられた。(5)

こうした権限の拡大に加えて、ワイマール憲法下での厳しいインフレのために困窮している地方自治体におい

表１　第二次大戦前の諸州の広域検査機関

アンハルト州 バーデン州	郡庁（内務部）若しくは州政府（内務部） 人口4,000人以上の地方自治体については、公法上の独立機関であるバーデン州市町村検査機関（Badisches Gemeinderechnungsprüfungsamt）、それ以外の地方自治体については郡長
バイエルン州	人口2,000人以上の市町村については、公法上の団体であるバイエルン州公的金庫検査組合（Bayerischer Prüfungsverband öffentlicher Kassen）、それ以外の地方自治体については郡長
ブラウンシュヴァイク州	特定の都市については内務省市町村検査局（Gemeindeprüfungsamt im Ministerium des Innern）、その他の地方自治体については郡長
ヘッセン州	当初はヘッセン州高等検査室（Hessische Oberrechnungskammer）（会計検査院に相当する機関）。1937年４月１日以降はヘッセン州市町村検査室（Hessische Gemeinderechnungskammer）
メクレンブルク州	州政府市町村検査局（Gemeindeprüfungsamt im Staatsministerium）
オルデンブルク州	監督機関
プロイセン州	町村については郡長所属の市町村検査機関（Gemeindeprüfungsämter）、市については県知事所属の検査機関
ザクセン州	監督機関
チューリンゲン州	公法上の団体であるチューリンゲン州群及び市町村検査組合（Prüfungsverband thüringischer Kreise und Gemeide）
ヴュルテンベルク州	人口１万人以上の市町村については、ヴュルテンベルク州検査機関（Württembergische Prüfungsanstalt）、その他の市町村については郡長

出典：Peter Löw “Kommunalgesetzgebung im NS-Staat” Löw und Vorderwülbecke205頁

て高レベルの財政監督を受ける必要が高まるにつれて、首都ミュンヘンを含め、人口一万人以上の市町村も、加入義務はないにも拘わらず、その自由意思で加入してくるようになり、一九三三年までにはほぼすべての地方自治体を網羅するようになっていた。

このバイエルンの広域検査という発想は、広く各州の関心を呼び、諸州で同様の広域検査を開始するところが続出した。第二次大戦前にドイツの各州で活動していた広域検査機関は**表1**のとおりである。

この表の中で、単に監督機関とあるのは、先に説明した州の法的監督を担当する機関が、財政に関する広域検査も担当していたことを示している。つまり、それ以外の州では法的監督機関は必ずしも財政監督までは担当していなかったのである。

また、プロイセン州の場合、少々注釈が必要である。同州では一九三二年一一月二日に市町村財政規則（Verordnung über die Haushaltsführung der Gemeinden und Gemeindeverbände）(6)が定められ、それに基づいて広域検査組合（überörtliche Prüfungsverbände）を設立することとされていた。したがって、それがすんなり実施されていれば、バイエルン州やチューリンゲン州と同様に、検査組合による検査に移行していたわけである。問題は、この一九三二年という年にあった。すなわち、翌一九三三年にナチスが国家の政権を握る。ワイマール共和国においても、国家とプロイセン州の行政機関は、シャム双生児のような関係にあったから、同時にナチスは同州の政権も握ったことになる。中央集権を志向するナチスとしては、地方自治体の主体性の尊重は論外である。そこで、一九三三年一二月一五日に、先に紹介した市町村憲章法とともに、市町村財政法（Gemeindefinanzgesetz.正式名称＝Gesetz über die Haushalts- und Wirtschaftsführung der Gemeinde und Gemeindeverbände）を制定した。(7)その一二二条以下の定めるところにより、表中に紹介したとおり、州の下部行政機構としての市町村検査機関に広域検査を委ねたのである。同時に、市町村の地域検査は、広域検査の下検査（Vorprüfung）と位置づけられた（同一一五条以下参照）。これら一連のプロイセン州地方自治体関係法律こそ、後述するドイツ市町村法のさきがけとなるものであった。

この表に含まれる州のうち、プロイセン州を筆頭にかなりのものが、偶然にも第二次大戦後にドイツ民主主義共和国（東ドイツ）に属することとなる地域にあった。東ドイツには事実上地方自治がなかったから、この広域検査の伝統は、それらの地域では、東ドイツの建国とともに断絶することになり、ドイツの統一とともに、新たな方策を模索することになる。本書第三編第五章に示したとおり、その答えは、州会計検査院による広域監督というものであった。

ワイマール共和国は福祉国家を志向したから、地方自治体は、それ以前の時代と異なり、様々な福祉行政を実施しなければならない。そのため、この頃には、種々の地方自治体所有企業が設立されていた。こうした傾向に対応するため、一九三一年に国家レベルで新しい行政規則が定められ、それら企業は、その決算を締め切ると、貸借対照表検査者（Bilanzprüfer）の検査を受けねばならないことになった。[8] 貸借対照表検査者としては、当初、民間の公認会計士が予定されたが、一九三三年に新たに規則が定められ、[9] 広域検査機関が設置されている州では、広域検査機関が貸借対照表検査を行うことが認められた。

一九三三年にナチスが国家政府の政権を握ると、国家政府では地方自治を制限し、地方を国家政府のコントロール下に置くことをもくろみ、一九三五年にドイツ市町村法（Die Deutsche Gemeindeordnung）[10] を制定した。同法において、始めて明確に広域検査という制度が連邦レベルに導入された（一〇三条）。これにより、広域検査がドイツ全土で普遍化したという点は、積極的に評価できるであろう。しかし、地方自治の促進という観点ではなく、統制の強化という観点から導入されたため、各州ごとの独立の広域検査機関による検査ではなく、連邦政府広域検査機関という統一的機関を新規に設立し、それによる一律の検査を予定していた。ここに、第二次大戦前における各州レベルでの広域検査の拡大・発展は終わりを告げることになる。

ただし、同条ではその国家広域検査機関が設立されるまでの間は、従来から広域検査機関がある州では、その機関がそのまま検査を続行することとされていた。そして、一九三九年八月二八日付の総統訓令（Führererlaß）により、その時点で広域検査に服していない市町村についてはすべてその監督機関の検査に服することとなった。この訓令が出たため、同三〇日付の国家内務省（同時にプロイセン州内務省）訓令で、ドイツ市町村法一〇三条が定める国家広域検査機関は設立されないことが宣言された。

その結果、バイエルン検査組合を始めとする既存の広域検査機関に関する限り、この自治権を制限するはずのドイツ市町村法は、むしろその権限拡大という結果を生じさせた。ドイツ市町村法九九条二項が、監督機関だけが市町村の長の財政執行の免責を与えることができると定めており、監督機関が免責を与えるには、広域検査機関による会計検査がその前提とされていたからである。表では、バイエルン検査組合は二、〇〇〇人以上の人口を持つすべての地方自治体を検査対象としているとあるが、そこまで権限が拡大したのは、実はこの一九三九年総統訓令以後のことなのである。

検査組合は、元々信用金庫検査のために設立された組合であるから、かなり後までその検査エネルギーのかなりの部分が信用金庫の検査に向けられていた。例えば一九二九年の時点で、検査組合には五一三の義務的組合員と、三三の任意加入組合員がおり、それに対して年間に計一四二回の実施検査が行われたのであるが、そのうち二一回は郡信用金庫に対して、四二回は市町村信用金庫に対して実施されたものである。また八回は郡の金庫検査であり、六五回は市町村の金庫検査であった。

しかし、ドイツ市町村法の出現により、地方自治体財政監督と信用金庫検査の法的性格が異なるようになったことから、一九三九年に、同組合は地方自治体検査組合と信用金庫検査組合に分裂することになる。この前者が、現在の組織につながることになる。しかし、両組合の関係は現在も良好で、現行検査組合規則上、信用金庫検査組合長は、必ず検査組合の理事となることになっている。

第二次世界大戦が勃発すると、状況は一変する。開戦後直ちに、ナチスから会計検査及び決算検査は中止する旨の規則が公布される。金庫検査だけは続けられるのであるが、調査官の大半は徴兵された。このため、検査活動はほとんど停止状態となった。

その結果、戦争が終わって、バイエルン州がアメリカ軍の占領地になった時には、検査組合にはたった二人の調査官が残っているだけであった。アメリカ軍は、州会計検査院についてはいち早く復活させた。しかし、地方自治体に対する広域検査についてはあまり理解がなかったらしく、そのまま放置された。その結果、検査組合は、法的根拠もないままに、徐々に苦労の多い小さな仕事を再び積み上げていかなければならなかった。一九四五年から一九四八年にかけての検査報告に次のように書かれているそうである[11]。

「一九四五年以降、我々は若干の人々を使用できるようになったので、『簡単な助言』(Kurzberatung)とでも称しうる活動を再び行うようになった。この活動は、あらゆる大きな問題とつながっていた。当初は公共交通機関はまったくなく、後になっても非常に不定期かつ遅れがちな交通手段しかなかったので、我々の調査官は、ほとんど全行程を路上でのいわゆるヒッチハイクで赴き、しばしばトラックの荷台の上で揺られながら戻ってこなければならなかった。これに加えて宿や食糧の確保も非常に難しかった。我々の調査官は、しばしば旧式な、暖房もなければ灯りもない部屋で書類を調べなければならず、特に小さな自治体では温かい食事はまずお目にかかれなかった。単に健全な肉体的状態にないばかりでなく、仕事に対する献身を要求される結果、過労に陥ったが、それでも組合員である市町村のために有益な活動を行ったのである。」

この中に出てくる『簡単な助言』というのが具体的にはどのようなものであったかは、今日でははっきりしない。しかし、会計書類も満足に整備されていないような時代であるから、幾ら腕のよい調査官でもまともな検査は不可能である。したがって現地に赴いて、市町村の抱える財政上の問題の相談に乗ってやっていた程度のものと思われる。

組合の検査権限を制限していた戦争中のナチスの規則は、一九四九年に進駐軍の司令部命令により、ようやく廃止される。これによりドイツ地方自治法の定める権限の範囲内で検査組合は検査活動を再開することができた。したがって、検査対象年次としては一九四八年からということになる。先に本書第三編第四章で紹介したとおり、バイエルンでは戦後いち早く独自の市町村法が制定されるのであるが、それは根幹部分のみであったため、財政監督の領域では、ずっとナチスの法律が有効であったというのは、興味深い点である。

西ドイツが独立を回復した後、一九五二年になって、現行のバイエルン市町村法が制定された。この中で、始めて広域検査が自治行政の一環であって、もはや州の監督権の一環として行われるのではないことが明記された。この点も、バイエルン市町村法の非常に先駆的な部分である。例えば隣のバーデン・ヴュルテンベルク州では、一九八三年の市町村法の全面改正まで、ずっと監督検査（Aufsichtsprüfung）と呼ばれていた。

一九七八年は、検査組合の歴史にとり、さらに画期的な年となった。検査組合それ自体に関する法律が、初めて制定されたのである。(12) この法律により、県は義務的組合員と定められ、また、一九三八年以来州会計検査院による検査対象となっていた郡も、これ以降、全面的に検査組合の対象となった。以下、それに準拠しつつ、組合の権限について説明する。

(二)　検査組合の権限

検査組合は、その組合員である地方自治体に関して、その財政運営のための規則及び原則の遵守に関する検査を行うこと及びその中でもとりわけ財政的若しくは経済的効果のある点について勧告を行うことを、その任務としている。そこで、検査組合は、よく「地方自治体の会計検査院」と呼ばれることがある。

検査組合は、地方自治体の自治行政における独立の機関で、公法上の団体である。地方自治体は、この組合の組合員であって、この点で、公的機関における利用者と異なる。自治行政機関として、検査組合は、また当該地方自治体における有効性の問題と合目的性の問題についても意見を述べる。

有効な会計検査を実施するための絶対に欠くことのできない前提は、検査機関の独立性であることはいうまでもない。これは検査組合法二条四項及びその事務局長が有する特別の地位(検査組合法四条二項二文及び検査組合条例)により保障されているところである。それにより、検査及び鑑定意見の実施に当たり、組合機関若しくは監督機関、それにもちろん受検機関によって、左右されることが防止されている。

表２　バイエルン州地方自治体検査組合員及び数

地方自治体連合会	4
市	25
町	26
村	487
行政共同体	37
郡	71
県絵	7
学校組合その他の目的組合	595
その他団体	29
計	1,281

注：出典＝検査組合内部資料（1997年）

一九九七年の時点での組合員及びその数は、**表2**に示すとおりである。

この表に上がっているもののうち、これまで説明が出てこなかったのが地方自治体連合会（Kommunale Spitzenverband）である。これは、州及び連邦レベルで作られている地方自治体の連合会で、加入は自由である。その目的は、地方自治を推進し、地方自治体の意見を、州や連邦の政治に反映するための団体である。それは単一の団体にはなっておらず、バイエルン州の場合、次の四団体に分かれている。

(1)　バイエルン市町連合会（der Bayerische Stadtetag）　市及び町の連合会

(2)　バイエルン町村連合会（der Bayerische Gemeindetag）　郡に属する町村の連合会

(3)　バイエルン郡連合会（der Landkreistag Bayern）　すべての郡の連合体

(4)　バイエルン県組合（der Verband der Bayerischen Bezirke）　すべての県の連合体

したがって、町は市町連合会と町村連合会の両方に加盟していることになる。市町連合会が大規模な地方自治体の利害を代表する機関であり、町村連合会が郡に属する地方自治体の利害を代表する機関という意味で、両者のニュアンスが違うので、このようなことが起こる。この四団体は、検査組合員というより、この検査組合の母胎という方が正確である。後に詳述するが、組合の主要機関は、この四団体の代表者により構成されているからである。

市町村に関しては、組合に加盟するか、しないかは任意である（市町村法一〇六条一項）。これはバイエルン州の非常に大きな特徴である。これに対して県や郡は、検査組合への加盟が義務づけられている。

市町村の組合への加盟状況をみると、市及び町はすべて加盟している。が、創設当初と異なり、今日では、小規模な村はほとんど組合員となっていない。本書第三編第四章に述べたとおり、村は現在全部で二、〇〇五ある

表3　検査組合の分担金基準表

県	3.12ペーニヒ
郡	20.90ペーニヒ
人口20万超の市	31.50ペーニヒ
人口10万超20万人以下の市	41.64ペーニヒ
人口10万人以下の市	52.26ペーニヒ
町村	52.26ペーニヒ

出典：検査組合財政条例第4条。行政共同体等については省略

表4　検査組合の検査料金単価表

(あ)　会計検査	
組合員及び組合員所有の公法上の独立企業	78マルク
非組合員	141マルク
(い)　決算検査	126マルク
(う)　その他企業における検査及び助言	170マルク
(え)　助言、鑑定、その他検査活動以外の支援活動で、依頼により行うもの	141マルク

出典：検査組合財政条例第5条

表5　会計検査事務所検査料金単価表

調査官一人当たり	1日	310マルク
1日に満たない検査時間については	1時間	39マルク

出典：州会計検査事務所利用手数料規則（Verordnung über Benutzungsgebühren für die Inanspruchnahme der staatliche Rechnungsprüfungsstellen）第3条）。

が、そのうち四八七しか組合員になっていない。組合員である村は、ほぼ人口五、〇〇〇人以上のものであるが、九、〇〇〇人以上もいるのに加盟していないものがある一方で、三、〇〇〇人程度で加盟しているものもあるなど、若干のずれがある。このように、小規模村に非加盟地方自治体が多いのは、組合加盟に伴う財政負担が大きな原

因のようである。

すなわち、組合の予算書をみると、その歳入額は約三、五〇〇万マルクであるが、その約六〇％が料金収入、二〇％が分担金、一〇％が州からの補助金、そしてその他の収入となっている。

分担金は、住民一人当たり単価をその地方自治体の人口に乗じたものとされており、その単価は**表3**のとおりである。

この料金表から明らかなとおり、総額はともかく、住民一人当たりの分担金額は、人口が少ないほど多くなる。そして、組合に加盟しなければ、当然、この分担金の支払いは必要ではない。

検査を受ける場合の料金は、一時間当たり料金に検査延べ時間数を乗じたものとされており、一時間当たりの単価は**表4**のとおりである。

これに対して、もし地方自治体が検査組合に加盟していない場合には、州の下部行政機関としての地位において、郡の設置している会計検査機関が実施する検査を受ける必要がある。会計検査事務所の検査料は、**表5**のとおりである。

検査組合の検査を受ける場合と会計検査事務所の検査を受ける場合とを、一時間当たり単価で比べてみると、会計検査事務所の場合には、ちょうど検査組合の検査を受ける場合の半額で済むことが判る。分担金が不要で、しかも、検査料金が半額というのでは、財政基盤の弱い小規模村としては、こちらの方を選択するのも無理のないところといえるであろう。郡の会計検査事務機関の調査官数は、少ないところでも一〇名程度はいるということであるから、十分に地方自治体の財政を総合的に検査する能力を有しているということができる。郡検査機関の詳細については、後に説明する（「本章三参照）。

検査組合に属している村は、組合という自主組織による検査ということが、それだけの費用に見合う価値があると信じている、ということになる。逆にいえば、検査組合は、組合員を確保しておくためには、不断に優れた検査結果を供給する必要に迫られることになる。優れた検査技術を常に確保するためには、これは何よりの動機付けとなろう。

(三)　検査組合の組織

検査組合法四条に定められていたとおり、検査組合には次の四つの機関がある。

1　州委員会（der Landesausschuß）

州委員会は組合の最高意思決定機関で、二一名の委員で構成されている。三名は官職指定的な委員である。すなわち組合長、事務局長及び地方自治体信用金庫組合長は自動的に委員となる。一八名は、地方自治体連合会から選出される。そのうち、九名は市町連合会、四名は町村連合会、四名は郡連合会、そして一名は県組合から選出される。

州委員会は少なくとも年二回開催される。その権限は、組合の基本的事項である。例えば組合条例や予算条例の制定、組合長の選出、業務報告書の受入及び免責の授与である。

2　理事会（der Vorstander）

理事会は一〇名で構成されている。上記官職指定の三名に加え、市、町村及び郡の各連合会から二名づつ、県組合から一名である。理事会もまた少なくとも年二回開催される。その業務は、委員会に対する勧告の準備、新しい組合員の受入の決定、及び組合員を調整し、位置づけ、グループ分けをすることである。

3　組合長（Vorsitzende）

組合長は、州委員会から単純多数により選出される。組合長は委員会及び理事会の議長であり、外に向かって組合を代表する。州委員会の票の半数近くを市町連合会が握っているのであるから、組合長は、たいていどこかの市長がなることになる。

委員、理事及び組合長の任期は原則として六年である。

4　事務局（Geschäftsstelle＝検査組合法四条二項一文）

組合事務局は、組合機関の決定を準備し、実施するという業務のほかに、すべての検査、勧告、及び鑑定意見の実施、並びにそれに関連するすべての業務を行う。事務局長は、組合の検査及び勧告については、単独で責任を負い、組合機関若しくは監督機関のいかなる指示にも服さない。自治体企業に関する決算検査については、公認会計士としての権限を認められている企業部部長がその責任を負う。企業部のほか、会計検査・勧告部、法務・自治体公課部、建設検査部及び病院部がある。

ミュンヘンの組合本部では、約六〇名の職員が活動している。調査官は上級職乙公務員であって、多年に渡り、自治体業務、企業業務、税理士、公認会計士及び様々な分野の技術者としての経験を持つものである。調査官は、検査対象団体の外勤職員に任命される。したがって、本部に対しては報告書を提出するだけで、本部の建物内に恒常的な席などは持っていない。事務局の事務局組織は図２のとおりである。

5　法的監督

検査組合は、内務省の法的監督に服する。内務省は、その手段として、自らの代表者（政府委員）を任命する。政府委員は理事会及び州委員会に出席することが認められている。しかし、その権限はあくまでも法的監督にと

図２　検査組合事務局組織図

事務局長

事務局長主席代理

事務局長次席代理

官房	検査第１部 一般検査・組織担当	検査第２部 建築担当	検査第３部 企業担当	検査第４部 病院・養老院・療養所担当
連絡・運営支援課	検査11課 検査制度一般、地方自治体財政地方自治法、学校制度、賃貸借制度	検査第21課 広域検査、基本問題	検査31課 決算検査、締切勧告、統計、企業比較	
官房１課 総務、人事、会計担当	検査12課 自治体支出及び価格計算、自治体租税	検査22課 地上工事、都市建設、事業	検査32課 租税問題	
官房２課 情報処理	検査13課 行政組織、人的需要、人事異動、公務員法	検査23課 地下工事、組織事務	検査33課 技術問題及び技術的勧告	
	検査14課 社会保障、青少年保護、その他社会福祉	検査24課 建築事業の清算		
	外勤調査官 62名	外勤調査官 32名	外勤調査官 33名	外勤調査官 17名

どまるから、検査や勧告に影響を与えることは許されていない。

(四) 検査活動の内容

1 検査の目的

組合員に対する広域検査が検査組合の主たる目的である。広域検査は、バイエルン市町村法一〇六条等の定めるところによれば、財政運営に有効な規則及び原則の遵守状況に及ぶ。検査の観点としては次のものが示されている。

1、予算が遵守されているか。

2、歳入・歳出は根拠があり、証拠書類が整っているか。また、年次決算及び公有財産のに関する記録は、規則通りに行われているか。

3、経済的、節約的に運営されているか。

4、業務は、最小限の人員及び物資を使用してなされているか、若しくは他のより効率的な方法で行うことはできないか。

この規定に明らかなとおり、広域会計検査は、包括的な財政監督と理解される。単に帳簿の記帳の正確性や決算内容に限定されず、検査対象となっている市町村のすべての財政運営がその対象となる。したがって、原則としてすべての収入・支出が含まれる。

会計検査の目的は、単に過去における誤りを発見することではなく、将来に影響を与えうるすべての誤りや不足を把握することである。経済性及び節約性の原則は特に重視される。検査は、多数の自治体を比較することによって得られる知識により、より向上することになる。

2　検査上の重要事項の内容

検査組合では、各地方自治体の財政状況に応じて、検査を実施するに当たっての取り組み方を変えている。一方に、その自治体のいわゆる財政自体に対する検査がある。その場合には人件費支出、租税収入、負債、等が検査の中心になる。他方で、他の自治体との比較がある。さらにそれぞれの機関の財政状況（例えば汚水処理、ゴミ処理、水道事業、公共プール、交通事業、保養所、幼稚園等々）が検査される。

財政資金の使用及び収入の創出に対する物的検査は、その自治体の財政に関連のあるすべての活動を対象にする、という原則に従っている。検査報告それ自体は非公開ということで、見ることはできなかった。七五周年記念誌に従い、検査の重点を例示すると、次のようなものがある。

○人件費支出、人的需要、地位の異動
○組織（組織の新設・解体、業務の分掌）
○自治体間の財政調整
○州からの補助金
○賃借料、租借料、地上権料
○不動産取引
○学校制度
○投資及び起債
○あらゆる契約（例えば自治体間契約、実費勘案方式の料金や分担金、道路建設分担金）

○社会保障及び児童福祉目的の収入・支出
○情報処理における経済性と合法性
○租税法関連事項
○自由裁量資金
○自治体所有企業の財政運営

3　特別検査

通常の広域検査以外の特別検査としては、地方自治体の建築支出及び病院及び養老院の財政運営に対するものがある。

建築支出に関しては、計画の経済性、建築の実施過程における物的正確性、建築計画と契約及び関連法規との整合性、設計者及び工事会社による給付の正確な決算が重要な対象となる。操作（価格に関する談合や例えば設計者による特定企業に対するえこひいき）を困難にするために、認可規定の順守については特に重点を置いて検査している。

病院及び養老院の経営は、ドイツの地方自治体にとっては重要な活動である。その検査については、年次締切及び行政手続全体に対する検査（人件費支出、契約の権利、情報処理等）のほかに、その財政運営についても重点を置いて検査している。七五周年記念誌によると、特に次の点である。

○収益状況の分析
○人的物的資源の投入状況の評価
○運営組織

○ 州からの助成金は目的に適合した使用となっているか

企業としての病院の経済性は、これとは別に、もちろん抽出検査によって検査される。悉皆的な経済性検査は、運営者から特別の委託があった場合にのみ実施している。

4　企業形態活動の検査

地方自治体が資本参加している私法上の企業の形態を採った活動もまた、検査の対象となる。検査は、地方自治体の全活動及び地方自治体の会社内部における代理人の活動を対象とする。検査の重点は、経済性及び節約性原則の遵守状況に向けられる。したがって、私法上の法形態を採用している企業そのものは、検査の対象とはならない。それは単に決算検査の対象となるにすぎないのである。

5　金庫検査

固有の会計検査事務局を持たない地方自治体において、金庫検査もまた、検査組合の重要な活動となる。検査組合が実施する金庫検査においては、金庫業務の合規性及び行政活動との関連を検査する。

(五)　検査の実施方法

検査は数ヶ年度の決算をまとめて対象とする。すなわち、会計検査事務局を有しない地方自治体に対しては三年に一回を原則とし、有する地方自治体に対しては四年に一回を原則としている(バイエルン地方自治体検査規則第二条一項後段)。

すべての検査領域に対する悉皆的な検査は不可能である。したがって、広域検査においては特定の数の検査領域に対して抽出検査で対応するほかはない。その範囲はしばしば調査官の裁量となる。ただし、受検機関に特別の動機、例えば重点事項であったり、他との比較から実施する場合はこの限りではない。調査官の調査対象は提出された書類にのみ限定されるわけではない。あらゆる書類を調べ、関係者から聴取し、現場を視察し、その他必要な措置を採る。

幾つかの検査領域、例えば社会保障や青少年保護、組織、人的需要、情報処理、人事異動、租税法、企業経営、経費勘案型施設の利用料の計算、にはそれを専門とする特別の調査官がいる。

検査が終了すると、必ず文書による報告を提出する。その中では、単に誤りを指摘するばかりでなく、将来に向けてどのように是正すべきかも書かれている。最終報告に当たっては、その起草前にその機関の長や行政庁は、再度意見を述べる機会を与えられる。

最終的な検査報告は、受検機関及びその監督機関に対して、特に重要なものについては、その上位の監督機関にも提出される。

(六)　検査報告のその後の取り扱い

検査報告は、通常、その機関の免責に使用される。検査の確定は、通常、検査組合の協力はなしで、監督機関により行われる。その処理状況は、もちろん次回検査の対象となる。

検査報告は公開されない。ただし、地方自治体議会の議員は閲覧する権利がある（例えば市町村法一〇二条五項）。免責は、原則として、検査の結果、公開の会議で決定される。この結果、私も検査報告そのものを見ることは許されなかった。

(七) 決算検査

検査組合は、バイエルンの州法上は民間の公認会計士と同様に、自治体経営企業の決算検査を行うことができる。ただし、組合員から特別の希望があった場合に限る。検査組合に希望しない場合には、組合員は民間に委嘱することになる。決算検査を実施する場合の手数料は、州で決めている(Bek über Gebühren der Wirtschaftsprüfer für Pflichtprüfungen wirtschaftlicher Unternehmen der Gemeinden) から、地方自治体にとり、民間公認会計士に委嘱しても、検査組合に委嘱しても一緒である。その料金は少々複雑であるが、一九九九年現在、基本的には一日、一公認会計士事務所当たり八一四マルクとされている。

実をいうと、州法上は、検査組合は、検査組合という資格において決算検査の実施が可能なのであるが、連邦法上、決算検査は公認会計士又は公認会計士事務所に限られている。したがって、州法は、その限りで無効である。しかし検査組合では、局長や企業検査担当の第三部長など相当数の職員が公認会計士としての資格を有しているから、その資格の下で検査を実施しているわけである。

決算検査は、年次締切並びに特別の損失若しくは年次赤字額の原因に関する完全性及び合規性を対象とする(市町村法一〇七条)。経済性に関する取り扱いの検査は、基本的に財産、財政及び収益の状況、並びにより合理的に運営する可能性に関する検査に含まれている。経済性に関する取り扱いに関しては、検査組合は、重点項目及び企業比較による検査手法を開発している。すなわち

○ 五万人以上の住民のいる地方自治体所有企業間の比較（毎年検査を実施）

○ 二万人以上、五万人未満の自治体所有企業間の比較（隔年に検査を実施）

○ 水泳場経営企業については、一九九八年時点では、まだ開発中であった。

検査組合が検査を実施する企業は、七五周年記念誌によると、広く生活扶助の全域に渡る。すなわち、電気、ガス、水道、広域暖房、近距離交通機関、水泳場、アイススケートリンク、港湾施設、倉庫、駐車場、などである。

決算検査では、確認証（証明書）が交付される。その中には、帳簿管理及び年次締切の合規性を確認した旨が書かれる。問題があった場合には、指摘が行われる（例えば大幅な欠損、不満足な収益状況、固有資本の減少、弛緩した財政状況等）。若しくは限定証明書（例えば付属書類や状況報告の不足などによる）が必要になる場合もある。

(八) 勧告活動

組合員に対する勧告は、その創設期から検査組合の第二の重要な使命となっており、重要な役割を果たしている。まず、調査官は、広域検査の過程で勧告を行う。さらに検査組合は、公開の形で（例えば業務報告、租税勧告業務）、若しくは個々の書類、特に鑑定意見の提出に当たり、多くの領域で行っている。七五周年記念誌に従い、代表例を以下に示す。

通常の自治体業務に関して（第一部関係業務）

○ 人的需要及び人事異動

○ 情報処理（計画、経済的運営、契約の適正さ、費用効果分析）

○ 自治体間の施設の財産の利用

建築に関して（第二部関係業務）

○建築、技術者、建築工事若しくは事業志向型契約の形成
○競争の実施
○提供、特に副次提供の評価
○配分規則の適用
○後発的保障協定の評価

企業活動に関して（第三部関係業務）
○電気及びガスの供給契約、
○自治体及びその企業に関する租税の勧告
○ゴミ処理問題における法的、組織的形態
○異なる企業形態間の費用比較
○ゴミ焼却場の運営費用に関する調査
○水道施設の費用調査
○自治体の事業参加への評価

病院関係（第四部関係業務）
○包括的経済性分析
○組織分析
○会計制度勧告

三　広域検査機関としての郡会計検査事務所

(一)　その基本的意義

バイエルン州の広域検査制度について非常に興味深い点は、郡や県については、検査組合への加入を義務づけているが、市町村については、任意としていることであろう。任意といっても、広域検査を受けない自由を認めているのではなく、どの機関から検査を受けるのかの選択の自由を認めているのである。これにより、競争の原理を広域検査の領域に持ち込み、検査組合が、その独占的地位にあぐらをかいて、安易な活動をすることを防いでいるわけである。しかし、同様の検査組合を別個に設立して活動させることは無駄である。そこで、州の下部行政機構としての郡に、広域検査機関を設立し、市町村が希望をすれば、検査組合の代わりにそちらの検査を受けることもできる、としたわけである。

先に述べたとおり、郡会計検査事務所の検査を受ける場合には検査組合費の負担が不要であり、しかも、検査手数料は検査組合の半額と州内務省では定めている。したがって、もしも検査組合が、郡会計検査事務所が提供する検査程度の質の活動しかしなければ、多くの市町村が雪崩を打って組合を脱退することになるはずである。その意味で、この郡会計検査事務所の存在は、検査組合に、その検査の質を常に向上させる圧力として機能していることになる。もちろん、逆に、検査組合としてその高度の検査手法を振るう余地のあまりない、小規模な村の検査を郡会計検査事務所が引き受けてくれることにより、検査組合の調査官数を肥大化させないという機能も果たしているという要素もまた、検査組合の検査活動の質的向上にプラスに機能しているということができる。

このようにみてくると、市町村に広域検査機関を選択する余地を与えるという手法は、広域検査の健全な発展にとり重要なものと思われる。しかし、ドイツでも、このようなやり方を採っているのは、バイエルン州だけである。他の州の場合、先に前章に示したとおり、郡会計検査機関が広域検査の一翼を担うという制度が普通であり、小規模村をもっぱら対象とする、という点ではバイエルン州と現実としては同一である。しかし、バイエルンのように、その地方自治体が選択した結果、分かれるのではなく、広域検査の根拠法が明確に人口規模を定めて、それ以上は中央機関、それ未満は郡会計検査機関というように分かれているのである。

郡会計検査事務所については、先にミュンヘン市監査局に関して紹介した、州内務省の定める「市町村、郡及び県における財政運営に対する検査制度に関する規則」(自治体財政検査規則)の第二章が、ある程度詳しく定めている。その他、細かい内務省令が多数存在している。[13]

(二)　郡会計検査事務所の権限と地位(自治体検査規則九条)

郡会計検査事務所は、その郡内の市町村から依頼があれば、そこで広域の会計検査及び金庫検査を実施する。また、内務省若しくは県が、特定の市町村について特別の検査を行う必要がある、と考えた場合には、内務省等は、検査を依頼することができる。

また、市町村からの依頼により、勧告ないし鑑定を行うことができるのは、検査組合と一緒である。

これらの任務の実施に当たり、会計検査機関は、独立であり、法にのみ拘束される。

㈢　調査官（自治体検査規則一〇条）

郡会計検査事務所の調査官は、一般内務行政に属する上級職乙種公務員でなければならない。調査官は、郡役場の意見を聴取した後、州政府により任命される。同様に、解任権も内務省に属す。その意味では、地域検査機関の調査官に比べて身分保障は弱いといえそうである。

郡会計検査事務所においては、一般内務行政に関する中級職公務員若しくは同等の地位にある雇員を、調査の補助要員として必要な人数保有することができる。彼らもまた、州政府により任命され、若しくは解任される。

調査官及びその補助要員は、名誉職的助役ないし市町村議会議員ないしその他その検査対象となる郡内における受検対象機関を代表する機関の代表者となってはならないとされている。

（1）　私がミュンヘン市監査局を最初に訪問したのは、一九九八年一〇月二九日である。その後、三回ほど訪問し、また、電話で細かい点を問い合わせるなどして調査を実施した。

（2）　私がバイエルン検査組合を最初に訪問したのは、一九九八年一〇月二九日である。その後、三回ほど訪問し、また、電話で細かい点を問い合わせるなどして調査を実施した。検査組合に関する以下の文章は、そうした訪問時における質疑応答の結果説明に加えて、検査組合の創立四〇周年記念誌、同七五周年記念誌及びその他の内部資料に依存して書いている。

（3）　一九一九年バイエルン自治行政法については、バイエルン州官報（Gesetz und Verordnungs-Blatt）一九一九年度四四頁以下参照。

（4）　検査組合設立の公告を載せたバイエルン州内務省広報は、検査組合七五周年記念誌より引用。

（5）　検査組合への加入義務の拡大については、一九二九年年一月四日バイエルン州官報二頁参照。

（6）　プロイセンにおいて、広域検査組合の設立が予定されていたことについては、一九三二年プロイセン州官報（Preusische Gesetzsammlung）六一頁以下参照。

（7）　ナチスによる市町村財政法については、一九三三年プロイセン州官報四四二頁以下参照（ちなみに、この市町村財政法の制定責任者であるプロイセン州首相はヘルマン・ゲーリンクであった）。

（8）　地方自治体所有企業について貸借対照表検査者による検査が必要になったことについては、一九三一年国家官報Ⅰ五六二頁参照。

（9）　貸借対照表検査者として広域検査機関が認められたことについては、一九三三年国家官報Ⅰ一八〇頁参照。

（10）　ナチスによるドイツ市町村法については、一九三五年国家官報Ⅰ四九頁以下参照。

（11）　第二次大戦後の検査組合検査報告は、バイエルン検査組合七五周年誌より引用。

（12）　バイエルン検査組合法の訳文を次に示す。

バイエルン地方自治体検査組合法（一九七八年四月二四日）

第一条（法形態、職員）

(1)　バイエルン地方自治体検査組合（以下「検査組合」という）は、公法上の権利能力を有する団体である。ミュンヘンを所在地とする。

(2)　検査組合は、公務員の雇用主となりうる。内務省の同意を得て、公務員ではない職員に、公務を担当させることができる（実際にはこの第二項は利用されていない）。

第二条（職務）

(1)　検査組合は、その構成員の下において、広域の会計検査及び金庫検査を行う（市町村法一〇五～一〇六条条、郡法九一～九二条、県法八七～八八条）。また決算検査を行うことができる（市町村法一〇七条、郡法九三条、県法八九条）。その構成員若しくはその法的監督権者の依頼を受けて、その他の検査を実施することができる。

(2)　検査組合は、病院の看護経費の決定のため、その権限を有する機関の依頼を受けて、その自己価格計算の物的数額的正確性その他、看護経費の決定の前提となる事項を検査することができる(注：実際にはこの第二項は利用されていない)。

(3)　検査組合は、依頼を受けて、その構成員の財政運営を、勧告若しくは鑑定意見の提出により、促進する。

(4)　上記の各任務を実施するに当たり、検査組合は独立で、法にのみ拘束される。

第三条　構 成 員

(1)　検査組合の構成員は以下のとおりである。

一、地方自治体頂上団体

二、市及び町

三、村及び内務省の定める行政組合

四、郡

五、県

六、目的組合及びその他公法上の法人格を有する協同組合で、内務省の定めるもの

七、上記二から五までの構成員によって支配されている地方自治体の財団

(2)　公法上の法人であって、第一項により構成員ではないものを、構成員として受け入れることができる。町村その他第一項第三号から第六号までに掲げる種類の法人に関しては、内務省の許可が必要である。同様の許可は、第二文にいう団体が、構成員たることを辞めようとする場合にも必要である。

(3)　第一項第三号から第六号までの決定に当たっては、必要とされる検査業務の範囲及び困難性に特に配意しなければならない。五、〇〇〇人以上の人口のある市町村については、市町村法一二二条第一項の例による。構成員概念の決定は、バイエルン官報による公告の時、若しくはそこで定めるその他の時点に発効する。検査組合の意見は、事前に聴取されなければならない。それに加えて、一般的事項については、地方自治体頂上組合、特定

の場合には、関係する団体の意見も聴取されなければならない。

注：バイエルン市町村法一二二条一項は、地方自治体の住民数の決定に関する規定で、最新の市町村議会議員選挙の際に確定されたところにより決めることと定めている。

第四条　組織、基本的規則及び行政

(1)　検査組合の組織は次のとおりである。

一、州委員会

二、理　事　会

三、組　合　長

(2)　検査組合は、事務局を有する。事務局長及びその代理者は、終身公務員でなければならず、上級職甲公務員と裁判官資格を有しなければならない。

(3)　検査組合は、その法的関係を条例により規律する。条例に規則が含まれていない場合には、市町村法を準用する。

第五条　資金の調達

(1)　検査組合は、その構成員から分担金を徴収し、また、その活動に対して料金を徴収する。特別の必要が生じた場合には、割当額を課することができる。詳細については条例の定めるところによる。

(2)　検査組合は、州財政の基準に従い、毎年、当該年度の財政調整の基準財政需要額に応じて、予め定められる補助金を受ける。

第六条　監　督

(1)　検査組合に対する監督機関は、内務省である。市町村に対する法的監督の規定を準用する。

(2)　内務省は、常任の委任者（州委員）を任命する。州委員は、検査組合のすべての地方委員会及び理事会に招かれなければならず、その場において、勧告的意見を行う。

(3) 検査組合の条例は、内務省の許可を必要とする。条例は、バイエルン州官報により、公告される。

第七条　移行規定（略）

(13) 郡会計検査事務所にかかる州内務省の規則等については、次の書が包括的に収録している。

Josef Hölzl編“Gemeindeordnung mit Verwaltungsgemeinschaftsordnung, Landkreisordnung und Bezirksordnung fur den Freistaat Bayern” Jehle, löseblatt, 1998.

あとがき

本書は、統一的な問題意識に基づきつつ、若干異質な三つの編から成り立っている。

第一編は、私が一九九六年に上梓した『財政法規と憲法原理』（以下「前著」という）を最終的にとりまとめる作業をしている時期に、そのとりまとめ作業を通じて、議論の不足を痛感した部分、特にその第一部第三章「予算内容の法助検討」においてを補充する目的で平行的に書いた論文からほぼ成り立っている。当初の発表タイトルと発表誌を発表順に整理すれば次の通りとなる。

「予算概念とその限界」法学紀要三八巻一九九六年
「予算における支出授権と契約授権機能について」日本法学六二巻二号一九九六年
「現行予算制度における契約授権の検討」日本法学六二巻四号一九九六年
「我が国財政構造はいかにあるべきか——財政構造改革法の批判的検討」ジュリスト一一三三号一九九八年

このうち最後のものは、その後の時間経過にあわせて全面的な改稿を行っているが、他の三編は、基本的な修正を行ってはいない。

これに対して、第二編は、前著第一部第七章「国民主権原理と会計検査院の憲法上の地位」を補完するものである。当時すでに本書第二編第二章以下に収録した論文の基礎となった論文は存在していたが、いずれも私がわが国会計検査院に奉職していた時代に書いたものであるため、時間の経過とともに今日的な意義を失った点が少なからずあり、全面的な改稿を必要としたことから、当時断念したものである。今回、それらの論文に全面的に加筆修正を行った結果、それらの論文も事実上書き下ろしに近いものとなっている。その基礎となった原稿の発表タイトル及び発表誌を発表順に整理すれば次の通りとなる。

「検査の観点概念の再構成」会計検査資料一九八七年二月号～六月号

「特記事項の意義と性格」けんさいん創刊号一九八八年

「横断検査について」会計ジャーナル一九八八年一二月号～一九八九年一月号

「会計事務職員の弁償責任と不法行為責任の関係」会計検査研究九号一九九四年

また、これだけではわかりにくいと思われるところから、導入部としての第一章及び実務への展開としての第六章を加えてまとめたものである。これにより、私が会計検査院時代に執筆した重要な論文のテーマは何らかの形でほぼ論ずることができた。残る重要なテーマとしては、内部監査と外部監査の関係論及びオムブズマン制度との関係論が、前書及び本書でも取り上げる余裕のなかった問題として残っている。これについては将来の課題としたい。

第三編では、この百年間、わが国財政制度ともっとも緊密な関係を持ち続けたドイツにおける制度の歴史及び現状の紹介を目的としたものである。ここに取り上げたテーマについては、会計検査院から人事院給費留学生として一九七九年から一九八一年まで二年間ドイツにおいて在外研究をした際、収集した資料を基に、かっていくつかの論文を発表している。しかし、二〇年の時間の経過はそれらの論文の価値を歴史的意義を有するものというレベルにまで低めてしまい、とうてい、今日における比較法的研究の資料として公表しうる状態ではなくなってしまった。そこで本書の冒頭にも述べたとおり、一九九八年度に日本大学から一年間の在外研究の機会を与えられた際に、改めて一から調査を実施した。本編はその結果をとりまとめたもので、本書で取り上げた中ではもっとも新しい時期に書かれた論文を基礎としている。しかし、本書に収録するに当たり、いずれもかなり加筆修正を行っている。

当初の発表タイトルと発表誌を発表順に整理すれば次の通りとなる。

「ドイツにおける連邦レベルの財政監督機関制度について」日本法学六五巻一号、一九九九年

「旧東ドイツ地域における財政監督機関」日本法学六五巻三号、一九九九年

「ドイツ地方自治制度及び地方財政監督制度の概要」法学紀要四一巻、一九九九年

「バイエルン州における地方自治体財政監督機関」司法研究所紀要一一巻、一九九九年

「バイエルン州会計検査院」会計と監査、一九九九年七月号～一〇月号

比較法的研究については、今後も力を入れていきたいと考えている。

本書の刊行にあたっては、前書と同様、日本大学法学部より研究成果刊行費補助を受けることができた。また、信山社の袖山貴、戸ヶ崎由美子両氏からは非常に懇切な編集作業をしていただいた。併せて感謝の意を表したい。

二〇〇一年二月六日

甲斐素直

〔文献一覧〕（筆者五十音順）

青木冨美子「C・ケーディスの『千二百日』」文芸春秋、一九九六年八月号
浅見敏彦編『世界の財政制度』金融財政事情研究会、一九八六年
芦部信喜『憲法』新版、岩波書店、一九九七年
石森久広『会計検査院の研究』有信堂、一九九六年
伊藤博文『憲法義解』丸善、一九三五年、国家学会蔵版
伊藤正己『憲法』第三版、弘文堂、一九九五年
稲田正次著『明治憲法成立史』有斐閣、一九六四年
井上鼎『体系官庁財政会計事典』公会計出版センター、一九八五年
浦部法穂『注釈日本国憲法』青林書院、一九八八年
大沢実『公会計基本法逐条注釈』全国会計職員協会、一九五九年
大沢実『予責法逐条注釈』全国会計職員協会
岡田康彦『新訂会計法精解』大蔵財務協会、一九八八年
小熊孝次、上林英男共編『会計法』大蔵財務協会、一九六一年
会計検査院『会計検査院百年史』会計検査院、一九八〇年
甲斐素直『財政法規と憲法原理』八千代出版、一九九六年

甲斐素直「今日の財政法学における欧米ないし我が国戦前理論継受に関する問題点」日本財政法学会編財政法叢書一三巻、龍星出版、一九九七年
甲斐素直「江戸幕府財政改革史」建設物価協会刊『会計検査資料』、一九九七年六月号〜一九九九年六月号
甲斐素直「特記事項の意義と性格」『けんさいん』創刊号、一九八八年四月
甲斐素直「地方監査制度に関する第二五次地方制度調査会答申の問題点」全国会計職員協会刊『会計と監査』、一九九七年
甲斐素直「内部監査と外部監査」『会計と監査』、一九八四年七月号〜一九八五年三月号
甲斐素直「地方自治体における財政監督——欧州各国との比較法的研究」自治研中央推進委員会『月刊自治研』、一九九〇年一二月号
神谷昭著『フランス行政法の研究』有斐閣、一九六五年
川西誠『行政法総論』改訂増補版、評論社、一九六七年
清宮四郎『憲法I』第三版、有斐閣、一九九一年
木村精一『出納官吏弁償責任釈義』一九四一年
木村精一『会計法規の理論と実際』一九四〇年
小林孝輔『ドイツ憲法小史』新訂版、学陽書房一九九二年
小村武『予算法と財政法』新日本法規出版、一九八八年
小峰保栄『財政監督の諸展開』大村書店、一九七四年
坂野光俊「戦後五〇年と公債問題—財政法四条の意義に関連して」日本財政法学会編『戦後五〇年と財政法研究

（1）』龍星出版、一九九七年
阪本昌成『憲法理論』成文堂、一九九三年
櫻井敬子「財政構造改革の推進に関する特別措置法」ジュリスト一一二九号
佐々木惣一『改版日本行政法総論』一九二三年
佐々木伸『逐条日本国憲法審議録』増補版、原書房、一九七六年
佐藤功『日本国憲法概説』全訂第四版、学陽書房、一九九一年
佐藤丑次郎『帝国憲法講義』有斐閣、一九三五年
佐藤謙『債権管理法講義』
佐藤幸治『憲法』第三版、青林書院新社、一九九五年
佐藤達夫『日本国憲法成立史』有斐閣、一九九四年
杉原泰夫『憲法II』有斐閣法学叢書七、一九八九年
杉村章三郎『財政法』新版、法律学全集一〇、有斐閣、一九八二年
鈴木昭典『日本国憲法を生んだ密室の九日間』創元社、一九九五年
園部敏『行政法概論』一九四〇年
高田敏・初家正典『ドイツ憲法集』信山社
高柳岸夫・村井久美『官公庁契約精義』平成六年増補版建設総合資料社、一九九四年
高柳賢三他『日本国憲法制定の過程I』有斐閣、一九七二年
田中二郎『行政法』新版、弘文堂、一九七三年

辻村みよ子『憲法』日本評論社、二〇〇〇年
戸波江二『憲法』新版、地方公務員の法律全集1、ぎょうせい、一九九八年
長尾一紘『日本国憲法』第三版、世界思想社、一九九七年
中西又三著「会計職員の責任」現代行政法大系第一〇巻『財政』有斐閣、一九八四年
行方敬信『財政・会計法新講』全国会計職員協会、一九九一年
橋本徹ほか共著『基本財政学』有斐閣ブックス、一九八五年
U・K・ヒックス『イギリス財政史』東洋経済社、一九六一年
樋口陽一・吉田善明編『解説世界憲法集』第三版、三省堂、一九九四年
兵藤広治『財政会計法』現代行政法学全集二一、ぎょうせい、一九八四年
槇重博『財政法原論』弘文堂、一九九一年
美濃部達吉『憲法撮要』有斐閣、一九二七年
美濃部達吉『逐条憲法精義』有斐閣、一九三二年
美濃部達吉『行政法撮要』有斐閣、一九三二年
宮川公男訳『PPBSとシステム分析』日本経済新聞社、一九六九年
宮沢俊義『憲法略説』岩波書店、一九四二年
宮沢俊義『日本国憲法』日本評論社、一九五五年刊
明治財政史編纂会編『明治財政史』吉川弘文館、一九七一年
横田茂『アメリカの行財政改革』有斐閣、一九八四年

Der Landesrechnungshof Brandenburg "Der Landesrechnungshof Brandenburg—Ein Kursporträt"
Manfred Beismann "Aufbau moderner Finanzkontrolle in den neuen Ländern" Verwaltungs Archiv 1994
Bernd Becker "Zusammenhänge zwischen den Ideen zu den Verwaltungsreformen von Montgelas, Stein und Hardenberg" BayVBl 1986
Becker-Gruber "Kommunales Haushaltsrecht in Bayern" J. Jehle 1998
Michael Doeberl "Rheinbundverfassung und bayerische Konstitution" 1924
Michael Doberl "Entwicklungsgeschichte Bayern" 1928
Hans-Ludwig Dornbusch, "Gemeindehaushalt" Institut Finanzen und Steuern 1997
Peter Eickenboom "Das neue Bundesrechnungshofgesetz" DoV 1985 s. 997
Ernst Forsthoff "Lehrbuch des Verwaltungsreschts" 8 Auflage Verlag C.H. Beck 1961
B. Geist "State Audit" Israel State Audit Office
Alfons Gern "Kommunalrecht" Nomos Verlag 1997
Herbert Bohmann "Das Gemeindefinanzsystem" Kohlhammer 1956
Josef Hölzl "Gemeindeordnung mit Verwaltungsgemeinschaftsordnung, Landkreisordnung und Bezirksordnung für den Freistaat Bayern" Jehle, löseblatt 1998
Johann Ludwig Klüber "Quellen-Sammlung zu dem Deutschen Recht des Teutschen Bundes" 1830
Franz-Ludwig Knemeyer "Die bayerischen Gemeindeordnungen 1808-1945" Verlag Kohlhammer 1994
F.L. Knemeyer "Bayerisches Kommunalrecht" Boorberberg 1996

Peter Löw "Kommunalgesetzgebung im NS-Staat" Löw und Vorderwülbecke
Otto Mayer "Deutsches Verwaltungsrecht" 3. Aufl. 1924
Theo Reiner, "Einführung in das Kommunale Haushaltsrecht" C.H. Beck 1993
K. Stern "Staatsrecht der Bundesrepublik Deutschland" band II
August Krebsbach "Die Preußische Städteordnung von 1808" Kohlhammer Verlag 1957
Manfred Treml "Geschichte des modernen Bayern" Bayerische Landeszentrale für Politische Bildungsarbeit 1994
Vogelsang/Lübking/Jahn "Kommunale Selbstverwaltung" Erich Schmidt Verlag 1997
Karl Wittrock "Auf dem Weg zu einem Bundesrechnungshof-Gesetz" DöV 1984

陪審制の復興—市民による刑事裁判—
佐伯千仭・下村幸雄・丸田 隆 代表「陪審制度を復活する会」編著 三〇〇〇円

陪審制度論＊日本立法資料全集別巻194
大場茂馬 著 一九〇〇〇円

少年懲戒教育史＊日本立法資料全集別巻196
重松義一 著 四〇〇〇〇円

ロースクール教育論—新しい弁護技術と訴訟運営—
遠藤直哉 著 二八〇〇円

犯罪論と刑法思想
岡本 勝 著 一〇〇〇〇円

企業活動の刑事規制
松原英世 著 三五〇〇円

信山社

日本立法資料全集別巻一八七
佛国民法覆義（二帙一巻）
ムールロン著　岩野・木下共譯　五二〇〇〇円

日本立法資料全集本巻
日本民法典資料集成（全二五巻）第一巻近刊（以下続刊）

現代企業・金融法の課題
平出慶道先生
高窪利一先生
古稀記念論文集
（上）一五〇〇〇円（下）一五〇〇〇円

民法研究　第2号　広中俊雄責任編集　三〇〇〇〇円

民事紛争の解決と手続　佐々木吉男先生追悼論集　二二〇〇〇円

信山社

日本財政制度の比較法史的研究　小嶋和司 著　一二〇〇〇円

ドイツの最新憲法判例　ドイツ憲法判例研究会 編　六〇〇〇円

人間・科学技術・環境　ドイツ憲法判例研究会 編　一二〇〇〇円

ドイツ憲法集〔第三版〕　高田敏・初宿正典 編訳　三〇〇〇円

イギリス憲法典―一九九八年人権法　田島 裕 訳著　二二〇〇円

フランス憲法関係史料選　西洋法史研究 塙 浩 著　二〇〇〇〇円

信山社

〈著者紹介〉

甲 斐 素 直（かい・すなお）

昭和23年　東京都に生まれる。
昭和45年　日本大学法学部法律学科卒業
会計検査院事務総長官房審議室上席審議室調査官、司法検査課長を経て、平成５年より日本大学法学部教員
主要論文　「定住外国人の参政権――あるいは国籍法の改正について」日本法学66巻２号2000年
「精神的自由権としての職業選択の自由」日本法学63巻１号1997年
「職業選択の自由に対する規制と司法審査」日本法学63巻２号1997年
「憲法における条約の多義性とその法的性格」司法研究所紀要８巻1996年
「いわゆる部分社会の法理について」法学紀要36巻1995年
『財政法規と憲法原理』（日本大学法学部叢書第11巻、1996年、八千代出版）

予算・財政監督の法構造〔日本大学法学部叢書第15巻〕

2001年（平成13年）３月30日　第１版第１刷発行

著　者　甲　斐　素　直
発行者　今　井　　貴
発行所　信山社出版株式会社
〒113-0033　東京都文京区本郷6-2-9-102
電　話　03（3818）1019
ＦＡＸ　03（3818）0344
http://www.shinzansha.co.jp

Printed in Japan

©甲斐素直，2001．

印刷・製本／勝美印刷・大三製本

ISBN4-7972-3034-7 C3332
3034-012-050-010
NDC分類 323.401

事項(人名)索引

あ 行

か 行

さ 行

た 行

ま 行

や 行

ら 行

わ 行

条文索引

あ 行

か 行

さ 行

た 行

は 行

ま 行

や 行